国家社会科学基金重大项目"清代海疆政策与开发研究"（编号13ZD&093）的阶段性成果

中央高校基本科研业务费专项资金项目（The Fundamental Research Funds for the Central Universities）"明清以来闽粤海域社会治理研究"（编号20720161051）资助出版

经济之域：

明清陆海经济发展与制约

王日根◎著

厦门大学出版社 国家一级出版社
XIAMEN UNIVERSITY PRESS 全国百佳图书出版单位

图书在版编目(CIP)数据

经济之域:明清陆海经济发展与制约/王日根著.—厦门:厦门大学出版社,2018.11
(中国社会经济史新探索丛书)
ISBN 978-7-5615-7013-5

Ⅰ.①经… Ⅱ.①王… Ⅲ.①中国经济史—研究—明清时代 Ⅳ.①F129.48

中国版本图书馆 CIP 数据核字(2018)第 130160 号

出 版 人　郑文礼
责任编辑　薛鹏志　戴浴宇
封面设计　蒋卓群
技术编辑　朱　楷

出版发行　厦门大学出版社
社　　址　厦门市软件园二期望海路 39 号
邮政编码　361008
总 编 办　0592-2182177　0592-2181406(传真)
营销中心　0592-2184458　0592-2181365
网　　址　http://www.xmupress.com
邮　　箱　xmup@xmupress.com
印　　刷　厦门市万美兴印刷设计有限公司

开本　720 mm×1 000 mm　1/16
印张　25
插页　2
字数　420 千字
印数　1～1 500 册
版次　2018 年 11 月第 1 版
印次　2018 年 11 月第 1 次印刷
定价　89.00 元

厦门大学出版社
微信二维码

厦门大学出版社
微博二维码

本书如有印装质量问题请直接寄承印厂调换

更加自觉地建构
中国本色的社会经济史理论
（代序）

◇ 王日根

　　傅衣凌先生从 1933 年发表《汉代胡化考》起，走过了 55 年的治史历程，其所坚持的治史原则在实践中愈加明晰，形成"傅衣凌学派"的基本指导法则，包括强调多学科知识的融合与运用，强调对"总体历史"的把握，强调"自下而上"、"上下互视"的治史路径，强调区域性研究及其与全局性研究的相互关照，强调区域间的相互比较乃至国与国之间的相互比较等。这些法则并非傅衣凌学派的独门绝招，有的已在年鉴学派那儿同时有所体现，有的在国内则经历了从被怀疑到被接受的过程，且为越来越多的人所笃信。

　　在傅衣凌先生所处的时代，本着纯真的心态治史，形成符合逻辑的结论，有时会遭遇不正确的批判，甚至还要蹲牛棚，接受改造。但傅先生坚持马克思主义唯物史观的指导，坚信自己的研究方法是马克思主义的，立足点是中国社会的具体实际，因而对自己的研究成果充满自信，譬如他的"乡族论"、"早熟与不成熟论"、"弹性论"、"多元结构论"乃至"中国资本主义萌芽论"等，都是他在坚持实证研究基础上形成的具有中国本土化色彩的理论成果，有的虽然略带有时代的某些痕迹，但绝大多数至今仍没有过时。

　　当下的治史环境显然较傅先生所处的时代更加优越。在"文革"时期，史学的教条主义倾向特别明显，将各朝朝廷骂得越多越好，将造反歌颂得越有理越好，将农民英雄拔得越高大越好，将地主与农民的矛盾描述得越尖锐越好……"文革"结束之后，开始拨乱反正，追求更加客观公正地记述历史，对地主谋求缓解与农民的矛盾可以接受了，对农民战争导致社会财富的被毁弃也可以认同了，对英雄人物存在的性格缺陷描述也可以容许了，历史与人们的距离感逐渐减小了。

　　今天,我们走到了一个更加冷静地对待传统文化的新时期,我们可以在逐渐摆脱经济上落后的局面的背景下,进一步思考我们重树文化自信的可行性。近代以来的学术话语权是西方主导的,我国的近代学术亦较多地受到西方学术话语的左右,有关国家、民族、种族、社会、团体、慈善、公共领域等等概念都是西方式的,有的人甚至坚信在西方的所谓社会保障、慈善观念进入中国之前,中国从没有过这类观念。文化上的自卑到了无以复加的地步,极端表现是跟随着欲亡我的敌人高喊中国是东亚病夫,中国文化已经走到了绝境,中国应该被西化。

　　其实,每种文明都有其内在的存在价值,并不单纯以经济发展的一时占先而体现出来,正如中国文化并不因为近代遭遇列强侵略而失去了存在的价值,美国也不会一以贯之地当定世界霸主一样。文化自信心的丧失其实是更加深层的失败,近代中国殖民地化的日渐加深,说到底就是文化自卑心愈加占据上风的过程。

　　高擎"振兴中华"旗帜的人们往往是竭力抵拒文化自卑心滋长的一群,尽管他们的声音曾在残酷的现实面前渐显稀落,但这种哪怕是微弱的声音仍然不时地显出其激越。傅衣凌先生就是这群人中的一员,其孜孜努力的结果不仅逐渐说服了越来越多的中国人,而且也极大地影响了国际汉学界的话语走向。

　　在国内极"左"思潮的影响下,以傅先生为代表的正直学者多遭批判,却始终不乏同情者、称许者和同道。他们为思想界的拨乱反正积蓄着力量,他们的思想力量带动着我们的学术研究不断革弊鼎新,走上正确的轨道。

　　傅先生的诸多观点经得起时间的考验。譬如他说,中国社会存在早熟性和不成熟性。早熟表现为中国社会较早就有了较发达的商品经济,有了雇佣劳动,有了全国性市场。在宋元时代或者更早一些时候,在商人中出现了坐贾、客商、牙侩等等分工,大规模的联号组织也已出现,货币、金融及其他辅助机关,以及商业经营上所必要的簿记、商用数字、珠算等也都早于欧洲出现。不成熟则表现为中国社会的演进中多存在前社会的残余,如奴隶制残余与村社制残余。在资本领域,财富窖藏、浪费现象严重,无法继续推动生产的发展和壮大。这是以欧洲经验为参照得出的结论,即中国社会存在自我运行的一套机制。傅先生还说,在中国传统社会,既有阶级对立,又有乡族结合;既有经济强制,又有超经济强制;城市居民与农村关系紧密结合。故中国社会的阶级分化、职业分化、城乡分化难以实现,中国的无产阶级、资产阶级都发育不成熟，也少革命性、创新性，显出先天不足。这些认识都是傅衣凌先生学习马克思主义理论所形成的深邃理论思考，具有中国的政治经济学之理论色彩。

傅衣凌先生在中国社会经济史学派的创立和建设中发挥了积极作用，显示了独特的个性。他广辟社会史新的史料来源，凡土地契约文书、家谱族规、私人账簿、书信乃至遗存的社会习俗等都加以留心，以补充正史史料的局限，从而对中国传统社会官民关系、阶级关系和传统社会变迁的新旧因素乃至中国传统社会的长期延续等做出令人信服的解释。傅先生在揭示中国传统社会存在温情脉脉的缓解阶级矛盾机制的同时，深刻认识到了中国社会中存在的富裕阶层依赖高利贷满足于过无忧无虑生活的寄生性，这种寄生性人群的大量存在成为激化社会矛盾的催化剂，也是社会进步缓慢的重要因素。傅先生认识到中国农民较早就有离土自由，但无序地大量涌入城市，进入手工业行业，往往易被雇主压低工价，客观上又制约了近代机器的引入或推广使用。傅先生还认识到，中国传统社会海外贸易商不仅产生于沿海地区，而且也大量分布在内陆的山区和平原地区，徽商、晋商、江右商人等都积极投身到海外贸易活动中，从而带动了中国与世界的经济文化交流。傅先生认识到，中国传统社会长期存在着士绅文化和流氓文化的不同层次，豪族长期潜存在中国社会中，他们总竭力维持与受雇者严密的等级关系，从而导致社会的阶层对立长期存在，但是中国传统社会又多有阶层地位"变动不居"的机制，导致社会的强凌弱、众暴寡现象交替上演。

学术乃天下之公器，傅先生纯真的学术研究路数和研究成果赢得了国际学术界的推尊。1979 年 10 月，根据美中学术交流委员会协定的安排，傅先生到美国斯坦福大学、哈佛大学、芝加哥大学、耶鲁大学、普林斯敦大学、南康州大学、纽约州立大学奥伯良校区、加州大学柏克利校区和洛山矶校区讲学三个半月，会见了美国的汉学家和历史、社会学家，如施坚雅、魏德曼、杜维明、何炳棣、邹谠、谢文孙、孔恩、牟复礼、刘子健、余英时、郑培凯、陈明录等教授。中美学者共聚一堂，探讨学术，交换意见，情意盎然。回国途中，又应日本东京大学东洋文化研究所的邀请，在东京大学、京都大学、名古屋大学讲学两个星期，会见了日本著名汉学家西岛定生、佐伯有一、田中正俊、藤井宏、山根幸夫、竹内实、森正夫、北村正直、岩见宏等教授，拜访了宫崎市定老先生。交流学术意见，并重游了神保町旧书店。1980 年 9 月，又应加拿大社会科学院的邀请到加拿大美属哥伦比亚大学、维多利亚大学、渥太华大学、多伦多大学、约克大学、蒙特利尔大学、莫吉尔大学等高校讲学两个月。1980年5月发表在香港《抖擞》杂志上的《中国封建社会和现代化》中,傅先生将其学习马克思主义理论之后,从生产关系研究中国传统社会区别于欧洲和日本的诸多方面以及早熟而又不成熟的观点坦诚而系统地介绍给美国学界,体现了傅先生至真至诚的学术精神。

傅先生留给我们的理论遗产是丰硕的,留给我们的学术精神更是值得我们继续秉持的。在文化自信的时代思潮中,我们尤其应该怀有冷静的心,正像秦晖教授所言:"当社会风行自卑时,我们要倡导自尊;而当社会趋于自傲时,我们要倡导自省。"做学术研究中有个性坚持的人。

如今,我们编辑出版"中国社会经济史新探索"研究丛书,就是欲秉承傅衣凌先生开创的中国社会经济史治学传统,在互联网、大数据背景下占有更多样化的史料,了解更丰富复杂的社会现实状态,借鉴更多学科、学派的治学方法,放眼中国和世界,切实趋近历史的原生态,把握历史演进的枢机,通过走进历史,进而把握当下,合理准确地引导未来的走向。

坚持学者必须的定力,致力于建构具有学术个性的"专家之学",自觉地建构具有中国本色的社会经济史理论,凝聚运用傅衣凌学派治史路径,关注当今学术热点,注重历史学经世功能的学术力量,将是本套丛书的基本目标追求。

2017年5月

目　　录

导　言

　　明清社会经济的发展,不仅体现为农业生产力的提高、商品经济的繁荣、城镇的兴起和人们生活水平的提高,更不可忽视的是实现了陆海经济的一体化。

　　朱元璋建立明王朝之初,曾竭力要将书本上描绘的西周社会的理想状态转变为现实,即真正建立起那种井田式的一家一户的自给自足的小农经济状态,他甚至用制度规定什么身份的人只能穿什么身份的衣服,住什么样的房子,实际上就是抑制商业和商人。

　　但是,朱元璋却无法确保他的后代们恪守其《皇明祖训》,到嘉靖、万历时期,明朝经济已步入一个高度商品化的时代,白银货币化既是商品经济发展的一个必然要求,又成为驱动明朝经济与世界经济接轨的重要因素,因为中国本国产银有限,而融入世界之后,墨西哥、日本的白银则可随着中国大宗丝绸、瓷器、铜铁器等的出口而纷纷流入中国。白银货币化既便利了商业活动的开展,又加速了国内经济活动中人身依附关系的松解,人口流动加速了,待开发地区迅速得到了开发,为市场而生产的导向更激发人们将地方土特产、精致手工艺品和贵金属饰品变为更具附加值的商品的动力。

　　受交易活动的驱动,城镇化的趋势进一步加快,本来城镇只是政治和军事设置的所在,后来逐渐增添了手工业市镇、商业市镇等专业性市镇,这些市镇或分布在沿海地带,或分布在不宜生产却交通便捷之处,于是,沿海港口、山间商埠都不断发展,为经商的人们带来丰赡的财富。

　　外向型的经济带动了人口的跨区域直至跨国境的流动,也带动了跨地域、跨国境的文化交流,人们的视野开阔了,生活习惯也变得更加开放、多元。山东清河县城的人们以能吃到新鲜的长江鲥鱼而感到自豪,地处深山的徽州人家也通过品尝到来自沿海的海鲜彰显自己商业链的悠长。

由地区言,商品经济促进了明清区域间专业性生产的发展,江南成为丝绸棉纺织业的中心,闽粤成为果品海鲜出产之地,湖广则成为粮食生产和供给基地。依靠商业的链接,彼此调剂余缺,达到了生活水准的提高。

易籍经商是中国自古已有的传统,贩运的半径日益呈加长趋势,同籍客居者便可能凝聚起自己的组织,举凡易籍就任的官员、易籍经商的商人、易籍赴考的举子等都加速同乡组织的建设和发展,商人们在注重行商经验的总结、注重对经商风险的防范、注重以商业利润倡行传统美德等方面都积极有为,体现了明清时期商人阶层的日益成型和自我的社会担当,在有些地区,商人甚至走到了社会舞台的中央,凡市镇建设、公益、救济等领域都有他们的身影。

面对活跃的商品经济,明清朝廷也曾多有整治商业秩序的积极举措,对于灾异、社会动荡乃至动乱等不利于商业发展的局面亦多有处置办法,一定程度上为商业发展创造了良好的条件。

第一章

明清官方的作为与影响

第一节

清代江南地方官府对商业秩序的整治

　　商业环境与经济社会的发展往往相辅相成,商业环境好,可以带动地方社会经济的好转;反之,商业环境不靖则可能导致商业的凋敝,社会经济也不能很健康地发展。但是,在某些交通枢纽、商业发达之区,抑制商业发展的各种因素往往也随之伴生。这些因素的存在导致了商业成本的增加和商业风险的加大。同一区域的商人可以通过结成商帮的方式保护自己,更多的时候还会把自己的意见禀报上去,求得政府出面解决。从清代江南的诸多碑记中,我们可以看到官府与民间相互配合在建立良好经商环境方面所做的努力:禁止勒索外商,清理地方黑恶势力,禁止侵犯他人商标权,安置失地居民,处理公共事务,官府出面缓和劳资矛盾。这些措施产生了一定的效果,为江南经济的繁荣提供了必要的保障。过去我们较关注商人自身躲避商业风险和建立商业秩序的努力,但实际上清代各级政府对于商业秩序整治的作为往往是决定性的,这些事务大多必须借助于官府的力量,才能得到落实。

一、清政府建立良好商业秩序的政策导向

清朝建立以后，清廷致力于社会经济的恢复和发展，在建立良好的商业秩序方面也做出了积极的努力。如康熙帝反对重困商民的政策，提出商业与农业应得到同时发展；反对乱设关卡、向商民课以重税的做法，积极清除积弊，公布关税征收则例，允许商人控告例外勒索者，禁止故意延误商民过关时间；反对官而兼商或垄断市场的行为，要求牙行应成为便利商民的机构，而不应该勒啃商民，更不允许私设牙行；还着力统一度量衡，消除商品交换中存在的障碍；竭力禁止兵痞等抢勒商民。所有这些，都为清初社会经济的繁荣奠定了基础。

清初战事频仍，统治者多向工商业者摊派税项，商民不但"有输纳之苦，有关津之征苦，有口岸之苦"，[①]还有溢额加级的定例，关津税吏对过往商旅"恣行苛虐"，收了应征，还要溢额。商民"不苦于关，而苦于关外之关；不苦于税，而苦于税外之税"。[②] 康熙认为："重困商民，无裨国计……朕思商民皆吾赤子，何忍使之受累？今欲除害去弊，正须易辙改弦。所有现行例收税溢额，即升加级记录，应行停止。"[③]他指出："国家设关榷税，原以阜财利用，恤商裕民，必征输无弊，出入有经，庶百物流通，民生饶裕。近来各关差官不恪遵定例，任意征收，官役通同恣行苛虐，托言办铜价值浮多，四季解册需费，将商人亲填簿册，改换涂饰。既已充肥私囊，更图溢额议叙……"皆属有违其"体下恤商至意"之事。[④] 康熙鼓励商民控告"例外勒索者"。康熙还说："设立榷关，原欲稽查奸宄，照额征收，以通商贾。"对于扰害商民者交衙门严加处分。"嗣后有不肖官员希图肥己，种种强勒额外横征，致害商民，尔等通行严饬。"对于那些延误商人过关时间的现象，康熙帝也很生气，他要求："凡商民抵关，交纳正税，即与放行，毋得稽留苛勒，以致苦累，违者定行

---

① 《清文献通考》卷二十八，《征榷》，南京：江苏古籍出版社，1988年。
② 贺长龄等：《皇朝经世文编》卷二十八，《户政》，北京：中华书局，1991年。
③ 《清圣祖实录》卷二一四，康熙二十五年二月丙申条，北京：中华书局，1986年。
④ 《清圣祖实录》卷一百二十四，康熙二十五年二月丙申条，北京：中华书局，1986年。

从重处分。朕早夜孜孜，惟冀官吏军民士农商贾无一人不获其所，故于民生吏治，图维区画，务极周详。"①在王朝的繁盛阶段，朝廷的为政理念可迅速转化为地方官员的实际行动。

二、地方官府对不良商业环境的整治

（一）禁止勒索外商

外出经商特别是长途贩运贸易往往面临较多的风险。人生地不熟，举目无亲，随时可能遭遇不便。在江南苏州，官府在浒墅关、福山、蠡口设有钞关，对来往船只征收一定数额的商税，这是国家财政建设的需要，本无可厚非，可是当时"切有流奸赤棍，假仗关委，巡拦列船□□，截商劫民，称官称吏，名号不常，或东或西，踪迹不定，遭其毒螫，靡不倾资"；当时"县界湖桥、黄庄、湖塘、让塘港、三丈浦等处，流毒久矣"。这些不法之徒假冒官府，肆意横征让商民苦不堪言。地方官往往亦只能管辖界内子民，"而不能杜绝遐方异棍"，因而造成"棍徒借口盘诘殃民，其弊由来已久"的局面。有人感叹：那些"假冒浒墅关名色，伙众分截，近害尤甚，民奚以堪"？万历四十五年（1617年）八月，知县张节，县丞姚秉嘉，施政主簿赵忠谟、李大瞻，典史蒋一鸿等树立一碑"于让塘港、黄庄、三丈浦各通衢要所，永为遵守禁绝。如有前项棍徒，仍复地方骚扰害民，许诸色人等，即便擒拿解县，依律重治；敢有地方串结，容隐不举，解院道施行，决不轻贷，须至碑者"。② 这里希望调动民众的力量，官府给予令箭，允许押解扰害商业正当经营的不法分子到官府。

康熙九年（1670年）常熟县颁布了《永禁苛派行户鱼肉铺家碑》，希望给商人一些政策上的保护。市场的正常运行，有赖于官僚阶层"体恤民隐，发价平买，则民安，廛市无赔累之□，□久法弛，复有蹈此辙者"。康熙十二年（1673年）常熟知县张绍戬认为：吏员敢"取用行户者，山上之人稽查之法疏也……伏乞赖下各省督抚，不时稽察，严加禁饬，如有势取行户，不发价值苦

---

　　①　《清圣祖实录》卷一百三十九，康熙二十八年二月己酉条，北京：中华书局，1986年。

　　②　苏州博物馆、江苏师范学院历史系、南京大学明清史研究所：《明清苏州工商业碑刻集》，南京：江苏人民出版社，1981年，第372~374页。

累小民者，即行参处"。①

康熙二十七年（1688 年）《长洲县为木行永禁行头名色以除商害给示碑》提到了对借充牙商、争利病商的禁令，在木业及其他各业都有类似的碑记。

嘉庆十一年（1806 年）有《元和县严禁滋扰虎丘山塘铺户及进香客船碑》，其中说道："虎丘山塘，通衢七里，地方名胜，店铺稠多，然买卖贸易，皆赖过往商船，迩缘恶匪纠党成群，皆带铁枪、小枷及掮石之类，或十余人，或二十余人，聚伍络绎，或至停泊之船，或至店户之家，每人勒索钱十四文，适有不遂，涂污抛石。是以来往商船，畏其强恶，不敢停泊，以致各铺生意萧条，贸易零落，身等皆山塘铺户居民，事关切己，谊难忍坐，必求示禁。并着讯捕、地保及丐头人等管束，庶匪知儆。为此环吁恩赐示禁，并自勒碑，俾免久湮等情，批行严禁，并查拿究办。"先经当地百姓建议，既而由官府颁示："有前项钉带铁枪、小枷、掮石匪犯以及外来流丐，敢于成群结党，向店铺滋扰，或向进香客船勒索肆凶不法者，许被诈之人，扭交地保、丐头，禀解本县，以凭从严究办，地保人等，如有容隐，察出并处，决不姑宽。其各凛遵毋违。特示遵。"②

嘉庆十五年（1810 年）《元长吴三县永禁诈索商船碑》中说："向或自船自本，贩米苏买，或揽写客载运货来苏，是米济民食，货利国用。苏省之流通，全赖楚船之转运。……近遭一干地痞假充河快，聚党多人，日肆索诈。装米者，照船之大小，索米自三升至一斗不等。装杂货者，与米□□□勒钱□□船要钱一百四十文，□船各夜逐要灯油钱十四文，种种扰害，万船切齿，忍气吞声，已非一日。"船户们联名上禀，他们表示"不愿深追既往，惟求示禁将来"。地方官亦觉得有必要示禁，从而实现"通商货，柔远人，除近害，一举而三善备焉"的目标，规定："嗣后如有无籍棍徒乞丐，假充河快名目，在于各商船索诈钱米，生事扰害者，许即扭禀本县，以凭按律究办。该地方倘敢徇纵，并提究革不贷，各宜凛遵毋违。特示。"民间的意见得到了官府的重视，并采取了相应的措施，官府的权威得以发挥和树立。

---

① 苏州博物馆、江苏师范学院历史系、南京大学明清史研究所：《明清苏州工商业碑刻集》，南京：江苏人民出版社，1981 年，第 383 页。

② 苏州博物馆、江苏师范学院历史系、南京大学明清史研究所：《明清苏州工商业碑刻集》，南京：江苏人民出版社，1981 年，第 388 页。

地方棍徒多把勒索的目标锁定在外来之商人，"无奈商惧取祸，祸自寻商。此辈欺异商为孤雏，羡盐务为奇货，或不风起浪，或指鹿□作，干证砌陷之毒，指不胜屈"。人们感叹"异商之苦，朝不保夕，人人自危"。①

松江府为严禁巡船抢掠竹木告示碑中说："（汪以）法等运米本城，簰篼必经黄浦，向设巡船，原为缉盐防盗通货，以卫商民。乃有巨蠹大奸，借名巡船，手持利刃，勾引营兵上牌恣抢，货殖难行，为害殃课。呈蒙前宪檄行总巡严禁，仍差府捕项秀巡缉，有犯必究，数年宁谧，竹木安行。岂日久法□，奸徒又生，名为巡盐，实逾大盗。抢掠竹木衣囊，道途阻塞，国课难输，法等情急，复呈部主移会宪天，蒙批松江府，未蒙勒石。今幸宪天巡临松郡，极备巡船假冒等事，攀辕控宪，蒙批允行。本府商民，实切有赖。"勒碑"仰合属巡盐官捕知悉，毋宜恪守法纪，用心巡缉，毋得借名巡盐，勾引营兵抢掠竹木，以妨商本，致误国课。如有故违，许该商指名报府，以凭立拿解院重处，决不姑贷"。②

嘉兴府有一通《禁革强赊硬买捏名勒索洋药铺碑》，其中说："沈万生、陆恒、萧协顺、高透云、陈盖丰等称：伊等均在城内开张洋药铺，遵纳税厘，运货发售"，且"有等无赖之徒，往往强赊硬买，借端寻衅，每至铺中纷扰，且有捏称文武衙门诸色名目勒索节规，扰累不止。叩请给示谕禁等情到县。据此除批示外，合行勒石永禁。为此示仰该铺司柜及诸色人等知悉：嗣后尔等运售货物，务须公平交易，如有前项不法之徒，借端索扰，强赊硬买及捏称文武衙门诸色名目，索作节规，借端寻衅者，许该商等指名呈控，听候提案究办，决不宽贷"。③

这些碑文都提出了不能容忍奸徒有欺压外来商人的行为，如果有地方官吏纵容他们，也要遭受必要的惩罚。

———————————

①　上海博物馆：《上海碑刻资料选辑》，上海：上海人民出版社，1984年，第448页。

②　上海博物馆：《上海碑刻资料选辑》，上海：上海人民出版社，1984年，第108页。

③　陈学文：《嘉兴市城镇经济史料类纂》，杭州：浙江省社会科学院，1985年，第430页。

(二)清理地方黑恶势力

在商业发达之区，如果没有政府的干预，常常是地方豪强势力称雄称霸。康熙二十年(1681年)《松江府规定脚价工钱告示碑》提到，松江知府鲁为松对各类长短雇工的工价作了指导性的规定，限制了"地方脚夫索诈再醮孀妇陋规，逼勒新开店铺贺礼，抢夺乡民米稻采宝等弊"。康熙二十五年(1686年)，嘉定县亦对"无赖棍徒，倚恃膂力，横诈民财，法干重典"现象予以关注，像"吴下脚夫一项，什百成群，投托势要，私划地界，设立盘头、脚头等名目，盘踞一方，凡遇商民货物及一切婚丧吉凶事件，动辄拦截阻挠，不许自行□返，故索高价，每担三、四、五分，即贱如糠秕，近止数步，亦必索钱一二十文不等。若遇婚丧大事，抬送花轿棺木，不论贫富，群聚□帐，□以□从。倘不遂其所欲，则货抛河下，不能移动。大礼急务，莫敢扛抬，稍与理论，一呼百集，□擒□殴。告官究治，则分□□□把持，有司碍于情面，不加惩创，养成骄悍，日甚一日。若不严加禁戢，必致流害无已"。于是规定"嗣后民间婚丧□理，以及商铺货物扛□□□□民□自行雇募，如有前项恶棍，分疆列界，盘踞横行，货经访闻，货被告发，定行严拿"。①

在地方垄断性市场如婚丧事宜上，常常存在肆意抬高价格甚至额外索利的现象。华亭县于乾隆二十年(1755年)颁布禁令："窃夫工匠役凡遇婚丧，不得私分地界，霸占扛抬，恃强搀夺，议定每人日给工价五分，惟婚丧大事，非民间每家每月常有之事，议于工价之外，每名另给酒饭银四分，以作犒赏。如敢分界垄断，额外夺索，立拿重究。再脚夫工匠，通属皆然。"②

嘉庆六年(1801年)十一月《上海县为禁脚夫人等分段把持告示碑》中说："民间婚嫁等事，需用人夫，自应听便雇觅，岂容匪徒分段把持，肆行勒索。"规定"嗣后如遇需用前项人夫船只，均听本家自行雇佣。倘有匪徒私分地段，任意勒索，不听本家自便，累居民者，一经访闻，或被控告，定行严提惩

---

① 上海博物馆：《上海碑刻资料选辑》，上海：上海人民出版社，1984年，第434页。

② 上海博物馆：《上海碑刻资料选辑》，上海：上海人民出版社，1984年，第435页。

治。保甲人等,通同容隐,亦即一并提惩"。① 道光二十一年(1841 年)《嘉定县为禁止丧葬扛抬人夫勒索告示碑》中也说:"凡民间丧葬需用扛抬人夫,悉听本家自雇,其雇值应计道路之远近,定钱数之多寡,在十里以内者,每县用人不得过六名,每名工食钱不得过一百二十文。十里以外者,每里各加钱十二文。若仅止扛抬下船或(下缺),每名工钱不出六十文。其埋葬土工,每名每日给工食钱一百四十文。不准脚夫及看坟人等私分地界。"②道光二年(1822 年)《上海县为禁止流丐成群结党滋扰告示碑》提到:"乡民离城窵远,恶丐成群作队,沿乡强讨,遇有婚丧喜庆,聚党盘绕,不遂其欲,出言无状。农民戽水车棚,多在荒村旷野,乏人看守,恶丐乘隙聚歇。倘有驱逐,非犯事扳害,即放火烧车,否则在棚滋事贻害。"③道光二十三年(1843 年)《青浦县永禁流丐勒榨滋扰告示碑》中说到:有些地方离城窵远,政府疏于管理,"向多不法棍徒,肆行诈扰。近有丐匪,或齐集乡村,或占居庙宇,肆行窃扰,或遇民间婚嫁丧葬等事,恃强勒索"。禁令规定,嗣后如有丐匪勾结土棍,借端勒榨以及盘踞抢窃滋扰等项不法者,许即指名禀县立拿严究详办。倘地保丐头得规徇庇,或经访闻,或被告发,亦即提案究革,决不宽贷。④ 一些为非作歹分子常常相互勾联,形成黑恶势力,称霸乡里,政府亦多力图对之加以抑制。

嘉定、昆山、青浦三县连界之安亭镇,上海、青浦、嘉定三县交界之诸翟镇都因政治统治宽疏,出现"丐匪土棍,互相勾结,滋扰闾阎"的现象。在青浦县华亭乡一、二、三、四、五、六、七、二十八、二十九、三十、三十一、三十二、三十四等图,人们"耕读传家,守业循坟。该处素有一等无业游民,横行村镇,名为求乞,成群结队,肆意骚扰,每当稻麦登场之候,此风尤炽。设使家惟妇孺,竟或携取器皿,勒赎喧嚷。遇有民间婚丧等事,登门强索,此去彼来,动以百计,非费数千文不能安静。稍不遂欲,动辄行凶踞吵,地保未能,

---

① 上海博物馆:《上海碑刻资料选辑》,上海:上海人民出版社,1984 年,第438 页。

② 上海博物馆:《上海碑刻资料选辑》,上海:上海人民出版社,1984 年,第439 页。

③ 上海博物馆:《上海碑刻资料选辑》,上海:上海人民出版社,1984 年,第440 页。

④ 上海博物馆:《上海碑刻资料选辑》,上海:上海人民出版社,1984 年,第442 页。

闾里恣其鱼肉。虽经府县查禁，敛戢未几，复萌故智。在有力者，尚可买静求安，不至受其窘迫；贫窭之户，必致受累无穷，甚至典质借贷，填其欲壑而后已。私此为害闾阎，逾于狼虎，不求永禁，民不聊生"①。这类现象往往由地方耆民、文生等联名向上反映，上级予以重视，颁布禁令。康熙二十一年（1682年）《长洲县严禁山塘镇斛手脚夫擅立陋规阻市病商碑》云："敢有前项斛手脚夫，不遵宪禁，擅立陋规，多勒斛钱及笆仓，恣肆不法，阻市病商者，许即指名报□□□□□□□□尽法处□□，决不轻恕。"②

有的肆意增设新的收税项目，给商人增加了许多额外负担，对此政府往往亦采取措施。乾隆七年（1742年）《长洲县革除腌腊商货浮费碑》规定："嗣后凡腌鸡鱼肉虾米等物交易，价银九七足色，漕平九七足兑，买客外用，每两一分，出店脚费在内。该商内用每两一分，脚栈在内。此外浮费，概行革除。至出店牙行人等，不得私自偷窃客货，各宜凛遵毋违。"③

嘉庆十八年（1813年）《元长吴三县饬示枣帖牙户概行领用会馆烙引官斛碑》中规定："嗣后务遵历定章程，凡枣客载货到苏，许有枣帖官牙，领用会馆烙引官斛，公平出入，毋许妄用私秤，欺骗病商。如有私牙白拉，违禁搀越，一经查出，或被告发，定提究处。该地保徇情不报，察出并处不贷。"④对地方保护主义提出了防备措施。

道光十一年（1831年）十月二十三日《长洲县永禁滋扰圆妙观搭建摊肆碑》记载：

> 据圆妙观方丈道士全体约禀称：窃圆妙观山门口场地一带，前有霸占之徒，搭盖棚厂收租，禀请押拆严禁。嘉庆二十四年（1819年）间，经郡绅石宦等家属石忠呈称：该处小民在观外场地摆立摊肆，已有多年，一旦奉禁，在霸占收租者固可禁绝，而开肆牟利之民势必失所无依。惟

---

① 上海博物馆：《上海碑刻资料选辑》，上海：上海人民出版社，1984年，第444～445页。

② 苏州博物馆、江苏师范学院历史系、南京大学明清史研究所：《明清苏州工商业碑刻集》，南京：江苏人民出版社，1981年，第232页。

③ 苏州博物馆、江苏师范学院历史系、南京大学明清史研究所：《明清苏州工商业碑刻集》，南京：江苏人民出版社，1981年，第247页。

④ 苏州博物馆、江苏师范学院历史系、南京大学明清史研究所：《明清苏州工商业碑刻集》，南京：江苏人民出版社，1981年，第251～252页。

有将观外场地，令方丈道士出资搭盖，开设摊肆，自向方丈议租，所得租息抵补殿庭门户岁修经费。业蒙通详各大宪立案。兹于道光七年（1827年）九月间，观外民居失慎，延及山门神像，随蒙各大宪捐俸并劝募，阖郡绅商牙铺捐输助济，现已完工。稍余木料，观门外场地仍照旧址搭盖瓦棚，招租取息，以抵岁修之费。如遇观中公事，仍遵前宪示谕，随时拆除，毋庸禀求差押，以省繁渎。现需搭盖，恐有地匪借端滋扰，乘机窃料，仰叩赐给示晓谕禁约，并求移知水利厅宪一体禁约等情。……现据方丈道士添资照旧盖造瓦棚，尔等如有愿在观门场地贸易，准向道士处议价按月交租，毋得抗欠。倘有地匪借端滋扰阻工，乘机窃取木料，许该地方禀解本县，以凭查究。[①]

道光八年（1828年）《吴县严禁船户脚夫把持阻挠粮食豆行上下货物碑》中规定："嗣后粮食豆行，上下货物，自挑自载，应听买主之便，或雇尔等驳船，或由买主自带船只载运，概不行逞凶勒索，如敢把持揽阻，有碍行市者，许即扭解本县，以凭依究处。地方徇纵，察出并处。"[②]

有的肆意霸占道路，影响人们行走，这就需要官府出面处理。道光十五年（1835年）《吴县禁止在柏油公所公地堆积污秽有碍行走碑》中规定："毋许在该处设立尿桶，倾倒垃圾，堆积污秽及摆摊喊卖，有碍往来挑运行走，并地匪借端阻挠情事。如敢故违，许即拿解本县，以凭严究。该地保徇纵，察出并处不贷。"道光二十二年（1842年）《吴县严禁盘户脚夫霸持地段滋扰米行挑送米石碑》规定："自示以后，如有行内买卖米石，应听本行工人自行挑送。盘户脚夫如敢恃强霸持地段，勒索凶殴以及借端滋扰者，许即指名禀县，以凭提究。该保容隐，察出并处。各宜凛遵毋违。"[③]道光三十年（1850年）《苏州府严禁勒派春秋祭祀等项供烛借端滋扰烛店碑》规定："嗣后如有

① 王国平、唐力行：《明清以来苏州社会史碑刻集》，苏州：苏州大学出版社，1998年，第636页。

② 苏州博物馆、江苏师范学院历史系、南京大学明清史研究所：《明清苏州工商业碑刻集》，南京：江苏人民出版社，1981年，第233页。

③ 苏州博物馆、江苏师范学院历史系、南京大学明清史研究所：《明清苏州工商业碑刻集》，南京：江苏人民出版社，1981年，第234页。

匪徒串同差保，勒派春秋祭祀等项供烛，借端滋扰，许该铺户等指禀地方官，从严究办。"①官府在社会管理方面日渐显示出扩张的倾向。管理范围扩大到设厕、通流、停泊等各个方面。

同治十三年(1874年)四月初五日《元和县为猪行公置猪客留宿处所永禁地棍借端滋扰碑》规定："自示之后，如有地棍借端滋扰以及恶丐强讨硬化情事，许即指名扭解本县，以凭提案究处。该地保如敢隐庇，定提并究。"②

对于不肖行户，随便使用不公正的量器，官府亦有禁令，如光绪二十九年(1903年)《常熟昭文二县严禁米业行户擅用无烙之斛碑》规定："近有不知自爱之行户，往往以春熟登场之际，擅用无烙之斛，或将引米大小互调，或私自撬去，如此弊端恶习，何足以示大公而昭诚信。""自示之后，如有不肖牙户，仍敢作弊，擅用无烙之斛，或将引木大小互调，一经查实，许核司年等指名禀县，以凭提案严办，决不宽贷。地保徇庇，察出并惩。各宜凛遵毋违。"③

光绪十七年(1891年)《江苏巡抚部院严禁苏城水旱各门盘查委员需索扰民碑》提到：

> 本城水旱各门，向来派委文武各一员，职司启闭，厚给薪水，原为盘查奸宄，并非使其需索扰民。今本部访闻，有等不肖之员，派拨丁役在于水旱关。凡遇乡间牛羊、鸡鸭等畜，蔬果、粪土等船，皆须讹钱数十至四五文不等，方准出入旱门。如同卡员收税，水关无异僧道化缘，不但该委员大失体统，即该乡民何堪遭此扰累。合行出示严禁。④

光绪十八年(1892年)，苏州府还立有《禁止各项船只占泊香山船户码头致碍商客上下碑》，确立了"香山船户徐耀山等愿循旧章，每月公捐男普济堂足钱一千二百文，系属不□善捐起见。至该船停泊码头，饬据吴县查明，并无窒碍，应准仍照原址钉立木桩，各项船只不准拦入占泊，致碍商客上下。

① 苏州博物馆、江苏师范学院历史系、南京大学明清史研究所:《明清苏州工商业碑刻集》,南京:江苏人民出版社,1981年,第254页。
② 苏州博物馆、江苏师范学院历史系、南京大学明清史研究所:《明清苏州工商业碑刻集》,南京:江苏人民出版社,1981年,第254页。
③ 苏州博物馆、江苏师范学院历史系、南京大学明清史研究所:《明清苏州工商业碑刻集》,南京:江苏人民出版社,1981年,第236页。
④ 苏州博物馆、江苏师范学院历史系、南京大学明清史研究所:《明清苏州工商业碑刻集》,南京:江苏人民出版社,1981年,第317页。

倘该□逞,许即指禀拿究,地保徇纵,察出并处"。①

光绪二十三年(1897 年)《元长吴三县禁止私相兜揽南枣橙桔等货碑》中,一些牙行联名称:

> 窃苏省阊、胥两门,凤称万商云集,客货到埠,均投行出售。近来客货日稀,行铺有闭无开。推原其故,皆由白拉私相兜揽,且有行面久闭,隐匿废帖,蒙混招揽,吞用偷捐,弊窦百出。而牙等山北水果杂等行为尤甚。缘所进南枣橙桔等货大都产自南路,葑、盘等门是其必由之路。该处白拉最多,沿途兜揽,以致投行日少。牙等领帖开行纳税,取用为养赡之资。私此白拉日盛,若不设法禁止,非但有妨生业,抑且攸关厘饷。联名禀请会同示禁等情到县。据此除批示外,合行会衔给示谕禁。为此示仰商民及地保人等知悉:尔等须知白拉兜扰,废帖蒙充,均干例禁。自示之后,倘再违禁白拉,私相兜揽及有隐匿废帖,冒名顶充等事,许该牙行等随时指名禀县,以凭提究。地保容隐,察出并处。②

《长洲县谕禁捕盗勾结诈民碑》《震泽县奉宪禁起窃赃碑》等都揭示了官匪勾结"亏商累民"的事实。

三、禁止侵犯他人商标权

《元和县示禁保护沈丹桂堂碑》表明清政府对商标侵权的处置。"据沈立芳呈称:身祖世安遗制白玉膏丹,有沈丹桂堂招牌图记为凭,历在台治临顿路,小日晖桥开张发兑,专治裙疯廉疮,一切肿毒等症,应验驰名。近有无耻之徒,假冒本堂牌记,或换字同音,混私射利,粘呈牌记,叩求示禁等情。"元和县下达禁示,"自示之后,如有棍徒敢于假冒沈丹桂堂图记以及换字同音混卖者,许即指名禀县,以凭提究"。③ 保护商标所有权是近代商业发展的必要条件,这项规定体现了我国传统商业发展到了一个较高水平。

---

① 苏州博物馆、江苏师范学院历史系、南京大学明清史研究所:《明清苏州工商业碑刻集》,南京:江苏人民出版社,1981 年,第 318 页。

② 苏州博物馆、江苏师范学院历史系、南京大学明清史研究所:《明清苏州工商业碑刻集》,南京:江苏人民出版社,1981 年,第 256 页。

③ 王国平、唐力行:《明清以来苏州社会史碑刻集》,苏州:苏州大学出版社,1998 年,第 575 页。

四、安置失地居民

市政设施往往需要占用农夫的土地,使农夫赖以为生的基础丧失,优先安置他们已纳入政府的视野。立碑是地方官府制定地方法规的基本形式,光绪二十四年(1898 年)《元吴二县会同示谕兴隆桥渡口由顾凤山等承值摆渡不许棍徒搀杂碑》中说:

> 因为葑门外北三十一都一图地方,业经由官买作通商场,该图居民顾凤山等百余家,顿失生业,男女丁口,不下千人,断有仳离之款。迭据该乡民等禀奉抚宪暨关藩道宪批饬筹议,当由本二县会详,准令顾凤山等于兴隆桥堍设立渡船,并自韩家坟以东至灵官庙迤南密渡桥一带粪段,亦归该乡民等承倒。所有脚夫驳运等事,并准顾凤山等承值,以免失所,而示体恤,详奉各宪批饬照办。嗣据纱厂总管王勉以该处民渡船小,时虞倾覆,由厂自造渡船一只,专摆厂内工人,禀经吴县批准给示在案。兹据顾凤山等以厂中所造渡船,现由身等出资租用,所有女工房及坑厕下脚钱文,亦已议明立据。嗣后概归身等永远安业,并无纠葛。禀求会同示谕,并生命倒粪一项议定界址:西至韩家坟,东至灵官庙,北至城根,南尽租界等情前来。除批示外,合行示谕,为此示仰该处地保及诸色人等知悉:尔等须知,顾凤山等在该处承值摆渡,粪段脚夫等项,业经详奏上宪照准,其纱厂自造专摆厂内工人之渡船,已由该民人等出资租用。所有厂内女工房及坑厕下脚钱文,亦经议明立据,永远安业。自示之后,倘有棍徒借端阻挠霸占搀夺情事,许即指名禀县,以凭提究。地保容隐,察出并处。①

这里体现了政府对失地农民的安置。

五、处理公共事务

有关环境协调、公共卫生等社会事务往往需要政府发挥其积极作用。

---

① 苏州博物馆、江苏师范学院历史系、南京大学明清史研究所:《明清苏州工商业碑刻集》,南京:江苏人民出版社,1981 年,第 319 页。

乾隆二年(1737年)苏州府永禁虎丘开设染坊污染河道碑提出了环境治理和保护的思维。

光绪十四年(1888年)《长洲县永禁在太子码头摆设粪缸开挖尿槽碑》中注意到公共卫生问题。"民人俞云山、陈森全、张阿炳禀称:身等前因乡民在太子码头北前摆设粪缸,开挖尿槽,当经禀蒙前宪出示严禁在案。巨该乡民等只图利己,不顾害人,仍复摆设粪缸尿槽,违抗不遵。"官府意识到"仍前摆设粪槽,不惟居民触秽致病,且太子码头为各宪经临之所,理宜清肃"①。

光绪二十年(1894年)正月二十八日《吴县示禁清理张广泗桥附近摊柜以防火灾而通水埠碑》中说:"桥之泗埭,向均有起水埠头,现在西南角一水埠,今春为沈万兴鸡鸭店搭出柜台,占住水路,西北角之水埠为糖果摊子及垃圾堆满,仅剩东北及东南两埠可通行走,桥面也为摊棚所占,只剩狭路。火起之时,尚不肯拆,以致南北往来,极为拥挤。后□之合,水龙不能在张广桥水埠取水,转向皋桥及泰伯庙□汲取,舍近求远,殊形不便。现值中东市上下塘被灾后,瓦砾堆积,街衢阻□,已由绅等募资□轮香善局督工,挑出城外,并拟将张广桥四旁水埠出清垃圾修好□□,以通水路,而复旧规。惟沈万兴搭出之柜台,必须拆进屋内,桥面桥堍所摆摊棚,必须一律拆去,方可动工。"早在咸丰八年(1858年)十二月十三日,就有里绅王沽禀上书:张广桥聚贤楼茶馆侵僭水弄,硬阻出入,而桥上搭盖芦席摊棚,举火作灶,阻碍行旅。直至光绪二十年(1894年)才正式颁令:"自示之后,该桥堍四旁不准摆出柜台,桥面桥堍亦不准摆摊搭棚,以防水灾而通水埠,倘敢不遵,许该处地保指名禀县,以凭提究押拆,地保徇隐,察出并处不贷,其各凛遵毋违。"②保持消防通道的畅通是尽量减少灾害损失的重要前提,官府出面才能产生效果。

光绪二十七年(1901年)《吴县等会衔给示永禁在泰伯庙桥两旁摆设店摊有碍行途碑》说,当地官员联名称:

> 苏郡阊门内泰伯庙桥,占名至德庙桥。宋乾道初建,前明及国朝屡经修造,惟日久势将倾圮。上年职等募资重修,由永善堂经办,禀蒙会

---

①　苏州博物馆、江苏师范学院历史系、南京大学明清史研究所:《明清苏州工商业碑刻集》,南京:江苏人民出版社,1981年,第316页。

②　苏州博物馆、江苏师范学院历史系、南京大学明清史研究所:《明清苏州工商业碑刻集》,南京:江苏人民出版社,1981年,第662页。

衔示谕在案。自闰八月初五日动工,至十一月工竣,一应工料,共支洋一千八十四元六角,均系善士捐助。其不敷之款,由余元、仁和、顺康三□分匀摊出。除将收支各款清账另行刊石征信外,查城内皋桥、都亭桥等处,均已搭棚盖屋,开设各项店铺,并摆蔬果、鱼肉等摊,占□桥梁。缘有善堂按月收租,踞为利薮,以致桥面仅剩狭路,来往行人拥挤不堪,时有剪绺挖包、失窃物件情事,吴人莫不痛恨。惟现修之泰伯庙桥,两旁空阔,向无店摊,职等恐将来地保人等,得受私贿,任人搭棚盖屋,摆设店摊,复筭令善堂出面收租,内通渔利,有碍行途,易滋小窃。为此环求会同颁给印示,勒石永禁等情。

为此示禁,"自示之后,永不准在该桥面两旁搭棚盖屋,摆设店摊,倘有贿通地保,筭令善堂出面收租渔利,有碍行途情事,定当提案严惩押拆,决不稍宽"。① 官府及时出面规划是避免商业秩序混乱的前提,有时还应尽量做在前面,否则就需要出更大的手术,付出的成本势必更高。这种成本有时还不仅是经济上的,而且还可能导致小偷猖獗、社会风气被败坏的恶果。

由于商业的繁荣,苏州出现了一批附着于各行业,专以敲诈勒索为生的地棍、恶霸。《太仓州奉宪取缔海埠以安海商碑》中显示,清政府十分重视海商管理,因为"出口商船俱属身家殷实,而舵水人等俱有年貌、籍贯,各有保人,由县结报,始准给照驾驶,而出入海口,又系层层盘诘,诚如藩宪钧批:非同内河船只,随处揽载,漫无稽查者比"。乾隆年间,出海口浏河镇"不意忽有游棍江三和、许永裕、张永吉、马合顺等呈县创设海埠,勒索牙用,复私举吴县游民马琼培、毛砚伟充当"。海埠被批准建立,商人在上完税课,下还水脚之外,还被节外抽收每两银三分,于是联名上告,赢得官府支持。颁布告示:"永不许奸徒游棍借词创增海埠,希图扣收牙用射利,累商滋事,各宜永久遵行。"又如《苏州府示谕枫桥米市斛力碑》反映了地棍以建会馆为名敲诈勒索的现象:"在楚贩米回苏,在枫镇经行发卖,向给斛力,每石米五合,今有乐自新、王全兴、张路九、郭太和等,以建立会馆为名,设立巡船,聚集匪累,无船不索,无货不抽,遂至米无人斛,船不能留,米价腾贵。""在楚贩米"为业的苏州洞庭会馆上告苏州府,并获官给示:"该船户倘敢借端唱勒不遵,一经

① 苏州博物馆、江苏师范学院历史系、南京大学明清史研究所:《明清苏州工商业碑刻集》,南京:江苏人民出版社,1981年,第320页。

访闻,或被告发,定即按名严拿究办,决不姑宽。"①对于那些依仗各种名义勒索商民的行为,官府的严厉取缔是至为关键的。

六、官府出面缓和劳资矛盾

劳资矛盾也往往需要官府加以协调,《吴县禁止板箱业作伙私立行规行簿倡众停工碑》中显示:板箱业作伙联合起来私立行的组织,倡众停工,要求提高工资,与作主对抗,并有"把持行凶""肆毁家伙"等行动。官府一方面申明"作内雇佣工匠,无论何处人士,悉由作主自便,不准作伙把持";另一方面,又要求"倘有匠伙在苏病故,殡殓诸费应听作主料理"。② 力求让劳资双方协力处理实际生活中出现的问题。

清代商业发达之区,既出现了许多社会进步的现象,又夹带了若干社会不和谐因素,给人们的生产、生活带来极大不便,并从根本上抑制了社会的健康发展。民间社会往往采取各种手段如建立家族、会社、会馆来维护自己的利益,某种程度上实现了各自小范围的有序,但从社会整体而言,政府权威的树立及管理功能的强化在引领社会有序发展方面往往扮演着重要角色。单纯依靠民间或一味等待官方进行处理都不是最好的办法,只有有机地结合二者的优势,才能最大限度地发挥出管理社会的功效。清朝自康熙起,即注重对商业秩序的建设,一直延续到嘉庆、道光乃至光绪时代,应该说产生过积极的效果,康熙初苏州"六门紧闭,城中死者相枕藉",③"机工星散,机户凋零"④。松江"布号纷纷歇业"。到康熙中叶,苏州已经面貌一新:"郡城之户,十万烟火";"阊门内外居货山堆,行人流水",商业呈现出繁荣景象。当然仅仅靠一些碑记也时常被人们看轻乃至践踏,真正的效果往往不尽如人意,但是政府积极致力于建立良好商业秩序的努力仍是值得肯定的,而且这些作用又是舍官府而难以发挥的。

---

① 王国平、唐力行:《明清以来苏州社会史碑刻集》,苏州:苏州大学出版社,1998 年,第 596~599 页。
② 王国平、唐力行:《明清以来苏州社会史碑刻集》,苏州:苏州大学出版社,1998 年,第 675 页。
③ 顾公燮:《消夏闲记摘抄》卷中,《芙蓉塘》,第 13 页。
④ 江苏省博物馆:《江苏省明清以来碑刻资料选集》,北京:三联书店,1959 年,第 534 页。

第二节

从《抚豫奏稿》看1813年
天理教起义平定后的善后事宜*

乾嘉之际,沉寂百年的白莲教派活动,从聚会和敬神等和平式的活动逐渐演变为对抗政府的叛乱。千年盛世的预言被再次奉上神坛,各地大小叛乱接续不断,曾经辉煌显赫的大清王朝在叛乱风暴的席卷下大伤元气。爆发于嘉庆十八年(1813年)的天理教起义,甚至在悄无声息中将剑戟指向了清王朝的心脏,紫禁城的统治者们虽然在有惊无险中躲过了此次劫难,其受到的心理创伤却是史无前例的。嘉庆皇帝在罪己诏中这样感慨道:"然变起一时,祸积有日。当今大弊,在因循殆玩四字,实中外之所同。朕虽再三告诫,舌敝唇焦,奈诸臣未能领会,悠忽为政,以致酿成汉唐宋明未有之事。"①这种心理的创伤并未随着叛乱的被镇压而慢慢愈合,叛乱结束之后,嘉庆皇帝依然屡屡颁布上谕,严饬地方官员加紧对为数不多的余犯进行大肆搜捕,然而成效却并不显著。逃犯的伪装和教派成员对罪犯的隐匿虽然增加了搜捕的难度,但并不足以成为阻碍搜捕工作的主要因素。透过对叛乱重灾区豫省巡抚方受畴上呈奏折——《抚豫奏稿》的分析,我们似乎可以从中找到对此问题的合理解释。

《抚豫奏稿》是嘉庆十九年(1814年)三月至七月间河南巡抚方受畴上呈给皇帝奏折的全记录,所涉时间虽只有短短的五个月,但内容包括余犯的调查、追踪和剿灭,灾民的抚恤、赈济和灾区的重建。奏稿中不仅包含了方受畴上奏的秘折,而且收录了嘉庆皇帝的朱批、谕旨,以及军机大臣的字寄。透过君臣间的私密对话,我们可以窥见以嘉庆皇帝为代表的中央和以方受畴为代表的地方在对此次起义善后事宜的处理上既存在一致性,同时又暗藏着分歧,这种分歧也在一定程度上暗示了中央权力的日渐衰微。

---

* 本节与涂丹合写,涂丹现为南京信息工程大学科学技术史研究院教师。
① 《清仁宗实录》卷二七四。

一、余犯的追踪与剿除

嘉庆十八年（1813 年）十二月，林清、李文成起义平定后，政府对叛乱者的追查并未随之结束，反而开始了与在逃要犯的新一轮斗争，政府花费了大量的人力、物力追踪和剿除要犯，并制定了具体的搜捕名单，以防殃及无辜和搜捕范围的肆意扩大。此外，政府还不断修改和增加新的搜捕措施，以利用一切可以利用的机会剿灭漏网的叛乱分子。然而，政府这一系列看似有效的措施，并未达到预期的效果，上榜的六名首犯始终逍遥法外。在调查和搜捕叛乱者的过程中，官员因循殆玩、盲目邀功的情况屡有发生，中央的诏令在不少地方官员的眼中已褪去了往日的神圣，转而成为他们把玩政治的参照物。

在余犯的追踪和调查中，中央政府始终把剿除要犯作为搜捕的核心任务，对于被迫卷入叛乱的民众则采取较为宽容的态度。为此中央专门制定了一份详细的搜捕名单，祝现、刘呈祥、刘成章、董伯旺、支进财等六人作为要犯始终是搜捕的核心，另外，次要犯也是剿除的重点。"除最要逆犯祝现等六名之外，其余次要逆伙，前后单载人数、姓名多有增减，未尽画一。"①名单的制定和修改足以显示出中央政府对搜捕任务的谨慎和重视。同时，嘉庆皇帝对于要犯、次要犯的捕拿亦特别重视，他多次颁布上谕，强调祝现等人继续潜逃的危害性以及剿灭他们的紧迫性和重要性。嘉庆皇帝在给方受畴的一份上谕中写道："此等枭獍之徒，秉性凶逆，现当查拿严紧之时，潜纵偷活及日久，稍一松懈，又必煽诱匪党，复图滋事，一有乱萌，则良民必先受其荼毒……此时去恶不尽，关系实非浅解，朕屡经降旨，饬拿祝现等犯，务尽根诛者，意念实在于此。"②为了集中力量捕拿要犯，嘉庆帝规定"未获各犯最要、次要皆须按名查拿，开单发交该抚，饬属上紧严拿，勿稍疏懈，必须缉获正犯，方为有功，审明后分别奖赏"。③嘉庆皇帝这种严格的奖励政策在一定程度上防止了部分官员为了邀功请赏肆意乱拿现象的发生，也有效避

---

① （清）方受畴：《抚豫奏稿》，嘉庆十九年（1814 年）七月十八日，全国图书馆文献缩微复制中心，2005 年，第 677 页。
② 《抚豫奏稿》，嘉庆十九年（1814 年）六月二十八日，第 587、588 页。
③ 《抚豫奏稿》，嘉庆十九年（1814 年）五月十六日，第 299 页。

免了无辜民众的卷入。

对于要犯、从要犯以外的其他叛乱者,嘉庆皇帝采取了较为宽容的政策。他对于胁从犯的同情在下列上谕中显露无疑,"上年逆匪林清以畿辅小民,首倡逆谋,纠约伙党,突入禁城,扰及三省,寔属元恶大憝,为覆载所不容,其河南之李文成、牛亮臣,山东之宋跃潍等,虽亦属叛逆渠魁,然皆被林清所惑,听其指使,约期起事。若其余附从贼众,祗系乡愚无知,随同劫掠,并不知悖逆为何事,经官兵一律剿除。此二省被贼地方,不特良民遭其荼毒,即胁从匪众多被诛夷,思之亦觉可悯"。① 在嘉庆皇帝的眼中李文成、牛亮臣、徐安帼等起义的领导者之所以走上叛乱之路,皆是被林清所惑,而不是对他所统治的大清王朝的不满,更何况是被胁迫参与起事的从犯。嘉庆皇帝之所以有如此认识,一方面是由于林清主使的攻打紫禁城运动彻底激怒且深深刺痛了他,于是他将愤怒和责任全部推向了林清及攻打紫禁城的叛乱分子,而忽视了李文成等更具实力的起义领导者;另一方面,很大可能是嘉庆皇帝在内心深处始终不愿承认是自己统治的失败和王朝多年的积弊导致了叛乱的爆发,无论这二者的联系是直接的抑或是间接的,这都是嘉庆皇帝所不能接受的,因此他便将导致叛乱爆发的矛头指向了林清,这既是一种责任的推卸,也是一种内心的自慰。

未参与叛乱的八卦教成员在余犯的剿除中,并未受到大肆株连。军机大臣在敦促河南、山东、直隶三省的巡抚、总督迅速搜捕要犯的信件中这样写道:"上年直隶等省办理滋事匪徒、捕诛各犯,多系传习坎卦、离卦之人,其巽卦教内同谋滋事者虽少,但均系八卦教匪党,自必声息相通,逆犯祝现等并次要各犯在逃未获者尚多,必有匪伙窝留。大名境东南六七百里之湖,系何湖名,其地当与山东、河南毗连,著那彦成同与方饬属查明,其湖在何地界,湖内舡户是否至今尚多习教之人。如该处习教之人众,即应密为查办,从此访查各逆犯踪迹,或可迅就弋获也。"②此封信件虽为指导搜捕要犯所写,但从字里行间我们不难发现,未参与叛乱的八卦教成员并未受到严重株连,传统的习教地区也未在此次叛乱中遭到官府的洗劫,若不是搜捕要犯,这些地区依然平静如故,不会受到丝毫骚扰。

---

① 《抚豫奏稿》,嘉庆十九年(1814年)四月二十一日,第173、174页。
② 《抚豫奏稿》,嘉庆十九年(1814年)六月二十一日,第526、527页。

在搜捕余犯的过程中,中央和地方政府利用一切可以利用的机会大力盘查。方受畴在奏折中向嘉庆皇帝这样汇报:"臣饬令该道、厅、州、县不时严加查察,凡系在工人夫,逐一查询姓名、年岁、住址登记清册,并取夫头连环保结,每十棚派弁目一员,专司查察,臣仍不时委员密往查访,遇有口音不对形迹可疑之人,留心盘诘,不敢稍有疏懈。"①除此之外,方受畴还多次派人暗中调查祝现、刘成章等人的行踪,"分委干员购觅眼线,在于各省交界处密行侦缉,并严饬文武员弁,无分畛域,随时留心查访,期无网漏"。② 他的这一举措也得到了嘉庆皇帝的应允和支持,且被进一步推广。为了快速缉捕祝现等要犯及次要犯,嘉庆皇帝甚至不惜布下天罗地网,"严饬通省文武各官,并遴派勤干人员分投认真缉捕,令于各省交界地方一体侦访堵拿,或探有逆犯在何处潜逆,即驰往该处密拿,原系无分疆界,遍为踩缉,并将编查保甲事宜,循照颁发规条,详细编造,不时查封户口牌册遇有寄住流民,留心盘诘,或逆犯改姓移名混迹在内,即可究出获报"。③

此时的清王朝因为财政吃紧,甚至要在全国范围内裁减军备,然而为了尽快剿除余犯,嘉庆皇帝依然应允了方受畴要在滑县设立都司的要求,并饬令"所有新设滑县营都司,正值搜捕余匪新定章程之际,亟须干员驻扎督率巡缉,应即拣选"。④ 为了能够将祝现、刘成章等要犯及次要犯早日捉拿归案,嘉庆皇帝同意新设机构搜捕余犯,真可谓煞费苦心。然而,数月下来却未见成效,地方拿获的多非正犯,偶有缉捕要犯的汇报,经进一步调查亦皆为误报。

官员误报捕获要犯或提供错误调查信息的情况屡有出现,兹举二三例加以探讨。

嘉庆皇帝曾饬令军机处向方受畴下过这样一道上谕:"前据高杞奏讯,据匪僧吉仰花供,伊所带天平天王木戳,系十七年在豫省河南府南关铁佛寺遇见刘呈祥等给予者,刘呈祥向在登封一带诱人入教等语,当即降旨,令方受畴严密查拿,迄今已及一月,尚未据拿获具奏。刘呈祥一犯与林清内案逸犯姓名相同,是否即系某人。该抚派员查拿后,曾否得有踪迹,着将据实奏

---

① 《抚豫奏稿》,嘉庆十九年(1814年)四月初三日,第115、116页。
② 《抚豫奏稿》,嘉庆十九年(1814年)六月二十日,第517、518页。
③ 《抚豫奏稿》,嘉庆十九年(1814年)六月二十七日,第580、581页。
④ 《抚豫奏稿》,嘉庆十九年(1814年)四月二十二日,第200页。

闻,仍一面饬属严拿务获,毋再延玩。"①这一看似严谨的诏书里却潜藏着基本的错误信息,方受畴的调查结果揭示了问题的所在。"谕旨饬拿匪僧吉仰花供出匪犯刘呈祥及同行王幅玉等,前经臣派候补知府钟禄、守备蒋光奎驰赴河南府,会同该抚齐鲲,督饬洛阳县查明,南关马市街一带以及城关各处均无铁佛寺,各色惟南关有华藏寺一处,密访并无容留外来匪人,传讯寺僧据供,嘉庆十七年六月十一日亦无僧俗人等在寺聚谈之事。该守等随即驰赴登封县改装易服,在于庵、观、寺院以及幽僻村庄遍行访查,毫无踪迹可见。"②通过方受畴的进一步调查,曾在数月前担任河南巡抚的高杞所奏称的铁佛寺根本不存在,假如说这是高杞调查的疏忽或是记忆的模糊所致(而这一错误是一位地方要员所不应有的,对所管辖地区的不了解或是对信息处理的不严谨,都是极大的不称职),那么他对吉仰花供词的书写则不再是技术的失误,而是态度的不端正和责任的缺失所致。方受畴的调查显示,高杞的奏讯存在极大的捏造嫌疑。像这样不称职,企图通过敷衍塞责来邀功请赏的官员则远非高杞一人。

如果说高杞为了邀功请赏而捏造事实的行为,只是为官的失职,那么下面的这则事例则显示了部分官员为了升官发财而肆意践踏普通百姓的尊严和生命,其道德严重缺失。嘉庆十九年(1814年)(1814年)七月二日方受畴接到诏令,命其确查刘成章等人来历,上谕称湖广总督和湖北巡抚联名奏报盘获要犯刘成章,"讯据刘成章供,上年六月内到南阳府裕州独树街地方遇见堂弟刘第五,说及要抢粮食须拜林清为师,刘成章未允,并据刘幅供称,刘成章曾与林清、李文成、刘第五在裕州地方抢粮,八月内由泸县赴京,在林清家居住,九月十五日进京滋事等情"。③ 然而上述奏文与方受畴的调查结果大相径庭。经过方受畴及其属下的严格调查,"刘成章等所称上年六月在裕州独树街抢粮并无其事"。④ 进一步的调查结果更是令人震惊,马总督和张巡抚所奏称的案犯刘第五因腿疾,行动不便已数年,且于嘉庆十八年(1813年)十月去世,根本不可能会于当年六月在裕州出现。据刘成章的堂兄刘成玉汇报:"刘成文即刘第五,向系庄农度日,与我朝夕见面从未外出,亦不与

---

① 《抚豫奏稿》,嘉庆十九年(1814年)三月初一日,第5~6页。
② 《抚豫奏稿》,嘉庆十九年(1814年)三月初六日,第22~23页。
③ 《抚豫奏稿》,嘉庆十九年(1814年)七月初七日,第599~600页。
④ 《抚豫奏稿》,嘉庆十九年(1814年)七月十九日,第740页。

匝人往来也。他于七八年前即患腰腿疼痛病症,不能行动,至上年十月二十二日身故。"①刘成章的其他亲属和族人的证词,表明了刘成玉言之确凿。此外,马、张二人的奏报还存在以下明显的纰漏。首先,单从年岁上看,所拿获之刘成章根本不可能为最要犯刘成章,现被羁押的"刘成章既系禹州人氏,现年六十六岁。而在逃最要逆犯刘成章籍隶泸县,历查年止三十余岁"。② 其次,从林清、李文成二人的行程上推断,马、张的奏报也极不可信。"林清、李文成各在本境纠伙谋逆,上年九月上、中二旬先后蠢动,焉能于数旬以前远赴数千里之外伙众抢粮?该二逆素非贫困,亦断无乏食抢粮之事。"③被羁押的无辜者刘成章、刘福二人为何要承担这莫须有的罪名?方受畴的进一步调查为我们指引了寻找事实真相的渠道。方在奏章中这样写道:"臣悉心体察刘成章、刘福在楚所供情节似非确实。而马等咨送奏稿内称将刘成章、刘福熬审频翻前供,自竹溪起解有人教令供认等情。是否该二犯实系畏刑混供?"④虽然方受畴只是用推测的口气指出了自己的怀疑(或许这只是一种委婉礼貌的行文方式,又或是不想使马、张二人太过难堪),但我们从上文的分析中已可确定刘成章、刘福二人的供词确为某些官员严刑逼供所得。而嘉庆皇帝也似乎预测到会有此种情形发生,因此他在接到马、张二人的奏报后并未立即下令将犯人治罪,而是命方受畴重新调查。这一方面说明了皇帝对此案的重视,另一方面也暗示了官员为了邀功请赏而严刑逼供的情况屡有发生,才会引起嘉庆皇帝如此戒心。

未经严格调查,将不确切消息上报中央的情况时有发生。嘉庆十九年(1814年)六月的一道上谕中说:"广厚(湖南巡抚)奏访获传贴,妄称天降碑文。"此碑文"出自洛阳县郑家庄地方,该处自多传写之人,其所称张参政、刘丞相恐系上年滋事逆党得受伪封,妄造此碑,意图煽惑。著方派委妥员,即赴该处详细访查,此碑出自何时,系由何人伪造,如查明妄造之人,即严拿究办"。⑤ 接到皇帝的圣谕,方受畴立刻派员前往探访,但详查后发现,"该县西南路有郑家窑,正北路有郑家凹,东南路有郑家村,正西路有郑家沟,四处

---

① 《抚豫奏稿》,嘉庆十九年(1814年)七月十九日,第744页。
② 《抚豫奏稿》,嘉庆十九年(1814年)七月十九日,第747～748页。
③ 《抚豫奏稿》,嘉庆十九年(1814年)七月十九日,第749～750页。
④ 《抚豫奏稿》,嘉庆十九年(1814年)七月十九日,第750～751页。
⑤ 《抚豫奏稿》,嘉庆十九年(1814年)六月二十二日,第529～531页。

合境别无郑家庄地名。"①南汝光道道台崔景仪"亲督府县赴郑家窑等四处逐一查勘，各该村凡有庵、观、寺院、桥、道所立石碑，悉系镌刻兴建重修年份，及修庙修桥士民捐助钱文姓氏，并无前项碑文。当即广为晓谕，并传各该村地保耆人等询问，佥称伊等从未见有此项碑文，亦未闻故老传说"。②之后方受畴又秘派丁役"四散侦缉，按册挨户访查妄造碑文惑众匪犯，及上年逆贼伙党得受伪封所称张参政、刘丞相其人现无踪迹。推查洛阳县志载前明洛阳县人张以谦由进士历官守令，累迁湖广参政，又前明洛阳县人刘健由进士官至大学士，殁后加赠太师。两人坟墓均在县境，询之，居民向称张以谦为张参政，刘健为刘太师或称刘丞相，所有伪造碑文内或将前代闻人假托其名，传化希图惑众"。③ 进一步的调查显示，广厚所上的一道短短奏折竟存在如此之多的错误和疏漏，更为严重的是这种未经基本调查就敢随意上报皇帝的行为竟然发生在统领一省事务的巡抚身上，其上行下效恶劣影响的蔓延也就不难理解了。同时，广厚的这种行为也可看作是对中央权威的漠视，只有当中央权力削弱，皇权不再神圣威严时，官员才敢如此大胆放肆。

通过以上三则事例的分析可见，方受畴与那些为了邀功请赏而任意谎报、肆意捏造信息，甚至不惜践踏无辜百姓尊严和生命的官员相比，可谓是一位认真负责的好官，对于朝廷下达的任务，他尽心尽力地调查，力图最大可能地找到事实的真相。然而就是这样一位官员，也难以摘掉因循苟玩、敷衍塞责的帽子，但这顶帽子并不是他的个人行为所致，而是时代命运使然。

在方受畴长达七百多页的奏稿中，字里行间给我们塑造了一位尽职尽责的官员形象（或许这只是他在皇帝面前的一种自我塑造和自我提升），然而这位看似形象高大的官员，在数月的时间里对天理教叛乱分子的搜捕却基本未见成效，致使嘉庆皇帝不止一次气急败坏地斥责他："祝现等六十余名逆贼迄无一获，汝亦知愧知惧否，即速复奏。"④面对如此严厉的责问，他似乎并未产生应有的紧迫感，行动也未因此而变得积极起来。方受畴之所以敢如此怠玩，是因为他从皇帝的话语里体会到了一条重要的信息，即其他

---

① 《抚豫奏稿》，嘉庆十九年（1814年）七月十三日，第633～634页。
② 《抚豫奏稿》，嘉庆十九年（1814年）七月十三日，第634～635页。
③ 《抚豫奏稿》，嘉庆十九年（1814年）七月十三日，第636～637页。
④ 《抚豫奏稿》，嘉庆十九年（1814年）六月二十日，第515页。

地方官员对要犯、次要犯的搜捕也基本一无所获(在最初的搜捕名单中要犯六名,次要犯五十七名,而迄今仍有六十余名犯人在逃,且祝现等六名要犯无一人落网,可见全国范围内的搜捕都尚无成效),所以他才能够安下心来,继续地无所作为。

从成效上看,在数月的搜捕中,作为起义重镇的整个河南省仅拿获了五名叛乱者,且五人皆为从犯,而非缉捕名单中的要犯。为了表示自己在缉捕余犯过程中的尽心尽力,方受畴在上呈给皇帝的奏折中,每次都不忘汇报从这些缉捕者口中所获得的祝现、刘成章等人的情况,但每次都没有实质性的收获。如在审理王仲的汇报中,方受畴写道:"据复供,伊仅在滑县从逆,从未到过近京地方,与林清素不认识,祝现、刘第五等现逃何处亦不知情。"①。他对于赵秉让、黄泮公一案的汇报与王仲案如出一辙,"该犯等与林清素未见过,祝现等各犯均不认识,刘成章现在逃往何处实不知情。"②对于曾与刘成章相识的刘大顺的审问,方受畴也未能盘查出任何有用的信息。"十八年九月初四日,刘大顺因闻查拿教匪,携带妻子由泸县出城外避,途遇同教逆匪刘成章……刘大顺即随同刘成章等并不识姓名多人各带器械入城,初七日将李文成等抢劫出狱,并与刘成章等曾往道口,复回滑城内,迨官兵攻克县城……刘大顺独自从滑城逃出,潜赴各处乞求躲避,并无一定住址,亦无知情窝留之家。"③在这些审讯报告的最后,方都会写上一句:"矢供不移,似无循饰。"以表明案犯说的都是实话,自己也已尽了最大的努力调查,至于有无实质收获那就另当别论。我们不能否认方受畴的奏报存在皆为实情的可能,这些案犯的确有可能不知祝现等人的下落,抑或是他们有意地为同伙掩饰,致使他不能获取对进一步缉捕有利的信息,但从方受畴的言语中,我们读到的不是言辞恳切的忧国忧民,而是一种无所作为的例行汇报和对责任的推脱与逃避。

对于皇帝饬令提拿的余犯,方受畴的态度中也潜藏着一种敷衍。他对刘登秀、刘高明等四人的调查结果是这样向嘉庆皇帝汇报的:"臣遵即检查上年那克服滑城歼除各逆犯名单内,并无刘高明、刘登秀、刘惠牛即刘高玉及薛吕牛四犯姓名……及滑城克复之后,刘高明、刘高绪二犯均于十二月十

---

① 《抚豫奏稿》,嘉庆十九年(1814年)五月十六日,第308页。
② 《抚豫奏稿》,嘉庆十九年(1814年)六月二十七日,第570页。
③ 《抚豫奏稿》,嘉庆十九年(1814年)六月二十日,第509--510页。

一日在城内被官兵杀死……刘高玉一犯同伊母唐氏、伊嫂王氏皆殁死村内，又刘登秀一犯从贼滋事，携家奔赴滑县，城破之后不知下落……薛吕牛逃奔滑城，传闻已于破城时被杀。"①从方受畴的奏报来看，皇帝严饬捉拿的四犯三人已死，一人下落不明，这一调查结果让人不得不怀疑奏报是否为敷衍之词（只有如此，皇帝饬令的调查才能早日结束），即便事实确如方受畴所报，但在日后的奏折中也未见他再对下落不明的刘登秀做过任何调查或追踪。可见，方受畴在调查和剿除余犯过程中表现得较为消极和被动，与之相反的是他在抚恤灾民、重建灾区的过程中表现得更为积极和主动。

二、灾民的抚恤和灾区的重建

官兵与叛乱者三个多月的血战结束之后，豫北的大部分地区虽然从刀光剑影中恢复了平静，但这种平静已不再是往日的炊烟袅袅、鸡犬相闻，而是一派满目疮痍和死气沉沉。政府也似乎意识到了这种可怕的转变，无论是中央还是地方都迅速投入到了抚恤灾民、重建灾区的工作之中。为了使灾民的生产、生活早日恢复生机，政府不仅减免了受灾民众的赋税，还为他们提供了过渡期的口粮、修补焚毁的房屋、召回逃难的百姓。除了这些物质的帮助之外，政府还招延僧道被除不祥，妥善安置失散幼童，给予了灾民应有的精神安抚。

缓征、减免被灾地区钱粮。在征收钱粮之际，受灾严重的卫辉、开封两府部分县区的赋税得到了大量减免。方受畴在奏折中有过这样的统计："卫辉府属滑、泸二县被贼蹂躏，豁免银八万三千二百三十九两零；开封等府属兰、阳等县被贼滋扰村庄，豁免银六万八千三百三十五两零。"②除了中央的赋税减免之外，他也一改在搜捕余犯时的消极被动态度，主动上奏请求中央对遭受兵变县区的钱粮给予更大范围的减免和缓征，"卫辉府属之汲县、新乡、辉县、获嘉、淇县、延津、封丘、考城八县歉收之后又逢兵变，虽本年春麦、秋禾俱各有收，民间元气未能骤复，十九年钱漕尚照常征收，其余旧欠应请照各属征县再行□缓一年，以示体恤……其滑、泸二县被兵情形较重，除十

---

① 《抚豫奏稿》，嘉庆十九年（1814 年）五月十八日，第 355～359 页。
② 《抚豫奏稿》，嘉庆十九年（1814 年）六月二十日，第 488～489 页。

八年以前豁免外,所有十九年应征漕粮、漕项、银米并请缓至二十、二十一两年带征"。①囿于奏稿篇幅,我们未能看到嘉庆皇帝对方受畴请求的回复,但他的这一行为已显示了一位官员对灾民的体恤与关怀。

为灾民提供维持基本生活所需的物质帮助。经过了三个多月战争,被灾地区的不少民众生活无法自给,中央和地方政府都以较快的速度投入到了赈济之中。至嘉庆十九年(1814 年)(1814 年)三月中下旬,黄河以北灾区的抚恤已基本完成。方受畴在上报给嘉庆皇帝的奏折中这样写道:"滑、浚二县及封丘、阳武、新乡、获嘉、辉县、林县、兰阳、延津、考城等县被贼蹂躏地方经臣先后奏奉,恩旨赏给两月口粮,一体抚恤……所有滑县城关四乡共七百七十三村庄……陈家集等二村庄均系被贼蹂躏,经该委员等会同地方官查明户口,凡系被难复业良民,悉皆宣布圣恩,按名散给口粮,其被贼焚毁房屋照例给予修费,外来避难之人亦皆酌给路费,资送回籍。于三月初十、十八、二十三等日一律抚恤完竣。"②透过方受畴的这份奏折我们可以发现,政府的此次灾民救助可谓相当成功,致使民众能够较快地从灾难中走出,生产和生活早日步入正轨,正如方受畴所描述的:"该民人等扶老携幼,各自回家安业,口食有资,莫不感颂。"③

除了物质上的救助之外,中央和地方政府还十分注重对灾民的精神安抚,以使他们能够尽快走出战争的阴影。为此嘉庆皇帝颁布了如下上谕:"闻滑县城乡因昨冬兵变之后,气象惨凄,居民未获安处。着方派员前赴该县察看情形,如尚有未埋骸骼,亟为掩瘗,勿令日久暴露。又古有磔禳之礼,所以祓除不祥,或招延僧道,设坛建醮,为之禳解,□沴戾消除,庶人心日靖。"④接到谕旨后,方受畴做了这样的回复:"滑县地于上年十二月甫经克复之际,臣亲往该处查办一切,目睹伤亡甚众,已预饬卫辉知府郎锦骐于城外置买空地,并即专派委员分投陆续掩埋净尽,不任暴露……兹奉谕旨,臣现复委员前往滑县遍为确查,如尚有未埋骸骼或前此埋葬未深现仍暴露之处,立即收瘗深埋,并捐赏饬发该府郎锦骐于中元前后招延僧道,在于滑

---

① 《抚豫奏稿》,嘉庆十九年(1814 年)七月二十八日,第 705～707 页。
② 《抚豫奏稿》,嘉庆十九年(1814 年)四月初三日,第 131～134 页。
③ 《抚豫奏稿》,嘉庆十九年(1814 年)四月初三日,第 135 页。
④ 《抚豫奏稿》,嘉庆十九年(1814 年)六月二十日,第 476～477 页。

城内外设坛建醮七日,以翼感召和甘,全消沴戾,地方日臻宁静。"① 在招抚亡灵方面,无论是嘉庆皇帝还是方受畴都表现得极为重视,而且方受畴在没有接到谕旨之前就已完成了尸体的掩埋工作。

号召逃难民众归乡。"滑县地方上年被贼滋扰,有业良民悉皆逃避外出,各将地亩抛弃。"② 灾后重建工作迫在眉睫,为了使该地区民众的生产生活早日恢复,方受畴"饬令该地方官出示招徕回籍,认明原业管种",并"严禁胥保、地棍人等勒掯隐占"。③ 这一措施彻底消除了逃难灾民的内心顾虑,有效保障了他们的原本利益,使其能够安心归乡恢复生产。

妥善安置战乱中走失的幼童。三个多月的战争导致大量的家庭失散,战争结束之后,不少官兵沿途携带走失儿童,欲蓄养为奴。这一现象引起了嘉庆皇帝的高度重视,他随即颁布上谕,严禁此种行为。诏令说道:"被难民人无依子女,亦当由地方官抚恤收养,若征兵凯撤之时,任其纷纷携带,在贼匪遗孽既因此漏网,而良民子女竟至远离乡土沦于婢仆,此与俘获何异?"④ 之后,嘉庆皇帝再次颁布谕旨命携带幼童官兵自行上报,"自将领以及兵丁令将所带男女幼孩悉数呈出,毋许隐匿一名"。⑤ 对于官兵所携带的幼童,经上报统计之后,分门别类地进行了妥善安置。据统计"现在查出各幼孩内刘喜见等六名口,伊父母均系不肯从贼,致遭戕害,实为节义可悯,刘喜见等六名每名赏银二两,着该地方官妥为收养,访明的实亲属再为给领;其有父母、兄弟、伯叔之四十名口,每名赏银一两,亦着各该地方官传到亲属,令该幼孩认明给领,如所指亲属身故他往,即于该处养济院收养,长大听其谋生,俱交提督衙门,顺天府派委文武各二员解送各本籍地方官收养;其无依幼孩七十五名口,暂交该官兵等领回收养,此与分给为奴者不同,不准作践胡为,如子女抚养,将来如有亲属来京寻认者,即报官给领,毋许勒掯"。⑥ 安置幼孩措施的实施,有效保障了流离儿童的健康成长,也在一定程度上维护了部分家庭的完整,给予受灾民众较大的心理安慰。

---

① 《抚豫奏稿》,嘉庆十九年(1814年)六月二十日,第480～482页。
② 《抚豫奏稿》,嘉庆十九年(1814年)七月二十八日,第727页。
③ 《抚豫奏稿》,嘉庆十九年(1814年)七月二十八日,第727～728页。
④ 《抚豫奏稿》,嘉庆十九年(1814年)三月十七日,第90～91页。
⑤ 《抚豫奏稿》,嘉庆十九年(1814年)四月初三日,第124页。
⑥ 《抚豫奏稿》,嘉庆十九年(1814年)三月十七日,第94～96页。

　　综上可见，1813年天理教起义平定之后，对于灾民的抚恤和灾区的重建工作，无论是嘉庆皇帝还是方受畴都表现得较为积极，尤其是作为河南巡抚的方受畴曾数次上奏，竭力为灾民争取尽可能多的赈济，在中央和地方的双重支持下，灾区重建工作得以顺利开展。然而，在余犯的调查和剿除上，君臣之间存在着潜在的分歧，嘉庆皇帝一道道迫切的诏令，收到的却多是例行程序的敷衍回复，搜捕工作也始终未见成效。阅读全部奏稿可见，方受畴在搜捕余犯上的无所作为并非特例，它已成为地方要员彼此间的共识，这种因循息玩也在一定程度上暗示了中央权力的日渐衰微，但这种衰微在此时只是初见端倪。

第三节

清中后期政府对会馆监管的加强

　　在台北故宫档案馆有关政府对会馆监管的七件档案中，记录了从乾隆到咸丰年间中央与地方政府对会馆进行监管的事实。透过这些奏折，我们可以看到过去不大为政府所关注的会馆组织，逐渐进入统治者的视野。对于以会馆聚集起来的团体起事，政府需要加以纾解；对于会馆内可能存在的藏匿奸宄、参与囤贮私盐等的查禁也逐渐加严；当政府面临战事，而国家财政又相对较紧时，或向会馆赊借，或直接动员会馆捐输，成为补充军需的重要途径。由以上三个方面看，会馆在乾隆至咸丰年间，随着商品经济的进一步繁荣，呈现出更加兴盛的局面，且实力获得了加强。会馆的主体面仍是积极的，在社会秩序的稳定方面发挥了作用。

一、会馆内部纠纷引起政府的干预

　　乾隆二十年（1755年）三月初八日，四川提督岳锺璜、四川副都统富僧阿上奏反映：三月初六，成、华两县在湖广会馆内改拆后楼，有楚省民人竟聚集数百人在彼撞钟击鼓，拥挤喧阻，并闻将成都县轿子损坏，衙役亦有被踢伤者。这是叙述发生在会馆内的一件纠纷,会众与会首之间发生了利益冲突。四川提督与四川副都统带领官兵到现场察看,认为不能容忍"若辈肆横无忌",将聚集哄闹的喻文焕、丁松山等七十余人即当讯问,他们说自己都是楚民,听说馆中会首们领了府县银两,要将会楼拆改,他们认为这是楚民们共有的财产,必须征得他们的同意方可操作。审判官认为他们将成都县的轿子打坏,衙役也受伤了,这当属于抗拒官长。但会众们认为轿子坏了,可能只是因为人多拥挤而被无意挤坏的。据说当时城外也有部分会众表示不给城里提供柴炭。提督官员又派人到城外拿获了三十余人,他们了解到:"成都地方,俱系五方杂处,惟楚民最多而最横,乃于省会之所,辄敢集众喧闹,目无官长,若不严加惩治,恐将来刁风日炽,所闻甚巨。"

楚民移居四川成都的人数规模较大,他们将楚省喜聚集、尚喧闹的习气带到四川,引起大规模的哄闹事件,令四川提督、副都统感到事态严重,缉拿了部分闹事者,对他们进行了审问和处置,且上奏乾隆皇帝,皇帝的批复是"知道了"①,显然对他们的应对措施表示了认可。

乾隆二十年(1755年)三月十二日,吏部尚书兼四川总督黄廷桂上奏言:

> 臣往川北保宁,由顺庆潼绵各营一路查阅弁兵,前赴松潘,于本年三月初七日行抵绵州接准副都统,臣富僧阿提臣岳锺璜札称,本年三月初六日,据查街官兵禀称,成华两县在湖广会馆内改拆后楼,有楚省民人聚集数百撞钟击鼓,拥挤喧阻,将成都县轿子损坏,衙役亦有被伤者,随带领官兵前往查拿,甫至会馆门前,聚集楚人四散奔逃,当获喻文焕、丁松山等七十余人,立即讯问,据供听得馆中会首们领了府县银两,要将会楼拆改。这会馆原是众人造的,会首们如何不通知我们得银私卖,所以众人不服,约齐要与会首讲话,并不敢抗拒官长等语。又据查街官兵禀报,东门外大桥瓦子滩一带尚有楚民聚集,声言城中缉拿我等,如今我们不许柴炭进城,复又选差文武,带领满汉兵役驰赴东门外,续拿三十余人,供交府县受禁,除专员具奏外,应否速行回省审拟查办相应札商等因。又据布政司明德驿盐道善宁松茂道张之浚禀报:本年三月初六日,成华两县在湖广会馆内看拆后楼,忽有楚民聚集数百余人在彼

---

① 《清代宫中档奏折及军机处档折件》,编号403008877,台北故宫博物院藏。

鸣钟击鼓，拥挤喧哗，将成都县轿子损坏，衙役亦有被伤者，两县现在查拿，本司道闻信立即亲身前往，督同成都府知府许国栋、署成都县知县王训、华阳县知县靳光祚当场拿获首丁达忠、向若俊二名，并附和楚民谭良玉、杨廷文、鲁荣贵、陈才实等四名，适提督副都统亦带领官兵往拿，聚集之人四散奔逃，又即拿获喻文焕丁松山等七十余人，正在究讯间，又闻东门外华阳县地方大桥瓦子滩一带尚有楚民聚集声言不许柴炭进城，复商同提督副都统会委营员并华阳县知县带领兵役前往拿获丁纯忠、向明贤等三十余人，余俱畏法安贴等情。黄桂认为：省会重地，岂容狂逞，既经获犯多人，自应迅速审办，臣未便复往松潘，且绵州距省尚近，随兼程于初九日回至省城，细加询访，并将现获各犯讯取供情大概，俱与该司道所禀暨都统提臣札寄情节相符，盖缘布政司衙门右首西南有楚省民人建造会馆一所，后楼七间，过于高耸，下瞰民房内室，周围居民时有争执，且地当离位，峻楼突出。成都素堕草房竹笆，恐致易犯火灾，又以司署钱粮重地，右首象临白虎，虎头高起，亦非地方宁谧所宜，舆论啧啧，咸称不便，布政司明德到任之后，臣偶与言及湖广会馆原非住宅可比，何用过高之楼，以致种种不协，可遇便传唤会首人等量给工作之费，晓令拆低数尺，既与伊等会馆无碍，又与本处居民各便，并可帖息群议，及臣巡阅公出藩司明德委令成华两县王训、靳光祚将会楼太高不便之处传示会首之人等，商令改拆二三尺，当即应允，随给修费银百两，于三月初六日改拆，突于午间有楚民丁达忠、向若俊等以会首未曾通知，逞忿不服，辄敢纠约乡众，藐视官长，肆意闹阻，及擒捕解散，又有丁纯忠、向明贤等在东门之外拦截贸易柴炭，不许入城，情更可恶。会城法纪所在，刁风万不可长，似此凶顽，必须尽法惩处，方足昭示炯戒。但查现获各犯，内有黔陕各处民人在彼观看，一时误拿者，亦有实系习恶尚在逃匿未获者，臣一面分别查明，将他省无辜之人立行开释，一面多拨弁兵将出头有名刁棍速捕，务得一并亲讯确情，照例严行定拟，以彰国典而杜效尤之渐。所有臣准札回省及现在查办缘由合即恭折奏闻。

对于这样的处理结果，乾隆皇帝做了这样的批复："知道了，刁风固不可长，然因浮言而轻举妄动，以致酿成事端，尔等亦属疏失，至此事已成，反不可不拆毁矣。所获要犯杖毙，致人亦警之矣。不比具题。"①乾隆皇帝认为此事处理显得有些躁进，但从增强官方权威角度看，还是认可了。这表明，对于会馆凝聚而成的乡土情绪，倘若危害到政府的政治权威或带来社会的不安定，官府就会出面加以干预，甚至不惜缉拿要犯以惩戒会众。

二、会馆发挥起类似保甲的治安功能

对于会馆，道光初即有人提出了加强管理的设想："省垣五方杂处，易成朋党，易起衅端。此中查访难周，最难安放。窃意各省有各省会馆，各行有各行会馆，各归各帮，尤易弹压，宜于会馆中，择贤董数人，专司劝导，每逢月朔日，各会馆宣讲馆约……三次不到，即摈弃或资遣回籍，如此……虽五方杂处，亦不足患也。"商人会馆在"团结商人，保全信义"的基础上，遇到"凡受国家法律有不完全之处，或贪婪官吏对于人民有苛酷之事件"，皆力求为会员争得"保全生命财产，判断曲直之权利"，有人说："凡所以联乡情，敦友谊，求自治，谋公益者，皆不能不于会馆公所是赖。"②

道光二十八年（1848 年）四月十八日，陕西道监察御史程德麟跪奏："为严行保甲请饬五城将各省会馆一体编查，以缉奸宄。"他认为：

> 五城地面，五方杂处，良莠不齐，稽察最宜详密。所有各省会馆城内城外不下数百处，本由该各地京官自行稽察，但其间有京官管束者，亦有无京官管束者，倘有匪徒讼棍冒充官职生监，外借会馆为名，内实为作奸犯科之所在，看馆者不知各省情形，何从辨其真伪，且看馆之人半多无业游民，亦可恃无官管束，呼朋引类，滋生事端，聚赌贩烟，无所不至。臣于二月访闻，安徽婺源会馆即有戴姓假充监生，勾引诈财一案，现经刑部审实治罪，足见会馆亦易影射藏奸，不可不严加稽察，理应同客店庙宇一体编查，设立循环簿，按月更换，送官查验，以便盘诘，以杜混淆。务使来历不明形迹可疑之人，概难容隐，庶宵小无所售其奸宄，而地方亦得以藉资整饬矣。③

此一奏折显示，道光时期，官员们已经注意到京师会馆必须像客店庙宇

---

① 《清代宫中档奏折及军机处档折件》，编号 403008914。
② 《中国经济全书》第二辑，1895 年，第 494 页。
③ 《清代宫中档奏折及军机处档折件》，编号 081885。

一样,接受官府的查验。此前会馆交给同籍在京官员管束,但事实上并非每个会馆都有同籍在京官员,而且即使有在京官员,有时管束也未必会到位。因此,会馆里出现"看馆之人为无业游民",甚至有"匪徒讼棍冒充官职生监,外借会馆为名,内实为作奸犯科之所在",上奏者实际了解到安徽婺源会馆就有戴姓假借监生之名,勾引诈财的事例。这表明,道光时期社会经历了更加复杂的变迁,会馆这一过去能维持内在有序的组织形态也面对被"影射藏奸"的危险。程德麟的这一奏折显示官府开始对会馆加强监管,通过将会馆编入保甲的办法,来实现对流动社会的管理。

程德麟的这一奏折显然得到积极的回应,道光二十八年(1848年)五月初三日,都察院等衙门都察院左都御史宗室成刚等谨奏:

> 为遵旨会议稽察各省会馆保甲章程恭折具奏仰祈圣鉴事,道光二十八年四月十九日,奉上谕御史程德麟奏请京城各省会馆一体编查保甲一折,着都察院顺天府会同妥议章程具奏,钦此,钦遵抄出到臣,当即札询五城各省会馆曾否编入保甲,仅填写看馆人等家眷年岁,所有乡会试并去来候选各官,均系本邑掌馆京官,责成看馆人随时查报其姓名未曾编入保甲,此各城向来办理章程也。臣等公同酌议,各省会馆共二百六十三所,其现有京官在馆寄居者即与官宅无异,仍应遵照旧定保甲章程,令本官自行严查其但有京官管理而不能常川在彼,与并无京官管理而第付之看馆人役者,自应照客店庙宇之例一体编次,添设门牌,所有各省投寓士子以及候补候选官员与夫役人等均责令该看馆人询明来历,填注循环簿,每月一次送官查验。倘有无籍之徒冒充职官生监,匿名混迹,该看馆人应查不查,应报不报,一经发觉,从重治罪。至于看馆之人,亦责令各省掌馆官绅慎择老成,不得以无业游民滥充斯役。倘有如该御史所奏聚赌贩烟等弊,即将该馆主事人治以失察之罪,庶人心知所警畏,无敢视为具文矣。夫立法固贵周详,而奉行尤宜实力。臣等仍严饬五城司坊大宛两县无分畛域,逐馆稽查,以杜混淆而免遗漏,所有臣等遵旨会议,缘由理合恭折具奏,是否有当,伏乞圣裁,再此件系都察院主稿,合并声明,为此谨奏。①

参与此奏署名的有:太子太保都察院御史宗室成刚、署兵部尚书左都御

---

① 《清代宫中档奏折及军机处档折件》,编号 082080。

史孙瑞珍、左副都御史宗室和淳、左副都御史恒毓、左副都御史李菡、左副都御使彭蕴章、经筵讲官体仁阁大学士兼管顺天府尹事务卓秉恬、顺天府府尹汪本铨等八人,体现了清道光时政令还是较为畅通的,陕西道监察御史的一份奏折于四月十八日上奏,十九日道光皇帝便做出了回复,并颁布上谕,准予执行,当日都察院御史、副御史和顺天府的地方官员均做出了及时的回应,区分京师会馆中有京官直接管理的与无京官直接管理的,对于无京官直接管理的会馆,要求看馆人严格执行每月登送循环簿的办法,将住馆的人员姓名、住馆缘由等信息弄清楚,保证没有形迹可疑、冒充混淆之人,从而确保京师会馆具有良好的秩序。

此前的道光十八年(1838 年),有人诬告上海各会馆存在囤贮私盐,扰乱盐务秩序的现象,道光皇帝下令让两江总督陶澍确查这一事件。道光十八年(1838 年)四月十一日,两江总督管理盐务陶澍上奏:核查上海县地方会馆并无囤贮私盐情形。因为此前御史高枚上奏:

> 浙江宁波府属洋面中之舟山产盐甚旺,闽广商船经过收买,每制钱十二文一斗,每斗约二十斛,载至上海,每斛可售制钱二十六文,其利息不啻三十倍。上海沿海一带会馆最多,即为囤贮之所,两淮盐引滞销大半,由此惟舟山所出之盐,滨海藉资口食,或就本地之价,官买发商;或令商买配引,或以所出之地属浙江,归浙江省经理,或以所销之地属江南,归江苏省经理等语。两淮盐引滞销,总由私贩充斥所致,愚民惟利是图,难保不越境收买,转相售卖。

> 经查上海一带系浙盐引地,与淮界相距遥远,不致充斥。在吴淞江口沿海地方,俱系濒临黄浦大江,接连海口,潮水涨落无定,两岸尽属沙滩,并无设立会馆之处,复至上海县一带地方查明,城内城外有江苏、浙江、福建、广东、关东、山东、安徽各处商民共建会馆一十三处,皆为寓居同乡及暂厝旅亲而设,间有堆积货物处所,均有董事经理,绝无囤积私盐情弊,讯之居民保甲,均无异词。惟查浙江定海县之舟山产盐甚多,上海濒临海隅,其间闽广两省之鸟船、乍浦洋面之硬档鸟基等船,浙省沿海之划船夹带兴贩,由川沙宝山沿海等处分售,有小船分销偷运进口转卖,实所不免。自道光十六年(1836 年)以来,各该厅县计获盐犯二十六名,私盐十一万斛有奇,皆在三四百里以内近海港汊拿获,并不藉会馆囤积以为销私之地,复经该道亲赴各会馆确访,与该同知所禀相同,其吴淞口外停泊诸色船只,仍照常派委员实力巡查,毋任夹私偷

销,以杜来源而绝去路,庶可期私净引畅,具禀前来。臣思贩私本干律禁,会馆设在市廛,为众商公所,共见共闻之地,即使图利透私,亦断不敢于人烟稠密耳目昭彰之下,自取败露。是该道等所称各会馆并无囤积私盐,自属可信,惟川沙宝山沿海一带有商船夹带私盐之弊,不可不时加查缉。

经查舟山系定海县所属,原为包课之区,听民自煎自食,嗣因余盐串枭兴贩,乾隆三十六年(1771 年)奏明动拨帑银,令定海县营设廒收买,拨交松江营四千三百引,交商完帑领拨,再有余盐听嘉松商人领配完帑,载在两浙盐志。惟舟山孤悬海外,应筹议堵缉……舟山之盐,或由官买发商,或令商买配引。浙省本办有成规,其如何严禁商船收买售卖之处,江省远隔重洋,未能深悉,既经浙江抚臣督同运司体察情形,悉心筹划,应即由该省妥议章程具奏办理。除咨明浙江抚臣外,所有核查上海各会馆并无囤私缘由,理合缕悉。[①]

这份奏折呈现的是盐务官员陶澍经确查,澄清了污蔑上海各会馆参与囤聚私盐的不实之词,显示上海各会馆仍然是守法运行的社会组织。贩卖私盐的现象虽然存在,但与会馆没有关联。

三、会馆为军需提供应急之务

道光时期,会馆还被要求为军需提供帮助。如有这样一份奏折说:

查某省军需紧急,费用浩繁,但凡可搜罗之款,亦不妨暂为变通。访查陕甘富商巨贾在川贸易,各属地方多有,公建陕西会馆历年积储,会府银两盈千累万,此系两省商民捐存公项,现在回匪犯顺,由陕窜甘,在甘民固情殷敌忾,在陕民亦志切同仇。兹拟派费赴川,将前项会府银两核拨一半,借供兵饷,以陕甘公储之款项济陕甘公愤之军需,似亦补救之一法。相应请旨饬下四川总督转饬各府州县遵照,俟甘省委员到境刻印,协传陕西会馆值年会首将现存会府银两核拨一半借供甘省军饷,由该委员一面守提解运,一面发给印借,将来军务完竣,由甘省军需

---

① 《清代宫中档奏折及军机处档折件》,编号 405001333。

总局照数筹还。①

这一奏折赋予会馆一项新的职能,军需可以向会馆筹集经费,表面上以借的形式,实际上往往很难兑现。但毫无疑问,陕西商人的会馆具有较强的经济实力,这才让官府认为可以筹集到部分费用,以解燃眉之急。

咸丰五年(1855年)五月,河南巡抚英桂上奏陈报河南省城绅士并各省会馆官商捐资团练的情况,其中说道:

自粤匪滋扰以来,节次钦遵谕旨,劝令地方绅民办理团练,又咸丰三年十二月直隶饶阳县团练请奖案内,钦奉上谕将办理团练绅董人等优加奖励。着各该督抚再行晓谕,绅民务各合力同心,守望相助,其捐资出力人等即查明随时保奏等因各在案,查河南地处冲途,为北方屏蔽,东南毗连皖楚,东北与山东直隶接壤,省垣防守,最为吃重。当因兵力不足,经前抚臣陆应谷奏明委员劝谕省城绅士,于咸丰三年二月设局招募乡勇一千五百名,分为五场遴选绅董分司团练,因捐项骤难齐集,借用司库贾鲁河生息项下钱四万串,以为支发口粮,置备器械之用俟陆续劝捐归款。是年五月,逆匪由归德窜扰睢州杞县陈留一带,攻扑省城,该绅董等带领练勇随同文武官弁登埤守御,乘间追城杀贼,擒斩多名,颇为得力,彼时需用紧急,复经前署布政使沈兆沄两次提发军需项下二万两以资接济,省城得保无虞。迨八月初旬以城围虽解,而贼势南北分窜,往来无定,省垣仍应防守,一切经费饬委前署开封府知府罗景恬督率委员邀集绅商士民等明白劝谕捐助钱文,就近缴局,各绅士等踊跃输将,计自咸丰三年七月起至四年四月底止,共捐输制钱四万零四百余串,呈缴团练局,由该绅董等支发,报明有案。嗣因贼踪已远,将此项乡勇裁撤,以节糜费。迨四年春间,逆匪攻陷庐州六安,另股分窜湖北汉黄等府,庐州之贼复又分股由归德之永城夏邑窜入山东临清等处,当逆匪复犯豫疆,猝闻警报,汴梁省城前项练勇已经裁撤,驻防满洲营抚标开封三营官兵除调赴各路防剿外,存城之兵不及二千名,兵力实形单薄,旋据八旗奉直浙江三江山西陕甘各会馆呈请,情愿公捐经费招募壮勇相助防守,计自四年二月起,陆续共募壮丁一千五百二十名,所有壮勇口粮并制造火药铅丸等项俱系该官绅等捐办,各自设局委员训练,以便守御而壮声势,人心藉以安定,省城如常安堵。现在安徽湖北逆氛未

靖，大兵夹击，尤虞豕突狼奔，防御不容稍懈，自应勤加操练，以备不虞。未便遽议裁撤。惟口粮等项所费甚巨，据各省会馆绅董呈报，随时收捐，随时支发，计共费用制钱九万五千余串之多，若不择尤请奖，恐日久渐生观望，难期经久。除捐数在千串上下各绅民应俟军务告竣，另行请奖外，合将捐输制钱四千串以上，并在局帮同团练出力之分，发南河候补通判陶福泰、候选知县吕承基，经布政使郑敦谨前在署巡抚任内奏请奖励并声明，再有捐资较多出力绅商另行随时办理，当蒙恩准所拟办理。今省城及各省会馆绅士等倡率捐输团练壮勇出资出力，洵属急公好义，志切同仇，非寻常捐输可比，除升授安徽庐凤道张光第捐钱四千串记名、知府金镛捐钱六千六百五十余串，均因团练守城出力，业经蒙恩优奖，不敢再邀议叙外，相应择其尤为出力捐数较多人员汇案缮具清单，恭呈御览，合无仰恳天恩俯准奖励，以昭激劝。出自鸿施为此恭折具奏，伏乞皇上圣鉴训示谨奏。

咸丰皇帝的批示是："户部速议，具奏单并发。"①

这份奏折是河南巡抚在遭遇战事时，动员各省会馆积极捐输，以补军需的过程记述。这表明会馆在当时不仅取得了较大的发展，而且实力不容小视，发挥它们的积极性，确能筹集到大笔经费，或招募壮勇，或用于加强训练。本来以前会馆没有做这方面的社会工作，而此时则可以发挥补足军需的作用。

---

① 《清代宫中档奏折及军机处档折件》，编号106006036。

第四节

晚清政府强化"公权力"进程中的清障努力

——对文献中"恶劣绅衿"三种表达类型的考释*

晚清文献中大量记载恶劣绅衿的现象，应当被置于晚清政府鉴于社会治理失序，力图强化"公权力"的时代大背景之下，恶劣绅衿的确是晚清社会的一大乱象，苛敛侵勒、勾结官吏、避抗赋役、谣言煽惑、挟制官长、包揽讼狱、附逆护匪、霸匿水土、扰乱学务、草菅人命等，几乎无恶不作，已引起了官场的腐败和社会风气的败坏，晚清政府要想避免颓亡的命运，就必须下大力气来清除恶劣绅衿这个社会毒瘤。

晚清"劣绅"记载大量存在于历史文献中，有学者将之定义为绅士"劣质化"，①进而探究其背后的原因，多认为这是基于科举制废除对绅士阶层的冲击和新政后绅士被承认的权力增多又缺少监督制约导致权力滥用；②也

---

* 本节与徐婧宜合写，徐婧宜现为厦门大学历史系 2017 级博士研究生。

① 最先提出绅士"劣质化"概念的是肖宗志：《清末民初的绅士"劣质化"》，《贵州师范大学学报》（社会科学版）2004 年第 6 期；蒋国宏认同此观点，认为由于绅士城居与劣化使得民国时期农业科技的责任落到各级政府身上，在描述绅士劣化时，作者认为"无绅不劣"的说法有些夸张，但绅士劣化现象已十分严重，参见蒋国宏：《民国时期绅士的嬗变与农业科技改良的困境》，《南通大学学报》（社会科学版）2007 年第 7 期。

② 李严成认为在中国儒家济世、赈济与仁爱思想影响下，富人、绅士慈善救济活动十分普遍，而绅士劣质化是近代社会转型，尤其是科举废除后才出现的特殊现象，参见李严成：《法律近代化与济弱功能的弱化》，《湖北大学学报》（哲学社会科学版）2006 年第 6 期；庞振宇认为，在近代社会乡村建设过程中，乡村政治在"官僚化"的同时逐渐"劣绅化"，现代乡村官僚机构的挤压和近代乡村教育危机带来的乡村自治资源荒漠化是民国初年乡村政治"劣绅官僚化"的重要原因，而乡村政治"官僚化"的统治，绅士也严重"劣质化"，呈现劣势从个体性向整体性蜕化趋向，参见庞振宇：《"劣绅官僚化"：民国初年的乡村政治》，《沧桑》2012 年第 10 期。

有学者并不使用"劣质化"一词,但从政治层面看,确实存在绅士的政客化或劣化现象。① 在晚清绅士"劣质化"话语下,一些学者对这种"劣质化"进行反思。② 还有使用"恶质化"的。③

本节拟利用晚清各种文献资料对"恶劣绅衿"现象的表述,力求回到晚清话语语境之中,将"恶劣绅衿"进行分类与定义。除了恶劣之绅衿的确大量存在外,晚清文献中大量出现的"恶劣绅衿"有时是国家的一种防乱性考量,在这种考量下,"恶劣绅衿"已成为地方动乱、吏治败坏、民风刁顽的重要原因。除此之外,在意图突出官员廉洁清正与士民刚正有为的记述中,"恶劣绅衿"即变为一种对比性存在,这时,对其恶劣行为的强调旨在烘托传主,而对所述绅衿如何恶劣则较显笼统。我们认为:"恶劣绅衿"可区分为恶劣绅衿的实际性存在、防乱性存在以及对比性存在三种类型。

一、"恶劣绅衿"之恶劣行为种种

清代文献中所见恶劣绅衿的数量远远高于明代文献,在明代文献中这种较少存在的记载很难证明这种现象并不存在。清代对这种品行恶劣的绅衿多用恶、劣、刁、顽和不肖进行描述,则表明在国家力图加强公权力的背景下,绅衿阶层已处于时代的聚光灯下,各种实态愈加清晰地被呈现出来。经

---

① 刘建军博士论文在分析新直隶地区民国代议制下以新绅商为主体的议员时,有对经济因素关注,但主要是基于政治层面,认为增长的权力缺乏选民的制约与监督,使得议员政客化、劣化愈益严重,参见刘建军:《代议制框架下的地方政治——直隶地方回忆研究(1912—1928 年)》,中国人民大学博士学位论文,2008 年。

② 这种反思态度是谨慎的,论证却不充分,相关论文有:苏全有、张鱼伟:《对近代中国绅士劣质化问题的质疑——以河南省汲县绅士群体为个案》,《鲁东大学学报》(哲学社会科学版)2013 年第 2 期;苏全有、张鱼伟:《清末民初汲县绅士报效桑梓活动述略》,《郑州航空工业管理学院学报》(哲学社会科学版)2013 年第 4 期。

③ 也有学者用"恶质化"来表述这一现象,认为"恶质化"描述中国传统模式中政治形态的发展趋向,这种形态是以皇权政治理念、专制官僚体制和士绅社会结构为表现的,参见毛德儒:《中国模式兴起的逻辑》,中共中央党校博士学位论文,2011 年;有学者认为这是一种绅士阶层的蜕化,详见张振霞:《清末民初绅士阶层蜕化原因探析》,《黑龙江史志》2013 年第 19 期;张振霞:《清末民初绅士阶层蜕化表现及其影响》,《民族论坛》2014 年第 5 期。

统计,在清代正史、政书、方志、文集与笔记小说中有关恶劣绅衿文段748
条,恶、劣、刁、顽、不肖之绅、衿的表述931个。①

　　这些恶劣绅衿依据其行为大体可分做苛敛侵勒、为害乡里、扰乱生事、
勾结官吏、抗避赋役、谣言煽惑、挟制官长、包揽讼狱、附逆护匪、霸匿水土、
扰乱学务、草菅人命等12类。② 而出现恶劣绅衿记载的篇目依据其叙事记
载内容可分为风俗纲纪、吏治民生、税赋征派、刑法讼狱、赈济减赋、军务、漕
务、农务、盐务、学务科举、路矿、仪典恩斥、船政海防、商人商务、华人华侨、
小说唱本、庙产。

　　1.苛敛侵勒。③ 恶劣绅衿在地方社会的行为,苛敛侵勒占很大比重。
这种行为包括苛敛财赋、侵蚀财产和勒索财物。苛敛财赋与勒索财产其对
象只能是普通民众,苛敛财赋多是勒令逼迫乡民多纳赋税,"惟闻向来办捐
积习,刁绅劣董贿属包庇,飞洒穷民"④。勒索财产乃索要保护规费和其他
好处,"至于商人一事,臣等于接见外埠商人时,屡经询及,无不疾首蹙额于
地方胥吏、劣绅之需索刁难,种种苛扰"⑤。而侵蚀财产则多针对已上缴的
国家税赋或国家用于赈济的仓谷财物而言。"间闻发赈之处,地方劣绅捏报
户口,冒领浮销,又复从中侵渔。有一丁只受米八九合者,实堪痛恨。"⑥

　　2.勾结官吏。⑦ 恶劣绅衿勾结官吏的行为较为复杂,在表述吏治民生
的文献中,有的会提及官吏主动与恶劣绅衿勾通交好,赋予其许多可能为害

---

　　① 清代文献中还有其他词语,如虎衿、枭绅等,但这些词语在文献中存在的
数量较少,故而不做摘录。有关恶劣绅衿文段,在内容上存在一定的重复性,但在
各类文献中共同存在有一定的正统强制力。在一些文献记载中,恶劣绅衿的行为
不只一条,故恶劣绅衿的行为数量与所录文献数量并不匹配,但在进行绅衿行为分
类时,对于推断性的行为不做收录。

　　② 恶劣绅衿的分类不只限于12种类,其中有一类"仅一提"性质的恶劣绅
衿,因文献在提及这样一类群体时并未对其行为有任何描述,故不便进行分类;有
一些恶劣绅衿的行为数量低于5个,单独划分一类似不妥,故不为其列类。

　　③ 这种行为占恶劣绅衿行为总和最多,共262条,约占恶劣绅衿行为总和的
28.14%。

　　④ 李鸿章:《朋僚函稿》卷五,清光绪本。

　　⑤ 端方:《大清光绪新法令》,第1615页。

　　⑥ 葛士浚:《清经世文编》卷十,清光绪石印本。

　　⑦ 这种行为共66条记载,占恶劣绅衿行为总和的7.09%。

乡里的实权："署广东连平州知州徐仁杰,以斗案作为盗案,正法之犯,并无正凶,诸多冤滥,又凶犯周尊彝越狱,任听吏目甘怡控饰,以饿毙监犯谢新发作抵,并有串同幕友、僚属、劣绅、门丁等苛罚平民,勒索陋规,侵蚀罚款情事,玩法已极,实堪痛恨。"①亦有恶劣绅衿贿通官吏,相与分肥,一起祸乱乡里："各衙门苞苴之盛,本为他省所未有。州县剥民以媚上,刁绅结官以分肥,上下交征,遂至互相劫胁。"②在不同的文献描述中,"勾结"的含义几乎相同,总体而言,在主要着眼于吏治整顿以及用以弹劾官员的文章中,倾向于将这种"勾结"表述为道德败坏的官员主动与恶劣绅衿交好,其用意即在强化政府权威,树立政权的正气,整顿地方风俗纲纪、除暴安良,恶劣绅衿勾结恶吏,往往导致贿赂成风,腐蚀政权肌体。

3.抗避赋役。③　与在乡里社会利用苛敛侵勒诸多手段冀图敛取更多经济利益相似,在赋役征派之时,恶劣绅衿也通过一些手段来减少缴纳或敛取更多利益。一般的手段是拖欠拒缴,有时则为缴纳不合格粮米。"又各省每年遇灾荒蠲缓之外,无故而报民欠未完者亦复不少,实则民间何敢抗欠钱粮,其中有劣绅大户包完钱粮而本身则延欠不完者,此外,大抵欠在书差者为多。"④"江浙两省漕粮最多,大半系属粳糯白粮,较稑粟尤为珍贵。本年运通之米间有青腰、白脐,贮仓一二年或尚无碍,若挤压过久,难免霉变。通饬有漕省分嗣后于各州县收漕时,亲自验明好米,倘有刁劣绅士勒交丑米,立即拿办。"⑤这种对赋役的躲避行为不一定总是温和的,有时甚至是煽惑民众一同抗阻。"诚恐有种势族、豪姓恶绅惫衿及刁顽里户人等乘此正官动摇,必心生违抗,倡言惑众,不服追比,不依期上纳。"⑥容忍这类现象的存在实际上是此前政治无为导致的。

4.谣言煽惑。⑦　恶劣绅衿在地方的谣言煽惑主要有谣言惑乱和中伤诬告两类行为,其所涉及领域多在扰乱、税赋、动乱与讼狱四处。"轮船相为表

---

①　朱寿朋:《光绪朝东华录》,上海:上海集成图书公司,1909 年,第 4812 页。
②　丁宝桢:《丁文诚公奏稿》卷十八,清光绪十九年(1893 年)刻本。
③　这种行为共 55 条记载,占恶劣绅衿行为总和的 5.91%。
④　朱寿朋:《光绪朝东华录》,上海:上海集成图书公司,1909 年,第 4836 页。
⑤　福趾:《户部漕运全书》卷五十六,清光绪刻本。
⑥　蔡士英:《抚江集》,清顺治刻本。
⑦　这种行为共 46 条记载,占恶劣绅衿行为总和的 4.94%。

里,以兴中国内地自有之商务,而收内地自有之利权。毋贪苟安而忘远效,毋信劣绅、奸商、墨吏之言,谓其有碍厘金,恐夺小民生计,以似是而非之词,颟顸塞责了事。"①"现在清厘钱粮,专杜贪吏侵欺之弊,毫不扰累闾阎。倘有不肖州县巧立名目,借端苛敛,或刁劣绅士造言煽惑,包揽把持,均着执法严惩,以挽浇风而裕正课。"②又谆嘱冯子材等转饬各将弁,办案与戡乱有别,捕匪与御敌不同,仍当酌量轻重,宽猛相济,毋得过为操切。至于劣绅豪棍保匪诬良,于此举甚为不便。其造作谣言,葺辞诬构,恐所不免。"③"后任陈寿椿照依新章派办,在旧章地少堤多减派各村固所乐从,而地多堤少饶裕各村相沿已久,顿加堤段,劣绅富户希图规避,因而煽惑愚民捏词纠控,并无两岸居民烦兴怨蔚之事。"④

5.挟制官长。⑤ 不同于勾结官吏,恶劣绅衿在地方有挟制官长的举动。"软抬硬驼之弊宜除也……此皆由地方豪绅劣衿及奸民恶棍专工包揽,借此伙结有司倡此异议,以为分肥撮润之计。久而州县卫所官吏遂为把持挟制,即或官有稍知自爱者而亦不能更张悛改,竟视为例所当然,牢不可破。"⑥在一些文献中,恶劣绅衿的行为不仅限于利用暴力手段的挟制,甚至有殴辱官长、杀害官长的举动。"本年七月初九日,本县知县汤傅榘奉宪檄调入闽,需舟赴省,先发价银雇觅魏尾蓬船,遵宪起行。于十四日该令正在公堂催比粮务,突有劣生曾之撰率领陈维桥、吴之桢、叶轩、童有恒等七人蜂拥入署,不顾县令坐堂,自称船只被县封刷,殴打兵房,咆哮无状。汤令目击凶恶,呼吁面剖拒之。撰等全无忌惮,公行抗拒,掀翻公案,扭结命官,毁衣脱帽,法纪荡然。"⑦"张亮基商同先诣江右馆,亲加晓谕。徐之铭畏葸疑虑,不敢前往,密令四川从九品单功定煽惑刁绅李祖植等怂恿散练赴该前署内恳求不准抚回,并将署内什物抢毁,杀毙通海县知县雷焱。"⑧

---

① 郑观应:《罗浮偫鹤山人诗草》卷二,清宣统元年(1909 年)本。

② 吕肃高:(乾隆)《长沙府志》,清乾隆十二年(1747 年)刊本,第 1939 页。

③ 葛士浚:《清经世文编》卷八十三,清光绪石印本。

④ 朱寿朋:《光绪朝东华录》,上海:上海集成图书公司,1909 年,第 2839 页。

⑤ 这种行为共 38 条记载,占恶劣绅衿行为总和的 4.08%。

⑥ 吕肃高:(乾隆)《长沙府志》卷二十三,清乾隆十二年(1747 年)刊本。

⑦ 王廷抡:《临汀考言》卷十四,清康熙刻本。

⑧ 王先谦:(咸丰朝)《东华续录》,咸丰九十八,清光绪刻本。

6.包揽讼狱。① 恶劣绅衿在很多情况下与"讼师讼棍"相连用,其行为特点也与讼师讼棍较为相似。依据恶劣绅衿在地方社会包揽讼狱的行为,亦可划分为两类。一类是并不直接参与诉讼的健讼唆讼,恶劣绅衿只于其中煽动民众积极诉讼从而在较长的周期内苛敛、勒索财物,这种现象引起了地方官员的注意,因此在各地方有诸多规劝民众平息诉讼的文章。"为劝谕息讼以安民生事……然尔民往返奔驰,歇家饭费与夫代书润笔、证佐酬劳、失业妨工,皆不免费去钱财,荒芜田地。及至事完追悔无及,皆因讼师诱唆,加以劣衿恶棍鼓煽扬波,愚民误堕其中,不能自脱。"② 一类是在讼狱案件中积极作为,上下其手的包揽讼狱行为。"辄有一种无耻劣衿,串通讼棍,惯舞刀笔,出入衙门。初则献媚乞怜,继则求情关说,横行乡曲,飞食良善。庸□有司任其簸弄,起灭词讼,包揽公事,无所不为。"③

7.附逆护匪。④ 恶劣绅衿的附逆护匪行为包括依附逆贼、包庇盗匪,甚至是为首作乱。"苗沛霖骚扰江淮,逞其一枭破獍之心,罪无可逭。胜则一意纵容保护,其间劣绅某某及臬司张某总兵博某等幸灾乐祸,甘为苗逆牙爪,风承痔舐,靡恶不为。"⑤ "伏念川省隐患,一曰会匪,一曰私枭。会匪中不仅游民光棍,即家道殷实绅士亦有与之联络通气。如从前包揽盐厘之奸绅土豪,平日朘削灶贩,侵蚀公帑,皆必分润会中之人,始得高枕无恙。否则劫夺不免,相习成风,毫不为怪。甚至会匪事发而劣绅反为之出名营救。"⑥ "臣以张谦等以劣衿为逆首,毒害地方年余,抗拒官军数月,万死不足蔽辜,业经尽法惩治,林裕信、钟辰学投诚效力,业经该员等许以不死,尚可宽其一线,饬胡兼善等妥为安插,以示法外之仁。"⑦

8.霸匿水土。⑧ 劣绅在地方社会的许多恶劣行径直接与金钱财物相关,但对于土地、水田、堤坝等土地财物,也有许多霸匿占用的行为。"廉郡

---

① 这种行为共 36 条记载,占恶劣绅衿行为总和的 3.87%。

② 方傅质:(同治)《绥宁县志》,清同治六年(1867 年)刻本。

③ 李之芳:《李文襄公奏疏》别录卷六,清康熙刻本。

④ 这种行为共 26 条记载,占恶劣绅衿行为总和的 2.79%。

⑤ 方浚师:《蕉轩随录》卷十一,清同治十一年(1872 年)刻本。

⑥ 丁宝桢:《丁文诚公奏稿》卷十九,清光绪十九年(1893 年)刻,光绪二十五年(1899 年)补刻本。

⑦ 骆秉章:《骆文忠公奏稿》卷七,清光绪刻本。

⑧ 这种行为共 17 条记载,占恶劣绅衿行为总和的 1.83%。

荒地,许多穷民领帖承垦,钦奉恩旨永免升税。讵有不法衿棍当请领垦时,混将由名填入垦帖四至内己,预谋占山之根。地方官受其蒙蔽,概行印发。数年后公然执垦帖为张本,胆敢聚众砍伐,放火焚烧,甚将官山得价契卖与人,实属法所难贷。"①

9.扰乱学务。② 晚清文献中许多内容关注新式教育,而恶劣绅衿于其中干扰作乱,也引起了官员的重视,因此在若干兴办教育的文章、奏折和条款中,都有对恶劣绅衿上下其手从中扰乱的行为表示明确担忧并加以设防的。奏详女子师范学堂及女子小学堂章程中皆有"开办之后,倘有劣绅地棍造谣污蔑,借端生事者,地方官有保护之责"。③ 而在旧式的科举中,恶劣绅衿也对功名的取得施以手脚。"牛守仁,即牛珍,又名牛升。曾在广西怀集灵川贺县署内充当门丁,辄敢句串劣衿,冒入临桂县籍,令其子牛光斗蒙混应试,幸中举人。"④对于学场规纪的干扰,文献中也有所表述。"嗣后府州县有徇情滥纵,不肯点名,及地方豪绅劣衿有倡纵闹场之处,该学政访闻,即会同该督抚指名题参。"⑤

10.草菅人命。⑥ 在地方恶劣绅衿的各种行为中,草菅人命是非常恶劣的。在所有有关劣绅草菅人命的文献中,国家对这部分恶劣绅衿的处理不是"交由有司处理"那样简单模糊,而是多列入了刑案,指派特定官员处理。"安徽寿州捐纳员外郎孙家泰胆敢在六安州地方冒称钦差,假托防剿,私用官刑,擅杀四命,谬妄已极。绅士办理团练原以保卫乡间,该地方设有凶恶棍徒,亦应鸣官究办。似此胆大妄为,实属大干法纪,若不从严究治,何以惩暴而儆效尤。孙家泰着即革职,交福济严刑审讯,按律惩办,毋稍宽纵。"⑦

以上对恶劣绅衿的行为描述多是具体详细的,其涉及行为也多为语境中真实发生的。除以上较为明确的劣绅行为外,在晚清文献中还有大量有关恶劣绅衿的表述,在这些表述中,对劣绅行为的描述并不十分明确,但就

① 周硕勋:(乾隆)《廉州府志》卷五,清乾隆二十一年(1756 年)刻本。
② 这种行为共 16 条记载,占恶劣绅衿行为总和的 1.72%。
③ 端方:《大清光绪新法令》,第 1157 页。
④ 郑珍:(道光)《遵义府志》卷二十三,清道光刻本。
⑤ 《大清会典则例》卷七十,清文渊阁四库全书本。
⑥ 这种行为共 10 条记载,占恶劣绅衿行为总和的 1.07%。
⑦ 王先谦:(咸丰朝)《东华续录》,咸丰四十二,清光绪刻本。

其行为作用者对象而言,分为普通民众与官吏公事两类,因而对这种略显模糊的定义,可分为对下的为害乡里①与对上的扰乱生事②两类。"近见风俗日敝,人心不古,嚚凌成习,僭滥多端。诅诈之术日工,讼狱之兴靡已。或豪富凌轹孤寒,或劣绅武断乡曲,或恶衿出入衙署,或蠹棍诈害良善。"③"闽省矿务见已遵旨委查,一经兴办,当可就地取资……至煤铁各矿虽经该督委查,将来兴办能否速效应用,尚无把握。请饬该督不准滑吏蠹役、土豪劣绅阻挠扰乱,以期刻日课功。"④另有一类提及恶劣绅衿的方式,即仅仅提及"恶劣绅衿"而未对其行为有任何描述(仅提"恶劣绅衿"),如此记载虽然其数量较大,⑤但因其中较难发现恶劣绅衿的具体行为,便不列为一类。

晚清文献中大量记载的恶劣绅衿行为不仅限于上述分类,还有若干劣绅行为因其数量较少,不作分类列举。这些行为有:庇护凶盗、开赌护赌、煎售私盐、强夺人妻、挖卖矿产、庇护娼家、违禁筑坝、滥请封神、抢夺盗窃、强嫁寡妇、觊官牟利、不合规制、有伤风化、表里不一。⑥

以上诸多类型的"恶劣绅衿"现象已经严重危害到官府正义权威的伸张,严重危害到国家的财政收入的征集,严重危害到老百姓的正常生活,清除掉这些"恶劣绅衿"是重新树立公权力的必然要求。

二、防乱性定义下对官吏防劣用良的警示意蕴

除了在文本语境中真实存在的恶劣绅衿外,还有一种提及恶劣绅衿的方式,即将恶劣绅衿视为国家政务与地方治理的大防,对可能存在的恶劣绅衿及其行为严加防范。⑦

　　造船物料不一,着裕禄督率,在事员匠随时讲究奏明办理。内地煤

---

① 　为害乡里共有 140 条描述,约占 15.04%。
② 　扰乱生事共 92 条,约占 9.88%。
③ 　王先谦:《东华录》康熙十,清光绪十年(1884 年)长沙王氏刻本。
④ 　刘锦藻:《清续文献通考》卷二百三十四,民国景十通本。
⑤ 　这种类型的恶劣绅衿有 98 条记载,约占行为总和的 10.53%。
⑥ 　这些类别的行为数量分别为 4、3、3、2、2、2、2、2、2、2、1、1、1 个。
⑦ 　这种对恶劣绅衿的防乱性记载有 155 条,占提及恶劣绅衿文段总量的 20.72%。

铁各矿业，经该督委员查勘，即着从速兴办，不准滑吏劣绅等阻挠，以收实效。①

　　川省灶户有井以为之本，与他省灶丁不同，该抚所陈按锅计盐，按盐定厘之议似属可行，且系从未抽捐之户。以秦蜀商人各协本省军饷，自应情殷桑梓，踊跃急公。着骆秉章按照刘蓉所奏认真兴办。惟事属韧始，必须于国有裨，于灶户无损。仍恐兴办伊始，有奸商劣绅从中阻挠，把持射利，亦不可不为之防。②

　　闻江北厘卡、亩捐、户捐及一切各捐，均仍照前，迭经降旨裁革，未据地方官认真办理，亟应厘剔弊端，与民休息。着曾国藩、吴棠、李鸿章严行禁革。如有委员劣绅借端苛敛，即行拿办，以儆其余。③

　　今藏地、苗疆俱已宁谧，朕心嘉慰，特沛恩膏，着将庚戌年甘肃、四川、云南、贵州、广西额征地丁银两，悉行蠲免。其西安各属地方，近日亦有预备军需之事，朕心轸念，着将庚戌年额征钱粮蠲免十分之三。此六省督抚大吏宜仰体朕心，转饬所属有司敬谨奉行，务使闾阎均沾实惠。如有奉行不力，被不肖有司暗饱私囊，或奸胥土棍、强绅劣衿包揽侵蚀者，经朕访闻，必将通省大小官员分别从重治罪。④

上述分别涉及船政海防、盐政、税赋征派、赈济减赋四个方面的国家由上及下的防乱考量，认为恶劣绅衿在地方可能有扰乱生事、苛敛侵勒的行为。要求各级政府官员都应该严防这类恶劣绅衿，力求实现政权体系在国家治理中应该达到的目标。

这种尚未发生恶劣绅衿行为，其被官员甚至皇帝提及，在地方官治理乡土社会时都具有警示的意蕴。之所以不厌其烦地反复提出这类警示，确因历年奏报中总有若干对民风吏治的描述，其中恶劣绅衿对社会和政治的构祸都成为强化公权力道路上必须清除的障碍。

其实，国家权力在实现对社会的有效治理中，始终无法实现自上而下的完全垂直控制和巨细无遗的干预，在时代聚光灯下，国家除了要清除那些"恶劣绅衿"之外，又必须从绅衿群体中物色一些可以依凭的对象，将他们列

---

① 陈忠倚：《经世文三编》卷六十一，清光绪石印本。
② 刘锦藻：《清续文献通考》卷三十，民国景十通本。
③ 王先谦：(同治朝)《东华续录》卷三十六，清光绪刻本。
④ 王先谦：《东华录》雍正十四，清光绪十年(1884年)长沙王氏刻本。

入公正绅衿行列,继续发挥他们在地方社会治理中的能动性。

自上欲正民风,先端士习,此诚探本寻源之至论。至于结党扛讼、纠众械斗、争坟讦控、折骨藏金,是又风俗人心之极敝,而转移化导之所宜亟者也。该令现于各堡选定公正绅耆二人,遇事责其秉公排解,一切习绅劣监不准再递公禀,隐附党援。①

倘有如前项习绅届期阻抗及捏词折奏,即分别指名严参重惩,饬将田产充公,仍复治以应得之罪,再部颁民欠征信册式历年造办所费不资,无益库款,另行详请具奏……若丈田一事,以后本省大吏即有更动,必仍由后任续办,持之以久,矢之以坚,使通省绅民共知。有不清不止之意,庶各官乃能专一从事,而浮言不得动摇。一曰励人才,法令固宜从严,奖励亦宜并用。皖北黎庶沐浴列朝厚泽深仁,孰不知感。清理田赋乃复其固有,初非增所本无,其在公正绅耆当不乏知大义,即乡董里保当亦具天良,自应奏请在先,各属绅衿有能倡率乡里、劝导愚氓、不劳官力而复额者,准予从优奖叙印。②

在端士习与征田赋的努力中,清廷意识到恶劣绅衿虽已大量存在,却并未对地方绅衿的作用一股脑儿加以否定,而是将绅衿划分为两类,即恶劣绅衿和公正绅衿,并继续将地方协管、导化之权赋予公正绅衿。在有关风俗纲纪与赈济减赋的文章里,只是警示官员防止出现恶劣绅衿的不轨行为,确保地方社会不会再出现恶劣绅衿结党投状与阻抗诬陷的行为。

除了上述区分恶劣绅衿与公正绅衿的文献外,还有许多文献对公正绅衿参与地方社会治理事务有所表述,期望公正绅士在协助管理地方、承担公务方面能有所作为。

领照担保人资格限下开七项人等,此外不得妄充。公正绅士、有差缺官员、官立高等以上学堂、官许私立高等以上学堂、商会、银行、银号、著名行铺非著名者不在此例。③

经费宜严禁侵蚀也。凡捐输银两,或交商生息,或置产纳租,但责令公正绅士自为经理,一面造报立案,以备查核,不得假手胥吏,以杜侵

① 曾国荃:《曾忠襄公文集批牍书札·曾忠襄公批牍》卷五,清光绪二十九年(1903年)刻本。
② 朱寿朋:《光绪朝东华录》,上海:上海集成图书公司,1909年,第4822页。
③ 端方:《大清光绪新法令》,第1164页。

吞挪移之弊。①

　　宜专请矿师分途勘验采试，确有把握，即行开办。试办之初当用人力，既获利益则购机器，仍分官办、商办两种。商办由巡抚给与印帖，令该商邀集股份，联络公正绅士如法开采。地方官就近照料，或酌拨兵勇弹压。俟一年之后，出产既旺，照章抽厘。如有奸人藉开矿为名，骗吞股份，即行重究。②

　　臣抵济宁时该侍郎亦在济宁，迫贼氛较近，该侍郎即往曹州，复至武定。捻匪各处窜扰，该侍郎身任督办，并未率领乡团防守扼截，实属有负委任，相应请旨撤去督办大臣。其团练事务责成山东巡抚督率地方各官认真办理，务当选择公正绅衿、乡望素著之人专司其事，不得借端勒索。③

　　以上四条文献分别在商人商务、学务科举、税赋征派与军务方面赋予公正绅衿协管之权。四条文献虽无指明恶劣绅衿的刁顽行为，但这种着重点明"公正"绅士才能获得的权责亦是对绅衿群体分层化的一种认知。

三、衬托性定义下对官员地方治理主导作用的企求

　　在恶劣绅衿的衬托性定义中，吏治民风成为主要的关注重点。往往言及吏治腐败之时，勾结劣绅、任用恶衿成为官员的一大罪状。而在一些赞扬性文章中，惩治劣绅便成为官员的一大政绩。使用衬托性定义加以贬斥与褒扬的不只是吏治层面，在对普通士民的称赞中，被恶劣绅衿诬陷而不改初衷甚至与官员共同惩治劣绅是其被钦佩的重要原因。但这种对恶劣绅衿存在的过度强调，有时变成地方动乱的推脱之词，"恶劣绅衿"被过分使用，甚至有人会被诬陷。

　　在本文第一部分提及，官绅勾结是绅衿之恶劣的一种表现，即因为勾结官府的恶吏之后，即使他们屡屡危害乡里，但都因获得恶吏庇护而逍遥法外，因而绅衿之恶劣，不难寻到官员贪渎的根源。这种勾结于官员而言，除了为利，也存有很大风险，一旦被追究，即会遭到严肃处理。

---

① 戴肇辰：《学仕录》卷十五，清同治六年（1867年）刻本。
② 陈忠倚：《经世文三编》卷四十五，清光绪石印本。
③ 王先谦：(咸丰朝)《东华续录》咸丰四十二，清光绪刻本。

谕军机大臣等：有人奏州县讳盗殃民、劣绅聚众滋事，请旨查办一折。据称江苏铜山县知县陶在铭籍办团为名，按亩敛钱，又苛派房捐，信用劣绅周有道、林之祺二名，设党聚徒，劫案迭出，并有玩视人命等语。着魏光焘、恩寿按照所参各节确切查明，据实具奏，毋稍徇隐。①

谕岑春煊奏特参贪污残忍各员请旨惩处等语。署广东连平州知州徐仁杰以斗案作为盗案，正法之犯并无正凶，诸多冤滥。又凶犯周尊彝越狱，任听吏目、甘怡捏饰，以饿毙监犯谢新发作抵，并有串通幕友、僚属、劣绅、门丁等苛罚平民，勒索陋规，侵蚀罚款情事。玩法已极，实堪痛恨。署连平州事候补直隶州知州徐仁杰、前署连平州吏目叶护司、巡检甘怡均着革职，永不叙用，发往新疆充当苦差。②

又原参万载县知县周凤藻贪滑巧诈，署中火食、幕友、修金一切索诸门丁，纵容门丁为恶，屡有控案，以重金请托得免一节。查周凤藻素性贪鄙，家丁索得钱物与该员与之三七分用，以劣绅杜姓、辛姓、宋姓为爪牙，遇有案件先说使费，家丁与劣绅择其案中有钱之人，多方讹诈，需索如愿，始得到堂，到堂之日，又有堂费，破家者指不胜屈，万载之民言之无不切齿。③

乙巳谕陈宝箴奏：查明知府信用劣绅，举动乖谬，请旨惩处一折，已革湖南常德府知府文杰，在任多年，暱比匪人，声名甚劣，着即行革职，永不叙用。④

上述皇帝敕谕与大臣上奏都在揭发地方治理混乱状况，四条谕令奏折都将这种混乱归结为地方官为官失职，其表现即为：信用劣绅、放任劣绅、纵容劣绅。这是地方官员怠政无为的结果，将这类官员从官僚队伍中清除出去，才能实现地方治理的有序化。

晚清文献中也不乏对有为官员的记载，其中一个显著的方面就是对恶劣绅衿的惩治，整治恶劣绅衿不仅能赢得老百姓的拥戴，也是王朝政治得以延续的基本保证。因此，那些惩治恶劣绅衿的官员往往能获得升迁的机会。王士禛的《光禄大夫兵部尚书兼都察院右都御史总督河道提督军务拜

---

① 朱寿朋：《光绪朝东华录》，上海：上海集成图书公司，1909年，第4822页。

② 朱寿朋：《光绪朝东华录》，上海：上海集成图书公司，1909年，第4812页。

③ 张之洞：《张文襄公奏议》，民国刻本。

④ 朱寿朋：《光绪朝东华录》，上海：上海集成图书公司，1909年，第3643页。

他喇布勒哈番于襄勤公成龙墓志铭》记载:"又收案恶衿刘平成、旗恶沈颖、宦官张进升、大盗司九张、破楼子等若干人置重典,豪猾瞻落。"①类似的事例还有:

> 安佩莲,字玉青,贵定人。嘉庆十年彭浚榜进士……署岳州知府,平江以收漕米故,劣绅猾民鼓煽其间,几致变。佩莲驰往慰谕,事立解,升永顺知府。②

> 阎广居,字子仁,号安亭,河口村人。乾隆庚寅举于乡,分发湖南知县,历署常宁、慈利、耒阳、芷江事,所在以为常。耒阳习诈成风,劣衿滋事,广居绳之以法,驭之以诚,前后五载,风俗顿易。③

> 程亮采,字惠畴,廪贡生……咸丰年从戎江浙间,以功保知县,荐保花翎直隶州,为程忠烈公所识拔。在幕中举古来良将用兵不损一将、不折一兵,忠烈深题之。贼平需次江苏署震泽县事。县有劣绅盘据为奸利,亮采得其贿和命案一事,禀请严办,上游不之许,即请解任,曰:"吾不能除民害,奚官为。"拂衣归里,士林重之。④

无论是于成龙、安佩莲、阎广居还是程亮采,在他们的墓志铭和赞文中,都有对其惩治恶绅、民心顺服的赞扬。在王世祯所作于成龙墓志铭中突出了于成龙整治恶衿、旗恶、宦官与大盗危害乡里、扰乱生事,让"豪猾瞻落"的为政业绩。在对安佩莲的记载中,他努力平复被劣绅鼓煽的民心,因而官职有所升迁。在阎广居的记载中,则突出其在耒阳将劣衿绳之以法的事迹,在为官常宁、慈利与芷江时,"清厘积案,杜绝苞苴,振兴文教",亦呈现了一个颇为作为的地方官形象。对程亮采的记载则显示:惩治恶劣绅衿也会遭遇阻力,但程亮采宁愿卸任也不放弃自己清正为官的原则,故赢得了士林的赞扬。

这种用惩治恶劣绅衿以凸显官员廉洁清明的方式,在记载普通绅衿甚至乡民的文章中也时常出现。一般而言,此类记载在提及恶劣绅衿之前,都有对传主行为品性良好的强调,而恶劣绅衿却意图构陷诬告,查明后,官吏

---

① 钱仪吉:《碑传集》卷七十五,清道光刻本。
② 萧管:(道光)《贵阳府志》卷八十一,清咸丰刻本。
③ 李培谦:(道光)《阳曲县志》,民国二十一年(1932年)重印本。
④ 吕林钟:(光绪)《续修舒城县志》卷三十四,清光绪二十三年(1897年)刊本。

也为传主的端正品行所感动。

> 凌殿材，字焜振，号可垣，凌边人。父昶羽有潜德，族人盗其牛不究。族绅迫令控官，甫出乡，托腹痛而返。殿材五岁失恃，外祖母抚之有恩，洎长，奉养至九十余龄卒，为立后养教之，岁时上冢，犹欷歔流涕焉。性至孝，事叔父标羽尤谨，奉养至八十余。早岁学贾，慷慨好施与，喜为利济事，提携亲友如不及，族人受恩者多。故咸丰间红巾贼起，勒收富人金钱，亦不忍及殿材。殿材既以笃义闻，贼不加侵侮，乃反为富人恶绅所忌，诬告乡局，围捕无验始已。殿材终不以是懈其为善心。①

这种不予理会，终能得白的发展模式在官员被恶劣绅衿诬陷时同样适用。

> 杨言，字子顾，休宁举人。同治二年由内阁中书选贵州黔西知州……到黔后曾被劣绅以侵蚀钱粮、寄藏门丁诬控大府。委员提讯，门丁搜其私箧，得言所付亲笔家书，内附自挽联，额有"二老白头悲梓里，九泉碧血效椒山"之句，共相叹服，诬亦得白。②

在社会舆论普遍将恶劣绅衿作为打击对象的时候，地方官员有时也会很自然地将地方动乱的根源加在恶劣绅衿的头上，使被冠为"恶劣绅衿"的人成为上级追究责任的替罪羊。不过，因为诉诸法律，有些事实还是可以得到澄清的。有些则被认定为诬陷，而给予平反，出于维护官府权威的考虑，有些事实往往并未公布。

> （光绪二年）六月十六日上谕：前因都察院奏吉林贡生陈献廷以恶绅刘鸿恩窝贼、开赌、肆扰等词具控，当谕令崇实、岐元查明究办。兹据崇实等将刘鸿恩被控各节讯明，定拟具奏，此案都司或查无实据，或事出有因，均着毋庸置议。③

> 丁酉谕：前据御史牟荫乔、刘纶襄奏山东荣城县境内轮船失事，知县信任劣绅，扰害地方各一折。复据都察院奏编修谢隽杭等呈控恶绅串通知县，捏词请兵，逼毙民命等情。先后谕令张曜确查覆奏。兹据奏称保大轮船失事，沿海村民乘危捞抢，该县知县李文炳前往勘验，饬武

---

① 梁鼎芬：（宣统）《番禺县续志》，民国二十年（1931 年）重印本。

② 吴坤修：（光绪）《重修安徽通志》卷一百八十七，清光绪四年（1878 年）刻本。

③ 李桂林：（光绪）《吉林通志》卷五，清光绪十七年（1891 年）刻本。

举于廷诰帮同弹压,村民抗拒,将于廷诰殴伤,并伤乡勇,逼令李文炳出具印结息事。经道员盛宣怀、提督孙金彪带营查办,该村民仍不交犯缴赃,相持两日,始饬该县带同勇役进大西庄等三村搜赃,将滋事首从人犯带回研讯,分别取保。解省审办并无开炮轰击、骚拨毙命情事。

光绪年间的两条上谕都对重新彻查的原奏案件进行纠正。光绪二年(1876年),恶绅刘鸿恩窝贼、开赌、肆扰案经训明后发现,恶绅窝藏马贼及私创捕盗厅等情属查无实据或事出有因,而恶绅串通知县,捏词请兵,逼毙民命案经查明属子虚乌有。

因此,《先考前兵部主政止安府君行述》中就说到应慎重定义恶劣绅衿:"学使者、试诸生例有行优劣,吾父谓优劣不可限多寡,并不可定有无,且必显著恶迹方为劣绅,不然将徒据上空言与微疵小失,辄锢累儒生耶。"①

在晚清从中央到地方各级官府颁布的文件中,我们不难看到政府要求各级官府必须对恶劣绅衿的严厉防范,同时,应该注意区别恶劣绅衿和公正绅衿,孤立和消灭那些恶劣绅衿,充分调动公正绅衿的积极性,使其成为政权基层社会控制相对薄弱状态下的必要补充。晚清朝廷寄望地方官吏能在基层社会治理中发挥主导作用,凸显政府的政治权威,抑制地方社会包括恶劣绅衿在内的离心力量。但在实际的地方社会治理中,清除恶劣绅衿需要地方官员秉公执法,同时也需要地方官员增强抗御被恶劣绅衿腐蚀的能力。要强化政权体系中的"公权力",必须树立官员的良好形象,与晚清政治权威强化相伴随的法制建设一定程度上也能抑制恶劣绅衿与官吏的相互勾结,或者抑制恶吏对所谓的"恶劣绅衿"的构害。因为事实上也存在无为官员假借"恶劣绅衿"推卸地方社会治理不力的责任。

---

① 李祖陶:《国朝文录续编·赵忠毅公文录》卷二,清同治刻本。

《南靖谕札》所见闽南地方社会恶俗及其治理

《南靖谕札》是任官于南靖的官员处理政务时的记录,其中有许多谕示。主要针对南靖地方存在的各种恶习。

一、械　斗

《禁械斗谕》中记载有两村的不同姓氏"挟嫌各纠族众连日互斗滋事,实属藐法已极,除亲临拿办外,合亟谕饬。谕到该家长等立即约束族人,毋许再行纠斗滋事,听候本县亲临查办,尚可恩开一线。倘敢故违,则是冥顽不灵,本县定即禀请大宪派兵围拿纠斗首从各犯,尽法严办,并治该家长以应得之罪,决不宽贷(怠)。彼时玉石俱焚,后悔莫及,各宜凛遵毋违,特谕"。① 威胁的口吻特别明显。意思是各姓必须立即停止械斗,否则官兵出动必然导致玉石俱焚,各家族遭遇的损失亦必然很大。

械斗是南靖地方的一种积习。口角之争往往亦酿成"各党族众,列械斗杀",有时还造成人命案件。官府认识到这种危害是巨大的,于是再次要求各家长"约束子侄,毋许再行械斗滋事,取具各依结缴查,并起出陈□、陈□尸身禀验,一面严拿访犯刘学、刘四时、刘不等及两造在场附斗滋闹各犯,并不行约束各该家长及讳禀地保黄芳山、陈合成等各正身,务获禀带赴县,以凭究办。去役毋得玩延干咎"。② 这是道光二十一年(1841年)二月发出的逮捕凭单。体现了地方官力求解决地方械斗恶习的决心。

有的地方官员还心存疑惑,"漳郡凤秉文公遗教,不少读书明理之人,何

---

① 南靖县地方志编纂委员会:《清代官文范稿》,南靖人文社会史料丛书之三,2005年,第1页。

② 南靖县地方志编纂委员会:《清代官文范稿》,南靖人文社会史料丛书之三,2005年,第2页。

以近年犷悍成习,争斗频闻"。"或因田土细故酿成衅端,或因诉讼微嫌构成积怨。乡分大姓小姓,族分强房弱房;大者恃其党众,遂肆凭凌弱,小者亦连合亲朋转相报复。更有一邑之中分为红白两旗,遇事斗争,伺隙杀掳。该家属亲朋并不排解劝导,反行协助逞凶,聚众敛钱,以争端为利薮;鸣锣执械,以危事为坦途。不思姓无大小均是同乡,房无强弱本为一族。同此苍赤之民,何有红白之别。疆界统属朝廷,奚容妄分彼此。身体受之父母,安忍稍致毁伤。而且主谋纠斗致毙多命之首犯,即应斩绞决,随后下手致毙一命之从犯,亦应以依律拟抵,例有专条,法难稍贷(怠),皆由逞一朝之忿,遂致贻终身之忧。"县官对敝俗之凶顽深为痛恨,对愚民之滔溺,更觉心伤。他认为百姓"凡遇大小事件,务各平心理讲,勿以盛气而忿争。凡属亲族人等,更宜排难解纷,勿稍袒庇而成衅隙。其有实难理处者,即当鸣官理断,勿得恃蛮械斗,自投杀身之祸,并贻邻族之忧。"①而那些乡老更应该"约束子弟",于平时多加规训,倘一味谋利,则失了本职,是不能辞其咎的。地方官员往往由内陆地区调配而来,他们对一向少受行政控制的漳泉沿海地区并不了解,因而时常表现出不耐烦、不理解的情绪。

他们分析造成械斗的原因包括"或因细故酿成衅端,或因微嫌构成巨祸。更有不法之徒,每恃族大丁多,倚强凌弱,恣意残杀。小姓自问寡不敌众,亦有结连各社,冀图抵御,各逞凶横,动毙人命。揆其行为,实属情同化外,大堪发指。各前任非不剀切晓谕,总因事后拿办,尚不甚严,遂致益无忌惮"。② 该县官说自己"虽不能致民间谦逊揖让,共成敦睦之风,然亦不能由尔等变乡里为劲敌,动辄干戈相向"。他在下车伊始,下达禁令,要求百姓"知械斗成命,既为天理不容,亦为国法难宥。自示之后,立即洗心革面,各保身家。如有小忿,不妨情想理遣。即实有不平之事,轻则投保理处,重则控官审理。本官秉公在抱,或曲或直,或是或非,定当立为判断,必不使尔等知法善良稍存冤抑。如以视示谕为到任告诫具文,积习相沿,必使仍蹈故辙,则是言之谆谆,听之藐藐,此等不法顽民,尔两造果有不可解之仇,本县亦与尔有不能息之怒,不拿则已,不办不休,定当会带兵勇一并围拿,尽置于

① 南靖县地方志编纂委员会:《清代官文范稿》,南靖人文社会史料丛书之三,2005年,第19页。
② 南靖县地方志编纂委员会:《清代官文范稿》,南靖人文社会史料丛书之三,2005年,第9页。

法。家长不先约束,情无可原,亦当拿案从重惩办,决不稍为姑宽,其时悔之无及,不可谓本县告诫之不谆切也"。① 新上任的地方官总是晓之以理,希望众民遇到不平之事,通过官府加以解决,不要动辄械斗,造成更大的损失。

南靖"民俗负气好勇,犷悍不驯,每因雀角微嫌,动辄纠众械斗,或恃大族,或联外社,仇杀相寻,酿成巨案,互相械斗掳掠,或交回领还,或竟成杀害。该家长不行约束,且为之派调主画,以掳杀多者为能。甚有不法之徒,藉械斗名色,伏截要道,于无干平民混为仇社党羽,抢掳勒赎,此等恶习,殊堪发指。独不思聚众械斗,定例綦严,杀死一命,为首、下手均拟斩决,在场伤人亦应发遣。家长不行约束、阻止及代为买凶,与犯同罪。"

为了减少械斗,福建巡抚于道光二十年岁次庚子仲夏自上而下颁布了劝诫械斗四言韵文,目的在于"令读书子侄纯习,使愚者知儆"。②《劝诫械斗文》曰:

> 古称王道,观于一乡。乡有正士,薰地善良。何为敝俗,乃萃泉漳。好勇斗狠,日召祸殃。小忿不忍,大害旋偿。身家丧败,骨肉凋亡。杀人杀人,实则自戕。父母遗体,胡忍毁伤。贪生蝼蚁,嗜杀豺狼。何为惨酷,人道反常。今告尔民,当自思量。时时谨守,天理王章。尔之有身,父育母将。何为往死,桎梏岩墙。尔之有家,肯构肯堂。何为暴弃,蹈火赴汤。尔之职业,工贾农商。勤俭世守,艰苦亲尝。何为此匪,而习刀枪。开门揖盗,终被劫攘。倾赀延讼,奔走仓皇。徒供吏囊,徒饱盗囊。何如守分,积善余庆。岂无父老,言表行坊。曷遵劝勉,救此膏肓。勿寻小怨,勿恃强梁。利刃勿设,火器勿藏。谗言诱惑,恶少跳踉。力即排解,毋任猖狂。大姓小姓,强房弱房。四海兄弟,何判界疆。各敦友爱,相助守望。村村雍睦,户户丰穰。天真好生,违天不祥。惜人性命,尔身其康。释人仇怨,尔室其昌。天良休丧,国法孔彰。下至乡曲,中及胶庠。利害得失,仔细参详。③

---

① 南靖县地方志编纂委员会:《清代官文范稿》,南靖人文社会史料丛书之三,2005 年,第 10 页。

② 南靖县地方志编纂委员会:《清代官文范稿》,南靖人文社会史料丛书之三,2005 年,第 16 页。

③ 南靖县地方志编纂委员会:《清代官文范稿》,南靖人文社会史料丛书之三,2005 年,第 18 页。

这篇四言韵文揭示了械斗是一种情绪失控情况下由些小细故而酿成的伤及人命事件,这无论对哪一方都是很不利的事情,巡抚希望读书子侄们能习诵这四言韵文,达到习礼、受教、入化的效果。为官者治理漳泉沿海地区最切要点事情就是劝告当地居民"务宜力除旧习,痛改前非,父诚其子,兄勉其弟,切勿好斗而亡身,各安尔业,各遂尔生,慎勿逞凶而陷罪。凡遇大小事件,务各平心理讲,勿以盛气而忿争。凡属亲族人等,更宜排难解纷,勿稍祖庇而成衅隙。其有实难理处者,即当鸣官理断,勿得恃蛮械斗,自投杀身之祸,并贻邻族之忧。至家长绅耆人等,有约束子弟之责,尤应平时规训,临期禁阻,断不可藉图敛财,主使滋事"。① 这些地方官员竭力想灌输儒家思想和王朝秩序理念于漳泉社会,强调有身份的人应该起表率作用,通过父对子、兄对弟的教化,实现"风俗渐醇"的目的。新到任的官员往往"当下车伊始,念尔等为气习所染,尚可转移。不教而诛,深堪悯恻"。于是"剀切示禁",对屡教而不改者,"冥顽不灵,无可化悔,本县惟有会营围村,搜捕执法严办,并将徇纵之乡保、家长一并治罪,决不稍宽"。② 为官者屡屡表达这样的思想,或与他们急切地想取得显著的治理效果有关。

二、绑　　架

绑架勒索是南靖地方的另一种恶习。地方官员下令"照得掳人勒赎,除有凌虐及谋故殴杀,照例拟以斩绞、遣军之罪。即使审无凌虐毙命重情,只图获利关禁,为首亦发遣新疆给官兵为奴,为从俱发极疆足四千里充军。是定例极其森严,何小民不知自爱,每因小忿动辄结党成群,截掳禁酷。或挟凤嫌,互相掳掠,冀图报复。或于本社与人有隙,凡遇他社同姓之人,不问远近亲疏,概行掳禁勒赎。甚至无赖匪徒,遂借此为生涯,肆横掳掠,愍不畏法,莫此为甚"。新上任的县官看到这种状况,认为只有立即对罪犯严拿痛办,才能保证老百姓有正常的生活。但因为这种风气是先前没有开展教化而导致的,于是他觉得要先"剀切晓谕,为此示仰阖邑士庶军民人等知悉,自

---

① 南靖县地方志编纂委员会:《清代官文范稿》,南靖人文社会史料丛书之三,2005年,第20页。

② 南靖县地方志编纂委员会:《清代官文范稿》,南靖人文社会史料丛书之三,2005年,第27~28页。

示之后,尔等务须涤面洗心,痛改前非,父诫其子,兄勉其弟,共享升平之福,毋再仍蹈前辙。倘敢怙恶不悛,仍有掳酷勒赎,则尔等愿甘以身试法,本县亦岂能日久姑容,定行严拿,从重尽法惩办,决不稍为宽贷(怠)。各宜猛省自新,毋贻后悔,凛之慎之"。①

"漳郡地方每有匪徒恃强挟众,截途掳人,私刑凌辱。有用土牢藏匿者,有用大木凿孔锁系手足者,有用篾篷拎缚倒竖墙角者,日给薄粥一盂,仅延性命,暗使恶党通报被掳之家持金往赎,时日稍迟,往往毙命。"县官认为"掳禁平人勒赎财物,其罪与劫盗等。而私造非刑,尤干重典。如有因坟田树木之相争,逋租欠债之不还,以及小忿私嫌,不妨诉官审理"。② 要提高官府的权威,必须使官府真正能管到民间社会的一些事务。漳州府正堂颁示:"掳人勒赎,大干法纪,有犯必惩,立拿杖毙。家长严查,勿稍包庇,据实呈首,照例免议。倘敢纵容,一体究治,令在必行,毋违特示。"③

对于那些因小故即起忿争,拦路劫抢,结会树党,掳人勒赎者,南靖县均提出了给予重惩的谕示。

三、混控讹诈

混控讹诈是一恶习,"靖邑恶习,重财轻生,凡有亲属被人致毙,而刁诈尸亲,辄即串同匪棍,借命居奇,沿户科索,必欲饱其欲壑而后已。稍不遂欲,即将殷实良民以及素嫌隙之人,一并罗织混控,或牵告百余人,或数十人,随手开列,任意牵株,甚有得贿私和,反将正凶除名不告者。至于病故、自尽之案,无不称为谋故、殴毙,有伤有证,满纸糊言。总以茔官一验,方快其意"。④ 对于这些现象,确实让地方官感到难办,只能要求"从实指告,不

① 南靖县地方志编纂委员会:《清代官文范稿》,南靖人文社会史料丛书之三,2005年,第7页。

② 南靖县地方志编纂委员会:《清代官文范稿》,南靖人文社会史料丛书之三,2005年,第14页。

③ 南靖县地方志编纂委员会:《清代官文范稿》,南靖人文社会史料丛书之三,2005年,第23页。

④ 南靖县地方志编纂委员会:《清代官文范稿》,南靖人文社会史料丛书之三,2005年,第11页。

许再行牵株"。

因为南靖地处山区，"界连龙永，山径盘曲，道沟分歧。每有地棍匪徒结党成群，肆行抢劫，遂致商旅民人均受其害，言之实堪痛恨。"就任者表示：除分派家丁协同弁兵役勇在于要隘处所认真梭织巡查外，合行剀切晓谕。"为此示仰阖邑军民人等知悉，尔等如能痛改前非，各安生业，则前犯有案，本县酌当宽量情罪，设法从宽。倘以游荡成性，欲仍蹈前辙，现在兵勇巡差星罗棋布，定即饬其按名务获，尽法惩办，断不使一名漏网，亦不稍为姑宽，各宜细思毋违。"①地方官显然是以一定的军事力量作为后盾才说了这番话。

四、窝　　盗

窝盗在南靖也不少见。"若抢夺、伤人、窃盗、拒捕，均与强盗同科，国法俱在，何等森严。乃愍不畏死之徒，视为生涯利路，结党成群，小则鼠窃狗偷，大则强行抢劫。更有无赖游民，贪其赃物，勾通窝留，迨至一朝被获，盗贼窝家无不身首异处，立正典刑。"②县官让绅士们劝导其乡邻"匪言勿听，非法不为，勉之为善良之民，共享升平之福。倘敢执迷不悟，为盗为窝，除本犯照例治罪外，并将管束不严之家长，得规徇隐之乡保，概行按例治罪。"即采取连坐的办法以求肃清地方的盗匪势力。

另外，地方官员们还颁布过像禁丐、禁赌、禁止唆讼、禁止拐卖幼童、禁止淫乱等布告，有时赌博产生的纠纷会转化为大的械斗事件，于是禁止各种恶习，实有相关之效果。譬如南靖"有不法棍徒以唆讼为生，损人利己。无知愚民，堕其术中，听其播弄，颠倒是非，讼结不解，以致经年奔走失业。花钱讼胜，则棍徒索谢矜功，讼败则棍徒脱身事外，陷人缧绁，而不知顾"。③为官者谕令民众们应尽量将纠纷上报官府，由官府加以解决。

综上可见，南靖地方官员为在长期处于自在状态的地方社会恶习屡颁

---

① 南靖县地方志编纂委员会：《清代官文范稿》，南靖人文社会史料丛书之三，2005 年，第 13 页。

② 南靖县地方志编纂委员会：《清代官文范稿》，南靖人文社会史料丛书之三，2005 年，第 21 页。

③ 南靖县地方志编纂委员会：《清代官文范稿》，南靖人文社会史料丛书之三，2005 年，第 97 页。

禁令,力图将儒家文化灌输其中,使其由"化外"进入"化内",通过树立人伦信念、避免任才使气、珍惜生命、少受恶人支使、密切与政府的关系等,逐渐将地方社会纳入王朝的秩序系统之中。

第六节

林则徐对灾异的探源与对策

　　清朝道光时期,是江苏各地各种灾害频繁出现的时期。一方面固然因为自然因素如夏季雨水集中,另一方面也与许多社会因素如人为因素密切相关。林则徐在江苏任职期间,特别注重对引起和加重自然灾害的社会原因的探究,并在消除那些人为致灾因素方面做了积极的努力。在灾害期间,林则徐又致力于一系列切合实际的减灾和救灾活动,也取得了明显的效果。

一、探究灾害加重的社会因素

　　河流是一个相对完整的系统,对河流水灾的控制就必须有一个相对统一的规划,但是实际上这种规划不是不能有效地进行,就是制订了也不能有效地实行。于是淮黄二河的水灾往往就集中在安徽、江苏境内发生,这里是二河流域中地势最低的区域,水往低处流的自然之势决定了该区域成为水灾的频发地区。缺乏科学有效的调度,水灾就不仅不能得到减缓,反而更加肆虐。

(一)缺乏全局观念

　　林则徐认识到沿河各地人们往往缺乏全局治理观念。在江苏任职期间,他"查河工,(发现)大汛关系最重,奸民竟敢聚众持械,捆禁兵夫,强挖过水,致全河大溜入湖,实堪发指,亟应严行督拿,尽法惩办。且今岁夏秋以来,洪湖盛涨,上下各坝全开,坝水所经之处,田禾被淹,收成已属歉薄,除较重之桃源吴城、陆城两乡先请抚恤外,其余被灾轻重情形,正在委员分投确

勘,归于秋灾案内分别办理"。"今在黄掣溜入湖,急筹分泄,上下河被淹情形势必加重,臣亟应前往查勘酌办。"①"桃南龙窝汛十三堡大堤被奸民聚众挖通,全黄入湖,堰、盱危险。"②在"洪湖盛涨之际,在工文武多以启放山盱拦湖坝为请"。实际上,如"此坝若开,则杨河、杨粮堤工及下河七邑皆不可问,将来堵合,耗费尤巨"。③ 如流域内的人们缺乏全局观念,就可能加重水灾的危害程度。在江宁(今南京),"奸民驾船携带鸟枪器械,拦截行人,捆缚巡兵,将大堤创挖,掣动大溜入湖,殊出情理之外。前据张井就现获从犯孙在山讯出系民人赵步堂雇令挖堤"。④ 一些豪右之家往往出于保护自己的私利,纷纷以邻为壑,为保自己不惜嫁祸于人。

(二)弃土逃荒

灾荒常常成为灾区人们弃土逃荒的最好借口。殊不知灾害期间灾区是多么需要组织起有效的救灾工作啊。但有些地区却出现大规模的逃荒弃土现象,加重了人们对灾害的恐惧和惊慌。民间流行的大量故事生动地描述了千里逃荒的凄惨景象。

(三)奸豪借荒发财

道光十三年,"被灾地方,穷民最苦而豪棍最强,富户最忧而吏胥最乐,有参和糠秕,短缺升斗私饱己囊者,有派累商人,抑勒铺户令其帮助者,有简化感乡绅家丁佃户混入丁册希图冒领者,有将本署贴写早班,列名影射者,有将已故流民乞丐入册分配者,有将纸张饭食车马派累保正作为摊捐者,有将经纪贸易人等捏作饥民作为支领者,甚至将已经报荒之地水退不准耕种以待州县履勘名曰指荒地亩,百姓渐至逃亡,而奸狡之徒以灾荒为得计,赈粮到手犹复随众攀号,本境已完旋即改居他邑,米船过境设卡截留,典铺未开邀人爬抢,生监把持,妇女喧嚷,种种恶习,不可胜言。州县略加惩处,吏胥即串同土棍哄堂毁辱,上司虑生事端,予以撤任,于是相习成风。册籍付之粮吏,银米委之省衿。今岁已赈,明岁复然,真正饥民全无实惠,加以疲猾

① 林则徐:《林则徐集》第一册《奏稿》,北京:中华书局,1985年,第79页。
② 林则徐:《林则徐集》第一册《奏稿》,北京:中华书局,1985年,第83页。
③ 林则徐:《林则徐集》第一册《奏稿》,北京:中华书局,1985年,第84页。
④ 林则徐:《林则徐集》第一册《奏稿》,北京:中华书局,1985年,第88页。

州县克扣赈粮弥补亏空,病国病民,尤堪痛恨!从前乾隆嘉庆年间捏灾冒赈之案,无不尽法处治。今十数年来,各省督抚未有参劾及此者,岂今之州县胜于前人乎?总缘各上司惮于举发,故虽百弊丛生,终不破案,实为近来痼习"。① 林则徐就想认真纠正这一存在十数年的积弊。他认真分析之后,发现奸豪常常包括土棍、生监和吏胥三种势力,他们往往构成地方恶势力的代表。土棍以流氓手段干扰官员的正常公务,如施赈官员下基层,他们"强索赈票",不让官员"挨查户口","如不遂欲,则抛砖掷石,泼水溅泥,翻船毁轿"。真是无所不用其极。生监又往往以地方上的代表自居,常常借自然灾伤,捏造灾情,"捏写户口总数,勒索赈票,自称力能弹压,只要遂伊所欲便可无事,否则挟制官吏,讦告不休,京控之案,往往若辈为之"。吏胥捏册,他们"借灾费为名,于查荒时索钱卖单,查赈时捏名入册,先借口于赔垫而暗遂其侵欺"。他们"或愚弄本官,或买嘱官员,或勾结生监,尚皆事所时有,曾经惩办有案"。面对三种舞弊之人,州县往往不能严格查办,导致"办赈有所侵蚀,是直向千万垂毙之民夺之食而速其死,即使幸逃法网,天理必不能容"。林则徐表达了自己坚决惩处这些奸豪的决心。他说:若任这些奸豪横行,"国家徒有加惠之名,而百姓无受惠之实,无非不堪下吏私充囊橐,大吏只知博取声誉","各先捐廉倡导以冀官绅富户观感乐施,凡此情形,皆人所共闻共睹。如果不肖州县捏灾冒赈,地方刁生劣监,岂肯不为举发?而绅富之家又安肯听其劝谕?捐资助赈,至再至三,且捏灾而转自捐廉,似亦无此愚妄之州县也"。② 林则徐发现官吏队伍中竟分化出两种人:一种是捐廉助赈之人,一种是吞赈饱己之人。必须去掉后一种人,正气才能得到弘扬,如果任由后一种人逍遥法外,势必挫伤前一种的积极性。只有除了弊,才能为兴利创造良好的环境。

二、林则徐的减灾救灾对策举隅

林则徐在除弊的基础上,就积极致力于兴利的工作。既然国家的财力有限,就只有采取其他有效的补救办法,林则徐的具体做法有:

---

① 林则徐:《林则徐集》第一册《奏稿》,北京:中华书局,1985 年,第 143 页。
② 林则徐:《林则徐集》第一册《奏稿》,北京:中华书局,1985 年,第 149 页。

（一）调动绅商庶民捐助的积极性

江苏频年饥馑，"苏州省城于上冬分设粥厂之外，犹恐远近贫民跋涉拥挤，强悍者虑其滋事，老弱者难免向隅，当又率属捐廉挑施担粥。每一担约可给一百人以上，分劝绅庶家有力者日施数担，即力微者，亦可合数人以成一担，各就本图邻近地段，同时挑担分施。凡老幼孤寡残废之人力难赴厂领粥者，皆得就近给食，众擎易举，所济较多。各属官绅咸相效法，城市之内多者至百余担，少者亦数十担。其各乡零星担数虽多寡不齐，合而计之，亦与城市相埒。行之数月，差少饿莩之人。其余有买米平粜者，有采办杂粮辘轳粜施者，有收养幼童弃孩及流亡病丐者，有捐修各项工程以代赈济者。"①动用各种社会力量帮助政府解决社会危机，是清朝许多政治家的基本观念，如陈宏谋、汪辉祖等都特别强调充分调动地方富民的积极性，让他们在社会公共建设、赈济灾荒等方面发挥积极作用，对他们的义举给予及时适当的精神奖励，也有利于培养他们的荣誉感和对政府的向心力。

清朝政府经常面临着许多新的社会事务，而政府的财政经常出现支绌的现象，有效地组织地方的财力以解决政府的问题就成为衡量地方官实际才干的重要方面。林则徐就任江苏巡抚后，这里虽然过去一直有"富庶""民足"等美名，却因为灾荒、重赋等而不断面对财政的困境，"自（道光十三年）十二月初一日开厂后，就食之民日聚日多，前项银款未能敷用，据署江宁藩司积拉明阿，详据府县等转据各董事禀请，将义赈生息银两，预提十四、十五两年银九千二百两，凑作赈粥之需，其本银仍存典不动。典首等已如议乐从，此项足敷正月下旬之用。惟察看情形，城内外现开四厂，每厂各万数千人。鸠首鹄面，扶老挈幼，一时尚难撤散。幸同城绅商士族，慕义好施者尚多，虽频年歉收，未免有难于自顾之处，仍然乐善不倦，勉力加捐。臣复面为奖慰，许以竣事之后，定当吁恳圣恩逾格优施俾资劝励"。②

地方官捐廉、绅商捐资接济对解决赈济有积极影响，林则徐力图给捐助者以名义上的奖励，目的就在于稳定地方社会局势，因为贫民一旦生活无着，就必然会铤而走险。在赈济的基础上，林则徐就可以对"借口饥寒，为匪

---

① 林则徐：《林则徐集》第一册《奏稿》，北京：中华书局，1985年，第164页。
② 林则徐：《林则徐集》第一册《奏稿》，北京：中华书局，1985年，第159页。

不法"者,"严饬缉捕,有犯必惩"。严厉打击扰乱社会秩序的各种活动。

林则徐颇为注重治水的成效,他在奉旨总办江浙七府水利后,首先督促查勘吴淞江、黄浦江和娄江(浏河)三江水道,研究疏浚方案。他认为三江水道淤塞,"蓄泄无资,旱涝皆足为害。如上年被水成灾,蠲缓赈贷,不但无入,而又上耗国用,下损民财,贻患匪浅"。疏浚工程必须赶紧动工。按照历来挑河成案,河工费用要得治水利的州县分别征摊,但因去年水灾,马上征摊是不合时宜的,因此他建议督抚先行由藩库皆款动垫,以应本年挑浚之需。① 林则徐既考虑了政府的财力,也考虑了民众的承受力,显得较为老练和务实。

(二)以工代赈

在《筹挑刘河白茆河以工代赈折》(道光十四年)和《验收白茆河等挑浚及闸坝工程完浚并请奖励捐输出身人员折》中,林则徐说:"臣陶澍、臣林则徐各倡捐银一千两,藩司陈銮捐银二千两,苏松粮道陶廷杰捐银三千两,苏松太道吴其泰捐银五千两,前任苏州府知府沈兆云、署常熟县试用知县蓝蔚雯各捐银一千两,昭文县知县张绥组捐银六千两,此外绅民捐项,除安徽候选道章廷榜所捐二万两内,奏明以一万两拨归白茆较之估需银数,有盈无绌。""官绅设法集捐,以工代赈,民夫咸资,淤塞无虞,旱涝有备。"②他积极倡导官员要带头捐助,带动地方上富民,形成乐捐的良好风气,把这些捐资用于"以工代赈",就可以较好地解决救灾过程中遇到的经费不足问题,同时也较好地安置了灾民,对社会的稳定有积极意义。

(三)倡设义庄义仓

林则徐鼓励同族内设置义庄,鼓励村庄、乡、县乃至省设置义仓。"苏郡绅士前捐光禄寺署正韩范呈称:伊故父原任刑部右侍郎韩封在日,将历年廉俸所余,置有薄田,临终遗命,遇有地方善举,竭力捐助。已先设立义庄赡给同族。今闻省城有创建义仓之举,情愿将父遗田亩坐落长洲县境田三百七

---

① 林则徐:《林则徐集》第一册《奏稿》,北京:中华书局,1985 年,第 12~13 页。

② 林则徐:《林则徐集》第一册《奏稿》,北京:中华书局,1985 年,第 159、183 页。

亩零，元和县境田八百二十四亩零，尽数捐入义仓，官为收租，办粮存贮，以备歉岁公用。"①林则徐认为："义仓谷石系为接济民食之需，必得图匮于丰，以冀有备无患。今苏州省城捐置义仓，业已买谷二万余石，复有绅士韩范捐田一千一百余亩，岁收租息，专归义仓存贮，更可日积日多，设余年岁稍俭，即行减价平粜，以济民食。粜下银钱，仍即各照时价买补。不准别项借动，以杜流弊而垂永久，至此项仓谷系属捐办，所有动用经费，及此后收放谷石，均请免其报销。"林则徐希望把苏郡的经验推广到全省，在江宁省城亦积极倡导兴建义仓，以备灾异。

　　以上的各种措施体现出林则徐作为一个政治家的练达和成熟，他从国家的利益出发，尽心尽力于公务，务实地寻找导致灾害严重的各种因素，并切实地寻找解决问题的对策。他充分认识到发挥地方富绅豪民的积极性的重要性，也注意妥善解决地方生民的生计和生产，从而有效地缓和了地方社会的各种矛盾，形成了官民合力治水的局面。在接到母亲病故的消息后，他不得不回家守制，但后来因为他对治理江苏水利较为专业，林则徐奉命"夺情"，再赴高家堰抗洪前线，这也体现了一个封建官吏的尽职尽责。

------

① 林则徐：《林则徐集》第一册《奏稿》，北京：中华书局，1985 年，第 233 页。

第二章

陆域经济的发展

第一节

明清湖南家族人口增长的趋势及差异

——以族谱资料为中心的考察*

明清时期湘中、湘南地区与长江下游地区的家族人口增长率存在着某种一致性,大致在 1% 左右波动,且其长期升降趋势与我们对明清社会变迁的认识颇为吻合;自然灾害、战乱和社会经济的发展变化是家族人口变动的重要动因,天灾人祸造成人口短期的剧烈波动而社会经济变迁则型塑了人口变迁的长期轨迹;家族基因、家族发展模式及其所面对的外部环境共同造就了家族间人口发展的差异性。

一、资料概况及其代表性

研究历史时期的人口往往比研究当代的人口更困难,一个重要的原因就是历史时期人口资料获得的困难。通过整理湖南地区的族谱资料,我们

---

* 本节与叶再兴合写,叶再兴现为厦门大学历史系 2015 级博士研究生。

共得 24943 个人口数据,这些样本相对于湖南地区庞大的人口而言,可谓沧海一粟,可是考虑到原始资料处理的繁琐程度,其数量也相当可观。本文据以研究的核心资料为 8 种湖南族谱,它们分别是:《醴南枫林黄氏五修族谱》《邓氏族谱》《唐氏族谱》《花麦田陈氏支谱》《黄氏宗谱》《王氏族谱》《茹氏四修族谱》《云阳毛氏三修族谱》①。下面将这 8 种族谱的编写及所登录的家族人口资料情况表列如表 2-1。

表 2-1　所引族谱编修及所登录家族人口资料情况一览表

族谱名称	编修及刊印情况			家族男性人口资料登录情况				
	地区	编修者	刊印时间	统计年限*	总数（人）	生年详者（%）	卒年详者（%）	生卒年皆详者（%）
醴南枫林黄氏五修族谱	醴陵县**	敦伦堂	2000	1328—1900	3449	3432（99.5）	2650（76.8）	2650（76.8）
邓氏族谱	醴陵县	邓光连等	2003	1342—1900	2156	2142（99.4）	1789（83.0）	1789（83.0）
唐氏族谱	醴陵县	唐馨烈等	1885	937—1805	1156	1147（99.2）	983（85.0）	981（84.9）
花麦田陈氏支谱	醴陵县	陈述明等	1898	1654—1820	218	213（97.7）	138（63.3）	138（63.3）
黄氏宗谱	永兴县	黄清寅等	1943	1079—1860	11615	11329（97.5）	9009（77.6）	9009（77.6）

① 敦伦堂:《醴南枫林黄氏五修族谱》,2000 年刊印,该族谱是笔者 2014 年 5 月在醴陵市大障镇进行田野调查时得自黄国强先生。邓光连等修:《邓氏族谱》,醴陵:衡烟印刷厂,2003 年;唐馨烈等修:《唐氏族谱》,光绪十一年(1885 年);陈述明等修:《花麦田陈氏支谱》,光绪二十四年(1898 年);黄清寅等修:《黄氏宗谱》,民国三十二年(1943 年);王典章等修:《王氏族谱》,光绪二十二年(1896 年);茹传梅等修:《茹氏四修族谱》,民国十一年(1922 年)及毛世藩等修:《云阳毛氏三修族谱》,光绪十一年(1885 年)等族谱均得自网站"FamilySearch",其网址为 https://familysearch.org。

续表

族谱名称	编修及刊印情况			家族男性人口资料登录情况				
	地区	编修者	刊印时间	统计年限*	总数（人）	生年详者（%）	卒年详者（%）	生卒年皆详者（%）
王氏族谱	永兴县	王典章等	1896	1397—1815	2281	2131（93.4）	1873（82.1）	1873（82.1）
茹氏四修族谱	衡山县	茹传梅等	1922	1261—1840	2079	1979（95.2）	1393（67.0）	1393（67.0）
云阳毛氏三修族谱	安仁县	毛世藩等	1885	1337—1805	1989	1901（95.6）	1646（82.8）	1646（82.8）

注：＊此统计年限为笔者统计人口资料的年限，而非族谱登录年限。

　　＊＊即今湖南省醴陵市，下同。

　　由表 2-1 可知，从时间上看，7 种族谱资料所登录的人口数据上至 10 世纪初，下至 20 世纪初，历时千余年，就资料主体涉及的时间段为元末明初至清代末年，较完整地覆盖了明清两代。从地域上看，7 种族谱涵盖了湖南中部及南部的醴陵县（今醴陵市）、衡山县、安仁县、永兴县 4 县。此外，以上 8 个家族的人口散处于所在各县的各处，并非囿于一村一落，所以在一定程度上能折射出明清湘中及湘南地区家族人口的动向。从资料完整性上看，7 种族谱所登录的家族男性成员，生年详者都在 90% 以上，生卒年皆详者都在 65% 以上，有的甚至达到 80% 以上，可以说比较完整。

　　这里是对明清时期湘中及湘南地区①家族人口变迁及其影响因素的个案研究，故就所选取的资料的代表性略作说明。湘中地区是元末明初湖南地区接受移民人口的重心所在，也是清初闽粤移民的主要迁入地之一。本文选取了位于长沙府醴陵县的 4 种族谱，即《唐氏族谱》《醴南枫林黄氏五修族谱》《邓氏族谱》和《花麦田陈氏支谱》，其中唐氏是宋初就迁入醴陵的旧族；黄氏和邓氏是元末明初时由江西迁入的家族；陈氏则是清初由广东迁入

---

　　① 曹树基研究明代移民史时将长沙（治今长沙市）、常德（治今常德市）、宝庆（治今邵阳市）三府归入湘中区；将郴州（治今郴州市）、衡州（治今衡阳市）和永州（治今永州市）三府归入湘南区，今从之。见曹树基：《中国移民史》第五卷，福州：福建人民出版社，1997 年，第 85 页。

的新族。由此可知,以上四个家族基本上涵盖了湘中地区的主要家族类型。湘南地区多旧族,而据曹树基研究,元末明初湘南地区为典型的人口补充型移民①,移民人数较土著人口比重较小,清初虽有闽粤移民迁入,但为数不甚多,影响较小。本文共选取位于湘南地区的衡山县、安仁县及永兴县的4种族谱,即《黄氏宗谱》《王氏族谱》《茹氏四修族谱》《云阳毛氏三修族谱》,其中永兴黄氏、衡山茹氏为宋元旧族,永兴王氏和安仁毛氏则为元末明初迁入的家族,以上4个家族基本上涵盖了湘南地区的主要家族类型。

二、明清时期湖南家族人口增长的趋势

出生率、死亡率及增长率是衡量人口发展的重要指标,下面拟以此简要分析明清时期湖南家族人口之发展状况。

(一)出生率、死亡率及增长率之估算方法

家族人口的出生率、死亡率的计算方法是将各时点的出生人数、死亡人数分别除以相应时点的存活人数,人口增长率则可由出生率减去死亡率求得。此外,我们也可以通过各时点的存活人口数求得不同时段的平均人口增长率。如果族谱对所有家族成员的生卒年记载完备,那么我们可以直接统计出各时期的出生人数、死亡人数及存活人数,进而计算出出生率、死亡率和增长率。但是族谱对于家族成员的生卒年记载往往不完备,尤其是对早殇和夭折的幼儿、少儿的生卒年几乎没有记载,所以我们不得不采取间接的方法估计存活人口。此处所用估计方法,简而言之,就是以出生人数配合存活率来估计存活人数。具体的估计方法如下:

(1)出生人数。出生人数只需按族谱记录的家族成员出生年份按年计算便可,虽然族谱对家族成员的记录不全,但是仍能对绝大部分人口进行估计。为了统计的方便,可将5年内出生的人数合计。

(2)存活率。存活率需要通过生命表来求。由于本文所依据的族谱对殇者及夭折者记录不全,因而15岁以下的存活率必须采取较为间接的估计方法来估计。我们以家族死亡年龄频数分布为基础,通过从最高的年龄别

---

① 曹树基:《中国移民史》第五卷,福州:福建人民出版社,1997年,第99页。

往上累加,求得年龄别存活人数。再以各年龄别的死亡人数为分子,存活人数为分母,求得各年龄别的死亡率(Obs. Qx)。由于有的家族的观察样本较小,以观察数算出的年龄别死亡率波动较大,我们用多项回归式:$LogQx=a+bx+c\chi^2$对其加以调整,得到调整后的年龄别死亡率(Gra. Qx)。对于15岁前的年龄别死亡率,我们可以先利用15岁以后的年龄别死亡率(Obs. Qx)求得其回归式,再利用求得的回归式对15岁以前的年龄别死亡率进行外推,有了完整的年龄别死亡率我们就可以求得完整的年龄别存活率。

(3)存活人数。有了出生人数和年龄别存活率,就可以进一步估计某一年的存活人数。比如,要估计塘邨邓氏1420年的存留人数,可以用1340年至1420年17个相连的5年期出生人数分别乘以对应的年龄别存活率,所有乘积之和就是1420年的存活人数。

(4)估算出存活人数,再从生年纪录统计出出生人数,从卒年纪录统计出死亡人数,以出生数、死亡数分别除以存活数就可得出生率和死亡率,前者减去后者就可得增长率。

由于族谱资料对于家族女性的记载很不完备,我们仅就上述家族的男性成员的出生率、死亡率和增长率予以简要分析。

(二)各时期出生率、死亡率、增长率之简要分析

表2-2列出了上述湖南家族合计的10年期平均出生率、死亡率和增长率,图2-1、图2-2、图2-3为其变动曲线及趋势线。

表2-2　湖南家族10年期平均出生率、死亡率和增长率

序号	年代	出生率(%)	死亡率(%)	增长率(%)
1	1400—1409	3.15	1.01	2.14
2	1410—1419	3.29	0.82	2.47
3	1420—1429	3.33	2.12	1.21
4	1430—1439	4.05	1.14	2.91
5	1440—1449	2.74	0.58	2.16
6	1450—1459	3.41	1.01	2.4
7	1460—1569	3.74	0.99	2.75
8	1470—1479	2.36	0.54	1.82

续表

序号	年代	出生率(%)	死亡率(%)	增长率(%)
9	1480—1489	2.77	1.43	1.34
10	1490—1499	2.51	1.13	1.38
11	1500—1509	2.47	1.24	1.23
12	1510—1519	2.64	1.16	1.48
13	1520—1529	2.21	1.16	1.05
14	1530—1539	2.76	0.93	1.83
15	1540—1549	2.32	1.37	0.95
16	1550—1559	1.93	1.18	0.75
17	1560—1569	2.71	1.7	1.01
18	1570—1579	2.55	1.49	1.06
19	1580—1589	2.29	1.28	1.01
20	1590—1599	2.12	1.62	0.5
21	1600—1609	2.24	1.36	0.88
22	1610—1619	2.41	2.01	0.4
23	1620—1629	2.15	1.8	0.35
24	1630—1639	2.65	1.34	1.31
25	1640—1649	2.07	1.77	0.3
26	1650—1659	2.5	1.33	1.17
27	1660—1669	2.93	1.56	1.37
28	1670—1679	2.49	1.36	1.13
29	1680—1689	2.82	1.36	1.46
30	1690—1699	2.89	1.24	1.65
31	1700—1709	2.8	1.19	1.61
32	1710—1719	2.83	1.1	1.73
33	1720—1729	2.57	1.29	1.28
34	1730—1739	2.67	1.32	1.35
35	1740—1749	2.58	1.3	1.28
36	1750—1759	2.31	1.36	0.95
37	1760—1769	2.69	1.23	1.46
38	1770—1779	2.39	1.29	1.1

续表

序号	年代	出生率（%）	死亡率（%）	增长率（%）
39	1780—1789	2.21	1.64	0.57
40	1790—1800	2.27	1.49	0.78

在 1400—1800 年这 400 年间,上述湖南家族的平均出生率、死亡率和增长率分别为 2.64%、1.3% 和 1.34%,其变异系数分别为 0.17、0.25 和 0.46,可见出生率较为平稳,而死亡率和增长率波动较大。上述湖南家族的出生率、死亡率及增长率与彭希哲、侯杨方所研究的江南范氏 1600—1904 年的数据相当接近,范氏此期的平均出生率、死亡率及增长率分别为 2.49%、1.37% 及 1.12%[①]。

而据刘翠溶对长江下游 16 个家族的研究发现,上述家族的人口真实增长率大致在 1% 左右波动(即在 0.7%～1.4% 之间)。由此可见,明清时期湘中、湘南地区与长江下游地区的家族人口增长率可能存在着某种程度上的一致性。[②]

进一步分析,我们发现 1400—1800 年间,上述湖南家族的人口增长率呈现出明显的阶段性。

(1)16 世纪,家族人口稳中有降地增长。由图 2-1 至图 2-3 可知,明前期上述家族出生率和增长率极高、死亡率较低,但三者波动都极大,这主要是人口基数太小造成的。进入 16 世纪后,出生率、人口增长率开始稳中有降,相反,死亡率稳中有升,这种趋势一直持续到 16 世纪末。此时期,上述家族的平均出生率约为 2.4%,平均死亡率约为 1.3%,平均增长率约为 1.1%。

---

① 彭希哲、侯杨方:《1370—1900 江南地区人口变动与社会变迁》,《中国人口科学》1996 年第 3 期。刘翠溶的研究见刘翠溶:《明清时期长江下游若干家族的人口动态》,《"中央研究院"国际汉学会议论文集》历史考古组(中册),1981 年,第 817～848 页。

② 刘翠溶所研究的湖南衡阳魏氏、清泉李氏和邵阳李氏 1400—1800 年的平均人口增长率分别为 1.24%、1.33% 和 1.23%,似乎也说明这点。此数据据刘翠溶:《明清时期家族人口与社会经济变迁》附录第 258～264 页算得,刘翠溶:《明清时期家族人口与社会经济变迁》,台北:"中央研究院"经济研究所,1992 年。

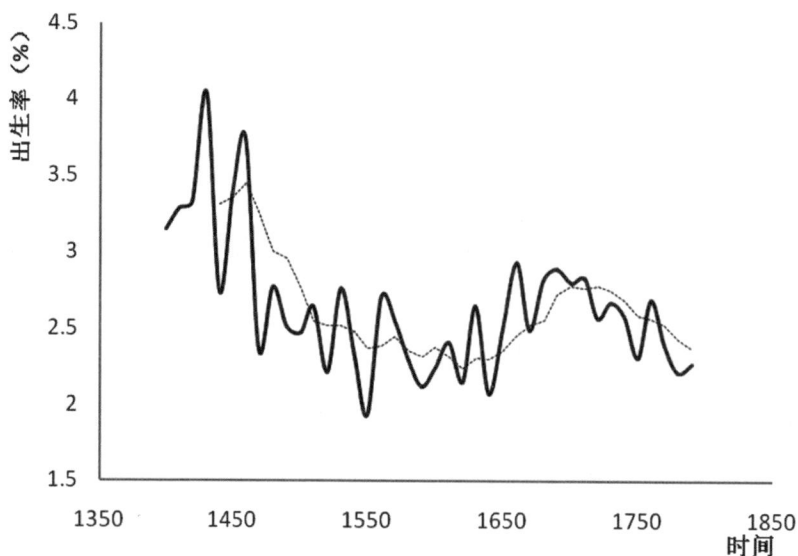

图 2-1　家族男性成员出生率

图 2-2　家族男性成员死亡率

（2）明清之际，家族人口增长率之低谷。图 2-1 至图 2-3 显示，在明末清初，尤其是 17 世纪 20 年代及 40 年代，上述湖南家族的出生率达到低谷（约 2.1%），而死亡率则在 17 世纪 40 年代到达高峰（约 1.7%），峰值更是达到 2.01%。低出生率、高死亡率使得人口增长率跌入谷底。上述家族 1600—

图 2-3　家族男性成员增长率

1650 年的平均增长率为 0.65％,仅为 1400—1800 年这 400 年间人口增长率的二分之一弱。

　　明清之际是整个明清时期生存状况最差的时期之一,天灾常降,战争频仍,再加上各地兵灾匪患,社会动荡不安。天灾频现经常造成大规模的粮食歉收并引发疫疾,从而在一定程度上抑制了出生率,而天灾加上兵匪的烧杀掳掠和战争的杀伤,死亡率则急剧攀高。

　　下面我们以安仁县毛氏为例来看看天灾人祸造成的资源匮乏和社会动荡对家族人口的影响。自万历九年(1581 年)起到崇祯十六年(1643 年)止,见于《安仁县志》的水旱灾害和疫疾就有 7 次之多。清朝定鼎后,虽然社会局势大定,但是旱灾依旧肆虐,仅康熙元年(1662 年)到三十年(1691 年)见于《安仁县志》的旱灾就达 12 次之多。再加上明清两朝军队及地方盗匪豪强之间的互相攻杀及对民间的搜刮蹂躏,修志者不禁感慨道:"明末连岁旱,斗米价至一金,兵荒洊至,疫气盛行,死者相枕藉道路,民间几无孑遗。"[①]在长达半个世纪天灾人祸的袭扰下,安仁毛氏 1620—1670 年的平均出生率、死亡率和增长率分别为 1.75％、1.49％ 和 0.26％。对于安仁毛氏而言,生存环境的恶化虽然造成死亡率的短期攀升(17 世纪 40 年代最高时曾达到

_____

① 　嘉庆《安仁县志》卷十三,《事纪》。

2.64%),但出生率的长期低位对家族人口增长率的放缓影响更大。不过就明清之际上述湖南家族的整体情况而言,死亡率的急剧攀升比出生率的降低对家族人口增长率长期的放缓影响更大。

(3)17世纪60年代的生育补偿。17世纪50年代,清朝的局势大定,湖南家族的死亡率迅速下降,生育率则在17世纪60年代达到明代中期以来的顶峰(2.93%),这主要是对明清易代之际大量人口损失的一种生育补偿。

(4)"康乾盛世"时期是人口增长的"黄金时代"。17世纪中叶到18世纪中叶是中国历史上有名的"康乾盛世",社会相对稳定,经济也得到一定程度的发展。此时期上述家族的出生率长期维持在2.65%左右,死亡率长期维持在1.30%左右,出生率和死亡率鲜有大起大落,家族人口维持着一个较高的增长水平(1.35%),湖南家族的人口增长进入"黄金时代"。

由于上述家族多处于湘东、湘南的丘陵、山地,康雍乾时期湘东、湘南山区的持续深入开发是家族人口高速增长的重要基础之一。据记载,衡山县在成化年间"山泽相间,地多闲旷,民以耕渔为业,无巨富之家"①,可见此时的衡山县尚有旷地。随着明末人口的繁衍,玉米、红薯等杂粮作物的传入及松、竹、茶等经济作物的种植,到清代,衡山县地区的丘陵、山地也得到深入的开发利用。山农不仅在山坳、山坡上开辟水田、旱地,还广泛种植松、杉、竹、油桐、油茶等经济林木;也有不少山农对山林进行粗放地砍伐,以至于南岳僧元泰作《畬山谣》,此谣传唱很广,甚至传入九重②,这从侧面反映出当时山农开发丘陵、山地规模之可观。

清代《衡山县志》生动地记述了衡山县丘陵、山区开发之后衡山县的农业经济格局:

> 衡农居平泉沃壤者十之四,居水涯者十之三,居山间者亦十之三。山农就山坳为水田,砌乱石为田塍,或高数尺,或高数丈,引石泉曲折灌溉。泉极寒冷,苗难生发,四月下种,十月始熟,计所收不及平田之半,而用力倍之。其隆处为旱田,冬火之,春莳之。所种多包谷、薯芋,差堪果腹,不甚适口。惟岳(指南岳)后诸山,颇宜南竹,春笋解箨,农民灰浸为纸,售诸远方,稍获其利。然操作之苦,剧费多功,每一槽辄十余人,

---

① 光绪《衡山县志》卷二〇,《风俗》。
② 光绪《衡山县志》卷二〇,《风俗》。

或数十人,若谷价昂而纸价贱,亦有亏折其本者矣。①

永兴县辟处万山之间,到乾隆时期,山区开发也初具规模:

> 水田惟种水稻,食亦惟以水稻为主。山土方种杂粮,芝麻、烟叶、苎麻、靛叶为最多,不宜麦。其山岭则栽种松、杉、茶、桐、竹各种。②

农民们不仅开发山地,而且与水争地,"居民多毁塘作田,近奉严禁,风乃稍息"③。

山田、水泽的开辟及杂粮作物的广泛种植提供了更多的食物,而经济作物的种植可优化农家的经济结构,提高农民的生活水平,这些无疑都支撑着人口的持续增长。

通过以上分析,我们发现上述湖南家族人口增长率大致从 15 世纪中叶开始经历一个长达两个世纪之久的下降过程(其中 16 世纪稳中有降),到 17 世纪中叶前后达到谷底,然后又经历约一个世纪的攀升,在 18 世纪中叶前后达到顶峰之后,再一次下降。这种人口增长率的长期升降趋势与我们对明清社会变迁的印象颇为吻合。

三、明清时期湖南家族人口增长的差异性

如果我们对上述各家族稍加分析便会发现,家族间人口的发展状态呈现出极大的差异性,处于同一时空中的家族如此,更不用说处于不同时空之下的家族。如就人口数量而言,同是元末明初迁入湖南的家族,醴陵黄氏 1800 年的估计存活人数为 742 人,而醴陵邓氏只有 474 人。就人口增长速度而言,同为宋代迁入的旧族,永兴黄氏 1400—1800 年间的平均人口增长率达 1.05%,而醴陵唐氏仅为 0.6%。

笔者认为,家族基因、家族发展模式和家族所面对的外部环境共同造成了家族间人口发展的差异性。家族基因是与生俱来的,且在短期内不会有巨大的改变,而家族发展模式是家族成员自我的选择,有着较强的主观能动性,它们是影响家族人口变迁的内部因素。家族所面对的外部环境包括自然环境和社会环境,是影响家族人口变迁的外部因素。

---

① 光绪《衡山县志》卷二〇,《风俗》。
② 乾隆《永兴县志》卷五,《风土志》。
③ 乾隆《永兴县志》卷五,《风上志》。

（一）家族基因与发展模式对家族人口发展的影响

上文所述的 8 个湖南家族走的都是耕读传家的发展模式:家族以农耕为主,较少参与工商业活动,一旦经济条件允许就致力于科举事业。上述家族虽都奉行耕读传家的信条,可成效并不一致,对于家族人口发展的影响也各有不同。下面试以醴陵邓氏和黄氏为例予以简要说明。图 2-4 为醴陵邓氏与黄氏 1500—1850 年间 50 年期的平均人口增长曲线及趋势线。

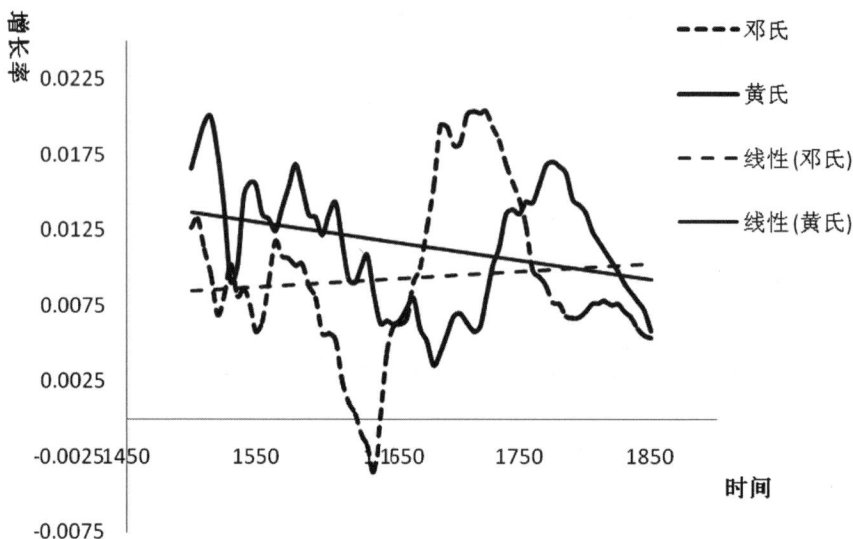

图 2-4　醴陵邓氏、黄氏男性成员增长率

醴陵邓氏于元至正二十四年(1364 年)迁入醴陵南部的塘邨,黄氏则于洪武初年迁入醴陵南部的枫林,迁入时间相近;且两家族的迁入地都属于当时的十六都①,自然环境并无大的差异可言。邓氏始迁祖邓贞为元代例贡生,《塘邨邓氏邓氏七修族谱》中对他迁居醴陵塘邨后的事迹记载颇详:

　　值元末甲辰(1364 年),陈逆骚扰,所在皆弃业逃窜,公只身远引,播迁来醴,卜兹塘而居焉。时年满三旬,斩荆披棘,不辞辛苦,又得赵氏内助之贤,九十年鸡鸣戒旦,遂大富,置产数百石。②

① 现均隶属湖南省醴陵市大障镇。
② 邓光连等修:《塘邨邓氏七修族谱》卷一,2003 年。

可见,邓贞的努力为落户醴陵之初的邓氏赢得了较为宽裕的经济环境,这就为其子孙的举业奠定了经济基础。身为例贡生的邓贞拥有相当的文化知识,一旦经济条件允许,邓贞就开始培养子孙参加科举考试,"(公)平生好读书,督孙曾辈担簦负笈,不一二传,登胶庠、食廪饩,螽麟济美,门第文人之盛,公皆及亲见之"①。经过邓贞、邓均海父子的用心培养,邓氏家族的第三代取得了科举考试上的初步成功,邓均海的长子邓智先为顺庆府通判、次子邓惟先以贡生选县令,三子邓孝先、四子邓恢先则均为邑庠生。据统计,邓氏第一代至第八代共83人②,身列庠生、贡生、国学生及官员者共41人,占总人数的49%,在高级功名获得者极少的醴陵县③确实当得起"登胶庠、食廪饩,螽麟济美,门第文人之盛"的赞赏。

枫林黄氏的始迁祖为黄英。黄英在民国《醴陵县志》中有传,据《醴陵县志》记载:"黄英,字重任,元末授修武校尉。后以众归大祖,充先锋,守江夏,复从大军讨枞阳,没于阵。赠武略将军,江夏县男,葬老爷山,并书其像,以显忠义。"④黄英是元代的一个低级军官,元明鼎革之际,黄英由江西迁居醴陵枫林,很可能由于他元末军官的身份而聚集了一部分人组成地方武装力量,最后归附明太祖。黄英以军功得追封武略将军、江夏县男,应该说是家族发展的一个良好开端;但黄英之后,其子袭爵为指挥,其孙为中宪大夫,曾孙辈仅有2位贡生,从第五代一直到十三代都没有出现过1位生员以上的功名获得者,其在科举上的沉寂可以想见。整个明清时代,邓氏共有81位家族成员获得举人以下生员以上的功名,占族谱登录人数的3.8%,而黄氏仅有55人,占家族总登录人数的1.6%。可见在科举事业上,邓氏表现得比黄氏要好。

科举事业的成功一方面是经济与文化实力的展现,反过来也会改善家族的生存境遇,这种改善既是经济上的也是文化上的。虽然我们很难准确

---

① 邓光连等修:《塘邨邓氏七修族谱》卷一,2003年。

② 第二代的邓明海、邓玉海回迁原籍,不予统计。

③ 据民国《醴陵县志》所列进士提名和举人提名,明清两代醴陵县共考取进士18人,举人182人。参见陈鲲修、刘谦:民国《醴陵县志》,长沙:湖南人民出版社,2009年,第170～172页。

④ 陈鲲修、刘谦:民国《醴陵县志》,长沙:湖南人民出版社,2009年,第298页。

得知家族间生存境遇的差异，可是我们仍可通过"再婚率"和"未婚率"等指标来大致把握，一般而言生存境遇越好，未婚率越低，再婚率越高，反之亦然。① 据统计，邓氏男性成员 1350—1600 年的平均再婚率为 25.6%，黄氏男性成员同期仅为 5.7%；邓氏男性成员 1500—1650 年的平均未婚率为 6.2%，黄氏男性成员同期则为 9.4%。由此可见，在家族发展初期的关键时期，邓氏的发展条件要远胜于黄氏。

可是，我们发现，1400—1600 年间，醴陵黄氏人口发展状况要远好与邓氏：黄氏此期的年均人口增长率为 1.76%，家族人口由 3 人增至 99 人，而邓氏的年均增长率仅为 0.79%，家族人口由 11 人增至 53 人。造成这种巨大差异的原因在于，家族发展模式虽是影响人口发展的重要因素，但并不是唯一因素，家族基因也起着举足轻重的作用。

家族基因对家族人口发展的影响主要表现在生育率上，尤其是迁入初期的生育率上。如果在迁入的最初几代生育率较低，不能累积起一定的人口数量，则家族人口很难形成扩张效应；反之，如果能在最初几代累积起可观的人口数量，再配以较高的人口增长率，则家族人口能够迅速而稳定地增长。

这一点在醴陵邓氏和黄氏两家族上表现得特别明显。据统计，黄氏 1350—1600 年间已婚男性的平均生子数为 2.5 人，而同期邓氏仅为 1.7 人；与之对应的，1350—1600 年间黄氏人口由 1 人迅速累积到 99 人，而邓氏则由 2 人累积到 53 人，约为前者的一半。如果剔除家族未婚率、再婚率等因素的影响，黄氏家族在生育率上的优势应该更加明显。从醴陵邓氏和黄氏的例子我们可以看到家族基因和家族的发展模式共同造成了家族间人口发展状况的巨大差异。

（二）外部环境对家族人口发展的影响

家族所处地区的外部环境——包括自然环境和社会环境也是影响家族人口发展的重要因素，不同的家族面对不同的外部环境，其人口发展也会呈现出巨大的差异。一般而言，水旱等自然灾害因其时间短、范围小、影响程

---

① 娶妻需要花费大量钱物，用以衡量家族生存境遇应无大谬。此处的再婚率为二次再婚率，包括纳妾和续娶。未婚率则统计年满 50 岁而未娶者。

度有限,只会造成家族人口的轻微波动;大规模的疫疾能同时造成大量人口的死亡,因而影响较大;对家族人口影响最为深远的当属战争带来的剧烈社会动荡和社会经济发展造成的巨大变迁,它们往往能型塑家族人口发展的长期曲线。下面我们试以醴陵唐氏和永兴黄氏为例予以说明,图 2-5 为两个家族 1200—1850 年间 25 年期的年均人口增长率曲线。

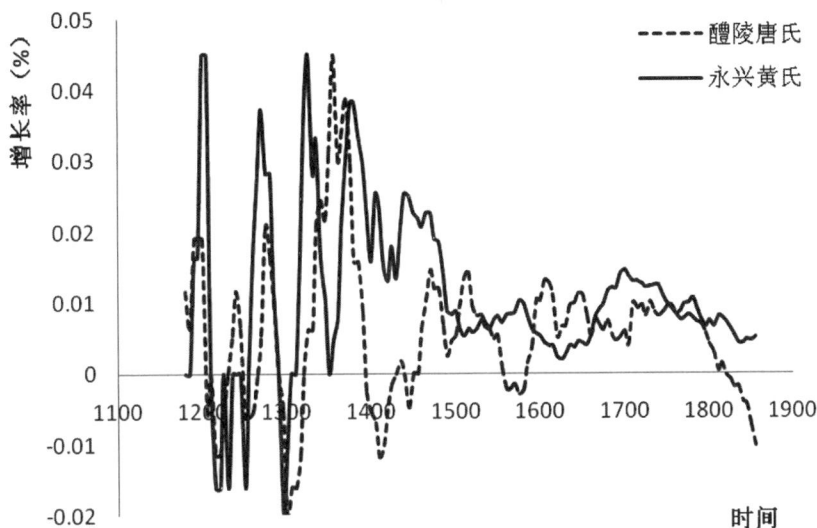

图 2-5　醴陵唐氏、永兴黄氏人口增长率

醴陵唐氏和永兴黄氏都是宋代迁入湖南的家族,但由于所面对的外部环境不一,家族人口的发展呈现出极大的差异性。就人口数量而言,1200年,醴陵唐氏和永兴黄氏的估计存活人数分别为 8 人和 3 人,到 1850 年,永兴黄氏的人口规模达到 2940 人,而唐氏仅为 216 人。就人口增长率而言,1200—1850 年间,永兴黄氏的年均增长率为 1.1%,而醴陵唐氏仅 0.51%,不及前者的一半。如此巨大的差异似乎并非家族基因和家族发展模式造成的。据统计,第 1 代到第 5 代,永兴黄氏共生育男性 6 人,平均寿命 67.7岁;而醴陵唐氏为 19 人,平均寿命达 69.5 岁,可见唐氏的家族基因并不差于黄氏。此外两个家族都是农耕为主的家族,在科举上的成就相差无几,经济、文化条件即便存在差异,也不至于造成人口发展上如此巨大的差异。我们几乎可以说外部环境是造成两家族间巨大差异的最重要因素。

在宋元时期,醴陵唐氏和永兴黄氏家族人口的累积相差无几,到 1340年,醴陵唐氏的估计存活人口为 11 人,永兴黄氏则为 9 人。可元明、明清鼎革之际,醴陵因其吴楚咽喉的战略位置①,成为兵家必争之地,醴陵的旧族在这过程中受到重创,久久不能恢复元气。据民国《醴陵县志》记载,醴陵历代兵祸,元代最惨,元明之际,醴陵土著仅存 18 户。

> 当时仅存之十八户,即建安山上之孑遗,今称老寨户。父老相传,十八家男女聚居山上,仅有田一二亩,居恒掘草根、掇木叶为食。敌寇来犯,辄为雾阻,且箐深林密,多毒蛇猛兽。居民出入,皆攀踏树枝,如是者三十年。及闻大乱已平,姑相率下山,碎釜为十八,各执其一以为信。厥后建公舍于山下,岁以某日集宴,必合验其釜铁。老寨子姓多不蕃。②

上述记载可能仅仅是后人对醴陵人口在元明鼎革中遭受重创的记忆,难免有夸大之处,不过仍从侧面折射出不少醴陵家族在元明之际的生存境况。醴陵宋元以前的旧族在元明之际的沉重打击下元气大损,以至社会重归安定后仍“子姓多不蕃”。民国《醴陵县志》的记载能确证这点。据曹树基统计,民国时期,醴陵 6 个“老寨户”的总人口仅为 478 人,平均每族 80 人,而洪武年间迁入醴陵的新家族的平均人口数达到 2400 人。③ 笔者对醴陵唐氏、黄氏和邓氏的统计也能证明此点。据笔者统计,就人口数量而言,1855 年,经历过元末鼎革的唐氏的估计存活人口仅 216 人,而明初迁入的黄氏和邓氏的估计存活人口分别达到 992 人和 622 人。就人口增长率而言,1370—1500 年间,唐氏的年均人口增长率仅 0.2%,而黄氏和邓氏分别达 2% 和 1.39%。

永兴县的宋元旧族的境遇与醴陵旧族相比就大不相同。永兴县位于郴州府④西北部,衡州府⑤东南方,地僻多山,地理区位远不如醴陵县重要,元

---

① 醴陵位于湖南和江西的交界处,发源于江西萍乡的渌江自东向西横贯萍乡醴陵,于渌口注入湘江,从渌口顺湘江而下可达湘潭、长沙,逆流而上可达衡州、永州,颇为便利的水道使得醴陵成为湖南江西之间的战略要冲和人口、物资流动的孔道。

② 陈鲲修:《醴陵县志》,长沙:湖南人民出版社,2009 年,第 298 页。

③ 曹树基:《中国移民史》(明代卷),福州:福建人民出版社,1997 年,第 104 页。

④ 今湖南省郴州市。

⑤ 今湖南省衡阳市。

明、明清鼎革之际所受的战乱冲击远不如醴陵县严重。因此,当醴陵宋元旧族在元明之际遭到重创一蹶不振,久久无法恢复元气时,永兴的宋元旧族却在积蓄力量,迎接明代人口增长的"黄金时代"的到来。

通过上文的分析,我们可以得到如下几个结论:

1.1400—1800 年 400 年间,上述湖南家族的平均人口增长率与长江下游地区的家族有着某种一致性,即大致在 1‰ 左右波动,且其长期升降趋势与我们对明清社会变迁的认识颇为吻合。相对于出生率而言,明清时期上述家族的死亡率波动更大,对家族人口增长率的影响也更大,可见马尔萨斯所谓的"积极抑制"在调节这些家族人口变动时发挥着更大的作用。

2.家族人口增长率的短期波动和长期升降趋势颇能反映区域内小环境的变动和整个社会大环境的变迁。家族人口增长率短期的波动,往往与家族所在地的水旱饥疫密切相关,而家族人口长期的变动则与社会治乱和大规模的经济开发密切相关,家族人口变动是短期的天灾人祸和长期经济社会变迁相互交织的结果。

3.湖南家族间的人口发展状况呈现出很大的差异性,这种差异性由家族基因、家族发展模式及其所面对的外部环境共同造就。

第二节

清至民国宁化的民间经济纠纷及其解决 *

福建宁化地区四周高中间低,地势总体上自西向东倾斜,是闽西交通不便、地理环境独立性比较强的一个地区,山多田少,俗称"八山半水一分田,半分道路和村庄",自明以来,宁化县一直处于汀州府的政区范围之内。在对宁化进行的实地历史调查中,我们获得了一批清至民国时期当地族谱、契约等资料,内容涉及当地的诸多民间纠纷及其解决的途径。本节试图就这些民间纠纷事件及其解决途径进行分类,并进而探讨国家法和习惯法在解

---

* 本节与陈瑶合写,陈瑶现为厦门大学历史系副教授。

决民间经济纠纷时的角色,以及民间社会秩序得以建立的机制。

一、民间经济纠纷的分类

从我们搜集到的宁化地区族谱中的契约和审谳等资料来看,清至民国时期这一地区的民间纠纷分为以坟占山纠纷、盗葬纠纷、山场纠纷、房屋纠纷及其他纠纷。下面将结合案例分类阐述各种纠纷的内容和引发原因。①

(一)以坟占山纠纷

宁化地区山多田少,俗称"八山半水一分田,半分道路和村庄",坟穴一般在山中,因坟和山的所有权不同而引起的纠纷在当地经常发生,以至于在当地已经形成"山不占坟,坟不占山""新坟距离旧坟一丈二尺以外才能添葬"等习惯法,这里的以坟占山纠纷包括违反这一习惯法的所有纠纷,从明清至民国时期的众多山场坟穴买卖契约中我们可以看到深植于当地人心中的以坟占山纠纷的潜在威胁。

康熙二十三年和乾隆十七年的两份契约即是这种恐惧心理的体现:

(一)堂郎房磜头雷公排黄姓刻帖字

立刻帖字人黄明惠兄弟等,有祖山一处,坐落土名磜头雷公排,先年祖太空印一穴与亲识杨宅万历年间安葬,至康熙甲子年冬月杨德胜父身故。今托亲识劝谕黄宅与杨姓添金安葬,当日三面言定蹄礼银一两八钱正,其地横直一丈二尺内,任凭杨姓添金管业,春秋划挂,其山主不得占地,其地不得占山。今恐无凭,立刻帖永远为照。

立刻帖人　黄明惠　黄明科　黄明享

在见人　张应贤　张茂禾　张忠院

---

① 根据宁化县志编纂委员会 1992 年编修的《宁化县志》所载,据司法处受理刑民案件统计表统计,民国十九年至三十八年(1930—1949 年),共受理各类民事案件 557 件,其中离婚案 148 件,赔偿债务案 124 件,典权案 72 件,土地案 69 件,房屋案 63 件,山林案 56 件,赡养、抚养案 9 件,继承案 3 件,租赁案 2 件,产权案 3 件,收养案 1 件,坟墓纠纷 13 件。本文分类主要根据田野调查所得民间文献,并不进行计量分析,各类民事案件未涉及之类别,并不代表当时未发生。

代笔人 张忠泰

康熙二十三年冬月 日俱各花押①

(二)刘重远卖山契

立卖山契人刘重远,今因无银使用,自愿将续置山场一处,坐落地名龙上下里店背沙塘排,小地名大堰里尾山一块,南至随龙山刃为界,西至随田塝水圳直上为界,东至随田角水圳为界,北至田塝为界,四水流归。今将四至分明出口召人承买,遍问房亲伯叔,俱各不愿成交。今托中人送至楼背亲识杨成玉公位下子孙边出首承买。当日三面言定时值山价银四两正。其银及契即日两交明白,不欠分厘,中间并无债货准折。二比甘允,两无逼勒承交。其山自卖之后,任凭买主收租管业,亦任杨宅山内开坟安葬,刘姓不得阻挡异说。其山委系已业,并无重复典当等情。倘有来历不明,不涉杨姓之事,刘姓自行支当。其山内谢吴二姓原有祖坟二穴共一茔堂,四围共一丈二尺。日后谢吴二姓不得以坟占山,其山内刘姓并无印基坟穴。今恐无凭,立卖山契永远为照。

立卖山契人 刘重远

说合中人 张卓先 刘逊如

代笔人 刘小鲁 刘耀先

乾隆十五年十一月 日俱各花押②

上面抄录的契约"刘重远卖山契"说明当时买卖坟山时必需履行的承诺,即在卖山时卖主要为山中坟穴主人负责言明坟穴所在和所有权,这是避免纠纷的最简单的证明。

在《杨氏重修族谱》中则以族规形式载明族人禁止坟穴外赁或出卖以避免争端的内容:

按吴姓于正统年间寄居本村,山场荒墩并无寸土,万历年间吴兴益之祖死无处安厝,赁去对面岭小地名小岭下空印二穴,每穴方圆一丈二尺,乞与祖葬,又乞注门前荒山一块,赁字载明,毋得混争界址。已上山

---

① 《杨氏重修族谱》,1993年。
② 《杨氏重修族谱》,1993年。

岗田园地墩原系祖宗遗下世业,须宜世承勿失,切不可视为不毛之土,而私相授,先年曾赁数穴与外姓,亦前人不慎重故也。自后寸土不许赁出外姓,恐失风水,恐生争端,如敢盗卖私赁等情,合房子孙公论责罚,恃强经官处治。

以上两份契约和族规中提到的"其山主不得占地,其地不得占山","日后谢吴二姓不得以坟占山,其山内刘姓并无印基坟穴","自后寸土不许赁出外姓,恐失风水恐生争端",即是当地人对以坟占山纠纷内惧的体现和以各种公共声明来避免争端的对策。

而引起以坟占山纠纷的原因很多,从乾隆二十年(1755 年)的"耿县主审谳"①和乾隆四十年(1775 年)的"李县主审谳"②、咸丰五年(1855 年)的"县主周老爷审语"③、"民国三十五年(1946 年)宁化县司法处民事判决"④涉及的几个案件中我们可以看到以下几种原因。

第一,假冒窃坟,强行霸占。如张氏冒认杨氏坟穴为自家坟穴一案:

> 审得杨璋杨洪等,有祖坟山场一处坐落龙上下里,地名煮粥岭,内葬祖冢数十穴,只因前明间张长寿等之祖与杨璋等之祖谊属瓜葛,借坟一穴与长寿之祖张佛鼠合葬刘氏吴氏仕祖三棺,有坟无山。崇祯年间佛员子孙张运将妻占葬,经控押迁所有审谳,刊载杨氏族谱厥后,亦各相安。迨乾隆十四年(1749 年),杨洪将母附葬,祖妣张氏清娘坟傍长寿之父,故监张球串族张禄等,将自己墓碑划减字迹,承认杨洪等之祖妣张氏清娘坟圹为伊祖张仕祖之坟,并冒清娘坟右,杨星德坟为伊祖妣吴氏之穴,希图罩占,致杨洪等叠控。⑤

> 迨乾隆三十九年(1774 年)二月二十五日,杨忠迪等赴坟祭扫,张珠祥、张立贤、张字保等复起争端,互相争角,复将杨姓坟碑毁碎,忠迪投约,张以仁、杨盛钟等理论。即经张宅族房张文修等,免约修还杨宅坟碑,劝寝共事,张珠解等横顽莫化,三月十七复将所修坟碑挖匿。⑥

---

① 《杨氏重修族谱》,1993 年。

② 《杨氏重修族谱》,1993 年。

③ 《温氏同保族谱》。

④ 《古背江夏郡黄氏族谱》,2003 年。

⑤ 《杨氏重修族谱》之"耿县主审谳",1993 年。

⑥ 《杨氏重修族谱》之"李县主审谳",1993 年。

再如温受禾假太妣之坟以谋占温共显之山一案：

> 审得朱家庄温受禾，真假公而济私者也。其与堂下温公显等，居则比邻，而盛衰异族，此本县初审时即教之，自强以图昌厥后，诚贻谋之善道也。乃始则假太妣童氏以谋占公显等郭窆之山。①

第二，添坟侵占，违反"新坟距离旧坟一丈二尺以外才能添葬"习惯法。如谢应波距黄氏祖坟四尺许葬其父而引起的纠纷：

> 屋场坟山一片，其四至界限、来历价银等，当时契内载明。事实载谱内，班班可稽。其坟山自买以来，已三四百年，历时已久，管业无异，从无人敢觊觎。不料于民国三十五年（1946年）十月十九日，有邻村谢家排谢应波者，在距吾祖坟竟四尺许之地葬其父谢应铁，则葬其祖母，斯时定富公裔孙华兴、吉庆、祥谷、祥品等，即将情详告由保甲长暨保民代表，提出理由与之交涉，均置不理。旋报请济村乡公所，彼等亦恃顽蛮抗，似此情何以堪？不已。始将情状请宁化县司法处究办在案。"②

为了避免山场被异姓以坟穴侵占或坟穴被所在山场所有者侵占，除了在买卖契约中的互相承诺，明确坟和山各自的产权外，当地人或迁坟或卖山，以减少与别姓发生争端的可能。请看下面道光十六年（1836年）的一份卖山岗契。

> 立永卖山冈交契字人城比连贤镕等，先年祖手买到中圃里仁义乡田埠村下将溪河林里。其山前依山脚田为界，上至岭顶后背窝心大路田脚放出嵊嘴为界，左依陈山甘坟嵊上分水为界，右至溪边山脚田为界，四至分明。原葬祖寰宇且窆远，历年挂醮维艰。是今各房爱集公议，愿将各祖迁回近地，土名鬼神坛祖山安葬，以便挂醮。但今迁移各祖均需工料盘费，祖无公项可动。况且此山今以迁空无人照管，年久难免他姓冒占，于其后日失，不若今日将此山冈及迁空遗存大右壹付，出口召人承买，得有山价以应迁祖安葬工料之用。遍问亲房人等，俱称不愿承交。今得引至人丁仕坎，问到仁义乡寨下村同姓不宗连伟英时庸向前承买。面议山价连迁空大石壹付共计铜钱八千文。即日钱契两交明白，不少分文。所有山内予等各房并无一坟在山。任凭承买者葬坟

---

① 《温氏同保族谱》之"县主周老爷审语"。
② 《古背江夏郡黄氏族谱》之"民国三十五年（1946年）宁化县司法处民事判决"，2003年。

蓄植开垦,出卖者日后不得生切觊觎。买卖二比各房子姓多寡,岂能一齐与场,总以前辈年长分尊书契为定,日后分卑年轻长成子姓,更不得籍未与场,混闹滋端。如有个顷情节均,惟予等一力是问。恐口无凭,立公卖文契字为照。外批明先年祖手承买老契,年久迷失,无从捡付,日后寻出,永为废纸,再照。

    公永卖文契字人　连贤铬　连贤镕　连良千

    引至人　丁仕坎

    在场见交钱人　彭永福　吴行万

    依口代笔　丁仕球

    道光十六年七月①

(二)盗葬纠纷

盗葬是指私自秘密地将死者埋葬于族内公共坟山或他人山场的行为,当地明清民间已有禁止盗葬的习惯法,这主要是出于土地山场所有权和风水的考虑。我们先看一条明天启三年八月初八日订立的族规:

    立合同族长仲义,看得本家子孙有不肖者,不思先祖创业之难,私将祖山盗卖与人,虽草木一节之小,而死无葬身之地甚大也。……同论所有老祖及老印,不许私自盗葬,如有盗葬,任凭经众眼同迁起。盗葬人不得阻挡,今立合同五纸一样,球公子孙仁义礼智信各房每执一纸,子孙永远为照。②

借山内空印与人埋葬时,山主必须在字据中明载不得以坟占山并不得自行添金,添金即增添坟穴,再行埋葬。要再行添葬,添葬者必须复出礼金,以下两份请求添葬契字亦说明埋葬时必须经过公证,而不能自行盗葬。

(一)与石碧福隆庵编字

    立编字人杨胜二郎公子孙、僧以庄诸师兄等,缘因杨姓祖遗下坟山一处,坐落地各茜坑本里。于顺治年间,僧姓安厝无所,恳借杨姓山内空印一穴,葬僧代合金星。至茔堂横直一丈二尺,形肖金鸡伏蛋,壬山

---

① 《上党郡连氏族谱》,1993年。
② 《杨氏重修族谱》,1993年。

丙向,所得蹄礼酒席具明,当议定日后不得添棺穴内。今僧以庄欲图葬师之地,屡托中再四劝谕,恳求原穴内添葬僧能演一棺。复出蹄礼暨酒席银五两正,其穴内自添棺之后,只许僧姓登坟内祭醮,坟内亦任添棺,其横直一丈二尺外,尽属杨宅坟山。日后僧宅不得以坟占山,亦不得在山添穴。杨姓亦不得以山占僧家之坟。如有此情,任凭执帖理论。今恐无凭,立编字一样二纸,各执一纸,永远为照。

　　一批笔礼一两。

　　立编字人　　胜二郎子孙　永朝　永利

　　　　　　　　正武　正城　忠注

　　　　　　　　僧昌文　隆旺　以庄　胜瑞

　　在场中人　　吴魁元　吴胜辉　张正匡　张文亮

　　代笔人　　杨功能

　　众具花押

　　乾隆十七年八月　日①

(二)与石壁福隆庵合同字

　　立合同议字人杨胜二郎位下嗣孙、僧宽湖师徒等,缘因前顺治年间僧无葬所,托中哀恳借杨姓祖山,地名茜坑空印一穴,僧葬本祖僧代合一棺。杨姓当得蹄礼两明议定,只许僧葬一棺,不许僧添金再葬。杨姓历官坟山,僧扫坟一穴。无异。迨乾隆十七年,石壁福隆庵以庄又因师死无处安葬,复托中恳求杨姓,任凭僧附葬师祖能演一棺在穴。又得蹄礼编字两明。今于乾隆四十年,僧又重修复葬师能畅、象周二棺,杨姓经中理论,蒙中劝谕寝息,僧复出蹄礼。山主杨姓自领蹄礼之后,任凭僧家原坟砖匡内添金再葬,再无蹄礼之说。其匡外僧再不敢移棺,葬穴滋事。杨姓亦不得以山占坟。今欲有凭,立编合同与议字一样二纸,各执一纸,永远为照。

　　　　立编合同字人　　杨忠注　忠济　忠三　荣大

　　　　　　　　　　　　僧胜瑞　宽湖

　　　　在场劝议中人　　张以琼　张应周　张宇畴

---

① 《杨氏重修族谱》,1993年。

代笔人　　杨忠迪

以上人各具已花押

乾隆四十年十二月　日①

《江夏黄氏族谱》中记载了被查出的乾隆四十年(1775年)和四十一年(1776年)两次族内盗葬行为:

一对面山虎形,老祖右边。……又于乾隆四十年十月,内寿、锦甘、父福严是夜私行纂葬延拱右傍,忘去前编,通众公议立押起扦。

一虎形右爪角上,廷宸、廷监原葬祖姚三冢,数年之间又葬三冢。此时四房叔侄具被隐匿,未及知觉。于今乾隆四十一年重修谱牒草稿,各房自录,叔侄监修,对读方知添葬一事。即将他草稿详查,查处添金三冢,有一张氏查是寿昱兄弟之母,仍有罗氏既系寿连之妻,又有福佛此乃寿振之父。此皆廷辰、廷监房之纂墓也。四房叔侄闻知骇然,仍将老谱查明,谱载编字,不得添金再葬,以及锄阔挖扬有绝凤形龙颈等语。

这两次盗葬在黄氏族内引起很大的影响,在重修族谱时众人将不许盗葬再次作严肃声明,甚至要按照族规将坟穴起插,最终以各盗葬者罚款了结。

盗葬他族山场必然引起族间纠纷,下面抄录的是道光十六年(1836年)的一起盗葬纠纷:

道光十六年(1836年)邓玉书盗将枯骨侵葬坟塘脚下步内。当经中指明,邓玉书恃不悛,强项迁葬。是以嗣孙邦俊出售具控下河分司台前。至临窆之日,蒙中邓日方等和释,斥玉书无理,明系盗骨谋占,邓玉书自揣情亏,其愿迁回山安葬。哀求过山之资,蒙中代出钱三千文,玉书亲笔立有□葬扦插改字乙纸,编立合约。连邓二姓山界,当中三面批明,日后二姓永息争就,再不敢故行侵扦插葬等。②

(三)山场纠纷

山场纠纷是指发生在族内或族间,为争夺山场所有权而起的纠纷。从资料来看,因坟占山、山场界限年久不明,别姓强行占山行为等都有可能造

---

① 《杨氏重修族谱》,1993年。

② 《上党郡连氏族谱》,1993年。

成山场纠纷。

据《彭城郡刘氏九修族谱》记载,民国三十六年(1947年)十月"查本村桃源里木子排等山,因得益公嗣孙与有明公嗣孙为山界发生争执",最后"承乡邻及族人近前勘验分明界址"。从其他各姓族谱来看,将山界载明谱内是避免这种纠纷的重要手段。

而《江夏黄氏族谱》中则载有一起伪造假契,强行侵占山场的纠纷:

> 油公坑山场遭恶棍张成九、张坚禾伪造假契,混称寨下窠即油公坑,叠行侵占,历控抗塌。雍正十一年,蒙前主元老爷两次庭鞫,张成九知亏逃走,张坚禾叠行赍争,杖贵取具,遵依照契老界,各管各业。讵棍健讼性成,叠砌浮词,县主钧批驳饬,又敢撰口供诬。张铉感任等于十二年,已将前后横占情由,元老爷屡次批驳,并恶假造伪契逐一刊帖,告闻事寝,六年相安无事。

根据一些口述资料,1940年,宁化县治平乡大土霸李任升为谋夺好风水的山场葬母,抢占曾氏一片祖坟地,曾泽昆发动族人与李据理力争,组织其强霸行径,竟被李任升所派匪徒拦路杀害,泽昆之子曾友义曾多次向国民党政府告状未果。[1]

(四)房屋纠纷

房屋纠纷主要围绕祠屋、店铺等所有权的争夺,这与当地宗族势力较量和店铺买卖比较频繁有关。下面即以康熙三十二年(1693年)至雍正四年(1726年)下吴坊吴氏与大舍内吴氏争丰禄祠一案[2]、嘉庆十八年(1813年)连枝芬和艾显明为店屋争讼一案[3]案例,对其原因和发展过程作一分析。

康熙三十二年(1693年)至雍正四年(1726年)下吴坊吴氏与大舍内吴氏为争丰禄祠一案其实是同宗异族吴氏三代人之间的两次纠纷,一次是大舍萧奕芳等于康熙三十二年(1693年)的诉状和续状所叙原因引起:

> 续为冒祖匿踪、迅劈奸豪、恩全口额事。宗枝原有定额,奸豪难以混冒,痛蚁鼻祖萧登仕,于宋季建立丰禄祠,寡僧焚香,历朝至今无异。

---

① 雷臻新:《曾友丰烈士传略》,《宁化文史资料》第十辑,宁化县政协文史资料研究委员会编,第14页。
② 《河南萧氏族谱》。
③ 《上党郡连氏族谱》,1993年。

惨遭豪恶萧辑生等，家藏金穴，铜臭青衿，欺蚁贫懦，顿起祸心，乘祠久坏，命工修整，恶思全吞，反将蚁祖冒为恶祖，竖立新梁，捏称恶祖系蚁祖嗣裔，旧梁私搬，萧以辉藏匿，意欲全吞灭迹。幸天不容奸，逢驾勘验，异冤得申不已，冒祖藏奸等事。①

另一次是雍正二年（1724 年）大舍内子孙控告下吴坊萧海宗劫祖宗像：

> 雍正二年（1724 年）七月，大舍内四房子孙，将丰禄祠登仕公装身像，有下吴坊武庠萧海宗，冒认登仕公他有分，要同出银，大舍内众云："我祖何要他出银？"不意海宗无脸面，于雍正四年四月十七日夜手执利器，抢入本祠丰禄堂，将登仕公像劫去。吾祖即投练总张宣臣，禀明司主李，随禀县主周爷台前。②

从上资料我们可以看出下吴坊吴氏由于族甚强大，横行乡内，借机挑衅，蓄意侵占大舍内吴氏之宗祠的事实。

再看看嘉庆十八年（1813 年）"建宁县职员连枝芬等赴府呈控廪生赵宗桂等强霸地基占店屋一案"：

> 缘连枝芬之父连碧琨住居在乡，于乾隆三十六年（1771 年）间承买县城牙前清平坊朱姓房屋十一间，开张文华号油布铺。旋因年老闭歇，将门首店面三间，租给艾显明领开，改店号为大成，每月租钱二千六百文，其店后房屋作为姓进城寓所。四十五年（1780 年）三月，连碧琨向艾显明之兄艾德光借钱一千百文，每月二分扣息，五十三年（1788 年）九月，又向艾显明大成店借钱二十千文，系加二五息，均立有借字，付艾显明收执。是年十二月，连碧琨又因缺用，将前领店屋契约况中觅主质借。艾显明闻知，密商伊亲谢恩波出名，借给制钱一百千文，注明加二五扣息字样。即于是月二十九日，谢恩波将连碧琨所交契约，照原数立约转质与艾显明，将应利息停止不交。嗣于嘉庆九年（1804 年）十月，艾显明另立白契，将连碧琨原质店屋契字，及艾谢二姓质约租约，出典与廖秀孚，得价一百三十千文。十年（1805 年）十二月，秀孚又照原典价，转卖与赵宗桂，赵宗桂承后，另给饶玉章、邓道东等租开绸布鞋店。连碧琨自质以后，无力取赎，旋复身故。嘉庆十七年（1812 年）七月，该

---

① 《上党郡连氏族谱》，1993 年。
② 《上党郡连氏族谱》，1993 年。

店被邻店失火延烧,赵宗桂向其上手廖秀孚商议,不愿合造,宗桂自为起造,连枝芬将原主之原地,因欲建祠,带同其子侄连蔚林、连德珍等前向阻造争讼。致连德珍等与赵宗桂互相扭殴,并将木料携去九根。

此案由于店屋经过多次转租,涉及店铺买卖人数众多,而且店屋主人与租借方又有借贷关系,涉案人员互相之间关系复杂,经过突发事件——被邻店失火延烧的爆发,店主才开始注意到自己的所有权,而引起纠纷,这与当地经济发展有明显关系。

(五)其他纠纷

除以上四种出现率较高的纠纷外,《会稽郡石牛夏氏重修族谱》的"整理族规"条下还记载了一件因媳妇道德问题而引起的纠纷:

> 此次因吉生命之身故,娶配吴氏五妹不贤,于民国三十二年(1943年)承收安徽张国宝在家处理家务。后三十三年(1944年)吴氏产生一小孩,于三十七(1947年)年该孩年方五岁,不料张心生恶意,与吴氏唆通,黑夜胆敢将该小儿抢去逃走。伯叔得悉,立即四路巡查无踪。后当即向该吴氏交涉,该氏抗顽不理,且往本大同乡公所控告。

另外,由于前面提到的坟山所有权问题,还发生了争树的纠纷。下面一份光绪三十年的契约字即是杨张二姓争坟头树纠纷的调解字:

> 立编清结字人杨爱松、张崇魁嗣孙等,今因桂头雷公排山内杨姓坟脑杉树四条,于光绪二十九年(1903年)冬至日,华有伐去杉树,于三十年(1904年)二月,问杨姓经中排解,二家劝和。后日杨姓、张姓二家低分子孙,宜相顾视,不得以彼疑此。其坟上下左右内树木,二姓子孙再不得来山以伐,倘有不法之徒恃强以伐,任凭执字理论。恐口无凭,立编清结字为据。
>
> 立编清结字人　杨朝焜　杨端其
> 　　　　　　　　张华见　张国勘
> 在见人　李业成　张仲山
> 　　　　张新焕　张捷台
> 　　　　杨作鹏　张华有
> 依口代笔人　张士应
> 立编合同字一样二纸各执一纸
> 千和万合　具各花押

光绪三十年二月　日①

二、民间经济纠纷的解决途径

从我们搜集到的宁化地区族谱中的契约和审谳等资料来看，上文提到的契约或族内禁约等形式可以在一定程度上避免纠纷的发生，然而上述各种形式的纠纷一旦发生，则主要有三种解决途径：族内解决、族间调解和官方法办，三者呈现出逐层上传的特征。

第一，族内解决。在族内发生的纠纷，族人一般选择以修改族规、族内处罚等方法来解决。如上引《江夏黄氏族谱》中记载了被查出的乾隆四十年（1775年）和四十一年（1776年）两次族内盗葬行为，黄氏族人即以订立禁约并加以处罚的方法在族内得以解决，并以此起通族公告之作用。如乾隆四十一年（1776年）盗葬纠纷就是如下处理：

> 众叔侄议论纷纷，万难容情，立押起扦。叔侄中有耄耋之辈，心怀恻隐，恤死怜生，轻责公爵，以免起扦所葬之人。闻其言，至再至三哀恳，叔侄悯兹姑，甘愿罚钱。即罚寿昱兄弟铜钱二万四千文，寿振铜钱五千文，寿连铜钱一千二百文，酒席具整。此乃四房叔侄轻饶，罚钱微小，万古族规，以免起扦，千情仁爱，当众叔侄编定，日后再不得生出狼心添金刚挖等情。如有此等，任凭四房叔侄起扦公罚，永为族规，以惩后患。②

第二，族间调解。发生在族间的纠纷，双方可能经中调解，避免事态扩大，也可能选择经官审判，断绝纠纷再次发生的可能性。在签订买卖契约或其他字据时，双方明确契约中各条内容本身就是族间调解的结果，一旦一方违约，契约和族谱即成为事实最好的证据。从上文所引的争树纠纷我们就能看到，杨张两姓为了避免造成更大的争端，而通过"经中排解，二家劝和"暂时解决了族间纠纷。民国时期保甲长、保民代表或乡公所作为中间人调解纠纷。

第三，经官办理。族内或族间的纠纷如若本身涉及比较敏感的问题，或

---

① 《杨氏重修族谱》，1993年。
② 《古背江夏郡黄氏族谱》，2003年。

无法调解,抑或甚至在自行处理过程中出现更大的敌对事端,那么,即使是在以争讼为耻的传统社会,经官办理亦是不可避免的。上文引述的乾隆二十年(1755年)和乾隆四十年(1775年)的张长寿以坟占山案、咸丰五年(1855年)的温受禾以坟占山案、道光十六年(1836年)的邓玉书盗葬纠纷、民国三十五年(1946年)的谢应波以坟占山案等等案件都是经官办理。

经官办理又有其内在的层次,或者说在处理纠纷时,官员凭借强势权威和灵活态度,使得纠纷经官办理又出现几种不同的解决程序。

诉状呈到县官手中,官员可能将诉状打回,请纠纷双方的约长中亲再次进行调解并以法办之后果告诫之,使双方尽量私下处理平息。除了从中斡旋的约长中亲,有些官员也会利用自己的权威从中调节,避免造成更大的械斗事件。

光绪二十二年(1896年)宁化知县王栋廉明强干,西乡杨姓有树在田畔,石壁村张姓出而与争,以为关系彼村风水,不予砍伐,酿成械斗,张姓巨族也,势莫与敌,王令亲临弹压,履勘召两造而谓之曰:"区区一树,赠与本县何如?"两造莫测其故,皆曰唯。不知已预备煤油三桶,立浇树而焚之。①

无法私了的案件,县官一般按照当地习惯和当朝法律进行办理。民国三十五年(1946年)的谢应波以坟占山案,即依照当地习惯和民事诉讼法办理。

  盖可认定况系争山,即系龙兴山,被告新葬父坟在龙兴山辖内,业经该管保长张龙定、保民代表黄吉平等绘图存卷,证明所称自可采信,被告父坟距离原告祖坟仅隔五尺,依照本地习惯,新坟应离旧坟一丈二尺方能另造坟穴,规定亦有违背,原告请求扞起,理由亦属正当。基本上论结:原告之诉为有理由,合依民事诉讼法第七十八条、第八十六条前段,判决如主文告。②

上述三种解决途径基本上能解决民间发生的民商事纠纷,根据笔者收集的资料,涉案双方往往自下而上、自内往外寻求解决途径。笔者认为族内纠纷基本上选择族内解决,族间纠纷先选择族间调解,如若族内或族间调解

---

① 黎彩彰等修,黎景曾、黄宗宪纂:民国《宁化县志》,卷一五,据民国十五年(1926年)铅印本影印,第758页。
② 《古背江夏郡黄氏族谱》之"民国三十五年(1946年)宁化县司法处民事判决",2003年。

行不通才采取报官诉讼。如《会稽郡石牛夏氏重修族谱》的"整理族规"条下记载因以孀妇道德问题而引起的纠纷，即是先有"伯叔得悉，立即四路巡查无踪。后当即向该吴氏交涉，该氏抗顽不理"才有"往本大同乡公所控告"，希望乡公所作为中间人进行调解，最后还是以族内解决的方式予以处理，"经灶邀集伯叔老者至祠，重新严重整理族规，当众公议：倘日后再有此种不节孀妇，发生此情，立即赶出族外，并将谱内渠名，改为再醮。以重新振兴族规"。如上文引述的《杨氏重修族谱》中禁止坟穴外赁或出卖以避免争端的族规，即载明"合房子孙公论责罚"，有"恃强"者，才"经官处治"。

笔者通过上文的分析，将民众对纠纷解决方式的选择作了如下图示：

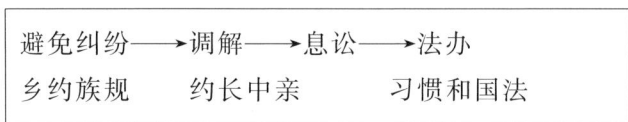

避免纠纷 ——→ 调解 ——→ 息讼 ——→ 法办
乡约族规　　约长中亲　　习惯和国法

这一图示和学术界关于"社会—国家"理论探讨已经达成的"通论"基本吻合。从以上材料看，约长中亲在调解和息讼过程中发挥的作用并不具有强制性，并不存在"乡保"这一对纠纷产生极大中和作用的"第三领域"，乡保的调解所依据的往往也是官府认可的"权威"，其调解结果常常须得到官府的审定，这说明宗族力量在宁化这一区域的发展不是很强大，而乡间自发形成的规约在民事审判实践中却更具有说服力和正当性。民间规约虽没有国法那么庄严、正式，却也基本是国法的当地化，更节约了官府的开支，亦达到了稳定地方社会的目的。

由于民间自行解决纠纷机制的建立，民间纠纷有的在乡间规约的约束下往往就被消弭于萌芽状态，一旦发生纠纷，规约即可作为解决纠纷的依据，具有民间法律效益。譬如在坟地管理中，地方形成了坟茔周围"一丈二尺"的俗例，已普遍为乡民所接受。有时会遭遇地方豪强不服宗族、乡约管束，或者超越了宗族、乡约日常事务管理的范围，民间纠纷才会上呈至官府，求得官府的裁断，这很大程度上便减轻了官府处理具体事务的压力，也可保证官府机构的精练，同时使达到社会秩序和谐的目的。

三、几点理论思考

关于清代和民国时期民事审判制度和民事纠纷,学术界已有精辟和深入的研究和探讨,在 1996 年以"后期帝制中国的法·社会·文化——日美研究者间的对话"为主题的国际学术研讨会上,以滋贺秀三为首的日本学界和美国学者黄宗智进行了论争。而我国学者梁治平等也对这一领域的习惯法问题上有不同于以上两家的见解。

滋贺氏借用 D.F.亨达森的用语,将清代民事审判(即"听讼")称为"教喻式的调停"①,认为地方官以作为官员的威信和行使一定强制力的权限为背景,主要依靠建立在情理基础上的判断——如果有相关的法律条文则不妨参考之——来劝导说服当事者以平息纠纷。正因为这种性质,并不会产生对严格而完备法律准则的需求。② 他认为"情、理、法"是地方官员对民事纠纷的裁定依据,他否认了习惯法的存在,认为不能设想有与"情理"不同而作为实定法存在的习惯法,③并认为清代司法审判中不具备通过判例来使习惯得以实定化的机制。④

而与滋贺氏针锋相对的黄宗智的主要观点集中在他的论著《民事审判与民间调解:清代的表达与实践》和《法典、习俗与司法实践:清代与民国的比较》之中。他在"第三领域"理论的基础上将"听讼"定性为审判而非调解,认为不能混淆法庭的行为和民间的调解。他把清代民事纠纷的处理分为三个领域:村社族邻的非正式调解,州县衙门的正式审判,介于两者之间的"官

---

① 滋贺秀三:《清代诉讼制度之民事法源的概括性考察》,王亚新、梁治平编:《明清时期的民事审判与民间契约》,北京:法律出版社,1998 年,第 21 页。

② 滋贺秀三:《清代诉讼制度之民事法源的考察——作为法源的习惯》,王亚新、梁治平编:《明清时期的民事审判与民间契约》,北京:法律出版社,1998 年,第 85 页。

③ 滋贺秀三:《中国法文化的考察》,王亚新、梁治平编:《明清时期的民事审判与民间契约》,北京:法律出版社,1998 年,第 14 页。

④ 滋贺秀三:《清代诉讼制度之民事法源的考察——作为法源的习惯》,王亚新、梁治平编:《明清时期的民事审判与民间契约》,北京:法律出版社,1998 年,第 85 页。

方与民间的互动"。① 对"第三领域"的界定恰好是由民间调解和官方审判之间的之一"互动"阶段。他认为清代县官堂训办案，一般都依法断案，是非分明，他们极少像官方一般的表达那样，以情来调解，使双方和睦解决纠纷②。

梁治平从中国传统法秩序中的民间法和国家法之间界限模糊的角度，对黄宗智的"第三领域"理论提出了批驳。他将习惯法定义为一种知识传统，它生自民间，处于习惯，乃由乡民长时期生活、劳作、交往和利益冲突中显现，因而有自发性和丰富的地方色彩。由于这套知识主要是一种实用之物，所以在很大程度上为实用理性所支配。③ 在这一定义的基础上，他提出如果民间法不违背国家法的原则，官方的审判常将其决定建立在民间的"规约、惯例和约定"上面。④

笔者在对宁化清至民国年间的资料进行分类和分析之后，就如下三个方面进行了一些理论思考。

首先，滋贺氏和黄宗智的理论建构都建立在同类资料之上，那就是州县衙门的判例档案和地方官员的"判语集"，如黄宗智利用的清代四川巴县、顺天府宝坻县、台湾淡水分府和新竹县的628件官府档案文书，而且两者对史料的分析和认定也无二致，他们都以代表国家法律和权威的县官为主角，从他们的话语（判语和档案）出发，建构民间社会和国家之间的关系以及法律秩序。而本文在叙述上采取由原始资料逐步分析得出设想的叙事顺序，在谱牒和契约的基础上对当地民众在民间纠纷发生时选择解决方法的机制进行了分析，这一方法从一开始就决定了本文的视野是从下而上的，是从民众的角度出发，讨论民间纠纷的解决方法。纠纷发生的前中后期，民众可以对解决方法进行选择，从民众将县官审谳、契约等记录在族谱之中这一行为即可看出他们对于自我权利的保护意识，从各案例的发生发展过程，我们也可以看到民众在选择符合己方利益的纠纷解决方法。

---

① 黄宗智：《民事审判与民间调解：清代的表达与实践》，北京：中国社会科学出版社，1998年。
② 黄宗智：《中国法律制度的经济史·社会史·文化史研究》，《比较法研究》2000年第1期。
③ 梁治平：《清代习惯法：社会与国家》，北京：中国政法大学出版社，1996年。
④ 梁治平：《清代习惯法：社会与国家》，北京：中国政法大学出版社，1996年。

其次,滋贺氏曾经对知州知县进行过描述:知州、知县作为一种凌驾于庶民之上且具有公共性的第三者降临任地。他必须是于外地出身因而与管下的地域内居民没有私人关系;他能够行使公共权力或发动具有正当的暴力装置;他属于官僚机构的一员而服从国家的行政纪律。由于有这些特点,他存在于与作为私人的第三者或调解人不同的层次上。① 基本上把知县、知州放到了一个具有法律化身角色的地位,他可以不偏不倚地办理法律事务。黄宗智也把"第三领域"理论应用于他对民间纠纷及其审判事项上。这些已遭遇到学术界的一些质疑,滋贺氏所讲的情况太纯粹,实际上不大可能存在。黄宗智的立论基础也有悖于其超越"国家—社会"二元模式的初衷,梁治平即指出黄宗智抛弃了社会与国家的二元模式,但却不加批判地接受了同样的社会与国家的概念。② 笔者从调查资料中发现当地县官在处理纠纷的过程中不仅扮演着法官的角色,在某些场合,他以自己的智慧和国家法的权威处理紧急事件,如上文提到的王栋廉就是一例。县官在地方民事纠纷的处理中往往既体现对于国家法的忠心,又常常利用国家法授予的权威灵活地处理地方事务,具有一定的自主性,并呈现出多样化的色彩。过去学术界多只热衷于讨论乡贤精英等中间阶层,却没有给予作为国家与民间联系的最关键的一群人的县官必要的重视,或许是因为他们在国家机构中已处于边缘,而相对于民间力量来说,他们还是处于边缘。这种边缘地位决定了他们在对纠纷处理方式的选择上既获得了权威性,又富有灵活性,以至于对民间秩序的建立产生不可否定的影响。笔者认为黄宗智和滋贺氏等利用的判语和档案正是一批研究县官在处理民间纠纷时的心态和实践的极佳资料。从各种民事纠纷中,政府权威时常能得到民间社会的尊重,而不是被排斥。县官的断案往往具有示范意义。民间社会常常能从谳言中接受法律的教育,增强法律意识,避免法律纠纷,而寻求息讼的情境。县官则不可能生活在真空中以及全国性整齐划一的法律条文中,而是必须谋求入乡随俗,融法于民风习俗之中。地方社会秩序的好坏与州县官把握好这一尺度关系密切。宁化地区大多纠纷能让基层最基本单位逐层加以解决,实际上体现了

---

① 滋贺秀三:《清代诉讼制度之民事法源的考察——作为法源的习惯》,王亚新、梁治平编:《明清时期的民事审判与民间契约》,北京:法律出版社,1998年,第80页。

② 梁治平:《习惯法、社会与国家》,《读书》1996年第9期。

州县官员的智慧和政绩。

最后，关于习惯法，学术界的讨论也已经很多，对于习惯法的定义尚未有定论。在谈到民国时期国家法对于习惯法的态度时，学术界多次引用郭卫编的《大理院判决例全书》民国二年（1913年）上字第六四号，"判断民事案件，应先依法律所规定。法律无明文者，依习惯法。无习惯法者，依条理"。和后来《民法典》第一条的规定："民事，法律未规定者，依习惯。无习惯者，依法理。"①从这两条资料很多学者得出民国时期习惯法已经得到官方明文认可，但对于国家法和习惯法的态度依旧不明朗。笔者发现民国十八年（1929年）二月二十三日国民政府公布同年十月十日施行的民法总则第一条"民事案件适用法规之次序"明文规定："法有明文者不得援用习惯及条理，习惯法概无强行效力，有习惯法者不能仍凭条理处断，习惯法必为法所未定或法规特异者始得认其成立，惯性事实及确信心与通行法规全合者即无所谓习惯。"②这一条文明确的规定了习惯法与法律及条理之间孰先孰后的关系。笔者认为这是习惯法在国家法系中所处地位的官方设定，而习惯法本身却是在民间秩序逐渐形成的过程中的产物，也可以说其本身就是秩序的组成部分。"户婚田土钱债"以及日常纠纷一类向来为统治者忽视，这些细微末节之事是县官"自理审判"的权限范畴，然而这些"细事"却是"天高皇帝远"的日常生活中社会秩序的基础。习惯法即主要关乎民众的"户婚田土钱债"，契约和地方风俗以及习惯法是民间文献如族谱中不可或缺的记载，而官方的判语只有在与之利益有相当密切关系时，才会出现在族谱之内。关于习惯法的产生，笔者比较认同梁治平所给的定义，需要强调的是，习惯法是具有法律实定性的，在宁化这一特定区域，"山不占坟，坟不占山"，"新坟距离旧坟一丈二尺以外才能添葬"等习惯法在明清之际已经反复出现在族谱和契约之中，民间对于它的认同不仅在于出现纠纷时作为有效依据，而且在于它可以作为具有一定心理强制性的制度影响着民众对日常生活事务的处理。由于清至民国时期，官方系统的设置只到县一级，民间秩序的建立在一定程度上具有自发形成的性质，民众在解决日常纠纷的时候，其第一

---

① 滋贺秀三：《清代诉讼制度之民事法源的考察——作为法源的习惯》，王亚新、梁治平编：《明清时期的民事审判与民间契约》，北京：法律出版社，1998年。

② 郭卫编：《大理院判决例全书检查表》，上海：上海会文堂书局，1932年，第1页。

选择往往诉诸民间势力,这对习惯法的形成具有很大的决定作用,而官方在不拒绝习惯法和中间人进行纠纷调解的过程中,极大地舒缓了自身的工作量和工作力度,同时实现了社会秩序的和谐这一目的。

法律制度中的民事领域是国家机构与广大民众相接触的主要领域,清至民国的档案纪录、县官判语集以及地方性很强的族谱契约等资料使研究这一领域具有现实性。然而现实的复杂性使得任何一种理论或模式都很难将中国传统社会的图景描述得清楚和准确,从另一种角度来说,每一种理论和模式都有其可取之处,历史的某一面在其描绘中或能真实地呈现出来。

第三节

从墓地、族谱到祠堂:明清时期山东栖霞宗族凝聚纽带的变迁*

明中叶前后墓地系统在整合宗族方面发挥主导作用。墓碑上的谱系记录着家族世系,墓地的空间布局遵循世系排列而昭穆有序,墓地祭祀活动制度化并形成"房社会"等组织,从不同层面强化着宗族的凝聚力。入清以后,族谱迅速在民间普及。清中叶以来经济的发展尤其是商业的兴盛,带动了祠堂及其物质基础祭田的发展。祠堂延续并超越墓地系统,成为宗族活动的公共空间。栖霞宗族收族方式的变更,是国家政策调整、参与宗族活动的人群变更以及社会经济发展的结果。学界普遍将祠堂、族谱与族田视为宗族组织发展进程中普遍存在且始终起作用的因素,有人甚至视之为宗族组织的普遍模式,即"用祠堂、族谱和族田这三件东西联结起来"的家族组织,

---

* 本节与张先刚合写,张先刚现为厦门市委组织部干部。

从宋明以来,直到新中国成立前非常普遍。① 我们则旨在说明,栖霞不同时期的宗族存在着凝聚纽带的明显差异,并非自始而定、一成不变,而是经历了收族方式的不断变更历程。

就华北宗族的研究言。如杜赞奇、杨懋春、黄宗智、乔志强、从翰香、周大鸣、张思等均指出:北方宗族发展不及南方,宗族组织的影响亦远不及南方。② 我们则着眼于自明至清中叶这一较长时段的栖霞区域,认为栖霞宗族发展有时亦较兴盛,宗族兴衰往往不是人们所经常强调到的官方统治强弱、民间自治色彩强弱的表现,而是国家政策调整、参与宗族活动的人群变更以及社会经济发展与否的结果。

---

① 徐扬杰:《宋明以来的封建家族制度述论》,《中国社会科学》1980 年第 4 期。徐扬杰《中国家族制度史》,北京:人民出版社,1992 年,第 324～329 页。另有张海瀛:《明代谱学概说》,《谱牒学研究》第 3 辑,北京:书目文献出版社,1992 年。冯尔康:《清史谱牒资料及其利用》,《南开史学》1984 年第 1 期。陈支平:《福建族谱》,福州:福建人民出版社,1996 年。濑川昌久:《族谱:华南汉族的宗族·风水·移居》,上海:上海书店出版社,1999 年。陈瑞:《明清时期徽州宗族祠堂的控制功能》,《中国社会经济史研究》2007 年第 1 期。这些成果从各个方面论述了祠堂、族谱和族田的作用。

② 杜赞奇:《文化、权力与国家:1900—1942 年的华北农村》,王福明译,南京:江苏人民出版社,2003 年。杨懋春:《一个中国村庄——山东台头》,张雄等译,南京:江苏人民出版社,2001 年,第 90 页。黄宗智:《华北的小农经济与社会变迁》,北京:中华书局,2000 年。乔志强:《近代华北社会变迁》,北京:人民出版社,1998 年。从翰香:《近代冀鲁豫乡村》,北京:中国社会科学出版社,1995 年。张思:《近代华北村落共同体的变迁——农耕结合习惯的历史人类学考察》,北京:商务印书馆,2005 年;《近代华北农村的农家生产条件·农耕结合·村落共同体》,张国刚主编:《家庭史研究的新视野》,北京:三联书店,2004 年;张思:《近代中国农村的村民结合与村落共同体——旧华北农村农耕结合形成研究》,复旦大学历史系编:《近代中国的乡村社会》,上海:上海古籍出版社,2005 年。周大鸣:《当代华南的宗族与社会》,哈尔滨:黑龙江人民出版社,2003 年。夏明方:《近代华北农村市场发育性质新探——与江南的比较》,黄宗智主编:《中国乡村研究》(第三辑),北京:社会科学文献出版社,2005 年。张佩国:《近代江南乡村地权的历史人类学研究》,上海:上海人民出版社,2002 年。兰友林:《论华北宗族的典型特征》,《中央民族大学学报》2004 年第 1 期,等。

一、明中叶前后：宗族以墓地为凝聚纽带

明中叶前后，栖霞宗族很大程度上是围绕着墓地及墓地祭祀活动而展开的。

（一）墓碑上的谱系

在宗族发展史上，谱系起着划分昭穆关系、统合族人的重要作用。明代以前纸质的族谱并不普遍，而铭刻在墓碑之上起着认证祖先、谱写宗族世系作用的谱系却较为盛行。铭刻在墓碑上的谱系起源甚早，《语石·语石异同评》载："古时宗法未亡，族葬掌于墓大夫。墓道之中，意必有刻石志其昭穆之兆域。"具有近代意义的碑刻谱系在唐朝时已出现："云某氏先茔碑者，溯述世系，刊载一石，最先见于唐之张氏碣……深得古者族葬宗法之义。"

唐咸亨四年（673年），郑惠王石记。其后云："谨件先皇子孙，勒诸贞石。自嗣郑王郢州刺史璬至邵陵公衍，共十子。鲁共所书郭敬之家庙碑碑阴，列敬之男八人，皆汾阳兄弟行也。孙十五人，曾孙三人，并详其官位。"[1]

宋以后宗族意义上的碑刻谱系开始盛行，宋元时期在墓碑上刻录家族世系图表已相当普遍。《语石·语石异同评》载：

> 窃谓祠墓之碑，皆可本此例。以世系勒于碑阴，则谱牒即有散亡，石刻犹在，不至无征。……此亦礼失求野之意也夫。厥后碑阴刊记世系，遂为宋元碑之通例矣。[2]

与其他地区相类似，栖霞墓碑上的谱系在元代或以前已经出现。至正二十五年（1365年）所立的《千户牟公茔葬之碑》云：

> 公姓牟，讳全，夫牟氏之先出乎？牟子之国汉有太尉牟融，后因为氏焉。爰自汉魏晋宋齐梁魏卿大夫，功被邦家绩载青史者，不可数记。及亡金失驭三二十年间，下戈相仍，家谱遗亡，不知所存。公之先父讳温，居世之际，赋性淳朴，举措质诸天地，对于神明，故宗族称其孝，

---

[1] 叶昌炽撰、柯昌泗评：《语石·语石异同评》，北京：中华书局，1994年，第215页。

[2] 叶昌炽撰、柯昌泗评：《语石·语石异同评》，北京：中华书局，1994年，第213页。

乡党称其弟。生二子，长全，次矾，寿享八十有九，而（温，牟全之父）卒于至元二年……（牟全）生子三，武，玄，疃。疃受行省札付，充管军百户，嗣续以后，簪缨相望……岁至元二十五年岁次戊子十一月望日，文登先教谕于登撰。①

栖霞前阳窝衣氏腾祖支的《大元国奉训大夫般阳路总管府判衣公孝思之碑》记载：

> 高曾宅兆在县北艾山之阳，交毛之阴，高曾以下分支流派俱见碑阴。皇祖讳才，皇祖姚曲氏，生四子，大伯讳逸，二伯早逝，三讳俊，即公之父也。四叔讳斌……公之皇考治理生廉谨，与物无兢，士林称为君子。乡里目为善人，寿八十四，终于家之正寝。皇姚刘氏生二子，长曰整，次即公也。正娶王氏，生四男，入仕者二。长讳琛，三任本县都监，次讳玉，始充礼部奉差，迁任登莱宁三州监文纳财赋官……公与夫人王氏生三子，孟曰祯，只受敕牒，两任监司管局，仲曰允，见任登州杨家店巡检，季曰敏，充形部奉差。②

明宣德丁未科（1427年）状元马愉去世后，其后世子孙在其茔地刊刻石碑（位于临朐县马愉茔地内），以吊线图的形式记录马氏家族第一世至第十一世的世系脉络情形。马愉是马氏第六世孙，生活于明宣德朝，可以推测，该碑所立的时间应该是明嘉靖时期。立于明天启二年（1622年）的栖霞北埠郝氏墓地中的郝守朴墓碑（位于栖霞北埠郝氏墓地）记录着该家族的迁徙及郝守朴儿孙辈的情况："儒官讳源郝公配刘氏墓。原籍直隶省枣强县，徙居青州，又徙居莱州府城北平里店，又徙居栖邑，因于北埠村居住十一世矣。"立碑者为儿嘉吉、耀吉、贵吉、荣吉、庆吉、升吉、进吉、新吉和孙裕球、裕秀、裕缙、裕泰、裕昌。

清朝初期，栖霞多数宗族在编修家谱时往往注重遍访祖茔碑铭，期望从墓碑中了解谱系。汶阳《陈氏族谱》记载，乾隆年间其九世孙陈自新修族谱未成，于是带领族人在祖茔中树立谱系碑："胞伯讳自新者，读书成名，欲修谱而未逮。其后服叔鹿鸣乃率族人立谱碑于盘龙庄之祖茔。"③据笔者所见，清嘉庆十五年（1810年）所立的新店崔氏墓碑（现立于栖霞新店村南）、

---

① 肇家庄：《牟氏谱书》，同治六年（1867年）续修。
② 前阳窝《衣氏全谱》，1938年修。
③ 汶阳：《陈氏族谱》卷一，《陈氏族谱序》光绪十七年（1891年）续修。

道光十三年(1833 年)所立的草格庄姜思明墓碑、光绪年间所立的下桑树夼王氏始祖墓碑(现立于下桑树夼王氏祖茔内)、皇清(具体年代不详)所立的郭家店郭玠墓碑(现立于郭家店村北)等都属于谱系碑。其中,下桑树夼王氏墓碑不仅追溯始祖以下的世系,还详细记录了王氏一门族众的地域分布。郭家店郭玠墓碑不仅记述男性的世系情况,而且把墓主儿孙辈配偶情况详细地铭刻其上。

可以说,明中叶以前的栖霞地区,墓碑既可达到祖先认证之目的,又可起到记录世系支派、统合宗族、加强宗族认同的作用。

(二)墓地空间布局

许多族谱都单列茔图篇以记述其祖茔的位置。嘉庆乙亥年(1815 年)续修回龙夼《张氏族谱》"凡例"记载:"乾隆己未(1739 年)谱有西山老茔及仙仁埠、鼓儿埠三处。伏念族大支繁,各家茔葬积久益增,非详绘为图,或后人宦游于外,久埠归省,又或遗丁孤幼,春秋二祀缺于拜扫,数年以后虽欲稽之,将必有恍惚而未干遽信者。兹编各绘为图。各为一卷,庶传之永久按图可稽。"宣统元年(1909 年)续修黄城《丁氏族谱》"凡例"说,在第一次修谱时就有"为之绘茔图"的记录,以后历次重修都有"载坟墓山向""绘茔图"之举,"其有茔盘者,注明弓口,四至、山向、坐落,并有茔房者,亦注明茔房四至,间数,无茔盘者只注明丘坐山向,各绘成图,专订一册"。

从茔图看,该时期墓地的空间布局相当重视宗族世系的排列。以某个祖先坟茔为中心的墓地,其子孙坟茔的排列以"人"字形和"一"字形较为普遍,墓地的空间布局在某种程度上对应着墓碑上的谱系。此处以回龙夼张氏和黄城丁氏为例来说明这两种排列方式与宗族谱系的对应关系。回龙夼张氏祖茔中,八世张可望墓地是典型的"人"字形布局。[①] 该墓地首丘是八世张可望及其夫人毛氏。据嘉庆二十年回龙夼《张氏族谱》记载:"张可望,字文泉,廪生,配毛氏,子五,长伯鹏,次伯鹤,三伯麟,四伯龙,五伯凤(后改名联台)。"[②]族谱中没有记载张可望具体的生卒年月。但根据其第五子联台于天启丁卯年(1627 年)考中副贡、逝世于崇祯五年(1632 年)可以推断,

---

① 回龙夼:《张氏族谱》,《张氏茔图》。
② 回龙夼:《张氏族谱》卷　 。

张可望应生活于明中期。张可望的五子中，除第三子伯麟因为过继给张可望之兄可学而没有葬于该墓地外，其余四子伯鹏、伯鹤、伯龙与联台四对夫妇皆分列张可望左右。张可望的孙辈有八人葬于该墓地。[①] 瑶及其夫人齐氏，璪，璪之夫人马氏三座坟丘位于左下侧；瑾及其夫人戚氏、妾解氏，瑜及其夫人吴氏，瑞，瑷及其夫人朱氏，璹，玠及其夫人萧氏等六座坟丘位于右下侧。曾孙辈中，一复及其夫人唐氏、一选夫人吕氏坟丘位于左下；一晋及其夫人齐氏、一复一夫人陶氏、一乾及其夫人刘氏、一选及其夫人林氏、一益及其夫人柳氏孙氏等人位于右下侧。一乾之曾孙世宦及其夫人杨氏之墓、世宦次子文倬及其夫人孙氏崔氏之墓分列整个祖茔的左右侧。该墓地以"人"字形的方式排列，可望之下分出伯鹏、伯鹤、伯麟、伯龙、联台五支，伯鹏分出瑾和瑜，瑾下为一壮，瑜下为一晋、一乾；伯鹤下分出瑷和璹，璹下分出一咬，瑷下分出一复、一选、一萃、一益；伯麟下分出瑞、璈、璈下分出一震；伯龙分出璪、瑶、珍，瑶下分出一渐、一咸、一兰、四桂、五桂，珍下分出一恒、起震、一震；联台分出玠、玟，玠下分出一屡、一奎，玟下分出一心、一卯、一璧。已显示出较工整的人字形格局。

对照墓地的排列和世系，其间存在空间布局与支派系谱关系的一致性，诸如过继、分房等各类宗族关系的变更亦清晰可辨。"人"字形墓地的排列格局在栖霞及附近地区相当普遍。黄城《丁氏族谱》中所载茔图多该类型，新店崔氏墓地也是按此类型排列。

除此类型外，"一"字形格局也较为常见。该类型墓地中的"始祖"或位于茔地的中央，或偏于一方，次辈的坟墓多尾随成一字排列。黄城丁氏四世丁文质及其二子、长孙的墓地呈典型的"一"字形。该茔坐落在黄城西南三里外赵家庄正南方。首丘为四世丁文质墓，其后为五世丁万明、丁万禄墓，再后为六世丁尽礼墓，该墓地系统以文质墓为起点自西向东依次排列。按族谱记载，丁文质为丁氏第四世。族谱未载明其具体生卒年月，但是其孙（万明次子）得实生于嘉靖壬戌（1562年）、卒于崇祯癸未（1643年），可以推测丁文质应卒于嘉靖前后，而墓地也应该是于该时期建造的。该墓地虽是

---

① 据《张氏族谱》记载，伯麟生二子，长瑞，次璈；伯鹏生二子，长瑾，次瑜；伯鹤生二子，长瑷，次璹；伯龙生三子，长珍，次瑶，三璪；联台生二子，长玠，次玟。这11人中，有8人葬于该墓地。伯麟次子璈因承继张可学而"迁茔诸谷"；联台之子玟因承继张可教也未葬于该墓；伯龙三子珍未葬该墓地的原因不明。

三代共葬,但是因文质是单传,且其后的长支万明、次支万禄俱葬于该墓地,因此该墓地是除丁氏始祖墓地之外最重要的祭祀场所,在丁氏宗族中的作用不言而喻。丁文质支派世系为:由文质分出万明、万禄,进入第二层则由万明分出得宠、得实,由万禄分出尽礼、尽孝。呈现出人字形格局。丁文质之孙丁得实墓也是按"一"字形排列。① 丁得实墓坐落在邑城西北 3 里外南阔疃,其中葬丁得实支下六世至十世共五代 14 人。该墓中间位置为六世丁得实墓,左(以首丘方位为标准)为七世丁永安墓,右为丁永泰墓,再左为丁永桢墓。丁永安祖墓前为八世丁大升墓,丁永桢墓前为丁大训墓,丁永泰墓右方从左至右依次为丁大有、丁大年、丁大振墓。丁大年墓前为九世丁克禳墓,该墓右为丁克忠墓。丁大振墓前为丁克亮墓、丁克弼墓。对照墓地坟丘的排列则显示:各支派的谱系脉络以及其中的昭穆关系、父子关系均能一目了然。

据以上分析,栖霞的墓地一般按照"人"字形或"一"字形等易于安排和辨别世系关系的形状排列,上述张可望、丁文质和丁得实的墓地是典型的代表。当然栖霞地区的墓地并不是简单地以一个祖先为中心而形成单个独立的小茔盘,而是多数茔盘皆统合到大的宗族墓地系统中,即宗族墓地也相对集中。《丁氏族谱·茔图》所记录的851座坟墓中,杨家疃茔地有 97 座、南涧老茔有 191 座,百涧老茔有 168 座。② 宗族坟墓相对集中,单个小茔盘又严格遵循宗族的昭穆秩序,整个茔地井然有序,如同宗族谱系关系在茔地空间的再现。

(三)以墓地为中心的祭祀活动

在民间祭祀中,墓祭有着悠久的传统。先秦就已经有墓祭,只是时间不固定。③ 唐代寒食墓祭已进入国家正祀的系统。④ 随后深入民间,成为普

---

① 黄城:《丁氏族谱》卷一,《茔图》。
② 黄城:《丁氏族谱》卷一,《茔图》。
③ 尚秉和:《历代社会风俗事物考》,上海:上海书店出版社,1991 年,第 266 页。
④ 《旧唐书》卷八,《玄宗本纪》上,北京:中华书局,1973 年,第 174 页。

遍习俗。① 北宋清明之日，士庶"俱出郊省坟，以尽思时之敬"。② 明朝定鼎以后，这一习俗得到进一步延续和发展。明人谢肇淛说："北人重墓祭，余在山东，每遇寒食，郊外哭声相望，至不忍闻。当时使有善歌者，歌白乐天《寒食行》，作变徵之声，坐客未有不坠泪者。"③在山东历城，"祭：士大夫有家庙，设主于中，祖考龛椟依次附焉，累世不祧。凡遇祭期，则刑鸡以荐。或谒墓则奠之，即贩夫贩妇亦知负楮锭而往"。④ 在栖霞，"寒食日：拜扫先墓，添土筑坟，或迁葬云"。⑤ 这表明墓地祭祀习俗在明代相当盛行。

天水郡赵氏的墓祭，不仅祭祀始祖，同时也祭祀因功名而显赫的开国伯（植）、开国子（格），并且以兄弟二人的封号（天水郡）作为宗族的代称。开国伯兄弟二人去世后，皆安葬于莱阳县北来乡凤栖里赵氏祖茔，与始祖共享后世香火。围绕着墓地祭祀活动，赵氏在明中叶以前已经形成墓地祭祀组织——房社，构建了墓地祭祀的场所——飨堂、形成了完善的墓祭制度。

1. 祭祀组织——房社

根据《赵氏祖茔建飨堂记》记载：莱阳赵氏于宋代取得功名后，成为地方望族，族众于是选择在"峰峦环纠，林麓丛茂"的栖里建立"房社"，⑥以便春秋会祭。虽然其间遭遇兵燹，规模萧索，但"兹赵氏春秋两祭，自宋至今十八代，共四十余家，轮流承祭，祭毕会燕，果品颇丰。四百余年，未敢违缺"。⑦"祭祖大事，须家长亲到，乃见尊祖敬宗之意。果有疾病事故，方许以次子弟代替，不体此约偷安自便，是慢弃祖宗之人，非贤子孙也"。⑧ 隆庆二年（1568年），房社会参加人数有47人，按一支有一家长参与推之，此时有47支来参与房社，分别是：均，泾，继光，景芳，华，景常，景和，田，梧，金辉，国典，缙，光，栋，文炳，启东，轩，宾，子坚，（木寅），部，一凤，金禄，先，衍，埙，垓，汴郡，宪，密，金策，柚，楫，因，绪，文焯，文烨，（王佩），坦，启思，址，桌，一

① 《新唐书》卷一六八，《柳宗元传》，北京：中华书局，1975年，第5135页。
② 吴自牧：《梦粱录》卷二，杭州：浙江人民出版社，1988年，第10页。
③ 谢肇淛：《五杂俎·天部二》，《四库禁毁书丛刊》，北京：北京出版社，1907年。
④ 崇祯《历乘》卷一四，《风俗纪》。
⑤ 光绪《登州府志》卷六，《风俗》。
⑥ 《天水郡赵氏族谱》，卷首《赵氏祖茔建飨堂记》，民国四年（1915年）修。
⑦ 《天水郡赵氏族谱》卷首，《房社会历世条约》，正德六年（1511年）。
⑧ 《天水郡赵氏族谱》卷首，《房社会历世条约》，嘉靖二十六年（1547年）。

正,启伦,容,一诚,以铃。① 以祭祀先祖为中心,40 余支派统合到一起,每年春秋祭祀之日在墓地祭祖收族。加入房社组织并参与墓地轮流祭祀,才能成为宗族合格的一员,擅离房社即是背弃祖宗:"其有忍心之徒无故病故肯当社者,则望众长幼告于祖宗墓前曰,今有几代孙某人,原旧会当房舍,今无故弃去不当。窃思此辈即是弃绝祖宗之人,祖宗阴灵照鉴,亦当绝之,使之身长遭祸,子孙横夭,以为不孝不义之戒。"② 如果某个支派不参与房社,就有被排除在宗族之外的可能:"海阳赵瞳一分,实为治中公支派,乃以房社不入会中举不祭祖,族人因而龃龉。"③ 因此在民国之前的几次修谱中,海阳一支皆未被载入族谱。由此可知,房社发挥着组织宗族祭祀、整合宗族支派的作用。

2. 祭祀场所——飨堂

每年春秋两次墓地祭祀之后,栖霞宗族皆有在墓地举行宴食的习俗。最初赵氏墓地并没有专供宴食的场所,只是露天而坐。到嘉靖三十五年(1556 年),赵文耀重新振兴房社的时候,情况大为好转。据《赵氏祖茔建飨堂记》:"茔之飨堂非古制也,祭毕而燕,斯有飨堂。古人不墓祭,则何飨堂之有? 然报本返始,仁人君子所不忍废,则墓祭不可缺矣……嘉靖丙辰,凤里翁以露坐非便,遂捐资抢材,命工构飨堂三楹,以为燕会之所。"建立飨堂的关键人物赵文耀是赵氏第十八世孙,嘉靖科进士。此时赵氏家族所建的飨堂并不仅仅是宴食之所,在一定程度上也扮演着墓地祭祀场所的角色:"轮负翼飞,木石耀采,南北其门,特彤神道,旁为翼室,凡器用之需,罔不悉具,招徕族人,及期云集,展敬卒事,昭穆自齿,献酬往复,和气充益于一堂之上。于是墓入者众,不数年已增至三十余人矣。"④ 在赵氏飨堂碑阴上还刻录着赵氏遗训,其文曰:"孝友为本,忠厚居心,坦怀遇世,平易近人,凡事以忍为先,家庭以为贵,言勿轻发,行勿苟且,读书务实学,日用必素朴,处己以谦,交友以敬,御下以宽,至于横逆之赖,惟思自反,穷通之遭,只有顺受而已,数语祖父家训也。余不才,未能践履,而先人遗言,不敢泯没,以遵训名堂,我

---

① 《天水郡赵氏族谱》卷首,《房社会历世条约》,隆庆二年(1568 年)。
② 《天水郡赵氏族谱》卷首,《房社会历世条约》,嘉靖四十年(1561 年)。
③ 《天水郡赵氏族谱》卷首,《谱例》。
④ 《天水郡赵氏族谱》卷首,《赵氏祖茔建飨堂记》。

世世子孙,触目惊心,念之哉勿忽。"①饗堂发挥着宣传家规、强化家训的教化功能。

3. 墓祭制度

墓祭制度主要包括祭祀物品的种类和供给、祭祀的资金来源、违反祭祀物品供给的规定和不按时缴纳费用的处罚方面。

（1）祭祀物品。正德六年（1511年）该地区遭遇贼害,族人离乱消乏,嘉靖中期才重振祭祀。经过房社内"长幼会议",祭祀物品比以前略有减少。祭祀物品清单为："计开原设祭品,春用三牲,秋用猪只在席。每人用茶食八个,麻糖四个,瓦饼四个,俱一尺二寸,馒头八个,每个用面一斤,下饭四盘,汤三道,每道四碗。各人当房子弟公用。醇酒两抬。今稍改祭品仍旧。后议只用席面一张,各代烧纸一百,赏乐钱十文,每会二人,一席碟果五碟,三碟,每碟八各,麻糖二碟,每碟十个,树果四碟,下饭四碟,每碟八块,馒头四个,每个用面一斤,皆各取取小饭二道,每碟八个,汤三道,下饭四样,醇酒以抬,稍与下会认社者。鸡一只,馒头二个。"②赵氏宗族对这样的祭祀物品有着严格的要求,如不遵守,其处罚也较为严厉,"有当会者不如法者,罚钱三百文,违误不当者千二百文,消乏不能当者告禀族长,宰猪一口,次年补"。③

（2）资金来源。赵氏没有出现庞大的族产族田,祭祀活动采取各房支轮流主办的方式。除当值的房支外,其他各房支缴纳的费用、茔田的少许收入以及有实力的族人捐献等也是资金积累的主要来源。

会费。嘉靖三十五年（1556年）秋赵文耀与族叔赵泾等商定,"每会每人各出钱三十文来助当会者"。④ 可是后来几年会费缴纳却"参差不齐"。嘉靖四十年春赵泾同赵文熠等对族众重约："除旧欠者责限完补外,再有过期未出者,侯会祭之日,责令当祖宗欠叩头二三世,聊荐罚意。仍照数补送。如再不遵,众共绝之。"⑤

茔田收入。赵氏祖茔"其赡茔空地,随意耕种。恐后年远,倘有地邻无籍之徒,混赖无凭,故以四至开写遗训之后,东至东山分水岭,南至沟南崖,

① 《天水郡赵氏族谱》卷首,《赵氏遗训》。
② 《天水郡赵氏族谱》卷首,《房社会历世条约》,正德六年（1511年）。
③ 《天水郡赵氏族谱》卷首,《房社会历世条约》,正德六年（1511年）。
④ 《天水郡赵氏族谱》卷首,《房社会历世条约》,嘉靖三十五年（1556年）。
⑤ 《天水郡赵氏族谱》卷首,《房社会历世条约》,嘉靖四十年（1561年）。

西至官道,北至北山随湾分水岭,各为界,其地不计顷亩,亦无税粮,烦后辈子孙收记,永远为照"。① 种地者"秋处猪羊,祭祖分胙"。二十六年尊长赵淇等人议定,"今后……只出钱千文"。但是几年之后让耕地者出钱的方法就废止了,"种地者只出猪一口分用"。② 所以茔田只是为了护佑祖茔以防他人霸占,"择同族敦厚者看守,慎勿令异姓人管理"。原有的茔田并不需要缴纳税粮,崇祯丙子之后,赵氏统阖族入科税粮九两一钱二分七厘。税粮费用"匀派各支承约"。③ 这也从侧面反映了茔田收入数目之少,否则不会由各支派共同分担税粮的负担。

捐献。在各房支中,以赵文耀的捐献为最显著。嘉靖三十五年(1556年)他"捐资抡材,命工构飨堂三楹",④隔年又"置桌八张,连凳八条,桌上应用器皿皆具"。⑤ 嘉靖四十年(1561年)前后,每年秋祭祀赵文耀家"宰猪二口,约值钱千五百文,熠家仍出四百文与之济助,次贫者则当给与猪价五百文,余钱买一大猪,既可以不废报本之意,又少见恤贫之意"。⑥ 万历三年(1575年)之后,房舍活动免备猪只,赵文耀家"比照远年及近年规,出钱一千三百文,本家收赈",而轮流当值的支派则可以到赵文耀家支取六百文,"然必当会者先期半月亲来索取,不取者不送"。⑦

墓祭制度以家族规约的形式逐渐确定下来,目的在于规范族众行为、整合宗族力量。一年春秋两次各支派共同参与墓地祭祀活动,伴有大量的仪式、礼仪等,如宣读祭文、祭拜。十里铺范氏相当重视墓祭时的长幼秩序:"祖茔东壁有两大石板,春秋祭毕,尊者序坐,卑者立伺饮酒食肉,而后分赐。所以辨昭穆也。"⑧临朐冯氏族谱中说:

> 大凡世系既远,门户又多,本一脉相传,骨肉轺视为途人者,非嫌隙突生情意中离,则以居住相远,会晤实难。惟有春秋二祭,岁以时举,群

---

① 《天水郡赵氏族谱》卷首,《赵氏遗训》。
② 《天水郡赵氏族谱》卷首,《房社会历世条约》,嘉靖二十六年(1547年)。
③ 《天水郡赵氏族谱》卷首,《房社会历世条约》,万历三年(1575年)。
④ 《天水郡赵氏族谱》卷首,《赵氏祖茔建飨堂记》。
⑤ 《天水郡赵氏族谱》卷首,《房社会历世条约》,嘉靖三十五年(1556年)。
⑥ 《天水郡赵氏族谱》卷首,《房社会历世条约》,嘉靖四十年(1561年)。
⑦ 《天水郡赵氏族谱》卷首,《房社会历世条约》,万历三年(1575年)。
⑧ 十里铺《范氏家乘》"凡例",乾隆三十年(1765年)修。

其伯叔兄弟子侄,罗拜墓前,拱手仰视,曰某墓者吾几世远祖也,某墓者吾高曾祖也。复环顾左右曰,某为服尽之族人也,某犹五服内之亲也。祭毕享胙。酬胙揖让间,宛然同胞一体之义。此其祭祀所关,不亦重且大哉!①

(四)墓地系统的构建者及其他

常建华认为嘉靖、万历年间是修建墓祠较多的时期。墓祠的建设者既有士大夫也有平民。在他所列举的25例建祠者中,有7例的身份是有较高官职的士大夫,其他的18例只提姓名或者干脆不提建祠者,“一般说来建祠者身份不高或为平民,这类情况为数不少”。② 栖霞地区的情形与此有类似之处:在所见到的几个例证中,墓地系统构建比较成熟的宗族,起主导作用的是具有较高功名并熟悉理学的士大夫阶层。赵文耀在明中叶重振天水郡赵氏墓地祭祀、建构飨堂并积极推动房社建设、大力捐资兴会的赵文耀功名颇高。据族谱记载:“文耀:字纲夫,号凤里。嘉靖乙酉科举人,辛丑科进士。历任户部主事,陕西布政司右参议分守宣镇,陕西分巡潼关兵备道按察司副使,以子贵,诰赠大中大夫,两淮盐运使。”赵文耀为官的时间是在嘉靖朝,或受到大礼仪之争的影响。和赵文耀一起制定房社条约的赵珍乃“明嘉靖以耆德诏赐七品敬官”;任族长且参与到各类祭祀活动的十六世淇,“以子贵,赠文林郎,即灵邱县知县”;为“赵氏祖茔飨堂记”碑和“房舍故事”碑担任“干理”的赵寻泗,乃明万历间诏赐散官。隆庆二年(1568年)秋参与房舍会秋祭活动的47人中,有20位具有庠生以上的功名身份。③ 前述张氏墓祠与此类似。《张氏族谱》卷一记载:

张可望墓中所祭祀的二十一位男性家族成员中,只有五位没有任何功名。其具体功名情况如下,八世:张可望,廪生。九世:伯鹏,庠生;伯鹤,庠生;伯龙,封户部上系司主事,赠光禄寺少卿;联台,天启丁卯副贡,赠顺天府教授。十世,瑞,无功名;瑾,应天启二年(1622年)驸马选,钦赐生员;瑜,庠生;瑷,赠生;璓,廪生;瑶,万历戊午亚元,天启乙丑进士,授河南开封府推官;璪,廪生;玠,无功名。十一世,一乾,庠生,由

① 临朐《冯氏世录》卷二。

② 常建华:《明代墓祠祭祖述论》,《天津师范大学学报》2003年第4期。

③ 《天水郡赵氏族谱》卷首,《赵氏历世科名录》。

参军授都督同知,加二级衔,国朝官湖广黔阳县知县;一晋,无功名;一复,庠生;一选,无功名;一益,庠生。十四世世宦,无功名,十五世文俾,无功名。①

张可望墓地应是在其四个儿子去世后就初具规模。那么这个墓地的建构者应该是在第九世和第十世,其主体成员都具有不同程度的功名。而前述黄城丁氏家族四世文质和六世得实的墓地,修建者几乎没有任何功名,但其墓地安排亦井井有条。②

通过考察明中叶前后栖霞的墓碑谱系、墓地的空间布局、墓地上的祭祀活动以及墓地系统的建构者等几个方面,可见墓碑上的谱系记录世系支派;墓地的空间布局遵循着系谱的昭穆关系而有序排列;墓地的祭祀活动、仪式性表演以及为规范宗族祭祀活动而形成的规约发挥着团结宗族成员、加强族众对宗族的认同的积极作用。当然,用"以墓地整合宗族"这一说法来概括明中叶前后栖霞地区的宗族发展状况,并不是完全排除宗族在纂修族谱等方面的建设,只是因为该时期的墓地系统继承唐宋元以来的祭祀传统,在宗族整合方面的作用最为显著。

二、清初:宗族以族谱为凝聚纽带

(一)修谱的萌生

栖霞地区的宗族以族谱为手段建立血缘关系、联络族谊的活动至明末才开始萌动,但多是世家大族或科举仕途顺畅的新兴科举家族。如天水郡赵氏乃"莱阳仕家",时人称"莱阳多旧族,赵氏为盛",宋朝即纂修谱系,明正统三年(1438年)编纂族谱。③《张氏族谱》说,回龙夼张氏以军功"拔登州卫世军,遂家于登",子孙世系"百户""千户",天启二年(1622年)曾编修家谱。2002年六修的双山《张氏族谱》中说,双山张氏在九世张梦鲤中进士并官至大理寺卿之后,于天启六年(1626年)由九世张矛纂修家谱。光绪二十七年(1901年)续修《齐郡谭氏族谱》说,齐郡谭氏尊"大唐故广州都督府司

① 回龙夼:《张氏族谱》,嘉庆乙亥年续修。
② 黄城《丁氏族谱》卷一。
③ 《天水郡赵氏族谱》卷首,《原序》。

马谭公"为始祖，"以后诗书世胄，代有闻人"，后世谱序没有明确记录某人在明朝某时修谱，但说"明季甲申乱，家谱亦丧于兵火"，可以推测谭氏于明时亦有家谱。这几部编修于明代的家谱不但数量少，而且基本上是少数士人的个人行为。士人中许多人并不热衷于纂修族谱。嘉庆元年续修《栖霞名宦公牟氏世谱》说，嘉靖至康熙初年，栖霞共有 20 余人获取举人或进士功名，他们是林翰邦、张文壁、郝洁(进士)、林养素、林腾选、邹汝聪、牟道行、霍应登、郝晋(进士)、孙声振、孙敬元、衣璟如(进士)、韩正伦、马迁、李唐裔、孙镜、牟适、郝宾、牟国须、谢宾登。其中郝洁、郝晋和郝宾属于郝氏，乾隆八年(1743 年)修《晒书堂郝氏支谱》虽有他们的简单传记，但却只字未提他们对宗族事务或编修族谱的关心；牟国须为《栖霞县志》写序，却没有为同期编修的《牟氏世谱》写下只言片语；孙镜是孙氏家族的荣耀，道光二十年(1840 年)修邢格庄《孙氏谱书》详细载录了该家族成员孙镜登科时试题、监考官以及同榜名录，却根本没有提及他为宗族活动作过的任何贡献。民国二十五年(1936 年)续修栖霞《李氏族谱》说，当时只有李唐裔创修了《李氏族谱》。此时普通百姓对修谱的反应更显冷淡，直到清初亦然。乾隆八年(1743 年)修成的《晒书堂郝氏支谱》回顾说，康熙八年(1669 年)，监生、郝氏十世孙郝梅庵欲修家谱："余蓄志续修，自愧才短，族人能任事者又皆奔走衣食，因遍嘱四乡族人各录直谱，拟集稿本。异日有修谱者可未凭借。而数年之久，应者无人。"乾隆三十八年(1773 年)才修成的《范氏家乘》在回顾其修谱历程时说，十里铺范氏在清初修谱时也遇到族人冷漠的尴尬，"铺上南第有小茔一处，外系士坤山祖茔之道也。相传士塑匠家得坟墓，其子孙在羊宿泊，兴田庄头，尊卑称呼，原有辈行。予到羊宿泊，照宗谱抄过，专人执单到田庄头。伊竟撕单不允，所以未入二处之人。后之修谱者当知由此二处人，不足为重。无此二处，不足为轻，断勿录入可也。遵之慎之"。以上事例可以说明：明末清初的栖霞，虽然有部分士人编修了族谱，但多数士人和普通百姓对族谱还不是完全认同，以族谱作为整合宗族的方式还未能普遍发展起来。

(二)清初族谱的普及

我们在田野中搜集了几十部族谱，虽然大部分族谱是清后期、民国乃至现代修纂的，但都承继了前谱并保留了历代修谱的序言。依据族谱的创修时间并对其进行量化分析，可以大致看出民间修谱行为逐渐普及。

表 2-3 登州府栖霞县族谱创修一览表

序号	修谱时间	谱名	创修人	身份
1	太平兴国年间（976—984）	赵氏族谱	二世赵从礼	博士弟子员乡饮大宾
2	正统三年（1438年）	赵氏族谱	十三世赵士礼	
3	天启二年（1622年）	回龙夼张氏长支族谱		
4	明天启六年（1626年）	双山张氏族谱	九世张豸	顺治四年丁亥岁贡,范县学博。
5	明朝(1368—1644)	隋氏谱书	隋盛	
6	明朝(1368—1644年)	史氏族谱	七世史钦	
7	顺治年间(1644—1661年)	新店崔氏家谱	十二世之倬	岁贡,任曹州府观城县训导。潜心理学,著作甚富。
8	顺治、康熙年间(1644—1722)	栖霞县李氏族谱	八世李唐裔	顺治乙酉举人,丙戌连捷进士。授陕西平凉府推官,敕封文林郎,行取兵部职方清吏司督捕主事。
9	康熙三年（1664年）	吴氏家谱		
10	康熙八年（1669年）	郝氏晒书堂支谱	十世郝赞	附监生
11	康熙十二年（1673年）	吕氏家谱	七世吕甲	补增生

续表

序号	修谱时间	谱名	创修人	身份
12	康熙十四年(1675年)	福山谢氏家谱	十一世谢乃实	进士,任江南睢宁县、湖广彬州兴宁县知县。
13	康熙十七年(1678年)	古阳疃镇李氏族谱	九世李坤	
14	康熙十九年(1680年)	牟氏世谱	十世凤伯	康熙壬戌进士,赠修职郎,两举乡饮正宾。
15	康熙二十五年(1686年)	肇家庄牟氏谱书	九世孙鸿宗	庠生
16	康熙二十九年(1690年)	毕氏世谱	九世毕际有	江南扬州府通州知州
17	康熙三十一年(1692年)	郭格庄董氏族谱		
18	康熙三十九年(1700年)	上渔稼沟王氏家谱	王司铎	
19	康熙四十八年(1709年)	姜氏族谱	十一世姜英	
20	康熙五十二年(1713年)	东荆夼林氏族谱		
21	康熙、雍正年间(1661—1735)	衣氏支谱	不详	
22	雍正三年(1725年)	苏家庄战氏家谱		
23	雍正七年(1729年)	观东王氏祖谱	十世王宏俊	廪生

续表

序号	修谱时间	谱名	创修人	身份
24	雍正十一年（1733年）	回龙夼张氏二支族谱	十二世张文灿 十二世张锦	候选州同,授儒林郎。附贡生,以子春泉赠儒林郎。
25	乾隆三年（1738年）	黄城丁氏族谱	九世丁朝瀚	武庠生
26	乾隆八年（1743年）	大榆庄张氏族谱	九世张有光	奉祀生,候补衍圣公,属员典籍。
27	乾隆八年（1743年）	齐郡谭氏族谱	十一世谭佩薰	雍正壬子副举人。
28	乾隆十五年（1750年）	西杏山郭氏族谱	郭奎光	
29	乾隆十七年（1752年）	东莱宫氏族谱	不详	
30	乾隆三十一年（1766年）	范氏家乘	十二世范日章	
31	乾隆三十八年（1773年）	柳林庄张氏族谱	八世张愈	
32	乾隆三十九年（1774年）	河东崖村刘氏族谱	八世刘笉	业儒
33	乾隆五十七年（1792年）	招远李氏族谱	九世孙天爵	
34	乾隆五十八年（1793年）	大榆庄刁氏族谱	刁忠	
35	嘉庆五年（1800年）	汶阳陈氏族谱	八世陈绍庭	邑增生
36	嘉庆八年（1803年）	徐氏谱书	十三世显英	

续表

序号	修谱时间	谱名	创修人	身份
37	嘉庆二十年（1815年）	回龙夼张氏族全谱	十三世张康泉 十四世张杰	乾隆辛卯举人，截取知县。 附贡生
38	嘉庆二十五年（1820年）	西八田李氏家谱	不详	
39	道光九年（1829年）	冯氏本分世谱		
40	道光二十年（1840年）	邢格庄孙氏谱书	十世孙惠元	
41	咸丰元年（1851年）	胡氏族谱	四十世胡天一 四十一世维祺	在稻子泊训族下蒙童训蒙官驾村
42	咸丰三年（1853年）	姜家沟村林氏族谱		
43	咸丰六年（1856年）	孙氏族谱	十一世孙守珍	邑庠生
44	同治元年（1862年）	宋格庄周氏族谱	十世周曰海	
45	同治六年（1867年）	下孙家庄林氏族谱	林廪	
46	同治七年（1868年）	峨山庄徐氏西分家谱	十世徐德钦	邑庠生
47	同治九年（1870年）	大埠后刘氏族谱	十三世刘同檀	庠生
48	同治十二年（1873年）	后姜格庄王氏家谱	十二世王金藻	
49	同治十二年（1873年）	齐氏宗谱	阖族同立	

续表

序号	修谱时间	谱名	创修人	身份
50	同治十三年（1874年）	寺口柳氏族谱	柳馨同	
51	光绪二年（1876年）	薛村梁氏支谱	十六世梁迎殿	光绪辛巳董办社仓,抚究奏请恩荣八品,乡举介宾。
52	光绪三十年（1904年）	松山村崔氏长支家谱	二十一世润松	
53	光绪三十年（1904年）	胡氏族谱	四十一世执中	
54	光绪三十四年（1908年）	后姜格庄王氏家谱	十三世王斌	
55	宣统元年（1909年）	王氏家族唐山头分支	十七世芝庭、宗桂	
56	民国三年（1914年）	龙村杨氏族谱	杨桂林	
57	民国十一年（1922年）	安定郡梁氏宗谱（全谱）	十五世梁禹甸 十六世梁从庆	耆儒,恩荣寿官。乡饮介宾,师范讲习所毕业。

1. 修谱时间

在上表所列的57部族谱中,明朝及以前有6部,顺治至乾隆的几十年间创修的族谱有28部,其中仅康熙一朝就创修了14部。这表明以族谱作为整合宗族的手段占据中心位置。一般宗族都规定30年续修　次家谱。2001年续修《黄城丁氏族谱》总结说:黄城丁氏族谱创修于乾隆三年(1738年),乾隆三十年(1765年)、乾隆五十年(1785年)、道光六年(1826年)、道光二十六年(1846年)、宣统元年(1909年)多次续修。当然有些族谱的续修并没有如此频繁或有规律,但是基本上都一代代地延续下来。

2. 修谱地域

栖霞县现有966个白然村,根据栖霞博物馆李元章的不完全统计,在

152 个村落中保存着 185 部不同宗族的族谱。冯尔康也认可说,山东有不少家谱,山东的宗族活动,在北方是属于相对较多的。[①]

3. 修谱人物分析

上述所列的 57 部族谱中,其中 22 部的纂修者具有不同层次的功名,其余 35 部的纂修者无功名。而在顺治到乾隆年间所创修的 28 部族谱中,有 14 部的纂修者具有功名,其中 8 位是低层次的功名。在乡村社会中,有功名和读过书的人成为自觉践行国家正统观念——程朱理学的积极分子。

回龙夼张氏族谱的纂修向来是由有功名的人物发起的。雍正十一年(1733 年),张文灿和张锦两兄弟发起纂修《张氏二支族谱》。张文灿乃候选州同,授儒林郎;张锦是附贡生,并以子贵,获赠儒林郎。嘉庆二十年(1815 年)回龙夼《张氏全谱》的纂修由十三世张康泉和十四张世杰负责。张康泉乃乾隆辛卯举人,截取知县;张世杰是附贡生,嘉庆元年(1796 年)保举孝廉方正,钦赐六品顶戴,先任光禄寺典簿,后分发湖北知县,历任石首、襄阳、江夏、江陵等县事。光绪十三年(1887 年)重修《张氏家谱》时,具有较低功名的家族成员起着关键的作用,总纂是蓬邑庠生二支十七世族长焕勃(圣言);分纂是黄邑孝廉方正江西试用按察司知事长支十九世照荣,栖邑生员长支二十一世殿芳;采访是黄邑生员长支二十世铭恩,栖邑童生长支二十一世殿英,蓬邑童生二支十八世成基,蓬邑军功六品长支二十世海丰,蓬邑乡饮耆宾长支十九世昆田,腾邑廪生六支十九世印田,蓬邑生员二支十八世炎;誊录是蓬邑生员二支十九世桂芬,蓬邑童生二支十九世笃诚。

光绪三十年(1904 年)续修南峙柴村《胡氏族谱》的主要撰修人是四十世胡天一和四十一世胡维祺,胡天一在《序》中说:"余在稻子泊训族下蒙童,兄选屡言其先大人临没时尝诏之曰:'尔将本族户口修成一支册,不枉吾延师课读之苦心也。'兄遵严命,于道光十四五年详家编次,惜岁饥而未克成。余在稻子泊之次年,堂侄维祺训蒙邻村,与余时刻劝驾。"胡维祺则在《序》中说:"余训蒙官驾村,距稻子泊仅五六里,朝夕与族叔大选共谋此事,本前日之旧福,于各族搜其遗漏,详登于册,南北奔走三载告成。"两人都是塾师,功名并不高。

---

① 冯尔康:《18 世纪以来的中国家族的现代转向》,上海:上海人民出版社,2005 年,第 78 页。

庶民积极参与到修谱的活动中,并在其中担任重要角色。招远李氏在乾隆五十七年(1792 年)重修族谱,九世李天爵"家仅小康……虑族谊之不联,坠考明也",于是"命胞侄之屏稽阖族里居,按次考稽,斑斑可谱"。① 由此看来,庶民修谱自清初起已具有一定的普遍性。有的宗族甚至没有任何具有功名的人,但这不影响他们去纂修族谱、建设宗族。

(三)族谱与收族

族谱是实现敬宗收族的重要方式。清初栖霞兴起的修谱活动皆是以此为出发点:"家有宗派载之于谱……以崇孝德而敦族谊。"黄城《丁氏族谱》"丁氏旧谱序"中说,族谱"详其源流,别其支派,使后之人,阅谱而知某与某为一支,某与某为同派,各支各派本同一源,所谓正人伦之始,复正人道之终者,在是矣"。双山张氏修谱之后,宗族和睦:"远者引而近之,疏而亲之,阖族如一家,千百人如一人。无论贤、不肖,咸知敦睦,世世守孝友之风,人人存忠厚之衷。"2001 年六修双山《张氏族谱》中《二修谱序》说,族众互帮互助,"自谱之后,有庆相祝,有丧相吊,有患难相扶,谷者翼之,莠者抑之,无烦官府之法。富者财之,贫者力之,将助吉凶之义容有未赡乎……一教一养,卑吾诸宗日迈月征焉。官修职,士修学,民修业,永永百世,父慈而子孝,兄友而弟恭,文公之礼范常存,柳氏之家法不替"。光绪十七年(1891 年)续修汶阳《陈氏族谱·序》中说:"谱书藏于家中,比户可给,出游可挟,晦明风雨展谱而阅之,上自始祖于高曾祖,以及旁支之伯叔子侄,亦可以晤晤焉。是谱诸书至悉也。"

族谱特别致力于聚合族众。乾隆八年(1743 年)纂修的《齐郡谭氏族谱》覆盖到栖霞、文登、淄川、潍县、宁海州等几个地区。光绪年间修谱,栖霞、莱阳、海阳三地区 60 余村 70 余人聚集到栖霞小里庄共议修谱事宜。迨《齐郡谭氏族谱》印成后,共有 40 多个村出钱存谱,20 多个村捐钱赞助。据族谱记载,存书的村落有莱邑后羊郡,存书一部,价钱四千,观音庙,存书一部,价钱四千,东龙旺庄,存书一部,价钱四千,纪格庄,存书三部,价钱十二千,宋格庄,存书三部,价钱十二千,新庵,存书一部,价钱四千,清明夼,存书一部,价钱四千,樗园头,存书一部,价钱四千,吴格庄,存书一部,价钱四千,

---

① 招远《李氏族谱》"原叙",1930 年续修。

湾儿口,存书一部,价钱四千,小埠顶,存书一部,价钱四千,小铁口,存书一部,价钱四千,李家庄,存书一部,价钱四千,柳古庄,存书一部,价钱四千,栖霞宅科,存书一部,价钱四千,榆格庄,存书两部,价钱八千,古宅崖,存书一部,价钱三千三百,渔稼沟,存书一部,价钱四千,莱邑马格庄,存书一部,价钱四千,孙受、旧埠两村存书一部,价钱四千,谭家庄,大家岚,谭彪庄,姜格庄,皆存书一部,价钱四千;海邑杏村存书一部,价钱四千;莱邑穴坊庄,韶里庄,昌山,皆存书一部,价钱四千,韶里庄东疃外捐千三千五百文,汪格庄,谭格庄皆存书一部,价钱四千,栖霞白石头存书一部,价钱四千,莱邑新庄儿存书一部,价钱四千,海邑石磊沟、迟家两村存书一部,价钱四千,莱邑青埠存书一部,钱一千五百,赴关东三岔口,岔道口存书一部,钱三千儿百二十。韶里,惟由小里庄西疃,栖莱海合足贷备。清明衾外捐钱两千。捐钱而未存谱的村落有:张格庄,捐钱一千五,不存书。卞家,捐钱一千,不存书。曹家,捐钱五百,不存书。桑家衾,捐钱五百,不存书。散水头,捐钱两千,不存书。白石埠,捐钱五百,不存书。褐家疃,捐钱八百,不存书。赵疃,捐钱五百,不存书。亭儿山,捐钱五百,不存书。谢家,捐钱五百,不存书。洋郡,捐钱五百,不存书。纪格庄,外捐钱三千。

古阳疃《李氏族谱》记载的族众覆盖胶东栖霞、龙口、招远、莱阳、海阳等5个县市单位、16个乡镇的56个村庄。这56个村落中,48个位于栖霞县,分别是:阳疃村,大霞址村、上曲家村、大卧龙村、杨础村、杨家圈村、下渔稼沟村、邢家庄、南林家村、西李家村、范家庄、常家沟村、马耳崖村、埠头村、大西村、东柳村、东富源村、杜家黄口村、小庙前村、小庙后村、大榆庄、大解家村、大闫家村、吴家泊村、孟家村、大刘家村、北照村、巨屋村、新安村、观里村、蒋家庄、后铺村、艾山汤村、公山后村、枣林村、东八田村、西八田村、刁崖后村、前柳家村、后撞村、牟家疃村、水晶泊村、南贵村、院头西山村、牟家河西村;莱阳市4个,磊山后村、生宋家村、门家沟村、东朱宅村;招远市1个,大曲庄;龙口市1个,林家庄;海阳市3个,东三官疃村、南台村。①

同时,纂修族谱也是实施教化、规范族众行为、以榜样励众的重要手段。族谱中往往会记载其祖先创业的艰辛。道光二十三年(1843年)续修福山

---

① 古阳疃《李氏族谱》,1922年续修。参考李元章修《栖霞古阳疃镇李氏族谱》(未定稿)。

《谢氏家谱·序》云:"我始祖自明初北徙,至今八世矣。虽遗迹无所记载,而传与祖父之所睹记者,犹历历可考。大抵零丁孤苦,门衰祚薄其贫耶。蓬户瓮牖,并日而食,其劳耶。则长城万里惊魂与白草黄沙之间,艰苦不可名状也。累世而然矣。此岂后人所忍闻。然祖父之遭际甚苦,而以忠厚立方寸,以俭朴植门户,则无不可为,子孙法故累世孤苦,至今日而渐繁衍焉。岂非祖宗之所贻者哉?"始迁祖这种吃苦耐劳、顽强创业的精神无疑是教育和激励后人的一笔宝贵财富。同时族谱中还会对考取功名尤其是考取高级功名的族人大书特书,以树立楷模和榜样。邢格庄孙氏五世孙镜中明进士,现在所看到《孙氏族谱》仅列孙氏前四世的世系关系,而后详细载录了孙镜登科时试题、监考官及录取榜文。[1] 家谱中所载历代家训、族规对族众的教化最为直接。民国三十二年(1943 年)修的《栖霞名宦公牟氏谱稿》中记有《体恕斋家训》《凤伯公遗命》《树德务滋家训》等三则家训。它们皆以敦伦、修睦、尊宗敬祖为首要。所以冯尔康曾这样总结家谱的功能:"宋以降,主要的功能是对广大群众进行伦理道德教育,作为个人修养的工具,维系和强化社会群体的宗族和家庭,从而稳定封建社会秩序。"[2]

(四)修谱与始祖追认

始祖认定是族谱实现收族的基础。栖霞大多数宗族都把始祖迁移到登州府的时间定于明初。从清初起纂修的家谱,要追溯此前三百甚至更长的历史,难度较大。过去靠墓碑记录世系的只是少数仕宦大族,明朝普通的家族并未建立起一套规范化的宗族象征符号,尤其是始祖的认同意识,当时的宗族文化更多表现在对有可考祖先(或有墓碑,或有坟丘)的墓祭。入清以后普通民众族谱的兴修,就不得不面临始祖缺考的尴尬。但始祖是宗族构筑和维系过程中不可或缺的象征符号,所以尽管有人强调族谱纂修要"缺略弗录",但是如果始祖一项真的阙失,则令人讥笑。光绪二十四年(1898 年)续修榆林《冯氏本分世谱》《序》中说:"无书香支家,即近分犹混亲不清,湮没不彰。何论远分。似吾冯氏谱,设令他人见之,未有不嗤笑者。"纵观栖霞的族谱,大都声称始祖在明初由青州、枣强或小云南迁移而来,其中尤以从小

---

① 邢格庄:《孙氏谱书》,道光二十年(1840 年)修。

② 冯尔康:《家族制度、谱牒学和家谱的学术价值》,《中国家谱综合目录》代序,北京:中华书局,1997 年。

云南（或云南）为多。曹树基认为明初胶东多是从云南和四川邻接的"乌撒卫"迁移而来的军事移民，因而小云南移民确有其事。① 不过栖霞很多族谱在谈及"小云南迁移"时往往并不确定，而多是"相传"。就连当时的族谱纂修人都存疑惑："更溯三支而上，茫无所据，但闻本境居民传说，先世率于明洪武二年（1369 年）迁自云南。然按氏族略其为唐宋，故家金元遗民，亦不少。凡自明清间历年尚少之族，十有八九漫称云南，而征诸历史度以理势滇洱蛮荒，久寄化外，元置行省，不及百年，明洪武二年梁王犹为元守大理。明之兵力，犹未及安，得有迁民之举？洪武十四年始平云南，其说不攻而自破也。"稽诸正史，小云南传说确存抵牾之处——多数族谱都有明确的时间即洪武二年或洪武四年，而洪武二年云南尚未正式纳入明王朝的版图。况且云南乃化外之地，怎可能有大量人口输入人口繁多的华北地区。民国《衣氏族谱》中也说："考《明史·本纪》，洪武四年（1371 年）六月徙浙西山西民于北平山东河南等处，并无云南迁民之事。"②

在现今所见的家谱中，最早提及小云南移民的是康熙二十九年（1690年）编修的上渔稼沟村《王氏家谱》："始祖王忠，配邱氏，原籍云南大理府云南县鸡头村，明洪武间任山东盐运使司胶莱分司，登宁盐厂课大使，敕授承事朗，入籍福山县古现集河北村。"新店《崔氏家谱》也较早提及云南移民。顺治年间十二世崔之倬在初修家谱时只是说"本族原传为北海，今考北海为青州郡，明洪武初年徙居栖邑，遂为土著"；至乾隆三十二年（1767 年），十六世崔尔燕在续修家谱时有关始祖来源地就有了转向，民国二十五（1936 年）年续修新店《崔氏家谱》"序"中说："相传吾族祖居云南，迁于山东青州府，复迁于登州府栖霞县紫现头村。"所以小云南移民传说开始广泛流传应该是在康熙之后的事。民国二十六年（1937 年）续修下马河《孙氏族谱》中"孙氏家乘序"对从云南迁移描绘的有声有色："孙氏家乘序：我支世居云南……至元末群雄格局，盗贼蜂起，兵来贼去，兵去贼来，西南各省，十室九空。我恢祖乃舍云南之产，迁居山东。当时所带之谱，虽未注明出处，然于恢祖以前十数世，却历历可考。可恨蠹鱼作孽，残缺实多，而后人不但不能继修，甚或连此残缺之谱书，亦不知抛弃何处。以致后人连宗人皆散居何地都不晓也。

---

① 葛剑雄主编：《中国移民史》第 5 卷，福州：福建人民出版社，1997 年，第 191~202 页。

② 《衣氏族谱》"重修序"，1938 年续修。

故不得不舍宗谱而修支谱。"就笔者所见,大凡声称是从云南移民而来的,往往都是没有碑刻或其他文献资料足资参考。

表 2-4　栖霞小云南移民表

族谱名称	修谱年代	小云南移民传说
上渔稼沟《王氏家谱》	康熙二十九年（1690 年）	始祖王忠配邱氏原籍云南大理府云南县鸡头村,明洪武间任山东盐运使司胶莱分司,登宁盐厂课大使,敕授承事朗,入籍福山县古现集河北村。
新店《崔氏家谱》	乾隆三十二年（1767 年）	吾族祖居云南,迁于山东青州府,复迁于登州府栖霞县紫现头村。
金山村《刘氏家谱》	道光二十四年（1844 年）	始祖刘能配张氏二子与叔弟刘某于明初从云南槐树底下铁竞血村迁到栖霞铺子夼定居。
哨上村《邢氏谱书》	道光二十四年（1844 年）	始祖邢白玉配林氏,明洪武年间由云南迁来山东栖霞一带散居。
即墨《管氏族谱》	道光二十八年（1848 年）	原籍或曰江南南海州或曰云南,不可考。
岚子前《梁氏族谱》	咸丰二年（1852 年）	"前人发迹小云南,故土情怀待静参。最是可堪回首处,古槐树底有茅庵。"
宋格庄《周氏族谱》	同治元年（1862 年）	族祖家小云南,世传自洪武四年（1371 年）赴山东省青州府转山东登郡栖霞观里集,占产为业。
寺口《柳氏族谱》	同治十三年（1874 年）	相传自云南徙栖霞,寄籍大庄头。
大崮头《李氏族谱》	光绪六年（1880 年）	元至正年间由小云南迁来。
北楚留村《王氏谱书》	光绪二十一年（1895 年）	吾王氏原籍云南,自明朝始徙山东登州府栖霞县河南夼村。
埠门头村《邹氏谱册》	光绪二十五年（1899 年）	始祖邹法坚配王氏从云南迁到栖霞县埠门头村、从埠门头村迁出的有观里、汉桥、客落邹家等村。
大韩家村《韩氏谱书》	光绪二十六年（1900 年）	我韩氏籍栖霞由明及今五百余年矣,或谓来自云南,或谓来自武定,俱佛深考。

续表

族谱名称	修谱年代	小云南移民传说
路家村《路氏支谱》	光绪三十年（1904年）	路杨柱配冯氏,明朝中期,戚继光北上时,由云南移民到山东栖霞县路家沟村定居。
峨山庄《徐氏家谱》	光绪三十一年（1905年）	徐兴由"小云南"移民到白马村定居。
盛家村《马氏宗谱》	光绪三十二年（1906年）	始祖马旺,于明永乐三年（1405年）自云南移民至山东栖霞县居杨疃村,五世马若雷迁居盛家村。
吕家村《吕氏家乘》吕照	民国十二年（1923年）	始祖吕显於四百多年前自"小云南"移民到山东栖霞县城西门里定居,二世震迁西三里店,五世鸣德迁巨屋村。
《安定郡梁氏宗谱》	民国十一年（1922年）	始祖起家于陕西省华阴县小云南古槐树底下,明洪武二年（1369年）正月十七日奉旨启行,抱谱挟经六迁入莱阳。
西李家庄《孙氏族谱》	民国二十四年（1935年）	始祖孙四公,明洪武二年（1369年）由江苏省小云南槐树底下迁至莱阳城。
大蔡家村《蔡氏谱书》	民国二十六年（1937年）	明中业自小云南寄寓山东青州府益都县懒柳树,后徙居栖霞西北乡蚕山正西泰山沟
下马河村《孙氏族谱》	民国二十六年（1937年）	我支世居云南……至元末群雄格局,盗贼蜂起,兵来贼去,兵去贼来,西南各省,十室九空。我恢祖乃舍云南之产,迁居山东。
上刘家村《栖霞城北关刘氏支谱》	民国二十七年（1938年）	相传光祖自明洪武二年（1369年）由"小云南"移居湘南,后居山东青州兰柳墅村。
鞠家村《邢氏谱书》	民国三十年（1941年）	祖传邢氏自小云南移民至天津西栾柳树下。
东李家庄《李氏谱书》	民国三十年（1941年）	李氏始祖叔弟十八人,明洪武三年（1370年）从云南柳树镇迁到莱阳大姑河分家。
杜家黄口村《杜氏谱书》	民国三十一年（1942年）	杜氏始祖于明洪武二年（1369年）从小云南迁到栖霞城,后迁到埠门头村,又迁到杜家黄口村。

续表

族谱名称	修谱年代	小云南移民传说
白马庄《孙氏谱书》	民国三十二年（1943年）	明洪武二年（1369年）由"小云南"移民来山东栖霞县蛇窝泊村
油家泊村《王氏谱书》	民国三十三年（1944年）	王林孚自云南移来山东蓬莱县。
城关村《栖霞县米氏族谱》	民国三十五年（1946年）	始祖米强字云管,授将士郎,原籍四川会理县小云南地,明洪武二年（1369年）由顺天府徙居山东省栖霞县城东上曲家。
韶庄泥都村《王氏家谱》	现代（20世纪90年代）	王忠配邱氏,云南县小鸡头王家人。任山东福山登宁场盐大使,卜居福山古县河北村。
邢格庄《刘氏谱书》	现代（20世纪90年代）	始祖刘德正明洪武二年（1369年）由小云南小淮河迁到山东省莱阳县西留乡邢格庄。
陈家村《陈氏谱书》	现代（20世纪90年代）	据传是明洪武年间由云南移民到山东潍县,后又迁到栖霞城西北小邹家疃。
姚家庄《姚氏谱书》	现代（20世纪90年代）	余姚氏由小云南迁莱阳县大姚格庄,明永乐年间姚聪姚金姚主徙圈里村。
邹家村《邹氏家谱》	现代（20世纪90年代）	明初从云南移民。
太西村《辛氏谱书》	现代（20世纪90年代）	据传三百五十年前,辛氏兄弟四人从"小云南"移民到胶东。

　　有趣的是,小云南移民传说的广泛流行恰与入清以后族谱方兴未艾现象暗合。其间是否存在附会成分? 1997年重修的定安郡的《梁氏族谱》这样解释:据说在乾隆五十六年（1791年）岚子前村遭遇水灾,祠堂被冲毁而族谱也"浸缺颇多"。嘉庆二年（1797年）岚子前村重修本支支谱:"有梁承源者,由辽东旋里带有谱图,言先世所藏,五六世前带赴辽东。首列奇峰,旁注颛顼一百二十代孙,奇峰上脱略,奇峰而下承接分明,注载详细,及我子明祖十有三世矣。吾辈修谱当以奇峰为始祖也。可然称谓熟悉,遽难改更……故今修谱仍依子明祖为始祖。"十八世梁维进在目睹梁承源呈献的谱图之后赋诗八首,前两首为:"梁氏迁居岚子前,迄今将近五百年,只因水溢西

河上，浸缺宗图实可怜。前人发迹小云南，故土情怀待静参。最是可堪回首处，古槐树底有茅庵。"虽然梁承源呈献的谱图没有把始祖改定为奇峰祖，但是其始祖的来源地却增加了小云南的成分。此后梁氏族谱的重修皆宣称是从小云南而来。宣统二年（1910年）东垣主人在序言中有"吾族梁氏昔居小云南，自洪武二年东徙山东左莱邑"的说法；民国十一年（1922年）梁禹甸在编修梁氏全谱《定安郡梁氏族谱》时，极其确定地写道："始祖起家于陕西省华阴县小云南古槐树底下，明洪武二年（1369年）正月十七日奉旨启行，抱谱挟经六迁入莱阳。"道光二十四年（1844年）修栖霞金山村《刘氏家谱》说："始祖刘能配张氏，二子与叔弟刘某于明初从云南槐树底下铁竞血村迁到栖霞铺子夼定居。"而有些家谱则仅以槐树底为标志，如光绪三十四年（1908年）续修栖霞祝家夼村《祝氏家谱》"明宣德三年（1428年），祝通配罗氏，由浙江槐树底村迁到栖霞县东北建村曰祝家夼"；光绪二十年（1894年）修栖霞连家庄《连氏家册》"清顺治十年（1653年）浙江省槐树底下连成璧，拔贡任栖霞县正堂"。这很容易让人联想到岭南一带关于南雄珠玑巷移民的传说、客家宁化石壁的传说、华北平原关于洪洞大槐树的移民传说。①

（五）族谱对姻亲的记录

栖霞地区的族谱对娶进媳妇所属之村落、嫁出去的女儿之家庭，也都有比较详细的记载。1997年续修《毕氏世谱》引康熙二十九年《毕氏世谱·凡例》记载："女子出嫁，另辑《毕氏东床录》。"栖霞一些族谱中有单列母族的现象，如大榆庄《张氏族谱》[乾隆二十五年（1760年）续修]："附母族（黄燕底）：外祖牟公，讳钫，贡生，任莱芜县教谕；外祖母尤氏，世系指挥尤公女，大嵩卫；母舅行一，国鼎，奉祀生，配林氏，表兄行一，励，庠生；行二，劭；母舅行

---

① 刘志伟：《附会、传说与历史真实——珠江三角洲族谱中宗族历史的叙事结构及其意义》，上海图书馆编：《中国谱牒研究》，上海：上海古籍出版社，1999年。罗香林：《客家源流考》，北京：中国华侨出版公司，1989年；张恩庭：《石壁与客家》，北京：中国华侨出版社，2000年；谢重光：《福建客家》，桂林：广西师范大学出版社，2005年；张光宇：《大槐与石壁：客家话与历史、传说》，2002年10月30日，"中央大学"客家研讨会。赵世瑜：《传说·历史·历史记忆——从20世纪的新史学到后现代史学》，《中国社会科学》2003年第2期；赵世瑜：《小历史与大历史》，北京：三联书店，2006年。等等。

二国士,庠生,配林氏,马氏;表兄行一,昮,贡生;母舅行三国玺,庠生,配范氏,丁氏;表兄,行一,敏,庠生,行二,劢,行三,勋。"以下以北洛汤地《李氏族谱》为例进行简要分析:

1. 对于娶进的媳妇,李氏族谱一般会记录其姓氏和娘家村落名,如"某某,配某氏,某某村"。《北洛汤地李氏族谱》中记录的五世到十三世娶进的260位媳妇的信息中,有105位会记载"某某之女",如六世士福,"配瞿氏,色口平章之女";有39位记载"某某之妹",如七世淑,"配王氏,朱元沟宁世之从妹";有15位记载"某某之姊",如七世谓,"配王氏,隋家窑国祥之姊";有7位记载"某某侄女",如九世成魁,"配王氏,南观化光之侄女";有25位记载"某某之姑祖母"或"某某之姑",如五世玮,"配于氏,松山光辉之之姑祖母";十世焕信,"配孙氏,寨里集成海之之姑"。其余68位仅记载"某某,配某氏,某某村",如六世士尚,"配蔡氏,峨山"。对于娶进媳妇娘家村落以及其亲属的记录和强调,一方面是记录双方之间的亲属关系,另一方面也有利于巩固和强化两姓之间、两村落之间的联络。

2. 《北洛汤李氏族谱》中对嫁出去的女儿也有较详细的记载。一般会记载"某某女,从某门,某某村"。《李氏族谱》记录的六世到十三世的嫁出去的173位女儿的信息中,有35位记载为某某子媳,如七世李正身女,"从于门,九龄之子媳,松山";有59位记载为某某之妻,如七世李庆次女,"从林门,棋公之妻,路旺";有42位记载生子某某,如五世李先女,"从栾门,生子世美,栾家";也有的记载为某某侄媳的,但仅有1处,十二世李维桢次女,"从迟门,万兰之侄媳,龙回头";有1处记载某某之孙某某,即五世李平女,"从孙门,其孙中三,白塘地";其余35位仅记录为"某某,从某门,某某村",如六世李谨大女,"从张门,英格庄"。上述几种情况中,"生子某某"与"某某之妻"或"某某之子媳"虽然并不是并列关系,但在族谱的记载中,如果记录"生子某某",都未再记载"某某之妻"或"某某之子媳"。对嫁出去女儿情况的详细记载 定程度上也是为了更好地保持双方之间的联络,加强亲属关系。宣统元年(1909年)续修北洛汤《李氏族谱》对娶进媳妇的娘家或嫁出女儿之婆家重要人物的记载、大榆庄《张氏族谱》单列母族的情况、毕氏家族中单列《毕氏东床录》、郭家店郭玠墓碑对姻亲关系的铭刻,都反映了宗族对姻亲关系的重视。同治元年(1862年)续修宋格庄《周氏族谱》提及为姻亲祭扫祖茔的事:"宋格庄是宋姓建村的,因此名为宋格庄。又因为宋与周是姻亲,因此宋姓无人后宋姓祖茔,由周姓管理祭扫。宋姓祖茔在西老茔南。"族谱中对姻亲关系的重视,一定程度上表明其对宗族发展影响巨大。

通过考察入清以来庶民普遍纂修族谱、修谱过程中对始祖的追认、由此产生的小云南移民传说以及族谱中对姻亲关系的重视等,我们看到该时期以族谱为中心整合宗族的局面。通过纂修家谱,原来相隔甚远而又极为分散的族众聚集一堂、追宗认祖,并被记录在同一本族谱之上,强化了族众之间的认同。"在谱"或"不在谱"成为确定亲属关系的重要依据。小云南移民传说满足了宗族追认始祖的需要,使宗族"本源"有凭可依。族谱中对姻亲关系的详细记录,一定程度上反映了宗族力量相对不足,其他社会关系尤其是姻亲关系成为宗族力量的有益补充。

三、清中期以来:宗族以祠堂为凝聚纽带

过去的宗族研究特别强调祠堂的重要地位。徐扬杰认为祠堂是家族的象征和中心,①与族谱和族田一起构成宗族的三大"要素"。② 左云鹏认为族权的要素之一就是共同祭祀祖先的场所——祠堂。③ 这里只是对清中叶栖霞兴起的以祠堂为中心的收族活动略作说明。

(一)祠堂的萌生

自明朝解除官民祭祖代数的限制之后,民间就开始建祠堂追祀远年祖先,所谓"自始祖以下皆立主而祀之"。④ "山东西、江左右,以及闽广之间,其俗尤重聚居,多或万余家,少亦数百家"。⑤ 华北等地这种按血缘及地缘关系居住在一起的宗族,一般都立有祠堂。"聚族而居,族必有祠",⑥"族皆

---

① 徐扬杰:《中国家族制度史》,武汉:武汉大学出版社,2012年,第320页。
② 徐扬杰:《宋明以来的封建家族制度述论》,《中国社会科学》1980年第4期。
③ 左云鹏:《祠堂族长族权的形成及其作用试说》,《历史研究》1964年第5、6期。
④ 张惠言:《茗柯文四编·嘉善陈氏祠堂记》,清同治刻本。
⑤ 张海珊:《聚民论》,《清经世文编》卷五八,北京:中华书局,1992年,第1464页。
⑥ 李绂:《别籍异财议》,《清经世文编》卷五九,北京:中华书局,1992年,第1504页。

有祠,此古风也,即礼教也"。① 杨懋春也说:"如果村的规模不太小,村中又有一个或数个大的氏族,就会有一个或数个修建完整的祠堂或家庙。"②但在栖霞地区,乾隆时期开始出现祠堂,其后以祠堂为中心开展祭祀等一系列活动成为统合宗族的重要方式。

在栖霞现今所保存的族谱中,最早明确记载的祠堂是十里铺范氏家庙。范氏《重修家庙记》记载,该族"于雍正癸卯(1723 年),纠合六谊堂后,公立家庙"。③ 新店崔氏在"雍正二年(1724 年)间阖族公议,洁祖捐小园一处作家庙基地。福祖捐地六亩作家庙祭田,进叔督理其事。修庙画谱,殚心竭力,不辞劳苦。后淳祖又约同族捐资置地十亩"。④ 至乾隆年间才完工,并先后置办祭田。总体上看,该时期家庙修建并不是普遍现象。相较之下,修谱仍然是联合族众所采取的主要方式。

(二)祠堂兴修和祠祭的维持

清中期后,祠堂在栖霞地区大量涌现,当时这里几乎每个村子都有祠堂,规模稍大一些的村子甚至有多个,不但有各个支派的支祠,也有几个村子的合祠。

表 2-5　栖霞祠堂情况简表

祠堂名称	修祠时间	村落	主修人	祭田数
范氏家庙	雍正二年(1724 年)	十里铺		
崔氏家庙	雍正二年(1724 年)	新店		15 亩(乾隆时置)
张氏祠堂	乾隆八年(1743 年)	大榆庄		购置数亩
李氏家庙	乾隆二十四年(1759 年)	招远		若干亩
吴氏家庙	乾隆三十七年(1772 年)	解家沟		
王氏祠堂	乾隆四十六年(1781 年)	泉水西店	王杲	置祭田办义庄

---

① 陈宏谋:《寄杨朴园景素书》,《清经世文编》卷五八,北京:中华书局,1992年,第 1482 页。

② 杨懋春:《近代中国农村社会之演变》,台北:巨流图书公司,1980 年,第 26页。

③ 十里铺《范氏家乘》,"碑文",乾隆三十八年(1773 年)修。

④ 新店《崔氏家谱》,《立家庙备祭田序》,1936 年续修。

续表

祠堂名称	修祠时间	村落	主修人	祭田数
刘氏家庙	嘉庆六年(1801年)	东宋庄		
柳氏祠堂	嘉庆二十三年(1818年)	大庄头	阖族	
李氏家庙	道光十四年(1834年)	前姜格庄		1362亩
牟氏总祠	道光二十六年(1846年)	南峙村		40余亩
刘氏祠堂	同治四年(1865年)之前	泉水东店	刘永兴	置田数亩
李氏祠堂	同治五年(1866年)	下渔稼沟	李毓藻	200余亩
徐氏祠堂	同治七年(1868年)之前	峨山庄		
郝氏祠堂	光绪年间(1875—1908)及以前	北埠		
李氏祠堂	民国十一年(1922年)之前	北落汤地		
潘氏宗祠	民国二十四年(1935年)	小流口	潘中祇	
衣氏家庙		回龙夼		
张氏家庙		回龙夼		
李氏家庙		马陵冢		
刘氏家庙		大埠后		
周氏家庙		宋格庄		
李氏家庙		东八田		

与以墓地祭祀和族谱的方式来整合宗族相较,祠堂需要更多钱财支持:一方面用于祠堂的建设,另一方面是平日祭祀花费——置办祭田很大程度上是为了维护祠堂祭祀的开支。"祠堂者,敬宗也;义田者,收族也。祖宗之神依于主,主则依于祠堂,无祠堂则无以安亡者。子姓之生依于食,食则给于田,无义田则无以保生者。故祠堂和义田并重而不可偏废者也"。① 研究宗族的学者在论述北方宗族时,往往把北方薄弱的经济视为祠堂稀少的主要原因。但是自清中期以来栖霞地区并不缺乏祠堂,其建设的资金来源大体可分以下几种情况:

(1)阖族共置。立于嘉庆二十三年(1818年),位于大庄头柳氏祠堂内

① 张永铨:《先祠记》,《清经世文编》卷六六,第1659页。

的《柳氏祠堂志记》记载:"合族尊卑长幼,交相劝忻,鸠工庀材,同心协力,不数月而祖庙告成。"阖族共置是栖霞地区祠堂建设的主要方式,也最能体现收族敬宗的本意。

(2)捐建。前姜格庄李氏祠堂内有一块立于道光十四年(1834年)的《建家庙置祭田碑》。据该碑刻交代,77岁的老人□□□"承宗绪居嫡长",闻"奉先思孝,续古端在崇祀立庙",于是同亲族共议将其房产"照雪堂正房五间,群房八间除为祠堂"。

(3)阖族公产收入置办。"祖茔建于村东北,未获构堂而奠,后人不无遗憾。幸旺祖茔后遗地一亩,有德祖自置宅园一所,下观山地一处,每年祖稞所出,阖族公举十三世孙允肃为祠堂首事,收稞出坊,建立祠堂三楹,碑记墙垣接次,而厥功告竣,庶乎以妥以佑先灵乎?"茔地里栽种的树木的收入,也是一项重要收入,是用于祠堂修建或修谱费用的重要来源。乾隆二十五年(1760年)修大榆庄《张氏族谱》云:"谨将福甑二里店两茔树株采割变值,为春秋拜扫之资,所有银两皆以明光伯作典守……既而绘画宗谱一轴,购买丁家沟祭田数亩,一切供器虽未美备,亦云粗具,即祠堂之建,已卜地有基,材木悉备矣。"十里铺范氏家族规定:"坤山祖茔内一草一木不许擅割,因罚约森严,犯者不恕。若单论草,则六分内轮流采割,一半入家庙公费,一半给割草分用。"[①]作为共有财产的祖茔地的收入成为祠堂建设或维持祭祀的重要收入。

伴随着祠堂的兴起,作为祭祀费用主要经济来源的祭田也开始较多的出现。其置办方式主要有如下先祖遗留、捐献和后世子孙购置等三种。

1. 先祖遗留

祭田的设立具有重要的奠基意义,先人遗留并订立规约不许子孙将其分析和典卖,而是要永远作为奉祀的祭田。前姜格庄李氏家庙碑刻载:

> 自古贤人君子事未有重于此者,余承宗绪居嫡长,日慎一日,无敢替先业。今年已七旬有七矣。兢兢焉仅以守成家庙祭田章程未具阅世阅人,子子孙孙难保其恪守庭训,因同亲族共议有照雪堂正房五间群房八间除为祠堂,后若修补资费均拨不许推诿,又除泉水社南庄村路旺村庄田三十四张二亩,上册粮银六十四两。至条段俱载在文契地册。余

---

① 十里铺《范氏家乘》"凡例",乾隆三十八年(1773年)修。

存时为养老之资,没后永留为祭田。凡祭祀祭品,于中□□□□之余,世世子孙延师教读,一切束金节育英养正膏火之资亦于中支销。命子凝素、凝文、凝玉轮流经管,永不许典卖,亦不许私分。倘有不遵遗训者,无论尊卑长幼,均许禀公治罪。此已呈县存案,又同亲族共知。惟愿世代子孙勿替引之。爰镌诸石永久云。

胞弟:叔润、叔洽、堂弟,□□、□□;胞侄作因、作榆、作植、廷栾;侄孙芳林、肇芳、天赐;侄曾孙行曾,华年。

道光十四年岁次甲午三月上元七十七岁老人□□□命碑。①

该碑刻交代了前姜格庄李氏祠堂和祭田的来历,七十七岁老人□□□立下遗嘱,将自己的"养老之资"三十四张二亩田地在自己逝世后永远留做祭田。民国十四年(1925年)续修高密《齐氏宗谱》记载,该祭田由其子凝素、凝文、凝玉轮流经管,永不许典卖,亦不许私分。祭田的收入除用作"祭祀祭品"外,子孙后代的"延师教读",以及一切"束金节育英养正膏火之资"也从中开销。"苏家庙前有土湾二亩。此地此湾原系慎公所出,凡属慎公后者,轮流耕种,旁支不得争攘,所以备祭供也"。

同治四年(1865年)泉水店刘氏祠堂立的碑刻说,该祠堂最初是由刘永兴一人"董其事",而后祭田的置办是由采买茔地树木所得之资购置,并且以祭田生息的方式不断扩充田产:

盖刘氏自栖邑迁于东北乡泉水店,三百余年。后有自泉水店迁于策里,迁于蒲子乔者,皆刘氏之近支也。至鸿远之先人,则自泉水店迁于西姜格庄,而总以泉水店为老家,故虽各居各村,而祖堂专立泉水店刘氏之祖灵爽有归矣。当其时,董立祖堂者,永兴一人而已。自立祖堂后,茔中树木采卖,囊贮买地数亩,以为祭田,总其成者,廷楠公建公辅数人也。迨廷楠既没,因荒失理。知其事者鸿远同愚溪公建经理,数年积少成多,祭田益广,利息益增。

2. 捐　献

子孙后代为祭祀先人,以捐献的方式贡献出自家的田地。民国十九年(1930年)续修招远《李氏族谱·序》中交代,"故余乾隆二十四年(1759年)

---

①　该碑位于前姜格庄李氏祠堂,立于道光十四年(1834年)。"一张"合四十亩。

建家祠数楹,与弟禄各置田若干亩,以备祭祀"。清光绪三十四年(1908 年)修东宋庄《刘氏族谱》卷一中存有刘发云施地单:立施单人刘发云,有自己买到南沟地三亩,情愿施于家庙,永为祭田,供奉宗谱、送灯上坟,不许遗忘。上带税银四分五厘。在座人:刘凤翔、刘景云、刘廷玉、刘廷元、刘廷璧。光绪十七年(1891 年)十月初二日。民国二十五(1936 年)年续修新店《崔氏家谱》说,新店崔氏雍正二年(1724 年)建祠堂,乾隆元年(1736 年)开始积累祭田:雍正二年(1724 年)洁祖捐小园一处作家庙基地;乾隆元年(1736 年)天福叔捐地六亩,粮银一钱四分;乾隆七年(1742 年)买杨义和地五亩,共价银二十两,粮银一钱;乾隆八年(1743 年)买牟佐牟地五亩,共价银二十六两,粮银三钱一分。1966 年重修解家沟《吴氏谱书》中说:吴氏家庙建成后,采取认地的方式来添置祭田。乾隆三十七年(1772 年),会首吴承胤认大地七厘,吴可义认大地七厘,吴光坤认大地七厘,吴时旺认大地七厘,吴光认大地七厘。

3. 购 置

大多数的祭田是后世子孙为祭祀先祖而购置的。如上述新店崔氏祭田的置办,一方面是族人捐献,更重要的还是集体购置。后姜格庄李氏子孙在清中后期先后多次为祖先购置祭田,仅《李氏族谱》中明确记载的就有四次:同治三年(1865 年)、同治十二年(1873 年)两次为八世祖李良栋购置祭田近80 亩;光绪五年(1879 年)为九世祖李庆善购置祭田 36.5 亩;光绪十二年(1886 年),为十世李秉政购置祭田 122 亩。[①] 李氏后世子孙为先祖置办的祭田,多是把购买的田地置于某位享祭的祖先名下。

宗族多通过订立规约或立帖传世,告诫子孙后代不许典卖祭田,凡私自典卖或侵吞之子孙,会受到严厉处罚。1997 年重修《安定郡梁氏宗谱》记载:前岚子村梁氏祭田四中亩,"为道光年间前岚子村敬灏公协族众同地……此田租谷六斗,每年十月朔作为追远之用"。乾隆三十八年(1773 年)修十里铺《范氏家乘》"凡例"中说:十里铺范氏"第一支祭田,原着落坤山西

---

① 栖霞《李氏族谱》,民国二十五年(1936 年)续修。另,李良栋顺治乙酉举人,丙戌连捷进士,康熙二十七年(1688 年)去世;李庆善,庠生,例贡生,敕赠文林郎江西南昌府奉新县知县,诰赠奉直大夫,乾隆丁卯(1747 年)六月二十八日去世;李秉政是乾隆辛酉(1741 年)顺天举人,栋选知县,乾隆四十八年(1783 年)正月初十日去世。

洼小河东崖,系东西地亩。范伟私典不能回赎,因与夹马寨伯叔供同议,允着伟煞买。伟有铺南祖业田地,虽少之厚,赎作祭田,伟之子孙不得反悔以干,不孝之罪固特叙之"。姜家村《姜氏族谱》(年代不详)中载有一则争夺祭田的情形:"姜阖族不顺。缘太高祖姜开玉,身居姜家村,殁葬于燕儿头,地一处计三亩,遗留后世作为祭田。该地每年行租以作祭礼花费。至民国二十四年(1935 年),姜家村姜韩氏忽起吞图之心。吾合族无人与伊交涉。幸有吾胞侄姜中华、姜中兴,族孙进生登,不忍坐视之。故两起争端,即起讼争,至民国二十五年(1936 年)三月间,恩蒙县长将理由以公判出,只许姜中华、姜中兴、族孙姜进生管业,不许姜韩氏争咬。"通过官府的判决,祭田归姜氏子孙管业,永作祭田之用。

(三)祠堂与祭田的构建者

清中叶以来,栖霞地区的祠堂呈普遍化趋势,祭田数量也逐步增长。该时期组织和参与收族活动的人物有两个明显的时代特征,一是其身份进一步下移,低级功名或庶民布衣担当主角;二是多具有商业背景。

道光十四年(1834 年),前姜格庄李氏建祠堂、置祭田,七十七岁老人□□□捐"照雪堂正房五间群房八间除为祠堂",又"除泉水社南庄村路旺村庄田三十四张二亩"。捐助人似没有功名。同治五年(1866 年)倡导修建下渔稼沟李氏祠堂并置二百余亩田地作为祭田的李氏十五世孙李毓藻也仅是太学生身份。[1]

黄城丁氏自十一世丁元沂始,家族开始具有商业气氛。丁元沂(1763—1834),"少颖悟,嗜读不倦,幼失怙,事母以孝。公之先素称小康,父谢世后,公身为经理,出纳有道,丰裕旋倍乎昔。家业之兴,实由公始"。[2] 自此以后丁氏家族驰骋商界,一发而不可收。丁元沂长子丁敦祖创办商号文来,在全国有当铺 72 座,钱庄 36 座。道光二年(1822 年),丁元沂次子丁九龄开始谋划建构祠堂、置办祭田,"夫置义田必先建祠"。[3] 在丁氏家族开始经商之前,有过两次修谱的经历,但是皆没有提及祠堂和族田。黄氏祠堂的构建和族田的置办,与黄氏在商业领域的成功有着莫大的关系。

---

[1]　下渔稼沟李氏《祭田记》。

[2]　黄城《丁氏族谱》。

[3]　黄城《丁氏族谱》,"丁氏增续族谱序"。

栖霞马陵冢李氏祠堂是清末民初马陵冢的李绪田、李绪尧等兄弟三人去海参崴经商挣钱之后回故土建造的。据该村的村民讲,李氏三兄弟也兴建了规模颇大的李氏祠堂、置办祭田,出资重修和刊印家谱等。除祠堂、祭田外,该时期的族谱修纂、墓地祭祀等活动亦多由具有商业背景的人担纲。十里铺范氏在乾隆三十年(1765年)修纂《范氏家乘》时,第一篇序言是由"贸易于临襄"的十二世范经野作于横山福祥号。民国二十五年(1936年)后姜格庄李氏修谱的组织者"李砚丰、李涟溪均商界泰斗"。[1] 回龙夼张氏光绪十三年(1887年)重修族谱后一直没有刊印。二十一孙张橡"经商东省,往返路经蓬邑。一日偶至蓬邑,笃麒祖家言及斌祖早年所修抄本之谱。乃昔时,橡商于外,家计累身信,虽有余而力不足。故迟之又久,已将十年。今与橡之叔辛田公之曾孙云泽约为合志刊印"。[2]

由上个案大体可以看出清中叶以后商业的发展,推动了以祠堂为中心的收族活动,商业利润为建设祠堂、置办族田提供了有利的经济支撑。

(四)祠堂与收族

以祠堂为中心实现收族,依赖于其中供奉的始祖以及历代祖先神主,"近世祠堂皆设神主"。[3] 这一变化首先是从民间墓祭以及族谱中对始祖的追溯开始的。清初以来,各房各支在追本报远、敬宗睦族的旗号下,认祖归宗意识逐渐加强。在墓地祭祀系统中,据栖霞《牟氏族谱》记载,牟氏前三世皆葬在南榆疃东南沟,但至清初时已无法辨认。康熙乙酉年,十世孙牟国珑同阖族公议,在牟家疃圈子茔一角建造一小茔城,安葬牟氏始祖、二世祖和三世祖。自此以后牟氏子孙对始祖的墓地祭祀皆在圈子茔进行。[4] 清中期以后,对历代先祖的祭祀逐渐转移到祠堂,很大程度上实现了对墓祭系统的超越。该地许多祠堂碑刻皆强调祠堂不修无以展孝思、敦礼仪,而单纯的墓祭达不到这一目的。"春秋时享,爰合族而谋曰:'礼拜于墓,而祭于庙,生而死之不仁,死而生之不智,野祭遗讥,识者所鄙,盍创先祠,以妥先灵,爽乎?'

---

① 后姜格庄《李氏族谱》"序",1936年修。

② 回龙夼《张氏族谱》,1933年本。

③ 赵翼:《陔余丛考》卷三二,《论丧礼》,北京:中华书局,1963年,第692页。

④ 栖霞《名宦公牟氏世谱》,嘉庆元年续修;栖霞《名宦公牟氏谱稿》卷八,1943年修。

众议佥同","修建家庙,以为先灵依栖"。① 从墓地祭祀到祠堂祭祀,墓碑以神主牌位或者家堂的形式被供奉到祠堂,从在墓地祭祀中对单个祖先分祭到祠堂中对阖族祖先的共同祭祀,祠堂在整合宗族方面的效用要远远大于墓地系统的作用。道光二十六年(1846 年),栖霞牟氏在南崮建牟氏总祠,供奉从一世到九世祖先神主牌位,并置祠田 40 亩专供祠堂祭祀之用。

由于祠堂供奉着历代祖先神主,旨在"妥佑先灵",因此宗族往往以祠堂为中心开展各种以祭祀为主题的集体活动,期望达到收拢族众的效果。

第一,通过祠堂祭祖,以联络族众、收拢人心、增强宗族凝聚力。同治五年(1866 年)立于渔稼沟李氏祠堂内的《祠内条例数则》规定:下渔稼沟李氏每年在元旦、灯节、七月十五及清明、十月初一日、年节等举行多次祠堂祭祖活动。祠堂神主摆放"不得紊乱昭穆",并且通过在祠堂内频繁的、定期的和制度化的祭祖活动达到敬宗收族的目的。祠堂祭祀礼仪与祭期也都以文字的形式加以规范。如临朐冯氏,除每月朔望祠堂行香之礼外,祠堂祭期还有端阳、仲秋、重九、七月十五、十月十三日、冬除、年除、元旦、元宵等。② 祖先崇拜仪式的频繁举行,使得宗族中的生者在祖先神灵的感召下重新聚集在一起,从而实现敬宗而收族。

第二,分布于数村的宗族各支派通过共同建立祠堂和共同祭祀,使分迁的各支族能够及时联系,强化对共同祖先的认同。立于同治六年(1867 年)的泉水店刘氏祠堂碑刻载:"刘氏自栖邑迁于东北乡泉水店三百余年。后有自泉水店迁于策里,迁于蒲子夼者,皆刘氏之近支也。至鸿远之先人,则自泉水店迁于西姜格庄,而总以泉水店为老家,故虽各居各村,而祖堂专立泉水店,刘氏之祖灵爽有归矣。"十里铺《范氏家乘》"凡例"说。范氏祠堂内供奉着自六世而分的六大支派神主,"家庙三间,砖砌悬门……内供六大支宗亲"。每当祭祀之时,六大支派子孙从分散的各村聚集于十里铺祭拜。

第三,祠堂也成为宗族聚会以及开展家规、家训宣讲的重要场所。临朐冯氏于每月朔于祠堂行香之后在祠堂内开展敦睦会,使子孙"德业相劝",以达到敬宗收族的目的,"子孙渐繁,分门各户,会既不常,情亦有暌,议于每月之朔举一敦睦之会,不惟以杯酒洽情,抑且以德业相劝,上绍先世之休风,下为子孙之法则,使一家之中情意常相流通,骨肉不至乖隔,雍雍穆穆,不亦美

① 燕氏《创修祠堂碑记》。
② 临朐:《冯氏世录》。

乎"。其敦睦会条约规定：一、每月朔祠堂行香后为会设席二案,每案十二器,惟在洽情,不可斗奢。二、每会各出钱二十文为祠堂公用之费,直月收掌,不许取用,会日有事者,预先给假,失给假者罚钱十文,不愿入会者听。三、远乡每年会四次,正月初三日,清明日,六月二十四日,十月初一日。四、会中事宜俱照《吕氏乡约》行,一曰德业相劝,二曰过失相规,三曰礼俗相交,四曰患难相恤。此其大略也。五、会称敦睦,原因疏阔而设,若复给假似非立会本意,事涉不得已者自当谅之,不可苛求,若无故不入会者,罚钱一百文。六、会惟在披情愫谈。谈说书史音乐之类俱不可用,至于用妓,尤为不可。七、每会除款叙外须考问德业,或看何书,或作何文,或治何事,或接何宾友,不可优游度日,不可滥友。凡如此类难以枚举,务要实心相告。八、会中吉凶或不常之事,俱众协力相予赞助,或扶其孤弱,或济其贫乏,在邻里乡党尤当如此,况骨肉之亲哉? 如有不协心共力者,共斥薄。① 该敦睦会围绕着祠堂而展开一系列睦族活动,从"德业相劝"到扶助"孤贫",无所不包。立于乾隆四十六年(1781 年)泉水西店王氏祠堂北厅墙壁内的碑刻围绕祠堂组织"义庄敦本堂",置办祠田和义田,"复建厅事三楹,俾群子姓以时聚晤其中,司事者于焉。综会计、公出纳,合岁入之数,为之酌盈剂虚,日积月累,义庄之规模将借以隆隆大起"。下渔稼沟李氏《祠内条例数则》也以祠内条例的方式规定族内互助:"子孙天资可读而贫不能读者,学可应试而无立锥者,共议给予豢养;荒年子孙无房无地,务正业,而一时家不举者,共议酌量给予,否则不予;寡妇无子无翁姑兄弟可依,或有子而子幼无以为生者,共议周济其子成人后则已。"

各宗族对有损祠堂的各类行为,都有相应的责罚措施,即通过"立划一规,以昭整肃而妥先灵"。立于民国十一年(1922 年)的北洛汤地李氏祠堂规矩围绕着祠堂是祭祀之地不能作他用以及不能损毁祠堂展开,对于违反的族众处以罚跪三日,"祠堂东三间专祀先祖,非遇拜祀之期,不准擅自开门营作他事,违者罚;祠堂西间专待宾客,非遇告礼丧礼,不准擅自开门储藏他物及管待杂人,违者罚;祠堂器具,凡桌椅条凳等,值年祀者管理一切,不准擅自搬用,违者罚;屋瓦围墙,小儿无知,父兄宜严嘱咐,如有任意毁瓦画墁者,罪归父兄,违者罚;祠堂墙外地宜清洁,不准私缆牲畜,损围墙,违者罚"。

① 临朐《冯氏世录》。

下渔稼沟《祠内条例数则》与此相似："轮祭之人先期洁净几桌，洒扫土尘，糊窗灯笼，不得失误。祭期检查祭品；入祠戒戏语、禁争嚷，灌献时不许言笑，秧歌灯笼类不得入祠院作戏；祠内所用之物，上下手办祭之人，每年于上元节照册交付；如有损坏失落下手查出，上手赔补，如下手容隐经从旁查出，下手赔补；存项不得私用，不得妄为，借贷亦不得借端生息，祭品不得借用，更不得借与用，以重事体，且杜争端；守祠之人用异姓，盖同姓不可分主仆；祭田如有私自典卖者，送官治罪。"

栖霞的祠堂在清中叶以后才开始发展，这与以往学者普遍认为的嘉靖"大礼仪"之后祠堂在民间的迅速普及并成为敬宗收族的中心的说法并不吻合，或许可以说体现了栖霞地方的一个特色。

综上所述，从明至清，栖霞宗族的收族形式经历了从墓地、族谱和祠堂的递相转换过程。明中叶前后，栖霞宗族继承了唐宋元以来墓地祭祀的传统，以墓地为中心开展一系列宗族活动。墓地系谱碑起着记录世系支派的作用；墓地的空间布局遵循着系谱的昭穆关系；墓地的祭祀活动、祭祀规约等发挥着团结宗族成员、加强族众宗族认同的作用。入清以来，族谱纂修迅速在民间推广，以族谱为中心统合宗族成为可能。族谱使原来相隔甚远而又极为分散的族众聚集一堂、追宗认祖，"在谱"或"不在谱"成为确定亲属关系的重要依据，强化了族众之间的情感认同。因为宗族发展的需要，始祖的追认成为不可或缺的一环，"小云南"移民传说是庶民建构宗族实用需求的产物。族谱里用相当篇幅记述姻亲关系，使之成为宗族力量的有益补充。作为宗族重要表征的祠堂，在清中叶以后才开始在栖霞发展和普及。祠堂的兴起延续和发展了墓祭传统，成为更具凝聚力的宗族整合方式，清中叶以来商业的发展厥功甚伟。

栖霞宗族之所以经历这种收族方式的转换，与传统的延续、国家教化的推广、民间参与建构宗族力量的变更有着密不可分的联系。目前学界有关宗族形成的讨论，有三种理论特别引人注目：一是郑振满的"三化"论，其中之"庶民化"强调民间对宋儒等士大夫所提倡的宗法伦理的改造；[①]二是刘志伟和科大卫的国家认同论，即地方社会与国家的整合是从下至上的认同

---

① 郑振满：《明清福建家族组织与社会变迁》，长沙：湖南教育出版社，1992年。

过程,百姓模仿士大夫修谱建祠;①三是常建华的宗族乡约化,强调在国家推广乡约的过程中宗族实现制度化。这三种理论,"都强调宗族形成是一个建构过程",②但其关注点并不完全相同:宗族乡约化侧重国家意识的推广,国家认同论强调于下层对上层的模仿,庶民化则注重民间对宋儒和国家推行的宗族意识的改造。这些理论不能把栖霞宗族发展中起作用的不同因素和阶段性清晰呈现出来,因而不能解释栖霞宗族发展类型。

在国家层面,明初即采纳以吕大均、朱熹为代表的宋儒之收族理念。宋吕大均兄弟制定的《蓝田吕氏乡约》以及《乡仪》,提供了一个改善乡里风俗、维护乡村淳朴社会秩序的德治教化方案。朱熹加以增损而成《增损吕氏乡约》,并"谨名分、崇敬爱为本",以及"略浮文、崇本实",制定《家礼》。朱元璋把宋儒的主张写入国家法典加以推广。洪武十八年(1385年)、十九年(1386年)相继颁布《大诰》《大诰续编》《大诰命三编》。洪武三十年(1397年),谕知宣讲"圣谕六言":"孝顺父母,尊敬长上,和睦乡里,教训子孙,各安生理,毋做非为。"③洪武三十一年(1398年)又颁布《教民榜文》,要求祭祀高、曾、祖、考四代祖先。明成祖时刊刻《性理大全》,收入《蓝田吕氏乡约》《家礼》。嘉靖朝"大礼仪"推恩令更是开放了庶民祭祀始祖的禁令。有明一代虽并没有大张旗鼓地明确倡导宗族,但是国家推广《家礼》等行为规范、开放祭祀始祖的禁令等,皆为宗族的发展注入了新的内容。在民间,一批功名颇高而又熟悉理学传统的士人或官僚,围绕着墓地系统建构和整合宗族。墓地系统在该时期充当着宗族活动的中心。

入清以来,清政府继承和发展了明代以来的教化体系,并且以圣谕的形

---

① 刘志伟、科大卫:《宗族与地方社会的国家认同——明清华南地区宗族发展的意识形态基础》,《历史研究》2000年第3期;刘志伟:《地域社会与文化的结构过程——珠江三角洲研究的历史学与人类学对话》,《历史研究》2003年第1期;科大卫:《国家与礼仪:宋至清中叶珠江三角洲地方社会的国家认同》,《中山大学学报》1999年第5期。

② 常建华:《明代宗族研究》,上海:上海人民出版社,2005年;常建华:《明代徽州的宗族乡约化》,《中国史研究》2003年第3期;常建华:《明代江浙赣的宗族乡约化》,《史林》2004年第5期;常建华:《清代的国家与社会研究》,北京:人民出版社,2006年;常建华:《宋明以来宗族制形成理论辨析》,《安徽史学》2007年第1期。

③ 《明太祖实录》卷二五五,洪武三十年(1397年)八月辛亥,第3677~3678页。

式明确提倡和支持宗族。顺治九年(1652年)推行乡约制度,每遇朔望,皆宣讲"圣谕六言"。康熙九年(1670年)向全国颁布"上谕十六条",前两条是"敦孝弟以重人伦,笃宗族以昭雍睦"。雍正皇帝把"上谕十六条"解释成洋洋万言的《圣谕广训》,在"笃宗族以昭雍睦"中,提出"立家庙以荐蒸尝,设家塾以课子弟,置义田以赡贫乏,修族谱以联疏远"。①《上谕十六条》及《圣谕广训》以乡约的形式在民间广泛宣传,使得敦宗睦族的思想广为传播,这对宗族的发展起到了巨大的推动作用。在栖霞方志和族谱记述中,常见到身份为乡饮酒"耆宾""大宾""介宾"。"乡党岁时举社会贫富相资,有蓝田乡约之遗"也颇常见。② 同时,清政府身体力行,倡导纂修族谱、修建祠堂。清朝皇室顺治十八年(1661年)始修皇帝的家谱《宗室玉牒》,并规定每十年续修一次。乾隆九年(1744年)又纂修《八旗满洲氏族通谱》。这很大程度上带动了清初栖霞族谱的普及。

而清初栖霞社会的动乱及对原有墓地系统的破坏,客观上也促进了族谱的普及。顺治五年(1648年)爆发的"于七之乱"持续十四年之久,"登郡八属,率皆土瘠民贫,而栖尤甚。至于逆变后,更非其旧",③"栖弹丸疲邑也,兵燹以来,疮痍未起者,三十余年……民气未舒,乃至视田产为弃物,有典田于人而栖身无所者,有乞代招钱粮而以其地白送者,有荒芜其地而远避之他乡者,盖栖民之病也"。④ 该地族谱也多有记述说,"遇于七乱,流离播迁,不得省墓"。⑤ 动乱平定后,借助国家倡导修谱之风,下层士绅、庶民等皆积极参与到纂修族谱活动之中。这为庶民构建宗族提供了契机。而族谱因此成为该时期最重要也最可行的收族方式。

清中叶以后,社会的安定、人口的增长以及经济的发展,尤其是商业的发展,带动了以祠堂为中心的宗族建设,置办祭田也因此成为可能。而清政府也提倡修建祠堂、倡设族田并对其加以保护。⑥ 在这股以祠堂为中心的宗族活动中,具有商业背景的民间力量充当了主要角色。在继承和延续墓

---

① 光绪《大清会典事例》卷三九七,《礼部·风教·讲约》。
② 光绪《山东通志》卷四〇,《疆域志》第三《风俗》。
③ 乾隆《栖霞县志》,"原叙"。
④ 乾隆《栖霞县志》卷一二《艺文》,《升任罗侯德政碑》。
⑤ 榆林《冯氏本分世谱》,"序",光绪二十四年(1898年)续修。
⑥ 常建华:《清代的国家与社会研究》,北京:人民出版社,2006年,第99页。

祭传统的基础上,祠堂成为清中叶以后该地区宗族活动的中心。

　　总之,自明以来,栖霞地区宗族的收族模式并非自始而成、固定不变,而是随着国家意识的转换、民间参与宗族力量的变更和经济的发展等不断更新。通过对明清以来该地宗族的历时性考察,我们希望能从历史进程的角度找到华北与华南宗族发展模式的不同,希望这一视角能对今后华北宗族形态的研究与讨论有所裨益。

第四节

乾隆朝黄梅案中民意的体现及其意义*

　　清乾隆朝中后期,官员贪污现象尤显严重。本节仅以乾隆五十一年(1786 年)的"浙江平阳知县黄梅勒派入己案"(以下简称"黄梅案")为例,通过涉案各方对民意的多种塑造及其产生的不同效果,来揭示乾隆朝中后期官僚政治权力的运作机制及官员贪污现象的存在机制。

一、民意被利用为一种政治资源

　　社会心理学认为:"意象是有机体适应曾经存在但在现在的时空上已不复存在的那些对象的刺激的表现。"②由于对象已不复存在,所以意象仅仅存在于心理上,并且提供了再创造的可能。中国历史上向来有人利用民心向背作为武器,其实所谓的"民心向背"也同样具有再创造的意味。在清乾隆五十一年(1786 年)的黄梅案中,涉案各方基于各自的立场,对平阳县民众在具体时空中的所作所为从不同角度进行了表述,从而塑造出了多种不同的民意。民意的多面性和不确定性使之成为各方争相利用的政治资源。

---

　　*　本节与缪心毫合作,缪心毫现为温州大学法政学院教授。

　　②　[美]米德著,赵月瑟译:《心灵、自我与社会》,上海:上海译文出版社,1992年,第 297 页。

原本并不复杂的县官贪污案，正是因此而生发出许多枝节。

乾隆五十一年（1786 年）三月，乾隆获知浙江省各州县仓库存在亏缺不补的现象，迅即下旨令浙江学政窦光鼐详查此事，窦光鼐在调查实践中，日益明确地认识到平阳、嘉兴、海盐三县亏空数额巨大。平阳县知县黄梅自然应该被列入核查对象。

窦光鼐以学政之职介入黄梅案的调查，就奏折内容推知，应是乾隆所促成的。窦光鼐在三月十九日所上的奏折中，引述了乾隆三月十五日谕旨的部分内容，"此系实言，但浙省亏空之事，虽非汝事，不得诿为不闻也"。[1] 尽管学政"虽无稽查之名，却有密奏之责"[2]，但窦光鼐可能已考虑到以自己的职分去查责此事多有不便。而且，在此之先，乾隆已经派户部尚书曹文埴等人前去查办此事。乾隆原本设想此举可收到相互监督的效果，可事实上曹文埴等人与窦光鼐却在认识上出现分歧，甚至互为对垒。

问题首先在于窦光鼐。在三月十九日的奏折中，窦光鼐指出，"臣闻嘉兴府属之嘉兴、海盐二县，温州府属之平阳县，亏数皆逾十万"。[3] 这一数额与此前曹文埴所奏数额存在差距，这之前曹文埴等受命查办此案，回奏说浙江省亏缺仓库自勒限弥补后尚亏缺三十三万余两。乾隆帝以此指责曹文埴等办案不力，颟顸了事，"此三县亏空已有三十余万，其余通省州县亏缺数自不止此数"。[4] 窦曹之间的矛盾初露端倪。

其实，矛盾双方并不是非对即错的截然对立状态。从全案的具体过程来看，至少责任并不全在曹文埴一方。窦光鼐"性本耿直，遇事认真，声名素著"[5]，但他处理事情的方式显然过于草率。他所提出的三县亏空数皆逾十

---

① 浙江学政窦光鼐奏陈浙省各府仓库亏缺情形折，乾隆五十一年（1786 年）三月十九日，中国第一历史档案馆编：《乾隆朝惩办贪污档案选编》，北京：中华书局，1949 年，第 1343 页。本文所引奏折谕旨皆出自该书，以下不再重复注明出处。

② 陈金陵：《从嘉庆朝学政密奏看清代学政》，中国人民大学清史研究所编：《清史研究集》第七辑，北京：光明日报出版社，1990 年，第 251 页。

③ 《浙江学政窦光鼐奏陈浙省各府县仓库亏缺情形折》，乾隆五十一年（1786 年）三月十九日，第 3143 页。

④ 《谕内阁着将浙省数年亏缺实数及原亏续缺装点各弊查参严办》，乾隆五十一年（1786 年）四月十二日，第 3145 页。

⑤ 《工部侍郎德成奏请令窦光鼐会同曹文埴彻底清查浙省府县亏空折》，乾隆五十一年（1786 年）四月十六日，第 3147 页。

万,并不是建立在具体的计量基础之上,"臣于现在亏缺实数虽未能悉知,第据所闻……"①他所提出的乾隆五十年(1785 年)杭嘉湖三府仓谷无谷可粜及浙东八府岁行采买惟折收银两以便挪移二事,同样缺乏足够的事实根据。捕风捉影式的听闻使窦光鼐所揭参的事情往往缺乏足够的证据支持。曹文埴在奉命对窦光鼐所揭之事进行调查时,得出了与窦完全不同的结论,不论曹文埴是否有意回护,窦光鼐当时都没能对曹文埴的结论做出有力的反驳。

揭参不实要承担一定的罪名,"有挟私妄奏者,抵罪"②,窦光鼐为此不得不寻求或制造其他案件,分散乾隆对三县亏缺数的注意力,并向乾隆表白自己的忠心。藩臣盛住进京携资过丰,前任仙居知县徐延翰殴毙临海生员马真等等,这些都成为窦光鼐揭参的内容。窦光鼐的行为进一步激化了他与曹文埴等人的矛盾,因为窦光鼐的揭参使曹文埴等人承担着"办事不力,企图蒙混过关"的指责,不得不频繁地向乾隆解释澄清。由于新案件的接连出现,仓库亏缺案似乎离开了乾隆的视线。

后来黄梅引起乾隆的关注并不是因为仓库亏空过多的缘故,而是因为他隐匿母丧演戏敛钱,甚至演戏的目的——敛集钱财也被忽略,而突出了演戏的背景——母丧,强调"若此事果实,则真如原奏所称,行同禽兽,不齿于人类矣"③。显然,在乾隆眼中,维护封建伦理道德远比官员纪律的整肃来得重要,到此时,黄梅的贪污劣迹仍未成为乾隆关注的焦点。尽管窦光鼐刻意地强调了黄梅案的特殊性,但乾隆显然更注重几乎与此同时的富勒浑案,"浙省亏空一案业经阿桂等查办完结,将乾隆四十三年以后历任各员拟以革职,暂行留任,按照在任月日分赔,勒限一年。不完,照虚出通关律治罪。黄梅之罪,亦与他州县相仿,若独于从重,不特无以服其心,天下有此办事之法乎?"④

窦光鼐的积极揭参并没有取得他想得到的结果。正是在这种情形下,窦光鼐获取消息的渠道经历了一个由中下级官员逐渐向民间转移的过程。

---

① 《浙江学政窦光鼐奏陈浙省各府县仓库亏缺情形折》,乾隆五十年(1785年)三月十九日,第 3143 页。

② 《钦定台规》卷十,《宪纲》。

③ 《谕内阁着窦光鼐据实回奏所参平阳知县黄梅丁忧演戏实情》,乾隆五十一年(1786 年)七月初三日,第 3173 页。

④ 《谕内阁着将执意前往仙居查访之窦光鼐交部议处》,乾隆五十一年(1786年)闰七月初一日,第 3180 页。

窦光鼐在奉命调查浙省各府县亏空情形时，所获得的亏缺数额都是各县现任知县所告知。黄梅的各款劣迹，据窦光鼐所言，也是由温州府范思敬等告知。窦光鼐尤其倚重于原浙江巡抚福崧。为此，他在奏折中着力塑造福崧的良好形象，"抚臣福崧云：不忍即兴大狱，又恐其因仍旧阳奉阴违，浮费无度，不肯俭以养廉，为能弥补亏空，不得已而出于神道设教云云"。① 其原因在于窦光鼐所参之事需要得到福崧的承认才能为乾隆所确信：一则，温州府范思敬是否面禀福崧以黄梅丁忧演戏；二则，方林是否以该县抗不弥补赴省揭参。但窦光鼐的希望落空，福崧否认范思敬与方林面禀揭参之事。以窦光鼐的学政之位，与阿桂、曹文埴的大学士、尚书之位相比较，福崧及其他相关浙省官员选择阿桂等人一方，是权衡利弊之后的结果。乾隆在感情上的偏向更对窦光鼐不利，他说："阿桂、曹文埴、伊龄阿屡蒙任使，皆系素能办事之人，朕之信窦光鼐自不如信阿桂等，即令窦光鼐反躬自问，亦必不敢自以为在阿桂等上也。"②窦光鼐能从官员获取的支持是如此之少，以致他不得不将重心转向民间。在此之先，民意已存在出场的可能性。县官是清代的最基层官员，其种种举措直接关系着民众生计，不可避免地会引起民众的某些反应，即民众在县官的压力下对自身利益的诉求。然而，不论是窦光鼐还是阿桂等人，在奏折中都小心翼翼地避开了对民意的描述。窦光鼐在奏折中指出去岁杭嘉湖三府无仓谷可粜时，始终无只字提及民众的反应。民众对此是默默地接受，还是发动了某些骚乱，我们都无法从奏折中得知。后来，曹文埴等人详细地调查此事时，也只是注重仓谷的管理运作方式，而未提及民众。

显然，在最初阶段，民意尚未成为窦光鼐与曹文埴等人需要利用的政治资源。这主要是因为事态尚未发展到利用民意作斗争的地步。随着两方矛盾的激化，窦光鼐或者曹文埴开始有意识地利用民意，而且其所表述的民意的反应程度呈现出趋于清晰而激烈的状况。四月二十七日，窦光鼐在奏折

① 《浙江学政窦光鼐奏覆会同曹文埴查核浙省州县亏缺弥补实情折》，乾隆五十一年（1786年）四月二十七日，第3154页。
② 《谕内阁着将执意前往仙居查访之窦光鼐交部议处》，乾隆五十一年（1786年）闰七月初一日，第3180页。

中揭发藩臣盛住进京携资过多时,用了这样一句"外间颇有烦言"①。"外间"的具体含义到底是什么呢,是地主官员,还是民众呢,抑或是两者兼而有之? 窦光鼐并未言明,但民意已开始若隐若现。考虑到窦光鼐的行事具有鲜明的亲民色彩,此处指民众的反应可能性更大一些。乾隆将之理解为"道路流传"②,显然是认为窦光鼐的消息来源是民间,而非地方官员。这种模糊而微弱的民意显然不具有影响力,它仅仅表明"外间"有"烦言"而已,而未有什么过激行为。由于盛住的地位较高,且此事很快被查明是误传,窦光鼐未能取得预期的效果。但无论如何,这是窦光鼐第一次利用民意,此后民意便成了两方争相利用的工具。

二、民意的不同版本

窦光鼐将信息渠道转向民间,是对福崧等人表现的失望所致,同时也是争取乾隆支持的一种努力,即他希冀通过民意给乾隆以强烈的心理暗示,证明自己是正确的。同样的,曹文埴等人也着力争取来自乾隆的支持。这反映到奏折中,就是不论官僚本人是否真的对皇帝忠心耿耿,都会在奏折中以近于谄媚的语句以示自己的谦恭与忠诚。奏折文书的创制格式及语句要求如果说一开始还有助于警示官员勤勉本职工作,以报皇帝知遇之恩的话,那么,日久天长之后,这种语句的表达成为习惯或者自觉不自觉的敷衍时,逐渐成为一种无意识行为,不再对心理有强烈的暗示作用。专制统治者苦心创制的意识紧箍咒,因而被虚化为一种空洞的程序表达。所以,从奏折的措辞我们无法辨析官员的忠诚与否,而只能从他们的实际行为来探寻。能真正影响到乾隆的是在于他们以如何的方式使自己在乾隆面前表现得更像一个忠心耿耿的大臣,而对方却不是,所以他们会对自己所获得的消息做出选择过滤或者修改。

在黄梅案中,窦光鼐及其对手面临着同样的问题。由于该案的犯案主角黄梅是知县,所获得的证据自然多涉及民间。皇帝无法直接获取,必需的

---

① 《浙江学政窦光鼐奏覆会同曹文埴查核浙省州县亏缺弥补实情折》,乾隆五十一年(1786 年)四月二十七日,第 3155 页。

② 《寄谕阿桂等着盛住回织造本任并秉公办理富勒浑家人娄索一案》,乾隆五十一年(1786 年)五月二十九日,第 3163 页。

消息而必须经由官僚,于是民意便成了官员们可资利用的政治资源。官员可以通过过滤或删改消息,使皇帝做出有利于自己的判断并打击对方。皇帝的消息渠道越是缺乏,意味着官僚们的政治资源即民意拥有越大的利用价值。

由于双方政治目的的不同,在面对同样的情境时,他们可以从不同的角度阐发出截然不同的意义来。平阳县位置偏僻,地处海滨,在乾隆的政治空间中处于边缘位置,地理上的边缘带来相应政治控制上的边缘,即对平阳控制力的薄弱。控制力的薄弱会带来怎么样的结果呢? 窦光鼐认为,"平阳地处海滨,该员为贪劣之尤"①,强调了官员的腐败,提出官员的腐败才导致了民众的聚事。伊龄阿却提出,"平阳地处山海,俗本刁顽"②,将民众聚事的原因推为民众自身的素质问题,其目的是为了丑化民众的形象,进而打击窦光鼐。

窦光鼐在透露黄梅案的消息来源时,刻意突出了黄梅所犯各款劣迹所造成了民众的不平情绪。"及试平阳,童生场中颇闻语声。诘之则云,黄梅历任八年,挥金如土,借亏空名色勒借数次,却不肯弥补亏空,离任丁忧,犹演戏为乐,行同禽兽。今如再行勒派,当赴臣呈控云云。"③但窦光鼐轻率入告,在很大程度上削弱了他所依赖的民众信息的可信度。一旦所参之事被查为不实,或者没有确切的证据加以佐证,反而成为阿桂等人反击的把柄。如上引童生告以黄梅勒派之事,阿桂奏道:"臣随当众面询以告知者系属何人,该学政已不能记忆姓名,无凭跟究。"④又如盛住进京携资过丰一事,"窦光鼐得自何人告知,臣即日与曹文埴等公同面询之窦光鼐,该学政亦不能指实"。⑤窦光鼐屡次无法与阿桂等人当面证实所奏之事,使乾隆对窦光鼐的

---

① 《浙江学政窦光鼐奏覆会同曹文埴查核浙省州县亏缺弥补实情折》,乾隆五十一年(1786年)四月二十七日,第3156页。

② 《浙江巡抚伊龄阿奏续报窦光鼐自平阳至省躁急颠狂情形折》,乾隆五十一年(1786年)闰七月十六日,第3183页。

③ 《浙江学政窦光鼐奏覆会同曹文埴查核浙省州县亏缺弥补实情折》,乾隆五十一年(1786年)四月二十七日,第3156页。

④ 《钦差大学士阿桂奏报查询仙居等县亏缺并盛住进京携资过丰情形折》,乾隆五十一年(1786年)五月十七日,第3159页。

⑤ 《钦差大学士阿桂奏报查询仙居等县亏缺并盛住进京携资过丰情形折》,乾隆五十一年(1786年)五月十七日,第3159页。

不满情绪上升,疑心加重,"此则不可,若无实据,则诬人谋反亦可乎?"①

不仅如此,乾隆开始对窦光鼐从民间获取消息感到忧虑。窦光鼐在奏折中处处流露出为民作主的意愿,亲密地与民众接触,以期获得对曹文埴等官员不利的消息。尽管窦光鼐的目的符合乾隆的初衷,但客观上还是激起了乾隆内心的恐惧情绪。乾隆对窦光鼐的行事方式表示了极大不满。如仙居知县殴毙临海生员马寅一事,乾隆获知窦光鼐为之申冤的马寅"身为生员,伙合匪徒陈天河、邵能文等向各僧寺吊钱图谢,又嫌谢钱数少,诬首赌博,复与僧人斗殴,实属胶庠之败类",严厉地斥责窦光鼐,"乃窦光鼐必欲加该县徐延翰以故勘滥禁因而致死之罪,并将参奏徐延翰折与曹文埴阅看,声言汝等办理此案,若不将徐延翰照故堪滥禁治以重罪,我必将汝等参奏,并令告知阿桂、伊龄阿等语,是其袒护劣衿,偏执己见,不自知其言之狂妄若此。设如所言,将来劣生必至武断乡曲,目无长官,适足以成恶习而长刁风,尚复成何政体?"②

乾隆对窦光鼐的成见日益加深,曹文埴等人掌握了主动权,并在某种程度上主导了乾隆的好恶倾向。在曹文埴等人的努力下,乾隆对黄梅案始终未能表现出特殊的兴趣。窦光鼐为摆脱被动的局面,决定亲自去平阳访查黄梅案的真相。窦光鼐此举公开地表示了对曹文埴一方的不信任。

双方矛盾的公开激化,使民意成为双方都急于利用的政治资源。曹文埴等人利用民意的方式不年同于窦光鼐。窦光鼐的所作所为明显表现出亲民的色彩,通过渲染民众对黄梅的不满为自己作注脚,曹文埴等人则着意强调了窦光鼐此举的负面影响,即可能对清王朝的统治产生危害。

窦光鼐赴平阳招告生监为曹文埴等人提供了借题发挥的机会。浙江巡抚伊龄阿于乾隆五十一(1786年)闰七月初十日的奏折中极力地渲染了窦光鼐在平阳所造成的混乱情形。窦光鼐于未到平阳之先,即先派人招告,到平阳之后,又因生监不肯作供而发怒咆哮,用言恐吓,并勒写亲供。伊龄阿认为,"窦光鼐身为学臣,约束上了安分为乃生本职,今不但不加约束,竟自以为申冤理枉,铺张声势,怂恿士子纷纷若狂,实属不成事体。倘该士子等

---

① 《钦差大学士阿桂奏报查询仙居等县亏缺并盛住进京携资过丰情形折》,乾隆五十一年(1786年)五月十七日,第3159页。

② 《谕内阁着将执意前往仙居查访之窦光鼐交部议处》,乾隆五十一年(1786年)闰七月初·日,第3179~3180页。

纵此挟制官长,武断乡里,诚如圣谕,适足以成恶习而长刁风"。① 又于闰七月十六日再上奏折,再次渲染了窦光鼐招告生监所造成的混乱局面,"及见生监暨平民人等一概命坐,诱令讦告黄梅数年款迹并服中演戏各情节,总以申冤理枉为辞,以致生童民人竟拥至千百成群,纷纷嘈杂,不听弹压等情"。②

伊龄阿的参劾就策略上而言是正确的。黄梅的罪状似乎变得无足轻重了,对民众纷乱情形的描述,使乾隆对窦光鼐的不满进一步加深,下令革去窦光鼐的学政之职,送交刑部严治。这证明了伊龄阿对民意的利用取得了初步的成功。如果窦光鼐在此次招告生监时未能取得钱票等确切证据,事情的真相将被巧妙地掩盖过去,窦光鼐也遭受到他们所希望看到的惩处。然而,窦光鼐出示的钱票等却完全改变了本案的走向。伊龄阿对民意的渲染使乾隆对该案的关注超乎于其他案件之上,伊龄阿以及阿桂、曹文埴等人不得不承担随之而来的后果,即他们因乾隆的高度关注而无从推卸自身应承担的责任。

窦光鼐对其赴平阳招告生监情形的描述不同于伊龄阿的奏报。民众以合法有序的形象出现,"闰七月初一、二、三、四等日赴县学明伦堂,当有捐职布政司理问吴荣烈等绅士民人等数百人陆续呈送五十年派捐田单二千余张"。③ 其他不必要的细节完全省略,"陆续"这一形容词完全不同于伊龄阿在奏折中所描述的"纷纷嘈杂,不听弹压"的混乱局面。既然窦光鼐需要以民众来支持自己,那么如何使民众以正面的合乎乾隆要求的形象出现自然就成为窦光鼐必须注意的问题了。使民众以正面的还是反面的形象出现,窦光鼐与伊龄阿等人取向上的分歧,使民意表现出两种迥乎不同的版本。

三、乾隆对"民意"的矛盾心态

伊龄阿揭参窦光鼐,能取得暂时的成功,是多种因素综合的结果。其中

---

① 《浙江巡抚伊龄阿奏报窦光鼐在平阳咆哮多事情形折》,乾隆五十一年(1786年)闰七月初十日,第3182页。

② 《浙江巡抚伊龄阿奏续报窦光鼐自平阳至省躁急颠狂情形折》,乾隆五十一年(1786年)闰七月十六日,第3183页。

③ 《浙江学政窦光鼐奏报亲赴平阳查实黄梅亏空并勒派属员情形折》,乾隆五十一年(1786年)闰七月十九日,第3185页。

最重要的原因是伊龄阿在奏折中刻意地突出了窦光鼐煽动民心的情节。这深深地触动了乾隆内心深处最脆弱也最敏感的政治神经。这也是每一位试图维护其统治地位的专制统治者不得不小心面对的难题。

"民之于君,如水之于舟,水能载舟,亦能覆舟。"民众的双重功能使君主对民众充满复杂的感情。如何使水载舟而不覆舟呢? 靠单纯的高压专制自然不能解决问题,越是高压的专制统治越容易激化两者之间的矛盾。乾隆显然也认识到这一点。因而他也采取了一些减免赋税有利国计民生的措施。其中与本案有所关涉的仓谷即为其中之一。常平仓设立并非始自乾隆朝,顺治初年清兵入关未久,即着手设立常平仓。但常平仓制度在实行的过程中,遇到了很多问题,如采买仓谷方法的流行。"积谷原备境内凶荒",但采买仓谷却使常平仓流于形式,有仓而无谷,不能取得原有的备荒效果。乾隆则是力求保证仓谷制度的正常运转。窦光鼐所奏的杭、嘉、湖三府荒年仓谷无谷可粜之事虽然后来被证明并无此事,但它之所以能引起乾隆的注意,显然与乾隆关心民瘼有着极大的关系。

但专制统治者只是希望民众成为毫无自主性的被统治者。他们之所以体恤民情,仅仅是在于提供一个更为宽松的生存环境,使民众不致因生存的困窘而走向反叛的道路。本质上,乾隆排斥民众在政治事务中表现出来的激情,18世纪中国的特殊环境更是让乾隆倍加防范。

许多文献资料表明,以传统儒家道德标准来衡量,民风的败坏始自乾隆朝中后期。乾隆四十六年(1783年),"(风俗)视三十年前大不同,人心少淳实之风"。① 又乾隆五十一年(1788年),"闾巷奢靡,任其逾制,老商曰:'十数年前,我辈所服,不过大布,而近则人人饰缎,虽欲不着,被人鄙贱,不得不尔云。'"②

社会风气的实际情形究竟如何,也许还在其次,我们要注意的是这种情况是否反馈到了乾隆的耳边,并在其脑海中形成了一幅图景。从实际情形全图景印象的形成,无疑至少要受到两类因素的影响:官僚的素质及感情好恶和乾隆本人的理解和判断能力,这两者都将直接影响到他的决策。所以

---

① 吴晗辑:《朝鲜李朝实录中的中国史料》,北京:中华书局,1980年,第4706页。

② 吴晗辑:《朝鲜李朝实录中的中国史料》,北京:中华书局,1980年,第4778页。

我们必须要考察官员的奏折到底是如何描述的，而基于这种描述所做出的决策则反映了乾隆的心理活动。

黄梅案的发生地浙江首先就给乾隆一种心理恐惧。自清朝建立之后，浙江作为明朝遗民活动的主要场所，一直是难于驾驭的地方。虽然遗民风气自雍正朝中期起已趋于衰落①，但它给清朝统治者所造成的心理压力却非短期内可以消除。相反，这种压力反而因一而再、再而三的案件更趋于紧张。

平阳所处的位置更引起乾隆的担忧。平阳地处浙江最南部，南与闽东接壤，东临大海，与外界交通不便，更与省城杭州相距一二千里，乾隆对其控制相对薄弱。伊龄阿在渲染窦光鼐招告生监的情形时特意指出，"平阳地处山海，俗本刁顽"。平阳地处山海属实，但是否"俗本刁顽"则值得怀疑。两者有必然联系吗？而伊龄阿却以不可置疑的语气下了断言。这也确实合乎人们的一般心理。但实际情况如何呢？"李琬序前志（乾隆朝所修的平阳县志）云，平邑虽介两省之间，然地稍僻左，四方舟车商贾所不至，无末富淫巧之荡其心，故风气较淳朴。徐恕序云，士安于塾，农安于野，工安于肆，贾安于市，风近古也。"②虽然地方志往往有自我标榜之风，但至少可以证明"俗本刁顽"是立不住脚的。

"俗本刁顽"只是一个比较空泛的描述，如果没有具体的事例作佐证，是很难使乾隆对此产生兴趣的。伊龄阿在接下来的陈奏中进一步地渲染了窦光鼐招告生监所产生的混乱局面。"及见生监暨平民人等一概命坐，诱令讦告黄梅数年款迹，并服中演戏各情事，总以申冤理枉为辞，以致生童民人竟拥至千百成群，纷纷嘈杂，不听弹压等情。"③

当乾隆收到伊龄阿此类奏折时勃然发怒并不奇怪。乾隆作为专制政体下的君主，他所希望的不是具有某种反抗意识的民众，而是懦弱的恭顺的民众等待从君主那里得到恩惠才能得以生存。乾隆所积极实行的爱民措施正反映了他的心理，在民众仰赖于君主的恩泽而得以生存时，乾隆的心理得到了极大的满足。他所要求的民众必须是被动地接受，而不是主动地争取，特

---

① 胡宗良：《雍正中期"江南案"透析》，《清史研究》2001年第1期。
② 民国《平阳县志》卷十九，《风土志二·民风》，民国十五年（1926年）刊本。
③ 《浙江巡抚伊龄阿奏续报窦光鼐自平阳至省躁急颠狂情形折》，乾隆五十一年（1786年）闰七月十六日，第3183页。

别是采取最后通牒式的威逼更是乾隆所不愿接受的。

从奏折来看,似乎是民众表达意愿的行为方式过于激烈惹怒了乾隆,其实行为方式只是事情的表象。其实质内容则反映了民众对官员威信的威胁和反抗,其象征意义是对乾隆所制定的现存秩序的抗拒。官员的权威来自君主,君主对官员的主动任免陟黜是君主权威的下放与回收,是君主权威在不同个体官员上的施赠与否,是皇权的正常表达,于皇权本身并无损害。尽管民众纷纷响应窦光鼐的招贴揭告黄梅,其目的与效果是与前者一样的,但在精神上却与乾隆所希望的相悖。乾隆继承与强化了历代专制君主所强调的秩序原则。乾隆朝所创制的大清律例正反映了乾隆的思想——对宇宙自然精神及秩序的模仿与认同。他希望在他所创造和维持的秩序里,每个人都安于自己的位置,一旦秩序出现某种问题时,应由天以及天在人间的代表皇帝对秩序加以调整。①

因而,民意超越官员的腐败成为乾隆的关注点。官员的腐败就短期来看只是影响了官僚体系的行政效率,而民意却可能直接危及其统治,更何况控制官僚显然要比控制民众容易得多。

从历史来看,类似的事件总是能引起乾隆激烈的反应。乾隆四十六年(1781年),浙江"桐乡县有皂林村乡民姚姓数人向已经交纳粮米,掣有串票之各花户,私议'米色难交,必系漕书勒捐',纠约十余人,欲赴县向漕书争论",后来查明"实系乡愚争较,并无聚众哄堂之事",因而只是"将该犯等枷责惩治"②。乾隆指出,这么做是"颟顸了事,故奸民罔知惩创,复蹈故辙",并认为正是这种姑息行为,"复酿成桐乡有闹漕之案"③。乾隆正是认为放纵民间的行为是一种危险的行为,才如此严厉,"如此乖张督乱,不但有乖大

---

① 参看〔美〕D·布迪、C.莫里斯著,朱勇译:《中华帝国的法律》,南京:江苏人民出版社,1998年;〔英〕S·斯普林克尔著,张守东译:《清代法制导论——从社会学角度加以分析》,北京:中国政法大学出版社,2000年。

② 《军机大臣福隆安等奏报审明桐乡聚众闹漕一案请将陈辉祖按原议即行正法折》,乾隆四十八年(1783年)二月初三日,第2835页。

③ 《谕内阁着赐令陈辉祖自尽以为封疆大吏废弛地方者戒》,乾隆四十八年(1783年)二月初三日,第2838页。

臣之体，且恐煽惑人心，致启生监平民人等讦告官长、效尤滋事之风，不可不严行惩儆"。①

在对待民意上，乾隆显示出了对自己至高无上权威的维护、对民间极端行为的严厉打击，同时也包含了对民意的尊重和敬畏。因为他深深认识到民意对其王朝维持的重要意义。在实际行动中却表现出明显的矛盾心态。

四、城隍庙中的民意表达

民众要表达意愿往往需要冒很大的风险，倘若乾隆把民意的表达看成是一种犯上行为，贪官不但不会受到惩治，民众的灾难还将会随之而来。好在当时民众可以借助城隍庙这一特殊场所来表达自己的意愿。城隍庙往往具有丰富的象征意义：一则城隍庙的存在获得国家的认可，二则官府多参与并组织城隍信仰的一些重大活动，因而城隍庙反映了国家的在场。民众亦往往在此表达自我意识，实现与国家的沟通。而窦光鼐当时招告生监的地点就在平阳县城城隍庙。

平阳县城的城隍庙门口有块寝殿碑，系当地明朝人蔡立身所写。碑文记曰："使后之职是土者，皆能奉上德意式侯之勤敬，共怀柔神，罔时恫以祝福一方，我平阳之民其永永有休。"②从碑文中，我们可以看出，当初建城隍庙的目的并不是为了保国，而是为了民间社会经济和风气教化。其碑文在清代一直被完好地保留着，至少说明了清代时平阳县民众对城隍庙象征含义的承认。在本案中，城隍庙的重要性在于它为事件的发生提供了饶有意味的背景，传达出一种较浓的民间色彩。从伊龄阿的奏折中我们可以得知，窦光鼐一开始在明伦堂招告生监时，生监都避而不答。而当窦光鼐于城隍庙再行招告时，"生童竟拥至千百成群，纷纷嘈杂，不听弹压等情"。招告场所的切换所造成的截然不同的效果，表明城隍庙给予民众的心理作用是非常强烈的。

在招告过程中，出场的是农民中的代表人物——生监。作为非官员在乡绅士，尽管有着相应的功名，但在乾隆看来却是与一般的民众没有太大的

---

① 《谕内阁着将窦光鼐拿交刑部治罪》，乾隆五十一年（1786年）闰七月二十四日，第3192页。

② 民国《平阳县志》卷四十五，《神教志一·城隍庙》。

区别。尽管他们是清朝官僚体系的补充源和后备力量,却依然没得到乾隆感情上的认同,即在官与民的二元社会体系中,他们是作为官的对应物而存在的,尽管他们已经具备了作官的资格,吴荣烈当时甚至已捐纳授布政司理问。

由于任职的回避原则,官僚被人为地切断了与本乡本地区的社会联系,至少其联系被淡化到了一个无足轻重的地步,即不至于影响他的正常决断。官僚作为皇帝的代表,在某个陌生的环境与陌生的社会群体建立官民关系,其行为表现了皇帝的意愿。而在乡绅士则不同,他们与当地有着千丝万缕的网络关系,出于各方面的考虑,他们的所作所为注重的是地方民间的利益,因为他们的利益不仅包含于地方民间利益之中,还在其中占有很大一部分。由于他们受到相对良好的文字教育,具有较高的道德修养,甚至取得功名,自然而然地成了地方社会的代言人。在乡绅士管理地方社会能力的加强,往往意味着地方自治趋势的增强,这势必会影响整个帝国的向心力和凝聚力,因而也往往被皇帝所警惕。

从案件中我们所观察到的是生监屈从的一面。民众所作的供词显得诚实而有分寸。尽管黄梅已经处于被查处的窘境,他们仍然没有落井下石,证明了黄梅除勒借钱文外,并无侵吞寿民钱及母死演戏之事。这同样也反映了民众的诚惶诚恐。他们的供词显露出他们的软弱性。口口声声的"小的",不管这是对审判程序的敷衍,还是对其自觉的遵循,都反映了他们对强大的等级秩序的屈从。

审案过程中的心理压力可能影响了生监意愿的正常表达,乾隆对此有着深刻的认识。伊龄阿在一次上奏中禀报私询平阳典史李大璋时,李大璋供出窦光鼐前后诱令写供及变脸发怒等诸多与窦光鼐所奏不符的情节时,乾隆指出,"伊系微末之员,如何敢在巡抚前实供翻案,是以止将窦光鼐逼供发怒情形顺照抚之意,搪塞支饰,而于黄梅贪黩各款概不吐露,其所供未可为凭"。①

从当时及随后的当地士人对黄梅案的记载,我们看到的是另外一幅图景,即民众的自我张扬,尤其是在乡绅士的自我张扬。虽然笔记中在乡绅士

---

① 《寄谕阿桂等着将现在查出之印信图书字帖确切跟究》,乾隆五十一年(1786年)八月初五日,第3213页。

的形象有可能被理想化，有失实之处，但与档案两相对照，从中我们得以对在乡绅士有着更为全面的认识。"每庭讯，吏辄苦荣烈等……金乡潘荣桂抗声曰：'自古皆有死民，无信不立。'问官为动容。"①

关于是谁揭发黄梅的罪状，有着两个不同的版本。据窦光鼐自述，"及试平阳，童生场中颇闻语声，诘之则曰……"而平阳纪德碑则提供了另一种说法。"始光鼐按试平阳，一文童某条列黄梅贪酷状于卷。窦得卷大惊，廉知其实而参案以起。"②窦光鼐的目的是渲染黄梅案所犯劣迹在平阳民众中所造成的恶劣影响的广度和深度，而在乡绅士则是为了塑造一个典型的绅士的光辉形象作为他们的代表。因而，对该文童的后续记录也就顺理成章，"及光鼐再任苍温，文童某不与试，曰：'吾往得人，学人必谓文宗私我矣。'遂以童生终"。③

尽管有奏折等档案文件与地方志两相对照，我们对黄梅案发生时平阳民众群体仍然存在着认识上的盲点。无论是奏折、谕旨还是地方志，生监，即在乡绅士都被认为是地方社会理所当然的领导者。然而，历史事实中影响并主导民间社会的并不局限于在乡绅士。程歗将晚清的"社区精英"界定为三类人：(1)参加过科举考试（或预备科考）但没有入仕的下层士绅，包括文武秀才、赋闲举人以及同书院体系相联系的贡生、监生等；(2)基层正式体制内的半官职人员，正式体制外的各种民间组织（无论合法与否）的首领；(3)基层社会地位和社会角色都相当复杂的乡镇"能人"和"强人"。④ 并不是迟至晚清，社区精英的内涵才如此复杂。乾隆朝时平阳县的社区精英同样可能包含如此复杂的成分，其中第 3 类尤其值得注意，在此姑且称为"豪民"。

尽管都被认为是社区精英的组成部分，豪民与在乡绅士有着很大的区别。在乡绅士有可能寻求更具有合理性的途径或方式去解决事情，豪民选择的是最简单的、最直接的同时也是比较暴力的方法。两者在方法上的牴牾，造成了在乡绅士对豪民的排斥。当然，在某种情况下，豪民的行为有可

---

① 民国《平阳县志》卷三十八，《人物志七·吴荣烈》。

② 民国《平阳县志》卷三十八，《人物志七·吴荣烈》。

③ 民国《平阳县志》卷三十八，《人物志七·吴荣烈》。

④ 程歗：《社区精英群的联合与行动——对梨园屯一段口述史料的解说》，《历史研究》2001 年第 1 期。

能帮助在乡绅士达到目的,但问题在于,豪民的存在有可能影响在乡绅士的行为的正常表达的效果。所以在黄梅案中,豪民话语的缺失成为必然。分析本案所可以依据的材料主要是奏折、谕旨、地方志,使我们现在所见到的是由乾隆、督抚大臣、其他下级官员及在乡绅士所共同勾勒出来的社会图景。窦光鼐虽然有意夸大黄梅的恶劣后果,但是同时他也必须证明自己尚能控制局面。在乡绅士则不愿意认同豪民向合法性的归依,使得在对此案的记述中不能发现任何有损在乡绅士整体形象的记录。

有意识对豪民话语的擦拭并不能否认在具体历史情境中豪民的存在。伊龄阿在叙述窦光鼐招告生监情形时所提到的"不听弹压"的民众中,隐含着豪民的影子。在地方志里,豪民是作为反面形象而出现的,现举一例:"平阳各乡水陆间阻,步渡最多,蒡民往往于中取食,生客过境留难,颇苦。每路见行人,辄尾其后,雇船则高索船价,雇挑则昂抬挑价费。过步皆有私规,即零星小货亦有起水落水诸费。甚有勒令雇挑不许亲携者,其妇女随行及行李累坠者被索尤甚。"①豪民破坏了当地社会的正常秩序,而在乡绅士以维持社会秩序为己任,对此进行抨击。在此,豪民的形象被片面化、模式化了,同时也制约着我们更全面地认识乾隆朝平阳民间社会的面貌。

由于窦光鼐呈进了印票等实在证据,使黄梅案的重心重新回到贪污问题上来。黄梅案的进展在后半阶段非常顺利,确凿的证据使伊龄阿等官员无可辩解,乾隆完全掌握了处理此案的主动权。乾隆选择在人批生童聚集在省城的时候公开处决黄梅,其用意是非常深刻的。一方面,这些应试生童将来有可能科举中第,在此先预作警告,以儆效尤;而另一方面,则是向广大生童表明自己惩治贪污的决心,因为这些生童多为浙省一地一方的有影响力的人物,希冀经由他们的口耳相传,安抚浙江的民意。有关黄梅案的具体档案为我们展示了一个典型的文本范型,即犯案主角罪行的被发现—查证—处罚三段式的故事情节。案件的结果似乎表明,尽管官僚政治一度处于失范的状态,但最后还是回到了正常的轨道上来,这宣告了乾隆惩治贪污官员的措施取得了一定的成功。

然而,纠查本案的具体过程使我们产生疑问:如果窦光鼐未能及时地搜集到至关重要的证据,该案的最终走向又会是如何呢? 也许该案的档案资

---

①　民国《平阳县志》卷二十,《风土志二·蒡习》。

料将展示为另一种窦光鼐诬告黄梅而遭严惩的情节。究竟黄梅是真的蒙冤被污，还是因为证据不足而得以逃脱惩治，由于关于真实情况的资料缺乏和对档案资料的迷信，我们有可能做出完全相反的判断。乾隆朝贪污案件发生的频率和数量为我们提供了想象的空间：在这些被查处的案件后面，又有多少案件未被发现和查处呢？

乾隆朝中后期贪污案件层出不穷，其原因究竟在何处呢？黄梅案结案时，乾隆对涉案官员的处罚值得关注，这关乎乾隆对贪污原因的认识。在查案过程中，乾隆曾许诺对阿桂、伊龄阿等既往不咎，但在最后却对涉案各员一一清查严惩。即乾隆在确定已完全控制了局势之后，黄梅案被利用为一个政治大清洗的借口。① 显然他认为问题的关键在于政治过于宽松，对官员的威慑力下降。这确实有一定道理。终乾隆一朝，政治的严酷与否与官员的贪污之风呈现出此消彼长之势。当代历史学家也对乾隆朝贪污盛行的原因进行探究，认为官员俸禄过低，臣工贡献过多是其内因，而社会环境的变化如物价上涨、通货膨胀、风俗奢靡、道德沦丧等外因加剧了贪污的程度。②

但问题并不仅仅如此。黄梅案的意义在于从政治和社会的层面上提供了一个合适的场景，使我们得以从民意的多面性和不确定性认识官员贪污的存在机制。单就制度而言，乾隆朝的官员选任和监察制度已相当完善，如任职回避制、三年大计、密折制度等。但问题在于，监察制度把民众排斥在外，乾隆还自觉不自觉地把民众置于对立面。由于缺乏自下而上的监督，官员的腐败是不可能真正被根除的。皇帝与民众之间缺乏真正有效的沟通为媒介者即官僚提供了自由的活动空间。单方向的自上而下的专制监督不仅需要动用巨大的人力物力财力，而且其监察效果往往并不彻底的，很容易出现挂一漏万的情形。另外，官员可以利用君主对民众的恐惧来抵消皇帝对其的警惕，必要的时候可以利用民意来延缓甚至逃避君主的查处。就本案而言，至少存在三种版本——窦光鼐、曹文埴等人、在乡绅士各自所主张的民意，为正确处理本案设置了多重障碍。总之，皇帝获取消息途径的局限为官吏的贪污尤其是县级官吏的贪污提供了滋生的土壤。因为在这种情况

---

① 类似的情况出现于乾隆对叫魂案的利用策略中。参看[美]孔飞力著，陈兼，刘昶译：《叫魂：1768年中国妖术大恐慌》，上海：上海三联书店，1999年。

② 郭成康：《18世纪后期中国贪污问题研究》，《清史研究》1995年第1期。

下,贪污官吏逃脱法律制裁的可能性较大,即便是被查处,也往往是不及时的,因而造成严刑酷法的威慑力量大打折扣。"然诛殛愈众,而贪风愈盛。"①正反映了乾隆的尴尬处境。由于乾隆是不可能将民众纳入到官员监察体系内并赋予主动性,所以乾隆始终无法真正禁绝贪污现象的发生,这也是封建君主遇到的无法解决的难题。

第五节

建茶从北苑向武夷转变的内在机理分析 *

北苑茶与武夷茶均为建茶名品,先后得势于两宋和清代。它们作为建茶不同时期的代表,在生产目的、营销方式和消费人群等方面都有所差异。建茶由北苑向武夷的转变从总体上呈现出一种由高端向大众过渡的趋势。这种转变实际上是顺应了宋元以来社会饮茶风尚的变化,以及历代榷茶制度的沿革,是时代变迁的产物。

"闽诸郡皆产茶"①,"太姥有'绿雪芽'"、"福宁白琳、福安松萝","福州、福宁及闽县之鼓山皆产'半山茶'","侯官之水西、风岗、九峰山、林洋(即林洋寺)、华峰、长箕岭,长乐之蟹谷,福清之灵石,永福之名山室、方广岩,连江之美箩、石门,皆产佳茗"②。自唐代以来,福建就是著名的茶乡,所产的茶叶品质优良、种类繁多,尤以建州茶区为最盛。

茶叶作为中国传统的经济作物,围绕其所进行的研究层出不穷,而福建既然是历史悠久的茶乡,有关的研究成果自然也非常丰富。福建社会科学

---

① 薛福成:《庸庵笔记》卷三,《入相奇缘》。
* 本节与洪易易合作,洪易易现为清华大学历史系2016级博士研究生。
① (清)郭柏苍:《闽产录异》,长沙:岳麓书社,1986年,第15页。
② (清)郭柏苍:《闽产录异》,长沙:岳麓书社,1986年,第18页。

院徐晓望先生就曾对福建历代的茶政沿革与茶叶生产做过一系列研究①。上海师范大学黄纯艳先生的研究则主要围绕唐宋茶法的演变②,并于20世纪90年代对国内唐宋茶叶专卖史研究做了比较系统的梳理③,著有《宋代茶法研究》④一书。此外,还有许多学者就相关内容做了研究,内容不仅包括福建茶叶生产考证和茶法的沿革,还涉及茶叶贸易,茶文化及民间饮茶习俗诸方面。其中也不乏一些针对北苑和武夷两个茶区所做的专题研究。

然而,即便是对北苑茶区与武夷茶区所做的专题研究,也大都是将两个茶区作为独立的个体进行单独考察,鲜少将二者结合起来分析。北苑与武夷两大茶区,一个位于建安县,一个位于崇安县,二者同属建宁府。宋代北苑腊茶的鼎盛在一定程度上影响了刚刚萌芽的武夷茶区。它们一同经历了元代以来由推崇腊茶转为推崇散茶的饮茶习俗变迁,遭遇了明代罢贡团茶之后的式微期。北苑茶随着时代的变迁逐渐没落无闻,武夷茶却于明末清初重新崛起,不仅取代了北苑在建茶中的统治地位,还进一步打开了海外市场。是怎样的历史背景造就了建茶由北苑向武夷转变的契机?在这种转变的过程中,清代的武夷茶较之昔日的北苑茶又都发生了哪些具体的变化?本文试对这些问题进行分析。

---

① 相关论文包括:徐晓望:《福建历代茶政沿革考》,《福建茶叶》1986年第1期,第31~33页。徐晓望:《福建历代茶政沿革考》,《福建茶叶》1986年第2期,第31~34页。徐晓望:《清代福建武夷茶生产考证》,《中国农史》1988年第2期,第75~81页。徐晓望:《唐末五代福建茶业考》,《福建茶叶》1991年第1期,第38~42页。徐晓望:《论清以前安溪与泉州制茶业的发展》,《福建茶叶》2002年第4期,第45~46页。

② 相关论文包括:黄纯艳:《论蔡京茶法改革——兼论宋代茶法演变的基本规律》,《中国经济史研究》2003年第1期,第106~115页黄纯艳:《论南宋东南茶法》,《厦门大学学报(哲学社会科学版)》,2001年第3期:第134~141页。黄纯艳:《论宋代茶法的地区差异》,《云南社会科学》,2001年第5期,第7~71页。黄纯艳:《论宋代福建茶法》,《中国社会经济史研究》,2000年第1期,第15~21页。

③ 详见于黄纯艳:《近十年来的国内唐宋专卖史研究》,《中国史研究动态》,1997年第7期,第11~19页。

④ 黄纯艳:《宋代茶法研究》,昆明:云南大学出版社,2002年。

一、北苑茶与武夷茶发展概况

福建茶贡最早可以追溯至唐代。据梁克家《三山志》载:"唐宪宗元和间,诏方山院僧怀恽于麟德殿说法,赐之茶。怀恽奏曰:'此茶不及方山茶佳。'"由此开启了福建茶叶进贡的历史。然而,在唐代,福建茶叶在全国的地位并不突出。胡仔《苕溪渔隐丛话后集》记载:"建州,陆羽茶经尚未知之,但言福建等十二州未详,往往得之,其味极佳。"①北苑茶的出现使得原本不受重视的福建茶品名扬海内,奠定了建茶在全国的地位。所谓"有唐茶品以阳羡为上供,建溪、北苑不著也"。②清人刘源长在《茶史》中也说:"唐茶品最重阳羡。陆羽茶经,裴汶茶述皆不载建品,唐末然后北苑出焉。"③

北苑茶萌芽于唐末五代,而盛于宋。相传,"唐龙启中,里人张晖以所居北苑地宜茶,悉谕之官。由是,始有北苑之名。"④陈寿祺《福建通志》也记:"(张阁门)家有茶园,在邑之北苑,周回三十余里,尽输之官,既卒,里人祀之,以为茶焙地主。"⑤五代之季,福建属南唐疆域,当时北苑所制的茶品已经开始得到认可,有一定的知名度,采造也有一定的规模。熊蕃《宣和北苑贡茶录》对此记载颇为详尽:"(南唐官员)岁率诸县民采茶北苑,初造研膏,继造腊面。既有制其佳者,号曰京铤。"⑥可以看出,北苑出产的腊茶此时已经受到南唐统治者的青睐,并被冠以特殊的名号,宋代北苑贡茶生产、进贡的基本模式已见雏形。不仅如此,南唐时期,北苑腊茶就已经取代阳羡茶的地位,成为贡茶中的上品。《宣和北苑贡茶录》中就曾引《南唐书》语:"嗣主

① (宋)胡仔:《苕溪渔隐丛话后集(第五册)》卷第十一,北京:北京图书馆出版社,2006年,第7b页。

② [清]梁章钜:《归田琐记》,北京:中华书局,1981年,第145页。

③ [清]刘源长:《茶史》,收录于《四库全书存目丛书》(子部第79册),济南:齐鲁书社,1995年,第816页。

④ (明)夏玉麟,汪佃:《建宁府志》,厦门:厦门大学出版社,2009年,第636页。

⑤ 陈寿祺:《福建通志》台北:华文书局,1968年,第616页。

⑥ (宋)熊蕃:《宣和北苑贡茶录》,收录于(宋)蔡襄:《荔枝谱》,福州:福建人民出版社,2004年,第111页。

李璟命建州茶制的乳，茶号曰京挺。腊茶之贡自此始，罢贡阳羡茶。"①

如果说北苑茶在唐末五代时期仅仅是崭露头角，那么有宋一代，则是其独领风骚的时期。北苑腊茶在宋代受到统治者极大的推崇，同时也是皇亲国戚、达官贵人以及文人雅士争相追捧的对象。欧阳修在《龙茶录后序》中写道："（北苑茶）宋仁宗尤所珍惜。"②而他自己也是多年才获一赐，"至今藏之"。宋代的大文豪苏轼也对北苑茶评价极高，称"（其他茶品）纵有佳者，尚难得其仿佛"③。它制作精绝、种类繁多，皆被冠以"龙团凤饼""密云龙""瑞云翔龙""龙团胜雪"这类华丽的名号。北苑茶不仅茶味甘滑，为好茶者所喜爱，同时也是一种身份地位的象征。

北苑御茶园的繁荣事实上也带动了周边其他地区的茶叶生产。明人徐𤊹之《茶考》有云："闽中所产茶，以建安北苑第一，壑源诸处次之……武夷之茶，在前宋亦有知之者，第未盛耳。"④陆廷灿《续茶经》也记载："武夷茶赏自蔡君谟始，谓其味过于北苑龙团。"⑤苏轼在《咏茶》中也将"北苑"误作"武夷"，可见当时武夷地区已有茶叶出产，品质也并不差，只是当时北苑名声在外，武夷茶区尚未出名，产茶规模也还不大。

到了元代，北苑腊茶仍然在贡茶中占有重要地位。正如《王祯农书》所言："闽、浙、蜀、荆、江、湖、淮南皆有之（指茶），惟建溪北苑所产为胜。"⑥刘仁本的《羽庭集》中也说："建溪三十里，北苑擅茶名。"⑦

北苑团茶在建茶中一枝独秀的地位在元代仍然持续了一段时间，此时的武夷茶还未扬名，至多也只是作为北苑茶的补充参与茶贡。这种情况在大德年间开始有所转变。陆廷灿在《续茶经》中引《武夷茶考》之语，对此事

① （宋）熊蕃：《宣和北苑贡茶录》，收录于（宋）蔡襄：《荔枝谱》，福州：福建人民出版社，2004年，第112页。
② （宋）祝穆：《新编古今事文类聚》（三），京都：中文出版社，1989年，第1331页。
③ （清）何绍基：《重修安徽通志》，收录于《续修四库全书》（第654册），上海：上海古籍出版社，1995年，第398页。
④ （清）董天工：《武夷山志》，台北：成文出版社，1974年，第1453页。
⑤ （清）陆廷灿：《续茶经》，郑州：中州古籍出版社，2010年，第91页。
⑥ （元）王祯：《王祯农书》，北京：农业出版社，1981年，第112页。
⑦ （元）刘仁本：《羽庭集》，收录于（清）永瑢，纪昀：《景印文渊阁四库全书》（第1216册），台北：台湾商务印书馆，1986年，第58页。

是这样记录的：

> 按丁谓制龙团,蔡忠惠制小龙团,皆北苑事。其武夷修贡,自元时浙江省平章高兴始,而谈者辄称丁、蔡。苏文忠公诗云:"武夷溪边粟粒芽,前丁后蔡相笼加。"则北苑贡时,武夷已为二公赏识矣。至高兴武夷贡后,而北苑渐至无闻。①

可知,自高兴将武夷茶"采制充贡"并"创御茶园于四曲"②后,武夷茶开始作为独立的贡品进贡,其地位也逐渐与北苑茶相当,且最终超越了北苑茶。这个由北苑向武夷逐渐过渡的过程不是一蹴而就的,而是一个长期的渐变过程。

《闽小纪》载:"先是建州贡茶,首称北苑龙团,而彝石乳之名未著。至元,设武场于武彝,遂与北苑并称。今则但知有武彝,不知有北苑矣。"③可知早期建茶以北苑为尊,元代起武夷与北苑齐名,而到了清代时,武夷的地位已经超过北苑。元代所设之官局名为"建宁北苑武夷茶场提领所",有"提领一员,受宣徽院札。掌岁贡茶芽。直隶宣徽"。④ 从提领所的名称也可推测,当时北苑和武夷是由建宁北苑武夷茶场提领所统一管理,向朝廷进贡茶叶,且二者地位相当。

《明史·食货志》中亦有记载:"其上贡茶,天下贡额四千有奇,福建建宁所贡最为上品,有探春、先春、次春、紫笋及荐新等号。旧皆采而碾之,压以银板,为大小龙团。太祖以其劳民,罢造,惟令采茶芽以进,复上供户五百家。"⑤可见,北苑茶在明初仍享有相当的名声,只是在后来逐渐为武夷所取代。

当北苑与武夷作为建茶的代表名扬海内时,民间的饮茶习俗开始悄然变化——人们由推崇腊茶逐渐转变为推崇散茶。这种转变开始于民间,并自下而上地渗透、传播开去,最终以明太祖朱元璋罢贡北苑团茶为标志确立下来。这对于当时以制作团茶著称的北苑、武夷两个茶场来说,是一个极大的冲击,进而导致了闽茶在明代进入一个式微期。

---

① (清)陆廷灿:《续茶经》,郑州:中州古籍出版社,2010年,第93页。
② (清)董天工:《武夷山志》,台北:成文出版社,1974年,第1453页。
③ (清)周亮工:《闽小纪》,福州:福建人民出版社,1985年,第12页。
④ (明)宋濂:《元史》,北京:中华书局,1976年,第2206页。
⑤ (清)张廷玉:《明史》北京:中华书局,1974年,第1955页。

从上面《明史·食货志》的材料中就可看出，尽管明初北苑茶仍有一定的影响力，但饮茶习俗已经变化，建茶失去了一向引以为傲的制茶特色。《闽小纪》载："前朝不贵闽茶，即贡者亦只备宫中浣濯瓯盏之需。"①而其原因则在于"僧拙于焙"。看来，当时福建茶区的茶叶虽然品质优良，但由于制作工艺落后，无法适应时人推崇散茶的习俗，故有明一代，福建茶叶在贡茶中的地位并不高，"只堪供宫中浣濯用耳"。

闽茶式微的局面在明代的中后期由于茶贡的废止而有所改观，但真正使武夷茶区的发展进入一个新阶段的，还要数清初②武夷茶区制茶技术的革新——发明了炒焙兼施的制茶工艺。

经过制茶技术的革新，武夷茶的制作方法由落后转变为先进，至道光年间，还出现了"武夷焙法，实甲天下"③的说法。本就品质优良的武夷茶，地位也因此而迅速地提升，不但取代了北苑茶在福建茶叶中的地位，甚至有超越江浙一带名茶之势。许次纾在《茶疏》中写道："江南之茶，唐人首称阳羡，宋人最重建州，于今贡茶，两地独多。阳羡仅有其名，建茶亦非最上，惟有武夷雨前最胜。"④袁枚在《随园食单》中更是给予了武夷茶极高的评价："尝尽天下之茶，以武夷山顶所生冲开白色者为第一。"⑤而与其相比，"龙井虽清而味薄矣，阳羡虽佳而韵逊矣"。⑥

在国内获得肯定的同时，武夷茶在海外市场的开拓中也显示出超群的实力。众所周知，用传统工艺制做出来的绿茶略带苦涩，而改进后的武夷茶口感温润，苦涩味道也减轻了许多，更易于被没有饮茶传统的外国人所接受。在国际市场上获得的巨大成功，使武夷茶焕发出前所未有的活力，在开埠之前，单就广州一口的茶叶输出，武夷茶就占到总量的三分之二⑦，开埠

---

① （清）周亮工：《闽小纪》，福州：福建人民出版社，1985 年，第 13 页。

② 武夷茶制作技术的革新发生在清初的观点，详见于徐晓望：《清代福建武夷茶生产考证》，《中国农史》1988 年第 2 期，第 75～81 页。

③ （清）梁章钜：《归田琐记》，北京：中华书局，1981 年，第 145 页。

④ （明）许次纾：《茶疏》，《收录于四库全书存目丛书》（子部第 79 册），济南：齐鲁书社，1995 年，第 780 页。

⑤ （清）袁枚：《随园食单》，北京：中华书局，2010 年，第 261 页。

⑥ （清）袁枚：《随园食单》，北京：中华书局，2010 年，第 263 页。

⑦ 参见徐晓望：《清代福建武夷茶生产考证》，《中国农史》1988 年第 2 期，第 75～81 页。

之后的出口量更是巨大。

可以看出，自宋代以来，建茶在各类茶品中始终占据着不可忽视的地位。然而，建茶之"最胜者"却经历了由北苑向武夷的转变。此二者同样经历了元代以来由推崇腊茶转向推崇散茶的变革，以及明代的"不贵闽茶"，然而最终的结果却不尽相同。发端、成名较早的北苑茶场逐渐没落，从"建州之茶名天下，以建安北苑为第一"[①]到"今人鲜知"，最终消亡。相反的，萌芽较晚的武夷茶区在经过相当长的一段式微期后，却焕发出了新的生机，不仅在国内备受推崇，更开辟了广阔的海外市场。是什么造成了"武夷茶盛行而北苑之名遂泯"[②]的局面？稍晚崛起的武夷茶比之于雄踞两宋的北苑茶，究竟发生了哪些转变？下文将尝试从几个不同方面对此进行探讨。

二、从高端走向大众——建茶由北苑向武夷的转变

有宋一代，北苑茶作为建茶的龙头而崛起，并带动了同属建宁府的武夷茶区的萌芽。到了元代，武夷已与北苑并驾齐驱，以制作团茶而著称。二者一起经历了散茶兴起、罢贡团茶的冲击。面对这样的转变，曾经鹤立鸡群的北苑茶一点点淡出了人们的视线，直至其名为人所鲜知，而武夷茶却在一段式微期后重新崛起，完成了由团茶向散茶的蜕变，大盛于清代，取代北苑茶成为建茶的表率。

建茶由北苑向武夷的转变，事实上可以看作其顺应时势的自我调整。北苑茶与武夷茶在生产目的、营销方式及消费人群等方面的差异，则是这种自我调整的具体表现，它们分别代表着不同时期建茶发展、存续的基本面貌。

（一）生产目的

对于一种产品来说，生产目的是决定其发展模式的根本动因，对产品的定位、生产、推广等都起着导向性作用。生产目的的不同，使得北苑与武夷两个茶区在产品定位、营销方式、消费群体等方面都有着明显的不同。生产

---

① （明）何乔远：《闽书》，福州：福建人民出版社，1995年，第4450页。
② （清）施鸿保：《闽杂记》，福州：福建人民出版社，1985年，第153页。

目的上的转变，进而导致了其他各个方面的变动、调整。

> 君不见武夷溪边粟粒芽，前丁后蔡相笼加。争新买宠各出意，今年斗品充官茶。吾君所乏岂此物，致养口体何陋耶？洛阳相君忠孝家，可怜亦进姚黄花。①

苏轼这首《咏茶》看似是写"武夷"，实际上却不然。《闽书·南产志》中记载："蔡忠惠所录建安之茶，而苏文忠传则武夷茶也。"②《归田琐记》对此亦有详细记载："君不见武夷溪边粟粒芽，前丁后蔡相笼加。"直以北苑之名凤凰山者为武夷。渔隐丛话辨之甚详，谓北苑自有一溪，南流至富沙城下，方与西来武夷溪水合流，东去剑溪。③

基本可以推断，苏轼诗中所指实为北苑。从"前丁后蔡相笼加"，"争新买宠各出意"的诗句中不难看出，丁谓、蔡襄等在任福建地方官员期间，之所以对北苑茶场的生产重视有加，并不断推陈出新，很大程度上是为了"争新买宠"，以进贡优质的茶品取悦统治者，以此作为在任期间的政绩之一。

北苑茶的崛起，以及历任官员依靠茶品的推陈出新来博取统治者青睐的传统，都与丁谓、蔡襄二人有着不可分割的联系。"盖龙凤等茶皆太宗朝所制，至咸平初，丁晋公漕闽，始载之于《茶录》"④，创制龙团凤饼的虽非丁谓本人，但他所撰的《建安茶录》⑤详细记载了北苑腊茶的生产规模、制作工艺，还"作诗以大其事"⑥，起到了一定的宣传作用。到了庆历年间，"将漕闽中"的蔡襄"创造小龙团以进，旨仍岁贡之"⑦，从而奠定了北苑茶在贡茶中

---

① （清）董天工：《武夷山志》，台北：成文出版社，1974年，第1212页。

② （明）何乔远：《闽书》，福州：福建人民出版社，1995年，第4451~4452页。

③ （清）梁章钜：《归田琐记》，北京：中华书局，1981年，第145~146页。

④ （宋）熊蕃：《宣和北苑贡茶录》，收录于（宋）蔡襄：《荔枝谱》，福州：福建人民出版社，2004年，第112页。

⑤ 《闽书》记载为《建安茶录》，《苕溪渔隐丛话后集》又有《建阳茶录》《北苑茶录》《茶图》之说。

⑥ （宋）胡仔：《苕溪渔隐丛话后集（第五册）》卷第十一，北京：北京图书馆出版社，2006年，第8a页。

⑦ （宋）熊蕃：《宣和北苑贡茶录》，收录于（宋）蔡襄：《荔枝谱》，福州：福建人民出版社，2004年，第112页。

不可动摇的地位。因此有"大小龙茶,又起于丁谓而成于蔡君谟"①的说法。

蔡襄这种"作小团茶入贡,以仁宗嗣未立而悦上心"②的做法,又被后来的贾青、郑可简等人效仿。他们纷纷标新立异,以"密云龙""瑞云翔龙""银线水芽"等名头创制新式的北苑腊茶,在统治者面前争宠。

以"悦上心"为主要目的的生产模式虽然给北苑茶带来了巨大的发展和极高的声誉,但这种竞相争宠的发展模式也有其不可回避的弊端,即它的时效性。为了维持统治者对北苑茶品的新鲜感,也为了突出自身在贡茶上的功绩,历任官员只能不断对茶品做出翻新,制做出较前任更为精绝的茶品,并冠以各种各样华美的名称。于是便造成了"自小团出,而龙凤遂为次矣。元丰间,有旨造密云龙,其品又加于小团之上"③的局面。

这样虽然在一定程度上起到了"制愈精,工愈细"的作用,但也使得北苑茶在生产、制作过程中过度注重花样的翻新而忽视生产成本,重视噱头甚于重视效益,一旦失去了统治者和达官贵人们的青睐,北苑茶场的前途就十分堪忧了。这大概也可以部分程度地解释为什么在面对饮茶风尚的变化和团茶的罢贡时,北苑茶场会一蹶不振。

与重视茶叶进贡的北苑茶场不同,稍晚崛起的武夷茶区,其生产目的更多地侧重于通过贩卖茶叶而取利。下面来看一个事例:

> 武彝产茶甚多,黄冠既获茶利,遂遍种之,一时松栝樵苏殆尽。及其后崇安令例致诸贵人,所取不赀,黄冠苦于追呼,尽斫所种武彝真茶,九曲遂濯濯矣!④

黄冠通过种茶大获其利,却因"例致诸贵人,所取不赀"而宁愿"尽斫所种武彝真茶",从这个例子中不仅能看出进贡、官取给产茶者带来的巨大负担,也能反映出明清以来武夷茶区种茶者在进贡与销售二者间取舍的倾向性。

徐𤊹在《茶考》中说:"(武夷茶区)环九曲之内,不下数百家,皆以种茶为

---

① (宋)胡仔:《苕溪渔隐丛话后集(第五册)》卷第十一,北京:北京图书馆出版社,2006年,第8a页。

② (宋)王巩:《甲申闻见二录补遗》,收录于(清)永瑢,纪昀:《景印文渊阁四库全书(第1037册)》,台北:台湾商务印书馆,1986年,第221页。

③ (宋)熊蕃:《宣和北苑贡茶录》,收录于(宋)蔡襄:《荔枝谱》,福州:福建人民出版社,2004年,第112页。

④ (清)周亮工:《闽小纪》,福州:福建人民出版社,1985年,第12页。

业,岁所产十万斤,水浮陆转,鬻之四方,而武夷之名,甲于海内矣。"①可见,武夷茶在产品的销售上较北苑茶有了很大的发展,尽管所产的茶叶仍有一定的份额需供进贡,但由于"贾人以重价购之",产茶者为了追求利润,将上品茶叶卖给商人,于是出现了"(商品)取必以时,制必如法,较之贡品,实超万万"②的局面。看来,武夷茶在生产目的和理念上,与"入贡之后,市无货者"③的北苑茶相比,有了很大的不同——相对于进贡茶叶以获得名声,产茶者更乐意从茶叶的生产、贩卖中获取实质性的利润。

随着茶叶生产的不断发展,茶贡愈益成为武夷茶区产茶者的负担,影响了当地茶业的发展进程。明嘉靖年间,时任建宁知府的钱嶫就"奏免武夷茶贡,请以岁编茶夫及水脚银两,赍府造办"④,从此免去了武夷茶贡。万历年间,建宁府守郭章又奏罢茶税,"至此,建宁府茶户彻底解除了贡徭负担"⑤。这些举措多多少少缓解了武夷茶户长年的积困,也在一定程度上为武夷茶之后的大发展创造了有利条件。

在中国古代社会,一地的土产想要提高知名度,成为所谓的"名产",主要可以通过两种渠道:一是通过入贡获得统治阶层的认可;二是通过一般的销售渠道打开市场,赢得民间更为广泛的认可。对于一种产品而言,这两种渠道通常是并存的,只是其中的侧重有所不同。北苑茶与武夷茶在生产目的上的不同,主要就是通过二者在入贡与销售上侧重的不同体现出来的。这种侧重上的转变,很大程度上是顺应了时代的要求,同时也导致了北苑茶和武夷茶在营销方式、消费人群等方面的一系列差异。

(二)营销方式

生产目的的不同进而导致了北苑茶与武夷茶在营销方式上的区别。

从上文对北苑茶生产目的的分析中已经可以大致看出,北苑茶最主要

---

① (清)董天工:《武夷山志》,台北:成文出版社,1974年,第1454页。
② (清)徐经:《雅歌堂文集》卷八,《武夷茶贡说》,转引自徐晓望:《福建历代茶政沿革考(下)》,《福建茶叶》1986年第2期,第31～34页。
③ (宋)祝穆:《新编古今事文类聚(三)》,京都:中文出版社,1989年,第1331页。
④ (清)董天工:《武夷山志》,台北:成文出版社,1974年,第1002页。
⑤ 徐晓望:《福建历代茶政沿革考》,《福建茶叶》1986年第2期,第31～33页。

的营销方式就是:通过对茶品进行不断的精加工,并用龙凤之类的富贵意象赋予其华丽的名号,一而再地推陈出新,从而取悦统治者。这基本上以福建地区漕运官员的更替为一个循环过程。

从丁谓时期的龙团凤饼,到蔡襄创制小龙团,再到贾青的密云龙,后来又有郑可简的银线水芽,此外先后还出现了"瑞云翔龙""龙团胜雪""御苑玉芽""万寿龙芽""龙凤英华"等诸多名头。这种"取像于龙凤"①的命名方式,加上历任官员纷纷作诗、撰文"以大其事"的做法,想要北苑腊茶默默无闻反而是件难事。然而,叶梦得对密云龙制作的一句记载还是让北苑茶这种注重外在包装的营销方式暴露出它的弊端。他在《石林燕语》中写道"熙宁中,贾青为转运使,又取小团之精者,为密云龙"。② 这里,虽然不能草率地说,从龙团凤饼到密云龙的发展过程中,北苑茶在制作工艺上没有进步,但从"取小团之精者"之语中多少可以推测:历任官员的不断推陈出新,一定程度上是依靠在原有的生产基础上,选择更加上乘的原料来实现的。

与北苑茶通过外在包装和不计成本的精加工来树立名声的做法不同,武夷茶的推广和崛起很大程度上仰赖于制法的改良。上文中已经提到,明代建茶由进贡团茶改为进贡茶芽(也就是所谓的散茶),一向以制作团茶著称的北苑、武夷两大茶区均受到冲击。比之团茶,散茶的制作少了许多繁复的外在加工,对炒茶、焙茶的要求也有所不同,要想让自身进贡的茶芽超越久负盛名的江浙草茶,就要在制法上下功夫,需要的不仅是简单的模仿,更要有所创新,而制法的改进与创新,并非一蹴而就之事。因此,明代出现了一段闽茶的式微期。

武夷茶区于清初打破了制法不精的困局,在引进松萝法的基础上,发明了炒焙兼施的制作工艺,不仅很大程度上克服了绿茶味道苦涩的缺陷,又避免了因添加香料而失去茶叶的真味。正如清人李卷在《茶洞作武夷茶歌》③中所言:"虽云胜地发先春,焙制精良始绝伦。"王草堂《茶说》中详细记载了武夷茶的制作方法:

茶采后以竹筐匀铺,架于风日中,名曰晒青。俟其青色渐收,然后

---

①　(宋)胡仔:《苕溪渔隐丛话后集(第五册)》卷第十一,北京:北京图书馆出版社,2006年,第8a页。

②　(宋)叶梦得:《石林燕语》,西安:三秦出版社,2004年,第177页。

③　(清)董天工:《武夷山志》,台北:成文出版社,1974年,第717页。

再加炒焙，阳羡岕片只蒸不炒，火焙以成。松萝、龙井皆炒而不焙，故其色纯。独武夷炒焙兼施，烹出之时半青半红，青者乃炒色，红者乃焙色。茶采而摊，摊而摝，香气发越即炒，过时不及皆不可。既炒既焙，复拣去其中老叶枝蒂，使之一色。①

此外，不得不提到仿冒品在武夷茶的推广、营销中起到的特殊作用。与北苑茶区的官营茶场不同，武夷茶区的生产以私营为主，武夷茶的声名鹊起势必引来一批跟风之人，企图通过仿冒武夷茶品从中牟利。然而，单纯地从消极的角度来看待仿冒品的存在是不全面的。劣质的仿冒品会对正品的品牌形象造成极大的损害，比如清代号称"精品冠闽溪"②的"郑宅茶"，其后来逐渐消弭的原因之一便是"真者无几，大都以赝者杂之，虽香而味薄"③。相反的，质量优良的仿冒品，事实上也会对正品的品牌推广起到一定的积极作用。

武夷茶的仿冒品有两个比较主要的特点，一是品质好，二是数量多。梁章钜《归田琐记》中记载："武夷九曲之末为星村，鬻茶者骈集交易于此。多有贩他处所产，学其焙法，以膺充者，即武夷山下人亦不能辨也。"④仿冒品竟然达到了"即武夷山下人亦不能辨"的程度，足见其仿制技术的高超。徐经在《上制府议禁种茶书》中说："通洋之市遂以武夷主之，而凡建属之产尽冒武夷。"⑤数量众多，且品质优良的仿冒品在一定程度上对武夷茶风行之后的供应市场起到了补充的作用，对武夷茶国内外市场的开拓都起到了一定的推动作用，进一步扩大了武夷茶的知名度。仿冒品的存在，事实上为正品武夷茶的推广开辟了一条特殊的渠道，客观上成为武夷茶一种特殊的营销方式。

（三）消费群体

生产目的和营销方式的差异，使得二者的产品定位，及其所面向的消费

---

① （清）陆廷灿：《续茶经》，郑州：中州古籍出版社，2010年，第141页。
② （清）郭柏苍：《闽产录异》，长沙：岳麓书社，1986年，第19页。
③ （清）陆廷灿：《续茶经》，郑州：中州古籍出版社，2010年，第323页。
④ （清）梁章钜：《归田琐记》，北京：中华书局，1981年，146页。
⑤ （清）徐经：《雅歌堂文集》卷十，上制府议禁种茶书，转引自徐晓望：《清代福建武夷茶生产考证》，《中国农史》1988年第2期，第75～81页。

群体也有着较大的区别。

从上文的论述中不难看出,北苑茶的生产走的是一种高端路线。它的生产主要用于进贡,其消费者也以自皇帝而下的皇亲国戚、达官贵人为主。胡仔《苕溪渔隐丛话后集》中对北苑茶有这样两段描述:

> 建安北苑茶,始于太宗朝太平兴国二年(977年),遣使造之,取像于龙凤,以别庶饮,由此入贡。①

> (北苑茶)每岁不过五六万斤,迄今岁出三十余万斤,凡十品,曰龙茶、凤茶、京挺、的乳、石乳、白乳、头金、蜡面、头骨、次骨。龙茶以供乘舆,及赐执政、亲王、长主,余皇族、学士、将帅,皆凤茶,舍人、近臣赐京挺、的乳,馆阁赐白乳。②

从上面两段材料中可以看出,北苑茶的生产一开始就与"庶饮"有别,产量并不高,除了供皇帝消费,其余不同的品第也分别赐给执政、皇族、将帅、近臣等地位显赫的人。消费人群如此高端,加上产量不多,使北苑茶具有了稀有性和昂贵性这两种属性。

欧阳修在《龙茶录后序》中记载了这样一段轶事:

> (北苑茶)仁宗尤所珍惜,虽辅相之臣,未尝辄赐。惟南郊大礼致斋之夕,中书、枢密院各四人,共赐一饼。宫人剪金为龙凤花草,贴其上,两府八家分割以归,不敢碾试,宰相家藏以为宝。时有佳客,出而传玩。至嘉祐七年(1062年),亲享明堂斋夕,始人赐一饼。余亦忝与,至今藏之。余自以谏官供奉仗内,至登二府,二十余年才一获赐。③

在朝的高官想要获赐北苑茶都如此困难,对于低级官员和民间百姓来说,更是难上加难了。晁冲之在《简江子之求茶》一诗中也感叹道:"人间此品那可得,三年闻有终未识。"④

① (宋)胡仔:《苕溪渔隐丛话后集(第五册)》卷第十一,北京:北京图书馆出版社,2006年,第7b~8a页。

② (宋)胡仔:《苕溪渔隐丛话后集(第五册)》卷第十一,北京:北京图书馆出版社,2006年,第7b页。

③ (宋)祝穆:《新编古今事文类聚(三)》,京都:中文出版社,1989年,第1331页。

④ (清)吴之振,吴留良,吴自牧:《宋诗钞(二)》,北京:中华书局,1986年,第1056页。

所谓"物以稀为贵"，北苑茶的稀有性不可避免地造成了其价格的高昂。欧阳修在《归田录》里写道："蔡君谟为福建路转运使，始造小片龙茶以进，其品绝精，谓之小团。凡二十饼重一斤，其价值金二两。然金可有，而茶不可得，每因南郊致斋，中书、枢密院各赐一饼，四人分之。"①

北苑茶面向的消费群体，是占人口总量很小部分的统治阶层，其生产的主要目的是取悦统治者，这使得它的存续很大程度上依赖于统治者的兴趣以及统治阶层的风尚。北苑茶更多地不是作为商品，而是作为一种收藏品在一定时期内为一小部分人所关注和追捧，加上它过度地注重外在的华丽包装和成品质量的精益求精，在"日数千工，聚而造之"②这样耗费大量人力、物力的条件下，也只能产出相对较少的产品③，生产效益可想而知。

有元一代，不仅是北苑，武夷茶区也开始了它的贡茶之旅。这一时期，武夷同北苑一样，是制作团茶进贡，二者地位相当，作为建宁贡茶也由统一的机构管理。这在上文中都已涉及。此时，北苑茶承袭前代的威望，尽管武夷后来居上，地位与其比肩，但很大程度上还是北苑的"影子"，而明代闽茶在贡茶中的地位又有所下降，武夷茶与北苑茶消费群体的转变，到了武夷茶盛行的明末、清初才比较明显地体现出来。

在清代，武夷茶分为不同的品种，其品质、价值都有所不同，较有别于"庶饮"的北苑茶来说，更容易得到。对此，梁章钜在《归田琐记》中有这样一段记载：

> 今城中州府官廨及豪富人家竞尚武夷茶，最著者曰花香，其由花香等而上者曰小种而已。山中则以小种为常品，其等而上者曰名种，此山以下所不可多得，即泉州、厦门人所讲工夫茶，号称名种者，实仅得小种也。又等而上之曰奇种，如雪梅、木瓜之类，即山中亦不可多得。大约茶树与梅花相近者，即引得梅花之味，与木瓜相近者，即引得木瓜之味，他可类推。此亦必须山中之水，方能发其精英，阅时稍久，而其味亦即消退，三十六峰中，不过数峰有之。各寺观所藏，每种不能满一斤，用极

---

① （宋）欧阳修：《归田录》，北京：中华书局，1981年，第24页。

② （宋）胡仔：《苕溪渔隐丛话后集（第五册）》卷第十一，北京：北京图书馆出版社，2006年，第8a页。

③ 参见徐晓望：《福建历代茶政沿革考》，《福建茶叶》1986年第1期，第31～33页。

小之锡瓶贮之,装在名种大瓶中间,遇贵客名流到山,始出少许,郑重沦之。其用小瓶装赠者,亦题奇种,实皆名种,杂以木瓜、梅花等物以助其香,非真奇种也。①

可见,武夷茶虽然依旧价值不菲,但已不像北苑茶那样难以获得,州府官员、富贵人家都可以享受到"花香"这一品第的武夷茶,而离武夷茶区较近的泉州、厦门一带人甚至可以尝到"小种"茶。尽管所谓的"奇种"仍然不可多得,但这种情况较"二十余年才获一赐"的北苑茶已经好了许多,加上自宋元以来逐渐建立起来的"与北苑并称"的地位,武夷茶的影响力无形中被放大了。与北苑茶所走的高端路线不同,在民间的可得性实际上夯实了武夷茶作为建茶名品的品牌地位。

总体来说,北苑茶以入贡为主要生产目的,通过华丽的外在包装和对原料的精挑细选来保持统治者的兴趣,以皇亲国戚、朝廷近臣为主要消费群体。它作为贡品的属性占据着主导地位。相比之下,武夷茶作为商品的属性则更加突显,产茶者更加重视从茶叶贩卖中获取利润,产品定位也开始走向大众,民间市场被打开了。武夷茶通过各种顺应时势的自我调整打破了闽茶式微的局面,不仅重新树立了建茶在国内的名声,还将市场扩展到了海外。那么,导致建茶发生这一系列转变的动因为何?又是什么契机造成了武夷崛起而北苑渐废的结局?下一部分将会着重讨论。

三、建茶由北苑向武夷转变的时代背景及动因

所谓时势造英雄,对于某种特定的产品来说,道理也是一样。宋代以来,建茶由北苑向武夷,由高端向大众的过渡,实际上也是顺应了时代的潮流。由宋至清,社会上的饮茶风尚、各个茶区的生产经营状况,以及相关的政策、法规等无疑都发生了变化,这些因素的变化进而导致了茶叶市场整体环境的变迁。笔者以为,造成建茶由北苑向武夷转变的根本原因便是市场环境的变迁,其中最主要的因素有二:一是饮茶风向由推崇腊茶转为推崇散茶;二是榷茶制度沿革。

① (清)梁章钜:《归田琐记》,北京:中华书局,1981年,第146页。

（一）饮茶风尚的改变

《王祯农书》有云：

> 茶之用有三：曰茗茶，曰末茶，曰蜡茶。凡茗，煎者择嫩芽，先以汤泡，去熏气，以汤煎饮之，今南方多效此。然末子茶尤妙，先焙芽令燥，入磨细碾，以供点试。凡点，汤多茶少则云脚散，汤少茶多则粥面聚。钞茶一钱七，先注汤调极匀，又添注入回环击沸，视其色鲜白，着盏无水痕为度，其茶既甘而滑。南方虽产茶，而识此法者甚少。蜡茶最贵而制作亦不凡。择上等嫩芽，细碾入罗，杂脑子诸香膏油，调剂如法，印作饼子制样任巧，候乾，仍以香膏油润饰之。其制有大小龙团带胯之异。此品惟充贡献，民间罕见之。①

从上面这段材料可以看出，元代南方已经以饮茗茶（也就是散茶）为主。尽管"末子茶尤妙"，但点茶工序繁复，即便在产茶的南方，也是"识此法者甚少"。腊茶是末茶中的精品，在民间都十分罕见，更不要说风行了。

上文已经提到，元时北苑与武夷并驾齐驱，两个茶区都以团茶入贡。此时，建茶在贡茶中仍然享有很高的声望。可以想见，皇家推崇腊茶，民间自然也奉为上品，但由于腊茶难得，品质较次的末茶便作为腊茶的替代品在民间流通。尽管懂得末茶正确冲泡方法的人不多，但王祯对末茶的评价却不低。据此不难推测，当时散茶已经开始在南方盛行，但由于腊茶的官方地位很高，在民间仍拥有颇高的知名度。

明初朱元璋罢贡团茶后，北苑、武夷也如其他茶区以散茶入贡。本就没有太大民间市场的腊茶，在失去了统治者的青睐后，命运自然可以想见。大约到了成化年间，腊茶就已经完全失去了原有的优势。丘濬在《大学衍义补》中对此是这样描述的："唐宋用茶皆为细末，制为饼片，临用而辗之……元志犹有末茶之说，今世惟闽广间用末茶。而叶茶之用，遍于中国，而外夷亦然。世不复知有末茶矣。"②东南地区，尤其是福建一直是团茶的主要产地，而当时只有这里才保留饮用末茶的习惯，散茶已经在全国范围内为人所接受。

---

① （元）王祯：《王祯农书》，北京：农业出版社，1981年，第113页。
② （明）丘濬：《大学衍义补》，郑州：中州古籍出版社，1995年，第417页。

事实上,这种由推崇腊茶向推崇散茶的转变是带有一定必然性的。腊茶不仅做工繁复,耗费人工,而且在制作团茶的过程中会加入一些香料,使得茶味甘滑,但这种做法却掩盖了茶叶本身的真味。正如沈德符在《万历野获编》中所言:"茶加香物,捣为细饼,已失真味。"①徐火勃在《茶考》中也说:"宋元制造团饼,稍失真味,今则灵芽仙萼,香色尤清,为闽中第一。"②另一方面,腊茶价格颇高,主要用于进贡、赐予,民间罕见。与腊茶制法相同,但品质略低的末茶尽管在民间流通,但其冲泡方法亦非常复杂,并不适合日常饮用。加之宋代以来,市民文化逐渐兴起,民众的喜好与消费观对社会风尚的导向作用日趋明显。这样看来,社会饮茶风尚由腊茶向散茶的转变就显得顺理成章了。

饮茶风尚的转变无疑给建茶带来了巨大的冲击。制茶方法的转变绝非一朝一夕能够成就,在改制散茶后,北苑、武夷为首的建州茶区无法在一时间超越有着悠久散茶制造历史的江浙等地,这成了明代闽茶式微的重要因素之一。在社会风尚转变的大势之下,建茶想要持续地发展、存续下去,迎合大众的口味、寻求优良的散茶制作方法势在必行,而武夷茶区在清初成功地实现了这种突破,由此取代了北苑在建茶中的地位。

(二)榷茶制度的沿革

唐中后期,我国始设茶税,并开始对茶叶实施专卖。这种茶叶专卖的制度被称为榷茶,广义上的榷茶包括了茶叶专卖、征收茶税以及由此而衍生出的一系列具体措施,是我国茶法的重要组成部分。政府通过这些方法,直接或间接地从茶叶的生产、销售各环节获取高额利润。所以,历代榷茶制度的沿革也可以看作是一个官与民争利的过程。一个时代的茶法对当时各茶区的茶叶生产、销售都有着深重的影响,也是左右国内茶叶市场大环境变迁的重要因素之一。

宋代茶法以多变著称,各地区也存在较大的差异。当时正值福建腊茶的鼎盛时期,其管理也较其他茶区更为严苛。黄纯艳先生曾撰写一系列文章,对有宋一代的茶法做了系统的梳理、研究,更有对福建茶法的专题研究。

---

① (明)沈德符:《万历野获编》,北京:中华书局,2004年,第799页。
② (清)董天工:《武夷山志》,台北:成文出版社,1974年,第1454页。

他指出:"福建茶法演变的总体趋势与宋代全国茶法一样,也是由官府独占收购批发的制度向以引榷茶的制度发展。但在这个演变趋势中又因多种因素表现出诸多与他路茶法不同的特点。"①并列表比较宋代福建茶法与东南诸路茶法的差异。宋代茶法虽然几经更迭,但对建茶的管理始终非常严苛,即使在其他地区实行通商法的时候,政府也从未完全放开建茶的销售市场。尽管在熙宁、元祐、政和、绍兴年间曾部分放开市场,但官买却从未停止。在严峻的市场背景之下,价格本就趋高的建州腊茶想要充分打开民间市场就更加不易。这样,通过入贡获得名声,以求得统治者的重视,抢占高端市场成为建茶存续下去的最主要手段。当时以供御为主要目的的北苑官焙在建茶中占据至高地位也就不足为奇了。

表 2-6 福建茶法与东南其他诸路茶法比较表

时间	茶 法	
	福建茶法	东南其他诸路茶法
太平兴国二年（997 年）至嘉祐四年（1059 年）	榷货务与山场制	榷货务与山场制[淳化三年（992 年）、天圣元年（1023 年）至三年（1025 年）淮南行贴射法]
嘉祐四年（1059 年）	官买禁榷	通商法
熙宁五年（1072 年）	通商与官买禁榷并存(江南通商江北禁榷)	通商法
元丰七年（1084 年）	官买禁榷	通商法
元丰八年（1085 年）	开封府、京师、陕西通商,余路禁榷	通商法
元祐元年（1086 年）	通商与官买禁榷并存(江南通商江北禁榷)	通商法

---

① 黄纯艳:《论宋代福建茶法》,《中国社会经济史研究》2000 年第 1 期,第 15 ～21 页。

续表

时间	茶　法	
	福建茶法	东南其他诸路茶法
崇宁元年 （1102 年）	官买禁榷	官买禁榷
崇宁四年 （1105 年）	官买禁榷	卖引法
政和二年 （1112 年）	官买禁榷	合同场法
政和三年 （1113 年）	合同场法与官买制并存	以引榷茶
建炎二年 （1128 年）	以引榷茶	以引榷茶
绍兴四年 （1134 年）	官买制与以引榷茶制并存（绍兴十年建茶长引限江南兴贩）	以引榷茶（长引茶过奖兴贩）
绍兴十二年 （1142 年）	官买禁榷	以引榷茶
绍兴十三年 （1143 年）	以引榷茶	以引榷茶

引自黄纯艳：《论宋代福建茶法》，《中国社会经济史研究》2000 年第 1 期，第 15～21 页。

这里要注意的是，统治者对北苑茶的青睐和对建茶买卖的严苛管理实际上是互相影响的。正因为北苑茶在以皇亲国戚、高级官员为主流的高端消费群体中树立了名声，才使得政府对建州腊茶的高额利润紧抓不放。而因此造成的严苛的市场环境又反过来使北苑茶在建茶中的地位更加稳固。

元代基本上承袭了宋代的茶引制度，政府通过卖引间接控制茶叶的流通，从中牟利。此时，武夷茶也开始作为贡茶进献，地位由此上升，渐与北苑平起平坐。明代东南茶区大体沿袭了宋元以来的茶引制度，但由于饮茶风尚的转变，建茶在贡茶中的地位大大下降。

徐晓望先生曾总结："明代福建的茶叶生产特点是分布面很广，全省各地都有出产,但产量不大,所以,尽管明政府继承了宋元的榷茶制度,但不见在福建实行榷茶制度的记载,当是由于福建产量不高的原故。"①从宋代严苛的禁榷制度,到明代不见福建榷茶记录的转变中就可看出,统治者对建茶的重视已经大不如前,建茶失去了原有的高端市场。另一方面,随着腊茶的罢贡和官焙时代的结束。在明代,"贡茶生产者虽由官方指定,但茶户有了生产的自由权,他们的地位已类似于普通农户"②。且不说程度高低,但茶户既然获得了一定的生产自由权,那么追求利润自然成为他们生产的主要目的。

在当时的大背景下,建茶一方面失去了在高端市场中的优势地位。另一方面,又因官焙的废止、茶户生产自由权的扩大而有了进军民间市场、追求更多经济利益的可能。这样,建茶由高端向大众的路线转变也就不难理解了。

只是,明代闽茶虽然式微,但茶贡却不曾停止。这在当时已经成为建宁府茶农的沉重负担,茶户逃亡现象严重,阻抑了茶区的生产、繁荣。这种情况一直持续到明中后期,在钱嶪、郭章的努力下才终于得到改善。这也为后来武夷茶区的再度崛起准备了一个相对有利的环境。

市场因素包括了许多方面的内容,生产者、消费者、销售者、政府都应当考虑在内。饮茶风尚的改变实际上就是消费者需求的转变,而榷茶制度的沿革则是在不同历史条件下调控茶叶市场的政府行为。在建茶由北苑向武夷转变的过程中,此二者是最主要的动因。然而,也不能因此就忽略了其他市场因素的作用。比如,与福建同为茶叶产地的其他茶区,它们作为建茶的竞争者,其产品的生产、流通情况也在一定程度上对建茶造成影响。

上文已经提到,宋代建茶鼎盛,政府对其的管控也非常严格,即便在东南其他地区实行茶叶通商的时候,也没有完全放开对建茶的把控。可以看到,在当时,与其他竞争者相比,生产、销售、流通各环节都受到严格控制的建茶处于一个相对不利的境地。明代则不同,丘濬在《大学衍义补》中提到:"本朝捐茶利予民,而不利其入。凡前代所谓榷务、贴射、交引、茶由诸种名

---

① 徐晓望:《福建历代茶政沿革考》,《福建茶叶》1986年第1期,第31~33页。

② 徐晓望:《福建历代茶政沿革考》,《福建茶叶》1986年第1期,第31~33页。

色,今皆无之,惟于四川置茶马司一,陕西置茶马司四,间于关津要害置数批验茶引所而已。"①又说:"产茶之地,江南最多,今日皆无榷法,独于川陕禁法颇严,盖为市马故也。"②可见,一方面,建茶在明代不仅获得了比较宽松的产销环境,而另一方面,同样拥有悠久产茶历史的四川茶区却因茶马互市等因素被置于严苛的管理之下,如同宋时的建茶。自身获得了解放,又逢竞争对手在生产、流通中受到阻抑,这也为建茶打开民间市场起到了推波助澜的作用。

当然,建茶的转变是多种因素综合作用的结果,绝不限于以上三者,但其他因素在此种转变的过程中并不占据主导地位,本文不再赘述。归根结底,宋代以来建茶由北苑向武夷,由高端向大众的转变,是受到了市场环境变迁的影响,是建茶在发展、存续的过程中,顺应时代潮流而不断进行自我调整的结果。

受时代背景变迁的影响,建茶呈现出由高端走向大众的路线转变,具体来看就是从以北苑茶为尊向武夷茶领军的时代过渡。那么,在共同经历了饮茶风尚转变、罢贡腊茶等风波之后,为何武夷茶区再度崛起,而有着悠久产茶历史的北苑茶区却一蹶不振? 一些学者对此提出了自己的观点:

郑立盛先生在讨论北苑贡茶何以在明代中落时指出,"最直接的原因就是在明洪武十二年(1379 年)九月,明太祖朱元璋为了减轻民间负担,下诏罢贡北苑龙凤团茶,改贡散茶",且"北苑茶制造极度费靡,社会上散茶兴起,而北苑团茶不能适应市场的需求而发展,是北苑茶退出历史的客观原因"。③ 巩志先生则强调,北苑茶的"生产指导思想是不惜工本去迎合皇帝的需要,精心制造贡茶去博取高官……与广大社会需求,完全相背"④。

事实上,以上两种观点强调的还是时代因素的影响。笔者以为,北苑茶区在明清之际没能像武夷茶区那样很好地进行自我调整,与其悠久的制茶、官焙历史是分不开的。雄踞于两宋的北苑官焙深深地打上了那个时代的烙印,正因为这厚重的积淀,才使其在面临变化,需要自我调整时较后起的武

①　(明)丘濬:《大学衍义补》,郑州:中州古籍出版社,1995 年,第 416 页。
②　(明)丘濬:《大学衍义补》,郑州:中州古籍出版社,1995 年,第 417 页。
③　郑立盛:《渐露光芒的宋代茶都——北苑发掘研究现状与展望》,《农业考古》2003 年第 2 期,第 286～289 页。
①　巩志:《漫话宋代北苑贡茶》,《农业考古》1998 年第 2 期,第 209～212 页。

夷茶区更加不易。至于武夷茶区，它在式微期后的崛起一方面仰仗于明中后期市场环境的改变，但最关键的契机还是清初在制茶技术上的突破。可以说，建茶由高端向大众的过渡是时代变迁的大势所趋，而武夷茶对北苑茶的取代，则在时代因素之外，还掺杂了一些偶然因素。

总而言之，北苑茶与武夷茶作为建茶的翘楚先后崛起于两宋和清代，它们的兴起和衰落都是时代的产物，不仅见证了建州茶区的兴衰起落，亦从一个侧面映射出时代的变迁。北苑腊茶以供御为主要生产目的，不计成本、不惜人工的精加工是其最突出的特色，消费人群自然也是以皇亲国戚、达官贵人为主体，民间只闻其名，极为罕见。一方面，由于北苑腊茶名声在外，有宋一代，福建茶法甚为严苛。建茶在民间的贩卖、流通主要被政府垄断，受到较大的限制。另一方面，建州腊茶价格颇高，普通民众消费不起。这样，建茶便难以打开民间市场，发展和存续在很大程度上仰赖于北苑腊茶在贡茶中的地位。武夷茶贡最早开始于元代，当时北苑茶在贡茶中依然享有很高的声望，而武夷茶的生产、入贡在很大程度上都受到北苑的影响。尽管武夷茶由此获得了与北苑比肩的声望，但元代历时太短，进入明代后闽茶很快陷入了式微困境。武夷茶真正超越北苑而成为建茶的代表，实际上是在明末清初。此时的武夷茶，在生产目的、营销方式及消费人群等方面比之巅峰时期的北苑茶，都有所转变。

相对于北苑茶以入贡而"悦上心"为主要生产目的，武夷茶区则摆脱了贡徭负担，获得了更大的生产自由权，以追求更多的经济利益。它不再通过一味的精加工，给茶品冠以龙、凤之类华而不实的名称为营销手段，而是从根本上改进制茶工艺，以顺应当时推崇散茶的社会风尚。从产品的品第上看，武夷茶也不再像北苑茶那样，单纯地以占领高端市场为宗旨，而是更多地着眼于民间，既有"奇种""名种"这样的上上之品，也有"小种""花香"这类相对大众化的茶品。武夷茶的成功，不仅得益于制作工艺上的创新，更与其顺应时势而做出的一系列自我调整息息相关。

宋代建茶以北苑为尊，以生产腊茶而闻名。至元大德年间，以武夷茶充贡为标志，武夷茶逐渐获得了与北苑茶相当的地位，同样以制造腊茶著称。明洪武年间，朱元璋罢贡团茶，以此为节点，闽茶进入一个式微期。这种局面在明末清初由于武夷茶区贡徭负担的免除，以及制茶方法的改进而被打破。从此，武夷茶取代北苑茶的地位，建茶也由此完成了由北苑向武夷的转变。建茶从北苑向武夷，由高端至大众的转变，实际上可以看作建州茶区为了自身存续而不断进行自我调整的过程。它是宋代以来大众文化兴起,社会风尚改变,政治制度演进,以及由此引起的市场环境变迁的缩影,是时代的产物。

第六节

定光古佛信仰中的中原文化情结

客家人从何处来,客家有什么生活习俗、信仰习俗和文化价值观? 这是人们时常追问的问题。通过这些年对福建地方史的学习,我觉得闽文化虽然呈现出多元民系,但在明清时期却体现出较强的向附中原文化的倾向,这既是中原政权逐渐推进其行政管理的结果,也是福建当地人内附于中原文化的结果。是福建文化得以提升的前提和保证。

客家人主要生活于山区,生活方式以田猎和开发山区资源为主。人口的扩张驱动他们从家乡的山区走向沿海和其他内陆地区。长期身在山区的他们本来属于最原始的土著人群,或者说与畲相近,也长期遭平原区域农业生产方式经营者的歧视。但是他们却致意于自己的文化形象的树立,他们将中原文化作为树立自己形象的母本,形成了吃苦耐劳、注重文化的民系形象①。以中华文化的秉持者的身份出现,既符合学界所惯常说的"礼失而求诸野"的规律,又便于获得政权力量的关注和支持。凭借于此,客家民系获得了壮大发展的精神动力,也创造了自我的主流文化形象。

---

① 李世熊《宁化县志·风俗志》说:"宁化旧志称人物富庶,性气刚愎,仕官不谒公门,儒生耻于奔竞,斯亦美矣。……闾井边幅自好,矜踞自充,杯酒贰疑,动相谯责。……大约遇事激发,如风横涛涌。"罗香林先生在《客家学研究导论》中说:"客家人的坚耐,刚愎,负气,任死,的确有点和日本人相似。"(台北:南天书局,1992年,第32页)徐学先生通过分析黄遵宪、丘逢甲和吴浊流三位客家作家认为客家人惯于将刚愎犯难的精神与其忠义思想相结合,便形成一种英雄精神。

一

在中国传统社会，士绅文化与庶民文化交融的途径主要是通过各级官僚机构以及各级学校，包括乡里的庠、序、书院等。在明清时期，实现交融的途径显然较过去要多了些。自隋唐开始的科举制度到明清时成为上至勋戚显贵下及村间穷民子弟共同研习儒家学说的指挥棒，士绅文化得以更广泛地传播；明清时期小说等文学形式的发展发挥了使"怯者勇，淫者贞，薄者敦，顽钝者汗下"①的作用，成为"六经国史之辅"②，"虽日诵《孝经》《论语》，其感人未必如是之捷且深"。它们以"话须通俗方传远，语必关风始动人"的情怀，使士绅文化通过娱乐形式浸滋民间，明清"以神道设教"的政策亦通过许多传统美德的完型人物形象为庶民们树立起正面人物的范式，从而规范着人们的行动，影响着人们的道德观、是非观。

许逊，李世熊《钱神志》中说："许真君为旌阳县令，民有贫欠租赋者，悉令衙后锄园作工，阴点成金埋园内，民掘得之，悉以输纳，然不知其为真君所化也。夫术不轻用，用必济世，又无炫耀之迹，此造化在手，是为众仙之伯。"③这里许逊被传说为儒家传统美德的一个完型人物。

在福建邵武的江西会馆流传的关于许仙真君的神话式的传说是这样的：许仙小时和一位同学下河洗澡，那个同学在河里拣到一颗龙珠吞进肚里，以后变成了龙，这条龙说要荡平江西成大海，许仙为了拯救江西人免遭毁灭之灾，矢志学求法术，结果得了道。那个同学变成龙后，其妻怀孕，结果生了五条小龙，临产时刚好许仙来到，当即斩去四条，并斩去第五条的尾巴，这只没尾巴龙长成后竟大肆残害江西人，许仙和它斗法，降服了这只恶龙，将它囚禁在南昌西山庙殿下井中，使江西人避免了一次大灾难，所以江西人都崇奉许仙，称他为"江西福主"④。应该说，各地的江西会馆多崇奉许仙真君是依据了这则传说。据《大清会典》载："许姓，名逊，晋旌阳令，得道术，斩蛟除害。旧祠南昌，曰铁柱宫，宋封神功妙济真君。"也有的人说他是"晋汝

① 冯梦龙：《喻世明言·序》。
② 冯梦龙：《醒世恒言·序》。
③ 李世熊：《钱神志》卷六，《庆府第十·济世成道》。
④ 吴钟：《邵武江西会馆概述》，《邵武文史资料》第3辑。

南人,家南昌,字敬之。学道于吴猛。举孝廉,拜旌阳令,以晋室棼乱,弃官东归,周行江湖诸郡,殄灭毒害,宁康(按:即永康、永宁两个年号)初于洪州西山举家四十二口拔宅上升,鸡犬亦随逐飞去,年百三十六岁。宋封神功妙济真君,也称'许真君'"①。铁柱宫,亦名"万寿宫",在南昌广润门内,晋代建,而许逊得道处,相传在江西新建县西三十里之西山,一名南昌山,建有"万寿宫",每年八月远近士女入山进香者络绎不绝②。宫名"铁柱",据传说是因许真君当日斩蛟于铁柱之上而杀之,亦有以"万寿宫"名,大概又是因为许仙的年寿甚高而得名。总而言之,许仙是以除暴安良的人物形象留在了人们的印象深处。

许逊的神格大体可归于道教神灵,而定光古佛的神格形象则属于佛教的类型,均能在民间赢得广泛的信众。丁福保《佛学大辞典》"定光"条曰:"(佛名)梵名提洹羯佛,Dipamkara,译言锭光佛或然灯佛。有足曰锭,无足曰灯,作定非。释迦佛尝称为儒童。此佛出世之时,买五茎之莲奉佛,因而得未来成佛之别记。"《大智度论》曰:"如然灯佛生时,一切身边如灯,故名然灯太子,作佛亦名然灯,旧名锭光佛。"《瑞应经》卷上载:"锭光佛时,释迦菩萨名儒童,见王家女曰瞿夷者,持七枝表莲灯,以五百金钱买五茎莲奉佛。又见地泥污,解皮衣覆地,不足乃解发布地,使佛蹈之而过。佛因授记曰:'是后九十一劫,名贤劫,汝当作佛,号释迦文如来'。"从上述记载可知,定光佛即然(燃)灯佛,因其点化释迦菩萨而成佛果,当九十一劫时,将转世普度众生。

宋人朱弁在《曲洧旧闻》(卷一)中说道:"五代割据,干戈相侵,不胜其苦。有一僧,虽佯狂而言多奇中。尝谓人曰:'汝等望太平甚切,若要太平,须待定光佛出世始得。'至太祖一统天下,皆以为定光佛后身者,盖用此僧之语也。"

据南宋文人周必大(1126—1204)的《新创定光庵记》记载:"定光,泉州人,姓郑名自严。宋乾德二年(964年),驻锡武平南安岩,淳化二年(991年)别立草庵居之,景德初(1004年)迁南康郡盘古山,祥符四年(1011年)汀守赵遂良即州宅创后庵延师,至八年(即祥符八年,1015年)终于旧岩。"

---

① 见《中国人名大辞典》。
② 《江西年鉴》,转见窦季良:《同乡组织之研究》,第75页。

宁化黎愧曾《重修梁野山定光禅院题辞》云："汀之禅院独称定光。定光禅院于临安、于泉南、于江右，无弗有，而汀为最著。"又云："按定光古佛，汀州土神最灵者，非淫祠也。"①邑中有关定光古佛之传说甚多。

或谓某地筑陂，奈水流湍急，久而不能合拢；一日，一老妪给筑陂之儿女送饭，巧遇定光古佛于途。定光变作乞儿，向老妪乞食。老妪不察乞食者即定光佛，爱将筑陂事及家中困苦状实情以告，面有难色。定光退，老妪见其饥状，忽动恻隐之心，遂唤回定光，将饭食悉与之。饭罢，定光至水陂，语众回避，即脱下草鞋，甩往垅口，弹指而水陂成。牢固非常，经久不毁。乡人德之，立庙以祀。

又，邑中"寄子岭"之传说，至今尚为邑人津津乐道，且已载人《定光大师来岩事迹》碑记之中。碑记云："宁化余某，求嗣立应。后夫妇抱子齐来叩谢，距岩二十里，子忽毙。余夫妇敬心不改，把子暂寄荒岭，仍亲到岩。致斋毕，乃归，视子坐食馒头，遂尽舍财产入寺。今其岭犹传'寄子'云。"因其岭山道曲折，状若锯齿，故有人称为"锯子岭"，非也。

又，梁山顶有古母石，大数丈。远远望去，巨石悬空，临风欲动，十分险峻。古母顶偏西北山脚是箩斗坑。相传定光古佛某日到箩斗坑一带化缘，适某富翁家，主人不理睬。定光原已乞得有米，请借一煮，主人又不给柴。定光曰："吾以腿为柴，可乎？"竟将双腿放到灶膛里，噼噼啪啪烧了起来。须央饭熟，餐毕，定光不顾而去，主人大惊，一看，家中饭桌、板凳，悉被烧光，而定光两条腿仍是好端端的连个伤疤也没有。主人持打狗棍追了出来，而定光行走如飞，至水口，定光看到有个镇水口的大石，遂用绳子束缚，竟用伞把背着走了。待屋主人追来，定光已将大石背上梁山顶，生气地往地上一放，悬空而立，危危欲坠。从此，箩斗坑人时时虞虑巨石会从山上滚将下来而惶惶不安。这是定光古佛对为富不仁者一种恶作剧的惩罚，与前述向老妪乞食并助筑水陂的传说，恰成鲜明对照。

这些传说寄托着人们"善有善报、恶有恶报"的愿望，我们无须考其颠末，证其真假。人们既然把定光当作古佛供奉，并编造种种神话传说，说明定光生前确实给老百姓做过一些好事。这些好事当中，以"除蛟患"最为突出，康熙县志《方外》、乾隆府志《方外》等，均有不少关于此事的记载。

---

① 杨澜：《临汀汇考·山鬼淫祠》。

　　康熙县志《方外》云："五载度太和,龙州除蛟患。"乾隆府志《方外》云："十七游豫章,除蛟患。"民国县志《古迹志》云："南归道杭州,遇山出蛟,以帝赐金钟覆之。"宣统碑记《定光大师来岩事迹》云："年十一出家,十七游豫章,除蛟患,旋振锡汀州。"不止一处,不止一时,定光古佛真是除蛟专家。何谓蛟?一指古代传说中的动物,民间相传以为能发洪水。《山海经·中山经》："(翼望之山)贶水出焉,东流注于汉,其中少蛟。"注："似蛇,而四脚小,头细,颈有白瘿。大者十数围,卵如一二石瓮,能吞人。"一指鼍、鳄之属。《吕氏春秋·季夏》："令渔师伐蛟。"高诱注："蛟,鱼属,有鳞甲,能害人。"《晋书·周处传》："南山白额猛兽,长桥下蛟,并子为三(害)矣。"鼍,一名鼍龙,学称扬子鳄,俗称猪婆龙。体长六尺至丈余,四足,背尾鳞甲。力猛能坏堤岸。皮可冒鼓。至于定光古佛所除属何种蛟,则史志无明载。无论所除为何种蛟患,皆与韩愈驱潮州鳄一样,都是造福于百姓的事,值得歌颂。

　　此外,康熙县志《方外》还载云："有虎伤其牛,(师)削木书偈,厥明,虎毙于路。""泛舟往南康,江有搓桩害船,手抚而去之。""盘古山井无水,(师)以杖三击,泉涌出。""(汀)庵寺旧有枯池,因遂良请,投偈而水溢,即金乳泉是也。""城南有龙潭为民害,复因遂良请,投偈而沙壅成洲。"凡此种种,都算是定光古佛的善举。他的主要技能,似乎除了"投偈",就是"杖击",或"手抚而去之",无不带有浓厚的神秘色彩,令人难以置信。不过,定光古佛的行事大多表现出一种战胜大自然能力,与悲观、消极、颓废、无所作为和宣扬轮回报应的封建宿命论,不可同日而语。

　　有人考证了定光古佛的原型。定光大师姓郑名自严,泉州同安人,年十一出家当和尚,足迹布及闽、浙、赣、粤诸地。定光古佛,简称"定光佛",或称"定公古佛",又称"定光大师"。是闽西汀州客家人之重要守护神。定光古佛为五代十国末年、宋朝初年的高僧,定光古佛虽是闽南人,但其一生大部分都在汀州弘法。其在世时,已被闽西、赣南、粤东等地不少信徒视同神明,信徒极多,并为之建造殿宇,踊跃供养。其圆寂后,便成为汀州的重要乡土神明。而来台的汀州客家人也奉其为守护神。

二

　　由于客家天然缺乏良好的受教育的条件,于是他们的文化建设往往借助于宗教仪式,寓于节庆活动之中,通过劳格文先生的《客家传统社会》,我

们不难看出信仰的驳杂、民俗的纷繁现象。但定光古佛则是超越其他诸神的客家人共同的乡土大神，是流动的客家人的精神寄托。

客家人常说："逢山必有客，逢客必住山。"客家民系是在中国长期历史中形成的汉民族内一个特别民系。客家人的根在中原，客家文化是中原古文化的延伸和扩展。据客家学奠基人罗香林教授研究，由于中原天灾战祸等原因，中原汉人多次南迁，历史上汉民族的迁徙与客家有关的有五次，第一次自东晋至隋唐，第二次唐末至五代，第三次宋元之际，第四次明末清初，第五次清同治年间。其中进入赣南、闽西、粤东北山区的中原汉人，与古越族后裔畲、瑶等土著居民杂处，互相交流，取长补短，创造出一支与中原文化相通、又具南方特色的文化，称为"客家文化"。这些南迁汉人，操一种浓厚中原口音，并杂夹江淮官话的语言，称为"客家话"，讲这种话者称"客家人"。闽西清流亦在客家民系形成过程中发挥过中转站的重要作用，成为纯客家县，也是客家祖地之一。

客家先祖为什么能在穷山恶水、毒瘴猛兽的艰苦环境中奇迹般地生存下来，并且把原始荒野的崇山峻岭开辟为人类的乐园？这不仅与客家人自强不息的开拓精神有关，还与客家人对以定光古佛为主的神佛的崇拜有关。与定光古佛相关的神话传奇在客家就有五种：一是除蛟伏虎，为民除害；二是疏通航道，寻找泉水；三是祈雨阳；四是为民请命；五是神通广大。定光古佛神奇灵验，人人称道。大文学家苏东坡赞道①："定光古佛，不显其光，古锥透穿，大千为囊。卧像出家，西峰参道，亦俗亦真，一体三宝。南安石窟，开甘露门，异类中住，无天中尊。彼逆我顺，彼顺我逆，过即追求，虚空鸟集。"神话传奇中的定光古佛神通广大，佛法无边，救苦救难，被客家人尊称为是能带来好运的吉祥神，庇护客家百姓的保护神。明清时期定光古佛的信仰传入台湾省，至今台北、台中还有若干座专祀定光古佛的寺庙，最有名的是淡水鄞山寺，信众颇多，香火极旺。

杨彦杰主编的《闽西北的民俗宗教与社会》（国际客家学会 2000 年版）一书中有邓光昌、黄瑞仪和张国玉写的《宁化县湖村镇群众信仰定光古佛概述》，文章表明在客家祖居地定光古佛具有祖祠的性质。

武平岩前均庆寺坐落于著名风景区狮岩脚下。均庆寺因定光古佛而名

---

① 开庆《临汀志》卷七，《仙佛》。

扬中外。定光古佛姓郑名自严(917—999),福建同安人,11岁出家,宋太祖乾德二年(964年)从梁野山寻胜探迹而来,在狮岩下建寺院、设道场,几经重建、扩建,即今均庆寺。均庆寺比武平建县的历史还早30年。定光古佛先前为民除害,为民保平安,圆寂后人们塑其像,香火供奉,终年烛光吐焰,香风四溢,善男信女顶礼膜拜,成为一方保护神。岩前镇自清乾隆始,有魏、钟、梁、练等姓人氏入垦台湾开基。他们把定光佛的香火带入台湾,建寺供养。如今台湾岛内供定光佛的寺院有数百座,已成为海峡两岸佛教文化交流的桥梁和纽带。同时也是闽粤赣三省边民及东南亚客家籍人氏供奉的保护神。

定光古佛"胜迹"还遍布闽西、闽北。据文献记载,定光佛在世时,足迹遍布东南沿海各省,尤其在福建留下许多与之有关的"胜迹"。如清流县灞涌岩(金莲寺),这里飞泉怪石,茂林修竹,为一方胜境。相传"旧无水,定光佛至,飞锡凌空,七日复返,始有泉涌。其夜,风雷大作,雨水滂沱,僧惊避迟。明视之,庵推出谷口,其下飞瀑数丈如珠帘,至今莫寻其源"。连城县滴水岩,"相传定光佛尝驻锡于此"。上杭县东安岩,"宋定光佛常栖于此岩"。

清流灵台山位于闽西清流县南端的长校境内,属武夷山脉分支,主峰海拔1060米,占地7平方公里。灵台山景致尤美,钟灵毓秀,四周群峰错落有致,山下溪涧交流潺潺,空中薄雾轻云环绕,加之茂林修竹、蔓蔓古藤、奇花异草点缀其间,其悠然清新之境更为引人入胜。山中有圆通寺、翠峰寺、醉峰寺、福源寺四座庙宇构成闽西北最大的寺庙群。定光古佛常常云游于此。传说,一日,一老妪往灵台山下给筑陂的儿女送饭,正遇到变化成乞丐的定光古佛向她乞食。老妪将筑陂事及家中困苦状一五一十地告诉定光古佛,对他的乞食面现难色。定光古佛拖着沉重的步履走开了。老妪见他饥饿如此,忽动恻隐之心,遂将所有的饭菜施舍于定光古佛。定光古佛膳后,径至水陂,叫开众人,将己草鞋脱下,甩往垄口,弹指间水陂合拢,且十分牢固,经久不毁。乡人德之,立庙奉祀。此后,当地客家人流传下一句话:"进了灵台门,就是客家人!"如今,客家人筹划在闽西圣地——灵台山,兴建一座规模宏伟壮观的定光古佛殿,敬塑一尊令天下客家顶礼膜拜的定光古佛圣像,打造一座传播定光古佛文化的神圣殿堂,为天下客家搭建一道联系世界、沟通心灵的神圣之桥。亦为天下客家人的进一步整合创造了一个新的平台。

经过长期的文化塑造,客家精神成为一种大山精神——坚忍、刚毅、自立自强,客家精神又是碧水精神　　亲和、包容、激情涌动,两者刚柔相济便铸就了所向披靡的客家精神。并经过本土的客家人和寓居于外的客家人，留给世人一种积极正面的客家形象，这必将转化为一种巨大的财富，造福于客家子孙后代。

三

客家人奉祀的定光古佛亦为传统文化美德的化身，因而能发挥规范人心的作用，赢得统治者的认可。设置者们认为"人无论智愚，未有对明神而敢肆厥志者，爰鸠资为祠以宅神，别构楹为之宴所，岁时赛祀，集同人其中，秩秩然，老者拱，少者伛，以殽以饮，肃肃然、雍雍然，自是善过相规劝，患难疾病相扶持"①。对于处于流动中的客家人来说，会馆神灵实际上是一种有效的整合纽带，在明清社会变迁中，它在很大程度上保存了优秀的文化品德。"以神道设教"是过去封建政府为弥补行政统治之不足而经常使用的手段，到明清时期亦被引入会馆中，利用神灵"以范围尘世人之心，使之震慑而罔敢越，故人心顺应，即以克享夫天心"，让人们"体此意，而检其身，而慑其心，无敢慢，无敢渎，无作坏，无作恶"②，从而有效地维持了社会的稳定。清末冯桂芬说："大抵圣人之施教有常，而神与佛施教不测，故愚民敬畏，圣人之心每不如其敬畏神与佛，佛之教广大慈悲，神之教威灵显赫，故愚民敬畏诸佛之心每不如敬畏诸神。"③以神道设教，更切近一般民众，也更能从心灵上感化民众，从而起到稳定统治、巩固统治的作用。这种民间社会的自我努力适应了中央政府加强社会控制的需要，虽然政府不用直接干预，但产生的效果却很好。

定光古佛作为客家人的保护神，更多地出现在客家人的会馆里，或许因为客家信仰太驳杂，客家会馆往往选择祭祀妈祖，或祭祀定光古佛。由于客家先民富有流动性，因而客家人的定光古佛信仰便随之播向世界，分散在世界各地的客家人可以超越原有的乡土小神而在定光古佛的大旗下聚集，在国内它成为中华文化薪火相传的基地，在海外，它则代表中华文化，展示给

---

① 《重修正乙祠整饬义园记》，《明清以来北京工商业会馆碑刻资料选编》，第14页。

② 《重修天后列圣碑》，《明清佛山碑刻文献经济资料》，第128页。

③ 冯桂芬：《显志堂稿》卷一，《关帝觉世真经阐化编序》。

世人中华泱泱大国的厚重文化。

在台湾,主祀定光古佛的庙宇最有名的两座分别是二级古迹台北县淡水镇鄞山寺,与三级古迹彰化市定光佛庙。

淡水有四座主要的寺庙,分别是福佑宫、清水岩祖师庙、龙山寺、鄞山寺。鄞山寺位于淡水镇邓公里邓公路 15 号,建于清道光三年(1823 年),寺内奉祀定光古佛,为现今台湾唯一保存完整的清时会馆。定光古佛神像为软身塑法,神态十分逼真,是鄞山寺的特色之一,其他如龙柱、螭虎围炉等构图及雕痕严密浑厚的手法,为全台仅见。鄞山寺的建筑依蛤蟆形设计,传说寺址拥有蛤蟆穴的好风水,庙前水池象征蛤蟆嘴部,而庙后两口水井则为眼睛,过去每逢鄞山寺鸣钟,必有地方民宅会失火烧毁,后经地理师解释,系寺庙所在地点好风水,运气日隆之故。地方民宅人士便在寺庙前竖立一根钓竿,作钓蛤蟆状以破坏其风水,果真奏效,不再有民宅失火,而庙后象征眼睛的水井,其中一口水质混浊污黑,据说是蛤蟆眼睛被钓竿钓到了。如今二口水井都加盖封闭,井水一清一浊则有待考证了。

彰化定光佛庙创建于清乾隆二十六年(1961 年),为福建汀州府永定县士民及北路总兵张世英等所倡建,又称为"汀州会馆",供奉汀州守护神定光古佛,为一"人群庙"。全省除了本庙奉祀定光佛外,另有淡水鄞山寺一处,故有稀少性及特殊性,弥足珍惜。历代曾多次修建,至日据时期因道路拓宽,前殿因而遭到拆除,目前只剩后殿,夹杂在闹区之中,较显拥挤。殿内文物保存甚多,有乾隆年间"西来花雨""瀛峤光天""济汀渡海""光被四表"及嘉庆、道光年间之古匾,另道光年间之古对联也都富有研究价值。"定然万载感召日月,光焰千秋普渡众生。"这一副对联寄托了客家人对定光古佛的期盼,也是对定光古佛"慈悲天下,福造客家"的赞誉。定光古佛庇护客家源远流长。

客家民系走出了一条通过祀神寻求文化发展的道路,这有如处于黑暗之中的人们要向外界寻求圣火一样,他们秉持中华文化传承者的大旗,赢得了世人的包容,也为自身开辟了广阔的发展通路。客家人的这一文化努力亦是闽越文化中原化的一部分,由于客家民系更强烈的自我凝聚意识的影响,客家文化作为中原文化传承者的形象更加得以彰显。

第三章

海域经济的勃兴

第一节

论明清"海势东迁"对两淮盐场的影响 *

　　自民国以来，盐业史一直是史学研究中备受关注的领域，研究的成果十分丰硕。① 研究的视角在不断地更新，但迄今尚未有专文探讨自然地理环境变迁对盐业生产及其管理所带来的重要影响。本节则考察明清时期两淮

---

　　* 本节与吕小琴合写，吕小琴现为河南师范大学历史文化学院副教授。

　　① 有的从财政史的角度出发，重点阐发盐课在国家财政税收中的比重和重要地位，代表性的研究成果有（日）佐伯富：《中国盐政史的研究》，京都：法律文社，1987 年；陈锋：《清代盐政与盐税》，郑州：河南人民出版社，1988 年。有的以制度史为视角，主要考察盐专卖制度形成的原因、类型、产生的影响、历史意义等问题，可参考曾仰丰：《中国盐政史》，上海：商务印书馆，1936 年；徐泓：《清代两淮盐场的研究》，台北：嘉新水泥公司文化基金会，1972 年。有的从经济史的角度出发，考察海盐、井盐、池盐等的生产、运输、销售、消费各环节的运行情况及呈现出的特点，如刘森：《明代盐业经济研究》，汕头：汕头大学出版社，1996 年。此外，尤其值得注意的，是日本学者藤井宏和何炳棣先生通过关注盐商这个社会群体的研究，以探讨明清时期在盐业领域为何没有出现资本主义萌芽的问题：（日）藤井宏：《新安商人的研究》，《东洋学报》1953 年 6 月第 36 卷第 1 号、1953 年 9 月第 2 号、1953 年 12 月第 3 号和 1954 年 3 月第 4 号；何炳棣著，巫仁恕译：《扬州盐商：十八世纪中国商业资本的研究》，《中国社会经济史研究》1999 年第 2 期。

地区"海势东迁"的历史进程,进而探讨其给两淮盐场生产及其治理带来的广泛而深远的影响。

一、明清两淮地区"海势东迁"的历史进程

从地理上而言,"两淮"指淮河全流域的南部与北部的广大地区。本文中"两淮地区"专指淮河入海处的海盐产区,全区南界浙江,北接山东,位居黄海之滨,大致地处今日江苏省之通州、泰州及海州等地。两淮"海势东迁"主要指两淮地区陆进海退,海岸线逐渐向东移动的历史变动。

历史上,黄河泛淮是两淮地区"海势东迁"的主要原因。南宋以前,黄河多次泛淮,但因其持续时间不长,入海泥沙数量有限,因之对江苏海岸线变迁的影响不彰,"海势东迁"的速度和幅度不是很大。建炎二年(1128年)黄河南侵,此后的700余年,黄河均夺淮入海。尤其是16世纪中叶以降,黄河夺泗、淮入海后长期泛滥,再兼万历六年(1578年)潘季驯治河,大筑堤防,堵塞决口,出现了由汴入泗、由泗入淮的固定河道,这导致大量泥沙堆积在淮河河口,黄河口不断向外延伸。如十六世纪初黄河尚在云梯关(今苏北响水县)外入海,康熙三十九年(1700年)河口已在十套以东约15公里的八滩以外,雍正时河口又移至八滩以外的王家港,乾隆十二年(1747年)河口又移至大淤尖以下,嘉庆十五年(1810年)河口沙嘴实际已达六洪子,道光初年河口又移到丝网滨、望海墩处。据统计,黄河长期夺淮期间,黄河口共向大海推进90公里左右。①

黄河口不断向东延伸是两淮"海势东迁"的重要标志之一,更为直观的表现则是两淮地区滨海城市距海越来越远。如淮河南岸滨海城市盐城县,唐宋时大海尚距城东500米,②明代中期海岸则在盐城东15公里,17世纪初海岸已远离城东25公里,至19世纪中叶海岸则已距城东遥遥50公里了。③

明清两淮"海势东迁"的加剧引起了该地区海洋自然地理环境发生重大

---

① 孟尔君:《历史时期黄河泛淮对江苏海岸线变迁的影响》,《中国历史地理论丛》2000年4期,第154~155页。

② (南宋)王象之:《舆地纪胜》卷三九,道光二十九年(1849年)惧盈斋刻本。

③ 邹逸麟:《中国历史地理概述》,上海:上海教育出版社,2005年,第78页。

变化。这对两淮盐场生产及管理形成了巨大挑战。

二、明清"海势东迁"对两淮盐场的影响

自古以来，两淮盐场就是重要的海盐产区。明清"海势东迁"极大地改变了两淮盐场生产赖以运行的海洋自然地理环境。随着卤水、荡地等海盐生产必备的物质条件及海潮等威胁生产安全的自然条件不断发生变化，两淮盐场生产及其治理也被迫做出自己的改变。

（一）卤水淡薄与两淮盐场生产空间格局的调整

卤水是盐业生产的基本生产资料，海水则是两淮盐场所需卤水的基本来源。明清时期，随着"海势东迁"的加剧，原有盐场渐渐远离海洋后卤水日渐淡薄，导致盐产量锐减，如通州分司所辖盐场，"旧时距海不远，今则海沙涨起数十里，变为沙垣，亭场去海既远，卤气不升，渐移向外"。① 为了寻找卤水咸厚的制盐场所，大量盐民被迫不断地向东逐海迁徙，这逐渐导致一些盐场的盐民稀少，盐地荒废，为此朝廷不得不将其拆除或与附近盐场合并。如雍正六年（1728 年）临洪场、兴庄场合并为临兴场；乾隆元年（1736 年）白驹场并入草堰场，马塘场归并石港场，余中场并入余西场，莞渎场被裁后并入新设的中正场；乾隆三十三年（1768 年）小海场并入丁溪场，西亭场并入金沙场。大量盐民的向东迁徙也使部分盐场的行政管理机构随之纷纷东移。如乾隆十一年（1746 年）丁溪场盐课司署东移 50 里至沈灶；乾隆二十八年（1763 年）原驻扎在扬州的"淮安分司"移驻于板浦，淮安分司改为海州分司，致使板浦有"盐都"之称；乾隆三十一年（1766 年）小海场盐课司署东移 50 里至小海团；咸丰十一年（1861 年）草堰场盐课司署东移 50 里至西团。

受"海势东迁"的影响，明清两淮盐业生产格局在发生东移的同时，其重心逐渐由淮南移至淮北，至清末完成。一是表现在淮南盐场屡遭裁撤，数量不断减少。明初在淮南设置 25 个盐场；清乾隆三十三年（1768 年）以后淮

---

① （清）王定安等纂修：《重修两淮盐法志》卷一六，《图说门·通属九场图说》，光绪三十一年（1905 年）刻本，《续修四库全书·史部》（第 843 册），第 70 页。

南盐场数量改为 20 个;民国元年(1912 年)被裁为 11 个,至民国二十年(1931 年)又被裁为 6 个。二是表现在淮南盐场产量逐渐减少,而淮北则逐渐增多,至清末淮北产盐量超过淮南。由于淮南盐场离海日远,卤淡产薄,煎盐日益衰退,产不供销,故光绪三十四年(1908 年)两江总督兼盐政大臣端方,委江泳沂招商集资,在丰乐镇附近筑滩 42 份,产盐接济南销,以补淮南产盐之不足,故名济南盐场。后又有淮商同德昌及张謇、徐静仁、汪鲁门等人建立大阜、大德、公济、大有晋、大源、庆日新、裕通等 7 个公司。从此,淮北盐产量超过淮南。时人称:"淮北盐产丰富,馈食遍六省,税课甲宇内,为吾国最重要之盐区。"① 而宣统元年(1909 年)度支部尚书载泽在上言中则说明淮南产盐量下降乃是由于"海势东迁":"淮南因海势东迁,卤气渐淡,石港、刘庄等场产盐既少,金沙场且不出盐。若淮北三场,离海近,卤气尚厚。"②

(二)海潮变化与两淮盐场生产防潮设施的不断增设

海盐生产时刻面临海洋潮汐的威胁,不但盐地、制盐工具、亭舍等生产资料,而且盐民的生命都随时可能被大潮吞没。历代王朝为了两淮盐场生产的顺利进行,修筑了大堤等防潮设施。③ 但明清两淮"海势东迁"的加剧不断改变着海潮侵袭的范围,原有防护设施的防潮功能逐渐减弱,这迫使明清官府不断增设新的防潮设施。

范公堤是 11 世纪在范仲淹主持下重修的捍海堰,是两淮盐场滨海地区古老的防潮治水工程,南起吕四盐场,北抵庙湾盐场,延袤一千余里。两淮海岸线曾长期稳定在范公堤以东不远处。明初,范公堤覆盖两淮 30 个盐场中的 25 个盐场。它的兴修与否,"两淮盐政兴废系焉"④。因为范公堤可"御海口之潮",滨海盐场在其保障之内,又可"洩内河之水",盐场附近的州

① 朱家宝:《淮北盐务概略》,《盐务汇刊》1933 年 19 期,第 70 页。
② 《清史稿》(第十三册)卷一二三,《志九十八·食货四·盐法》,北京:中华书局,1977 年,第 3637 页。
③ 邹逸麟:《中国历史地理概况》,上海:上海教育出版社,2005 年,第 76 页。
④ (清)谢开宠:《两淮盐法志》卷二五,《艺文一·佚名重修河堰记》,康熙二十二年(1683 年)刻本,台北:台湾学生书局,1965 年,第 1792 页。

县也在其保障之内。① 所以,明清时期朝廷十分重视兴修范公堤,据笔者统计有明确记载的达18次之多。此后,随着"海势东迁"的加剧,海水东去,海潮侵袭的范围渐渐远离范公堤,两淮盐民煎盐作业的场所也随之逐渐从范公堤内迁至范公堤外。如明代通州分司判官包柽芳就指出,"各灶煎烧荡产在堤外者十有七八"。② 又如雍正七年(1729年)按察使赵宏本也指出大海日渐远离范公堤,灶民则多在范公堤外从事煎盐作业:"范堤向时近海,目今自堤至海,有远至数十里及一二百里者,其南至江口,北至黄河,中间延袤千里之远,弃为斥卤者久矣。灶户从前俱在范堤以内,近日迁移近海。其旧时场灶之旧地,并为人所侵占,而堤外沙地,更无人垦种。"③大海远离范公堤,范公堤的防潮功能也逐渐衰减。但海潮依然对逐海而居的两淮盐场盐民及其生产生活构成严重威胁,新的防潮工程急需建立。明清官府大力提倡修筑的避潮墩即在此背景下产生。

避潮墩,又称救命墩,"乃濒海亭民垒土而成"④,用以防备海潮的突然袭击。明初,避潮墩的修筑是灶民的自发性行为,所筑避潮墩的数量有限。"自大海东徙,草荡日扩,凡煎丁亭民刈草之处,每风潮骤起,陡高寻丈,樵者奔避不及,恒掣卷以去,因筑墩自救,顾其数有限"。⑤ 后因"海势东迁"而东徙的灶民日多,防潮设施的缺乏导致海潮灾害造成的盐民损失更为严重,为此官府开始积极倡导修筑避潮墩。这种转变以嘉靖十八年(1539年)年闰七月初三日的大潮灾为契机,当时"海潮暴至,陆地水深至丈余,漂庐舍,没亭场,损盘铁,灶丁溺死者数千人"。⑥ 在得到上司两淮巡盐御史吴悌的大

---

① (清)佚名撰:《两淮鹾务考略》卷一,《产盐之始》,清钞本,第642页。
② (明)杨洵等纂修:《扬州府志》卷一二,《盐法下·秩官传》,明万历刻本,第206页。
③ (清)贺长龄、魏源等编:《皇朝经世文编》(第十一册)卷五〇,《户政25·盐课下》,上海:广百宋斋,1888年,第14页。
④ (清)汪兆璋纂:《重修中十场志》卷二,《疆域考》,康熙十二年(1673年)木刻本抄写,第103页。
⑤ 焦忠祖等修纂:《阜宁县新志》卷九,《水工志》,民国二十三年(1934年)铅印本,第186页。
⑥ (清)周右等修纂:《东台县志》卷七,《考二·星野·祥异》,清嘉庆二十二年(1817年)刻本,第392页。

力支持后,两淮盐运使郑暐"创设避潮墩于各团,诸灶赖以复业"。① 他规定各盐场每二团建造一座避潮墩,避潮墩的规格为"高三十丈,周围阔径,顶面五丈,下根九丈,栽植榆柳等木,以防潮患"②,由此开始了官府频繁组织增修两淮盐场避潮墩的时期。次年,两淮盐场再因"潮变,死者万余人"③。巡盐御史的焦琏在巡视各场灾情后,认为避潮墩的修筑与否关系到灶民的安危,遂将避潮墩的数目增至二百二十余座。④ 不久,盐运使陈暹认为二百二十余座避潮墩仍不够,他认为"各场俱临海边,潮水为患甚急。宋范文正公修筑海堤,民获其利。迨至于今,海水渐远于堤外,各场灶在堤内者少,在堤外者多,海潮一发,人定受伤,灶舍亦荡。后来议筑潮墩台,居民稍得趋避。但各墩相去数里,每墩复不容数人,防患未广",为此,他提议各场官吏令灶民在冬天停煎闲暇时,每十名灶丁修筑一座避潮墩,"如此数十年之后,墩台接续,渐积可以成堤,而永无潮患,乃百世之利"。⑤ 这样,继范公堤之后,数量众多的避潮墩构成了明清两淮盐场第二个大的防潮工程,在保护盐民生命安全方面发挥了重要的作用。然而,明清"海势东迁"是一个持续不断加剧的过程,海潮侵袭范围亦随之不断向东后撤,这就使原先筑造的避潮墩又逐渐失去防潮的作用,需要修筑新的避潮墩。如乾隆十二年(1747年)两淮盐政吉庆所说:"因年深日久,渐成颓废,且海水变迁,今昔异致,虽有旧墩亦成无用。"⑥又如光绪八年(1882年)左宗棠也有类似看法:"淮南通泰场范堤为范文正公所议建,自盐城北接阜宁,南抵海门,亘六百余里,灶户萃居其下,堤外设潮墩数百,为风潮猝至避居之所。堤积久侵毁,潮墩故处去海益

① 焦忠祖等修纂:《阜宁县新志》卷九,《水工志》,民国二十三年(1934年)铅印本,第186页。
② (清)林正青纂:《小海场新志》卷一,《地理志》,清乾隆四年(1739年)刻本影印,第172页。
③ (清)林正青纂:《小海场新志》卷十,《灾异志》,清乾隆四年(1739年)刻木影印,第238页。
④ (明)汪砢玉:《古今鹾略补》卷三,《职掌》,《续修四库全书·史部·政书类》(第839册),第170页。
⑤ (明)史起蛰等:《两淮盐法志》卷五,《法制志二·运使陈暹增潮墩以备海患议》,嘉靖三十年(1551年)刻本,第225页。
⑥ (清)王世球:《两淮盐法志》卷二二,《场灶八·附潮墩》,乾隆十三年(1748年)刻本,第14页下。

远。前一岁风大作，海潮挟势奔溢，漂没庐舍千数百所，淹毙不可胜计。"①于是，他在通、泰分司所辖各盐场新筑了九十六座避潮墩。虽然避潮墩因两淮持续的"海势东迁"而一再废弃，但一直到清末，明清官府始终都积极地组织增修两淮盐场的避潮墩以保护盐民生命安全。

作为明清两淮盐场重要的防潮设施，范公堤与避潮墩在防潮护民方面都起到了关键作用。然而，在"海势东迁"背景下，与维修范公堤相比，明清官府为组织增修避潮墩而划拨的经费依然要少许多。这主要是因为避潮墩的救护对象只包括两淮盐场灶民，故其影响的仅是明清王朝的盐课收入，而范公堤不仅可以防潮，还具有防洪泄洪的功能，故其对明清王朝的盐课和田赋收入均大有影响。虽然如此，但官府为两淮盐场修建避潮墩而筹措的总金额并不少，这主要是因为盐商的踊跃捐助。从某种程度上讲，盐商和灶民之间是利益的共同体，灶民生命不保，盐商无从贩盐，损失亦非常惨重，因而避潮墩的修建对盐商也至关重要，这在当时便有人指出此中关键。如清廷下令修筑避潮墩时，"商众闻风踊跃"，时人便认为这种现象是因为"以盐徒、灶产、商灶实有休戚相关之谊，情愿公捐工费，以襄其事"。②此外，盐商进入两淮盐场后逐渐介入盐业生产领域，通过掌握灶具、草荡、亭场等生产资料来控制盐民。如乾隆年间，小海场共有锅鎅 80 副，皆场商报官自铸。这 80 副锅鎅分别是盐商李大安占 24 副、张大德占 20 副、汪森德占 13 副、吴公大占 10 副、朱恒字占 10 副、金逢原占 10 副。③再如凡亭场由灶户自置者曰灶亭，由商人出资代置者曰商亭。据记载，乾隆二十年（1755 年）左右，泰州分司所属 11 个盐场中，除富安、安丰、梁垛、东台、丁溪、刘庄、伍祐、等 7 场仍为灶亭外，"草堰、小海、新兴三场，灶户亭鎅十不及一，余皆场商价置，自行招丁办煎"，庙湾一场，则"亭池全属商置"。④由此，盐商与盐民之间的利益关系更为紧密，这更为盐商在修筑避潮墩时慷慨捐款提供了动力。如乾隆十一（1746 年）、十二年（1747 年），两淮盐场在这两年中建造了二百三

---

① （清）罗正钧：《左文襄公年谱》卷十，台北：文海出版社，1967 年，第 848 页。

② （清）王世球：《两淮盐法志》卷二二，《场灶八·附潮墩》，乾隆十三年（1748 年）刻本，第 15 页上。

③ （清）林正青纂：《小海场新志》卷五，《户役志》，清乾隆四年（1739 年）刻本影印，第 210～211 页。

④ （清）单渠等纂修：《两淮盐法志》卷二七，《场灶一·草荡》，嘉庆十一年（1806 年）刊本，第 9 页下～10 页上。

十三座避潮墩,经费均由众商捐资;其中,乾隆十一年(1746年)修筑的一百四十八座避潮墩共费银一万三千五百余两。①

(三)荡地私垦日众与荡地管理政策的演进

盐场荡地是海盐生产不可或缺的物质条件,既可提供煎盐的燃料,又可提供撒灰淋卤的场所。起初,因荡地开垦可改善灶民生活,朝廷曾允许盐场灶民自由开垦荡地。如明洪武时期,"仍宋元旧制,所以优恤灶户者甚厚,给草荡以供樵采,堪耕者许开垦"。② 此后随着荡地开垦日多,两淮盐场的海盐生产空间受到挤压,进而影响朝廷盐课收入,朝廷开始严禁荡地开垦。但灶民私自开垦的现象非但禁而不止,风气反而愈演愈烈。如明万历三十四年(1606年),督理两淮盐课御史乔应甲奉命巡视各盐场后,对盐场私垦速度之快、面积之广深感震惊和担忧。③ 尽管明清时期荡地私垦泛滥的原因众多,但"海势东迁"无疑是其中一个重要的原因。

因"海势东迁",两淮盐场原有荡地因逐渐远离大海而失去了在海盐生产中的利用价值,有的遂被私垦成农田。如"明以前之灶地,多在范堤以西,其范堤以东与引地毗连者曰樵地,为古昔灶民公樵牧之地,例禁私人垦占。其实明季已多垦辟,清初额荡复多垦熟,亭亦下移,而堤西之旧灶报废"。④ 又如,清初两淮通州分司所属各场荡地,"坐落范堤内外,堤内不通潮水,不能煎烧,开垦者多;堤外多系草荡,开垦者少"。⑤ 再如,乾隆初年,持续不断的"海势东迁"导致范公堤距海遥远,于是范堤以西盐亭旧灶全部报废;范堤以东,诸如盐城之伍祐、新兴等场也已陷入不产盐的困境,旧荡地开始大面

① (清)王世球:《两淮盐法志》卷二二,《场灶八·附潮墩》,乾隆十三年(1748年)刻本,第16页。

② 《明史》(第七册)卷八〇,《志第五十六,食货四·盐法》,北京:中华书局,1974年,第1937页。

③ 《明实录·神宗实录》(第六十一册)卷四一七,《万历三十四年正月甲申条》,上海:上海古籍出版社,1983年,第7871页。

④ 李恭简等修纂:《续修兴化县志》卷三,《食货志·田赋·灶折》,民国三十三年(1944年)铅印本,第470页。

⑤ (清)佚名撰:《两淮鹾务考略》卷一,《产盐之始》,清钞本,第631页。

积放荒。①

明清两淮盐场日益广泛的荡地私垦现象,引发了盐场社会经济结构的变化,即由一元的盐业经济向盐、农二元经济结构并举的方向转变。如明末徐光启就观察到两淮荡地被私垦后种植了棉花等经济作物。② 又如明天启五年(1625年),徐光国在为《小海场志》所写序言中所指出的,小海场虽有办盐之课,却无煎盐之实,而是由煎盐变成种植农作物。③

在荡地私垦屡禁不止的现实面前,明清朝廷只有改变盐场荡地的管理政策,即由以往单纯的严厉禁止转变成严禁和升科两途并举。"荡地历年升科,性质同于民田"④。但从某种意义上说,"荡地"升科恰是承认了灶民私垦荡地的合法性,由此"升科"转而造成两淮盐场灶地更广泛地被私垦。同时,在朝廷力图以"荡地"升科来弥补盐课之减少时,真正报垦的灶民却不多,这主要是因为荡地收入的稳定性远不如农田。"盐场专以产草供煎,定例不许开垦,本场近水之乡间有垦种二麦,亦灶下私情,不敢公然报垦。一恐违定例,一恐潮水骤长,仍然草宅,不能常据为麦田也。又本场从无水田,间有种稻,则系籼稻,种在高地,听其生长,收成甚薄。故由单内无报垦之田,大抵灶情以草之丰啬、盐之旺歉,计岁之丰俭,而麦、苗俱非所急也。"⑤由此可知,明清盐场荡私垦难禁,而荡地"升科"所获也难以增加两淮盐场收入。

海水制盐为古代五大海洋产业⑥之一,其生产过程与海洋自然地理环境密不可分。明清"海势东迁"的加剧迫使两淮盐场海盐生产及其管理不断

---

① 林懿均等修纂:《续修盐城县志稿》卷五,《赋税志·场课》,民国二十五年(1936年)铅印本,第418页。

② (明)徐光启:《农政全书》卷三五,《蚕桑广类·木棉》,上海:商务印书馆1931年,第93页。

③ (清)林正青纂:《小海场新志》《序》,清乾隆四年(1739年)刻本影印,第164页。

④ 焦忠祖等修:《阜宁县新志》卷五,《财政志·盐法》,民国二十三年(1944年)铅印本,第135页。

⑤ (清)林正青纂:《小海场新志》卷一,《地理志》,清乾隆四年(1739年)刻本影印,第171页。

⑥ 古代海洋产业包括海洋渔业、海水制盐、海洋交通(造船和海运)、海洋贸易和海洋移民。参见杨国桢:《瀛海方程》,北京:海洋出版社,2008年,第87页。

做出相应的改变与调整,时间长达三百多年,这充分展示了海洋自然地理环境与海盐生产及其管理之间频繁互动的历史场景,让我们更加全面地认识和了解了两淮盐业发展中的海洋性特征。

第二节

明清东南家族文化发展与经济发展的互动

一、家族是东南社会经济运行中的基本组织

东南地区具有发展商品经济的良好条件,宋元时期已形成的载货外洋传统是东南地区商品经济发展的先天优势。但是,明王期执行的是一直消极的防御政策,禁海是这一王朝大部分时间海洋政策的主调。凡要谋求海上和海外贸易之利的人们单凭个人的力量往往无法达到目的,结为家族,依靠团体力量与政府对抗成为一种客观要求。明王朝的诸多莅闽官员已经多次向政府呈明福建沿海巨姓大族肆行海上,政府力量不足以驾驭的事实。对于巨姓大族而言,禁海事实上并没有阻断他们的贸易之路,反而因为政府禁绝了中小商人的贸易而获得了更多的利益。像明中后期活跃于漳州月港、福州琅岐等地的海商们甚至组织起强大的海上武装,与政府力量分庭抗礼。他们也正是凭着自己的武装,掌握了当时东西洋上贸易的主动权。

这些犯禁式的经济活动既让统治者觉得社会秩序被破坏,而真要破坏社会秩序的如"倭寇"之类由此找到了活动的空间,商与盗的并存或者商与盗的相互转化为统治者制定政策增加了难度,无所作为的官员们也无心于或无力于制定或执行有效的政策。政府管理的松懈和消极无疑增加了社会秩序的混乱程度,也增加了正常经济活动的不确定性,我们不时能看到倭寇横行、商船遭劫、商民惨遭杀害的报道。人们谈倭色变,谈匪心慌。但时常也有商人转而为盗的现象。人自为敌是当时社会环境的必然产物。

作为管理社会的官僚阶层在明中叶以后亦多蜕化,各级政府官员往往以鱼肉人民为能事,却无意于保护民间老百姓的生命财产安全。那些官僚

机构"久而寝懈,渐以无存,其存者,则又苟且虚名,全无实用。甚至镇海为饶贼所袭,悬钟为倭奴所残,铜山水寨为海寇所焚毁,楼船战具募然一空。弗所自保,焉能保人"。① 谢肇在谈及嘉靖万历年间永福县的军事治安时说："所谓机兵者,徒以供县官送迎存谢故人权贵于千里之外,而教场废为草坂,军器库乃不留寸铁。……备数已耳,非能登锋尝寇者也。"②政治衰颓自然造成社会的失范。

在这种情况下,福建民间所相信的是自身的实力,自身实力的强弱,将直接关系到社会、政治、经济诸方面权益的占有。家族聚合是壮大自身实力的一条有效途径。人们可以依靠家族的力量开展经济活动,也可以依靠家族抵御如"倭寇"、盗匪的侵扰。如诏安县的梅岭地方,"有林、田、傅三大姓,共一千余家,男不耕作,而食必粱肉;女不蚕织,而衣皆锦绮,莫非自通番接济为盗行劫中得来"。③ "乱民从倭者,且万家……其在浙直为贼,还梅岭则民也,奈何毕歼之?"④漳州附近的村落也是如此,"一村约有万家,寇回家皆云做客归,邻居者皆来相贺,又聚数千,其冬夏至柘林,今春又满载仍回漳州去矣"。⑤ 当时月港附近的李、王、张、谢、林诸姓,都是著名的海商加海盗,晋江安海的陈、杨、黄、柯、叶诸族,是以"入海而贸夷"而闻名一时。到了天启年间,安海的郑芝龙异军突起,称霸于明末东南海疆,其成功的一个重要因素,便是以其安海的乡族作为活动的根据地。直到他荡平海上就抚明朝升官晋爵后,他仍不愿离开他的根据地。郑芝龙牢固控制家乡安海港,能得到本家族、本乡族的有力支持,因而平步青云,扶摇直上。

对于想扩张的家族是如此,对于想维持现状的家族也是如此。为了保护本家族的生命财产安全,许多家族纷纷筑堡自固。如漳州一带,"平和小陂倡勇于前,漳浦周陂奋勇于后……逆鸠族人习学技击,教一为十,教十为百,少年矫健,相为羽翼,每遇贼至,提兵一呼,扬旗授甲,云合响应。……自是兵气愈扬,人心弥奋"⑥。闽西永定前川堂堡的沉氏,"闽广盗起,肆虐乡

① 嘉庆《云霄厅志》卷八,《兵防志》。
② 万历《永福县志》卷五,《武备》。
③ 俞大猷:《正气堂集》卷八,引林偕春《兵防总论》。
④ 嘉庆《漳州府志》卷四十六,《纪遗》。
⑤ 王文禄:《策枢》卷四。
⑥ 嘉庆《云霄厅志》卷八,《兵防志》。

邑,振奋身纠集子侄佃甲,以时训练技射,保障一方"①。在福州一带,乡绅们倡呼:"今诸大姓族聚,宜听自筑以协守望,则巨镇之堡,十可成其一二局,数十年间,海堡校联,人各为战……保障之上务也。"②明中叶家族武装的兴起,无疑大大加强了民间各家族的势力,推动了福建家族制度的进一步发展。血缘纽带是家族组织凝成的最基本纽带,也是最具凝聚力的纽带。在许多族谱中,特别强调血缘的纯洁性。如崇安《袁氏宗谱》记载:"议定递年正月初一日报丁,当即查明如有血抱螟蛉,不得载入丁籍,迨及五年清系时,若当缺丁乏嗣者,合族早为择立继嗣,倘有应继不继者,族长不得徇情容隐。"③通过"报丁"和"清系"确认族人的继嗣关系以及继承权,禁止因"非种承祧"而导致"乱宗"。如云:"继嗣补天地之缺憾,广祖宗之慈爱,当以期功兄弟顺序为继,期功无继再及族人。秉公议立,不得致争……若螟蛉他姓,名为乱宗,义在必斥。"④血统纯正而又同源共祖是血缘式家族高扬的旗帜。

地缘性家族是血缘性家族的扩充形式,是血缘性家族的必要补充,也是血缘性家族的自然延伸。在社会结构宗族化的背景之下,若干个小的家族或依附于大的家族,或自构宗族。异姓家族的联宗与合谱更向我们昭示了这样的现实。具体表现为:(1)由异姓联姻而合谱;(2)因避讳而改姓,因出为养子而改姓;(3)因躲避政治迫害而改姓;(4)为规避赋役而改姓;(5)为增强实力而异姓联宗。⑤

促成宗族发展的原因其实是多方面的,战争等因素经常并不只是削弱宗族,有时反而促成宗族的凝聚。如咸丰年间,太平军一部进入闽北地区,当地官府"谕令团练保甲",祖氏士绅发起组织五个"联社",协助官兵"剿洗洋源、际宾、地菜、吴墩一带地方",并在本乡实行"关隘清野",以至"一说谢屯,红头吐舌"。⑥ 在咸丰年间的大动乱中,谢屯村一度为太平军所占据,随后又遭到官兵的掳掠,社会经济受到了严重的破坏,然而,屯山祖氏宗族并未因此而解体,而是进一步得到了强化。据咸丰十年(1860年)的《始祖溪

① 道光《永定县志》卷二十六,《淳行传》。
② 郭造卿:《海岳山房存稿》卷十一,《土堡》。
③ 《崇安县袁氏宗谱》光绪九年(1883年)修卷一,《文行忠信序》。
④ 《崇安县袁氏宗谱》光绪九年(1883年)修卷一,《凡例》。
⑤ 陈支平:《福建族谱》,福州:福建人民出版社,1996年。
⑥ 《闽北瓯屯闪祖氏宗谱》卷八,《吴屯村山木碑记》。

西公祭簿序》记载，八年战乱之后"非维贫者飧事莫给，即富者亦家计难堪，将田召卖，每萝进钱数百;将田典税，每千计谷八箩。有田无人耕，债欠人不还，是以九年春祭难以措办。……吾等当族酌议，理事自己办祭，停咋一轮，次年再行颁发。……特立新簿二本"。在此次整顿过程中，士绅阶层发挥了重要作用，因而新选出的"总理"即由士绅担任。清朝末年，由于地方官员的支持，祖氏士绅进一步确立了在乡族中的领导权。这表明宗族的凝聚时常受到客观需要的左右，士绅阶层主理宗族实际上是对他们为宗族所作贡献的肯定。

异姓联宗现象中，有的是舍弃了自己的族姓而追随别人的族姓，有的是若干小族姓联合成一个大族姓，也有的是姻亲之间的联宗合谱，如宋戴、颜张、曾邱、六桂堂等等，这反映了宗族的纽带往往是次要的，而宗族的实际功能却是为人们所注重的，组成一定规模的宗族组织是人们确定自我的社会地位和开展各项政治、经济、文化活动的基地，特别是在社会结构宗族化的环境下尤其如此。

郑振满先生的研究发现:在沿海地区出现了许多散户，他们为了适应国家"粮户归宗"的要求，往往任意编造谱系，建立虚拟的同宗关系。我们觉得完全可以把它们看成是地缘纽带凝结的作用①。

利益纽带凝成的宗族当最脆弱。在彼此能产生共同利益时才有存在的余地，否则必陷于衰落。我们宁愿把螟蛉子现象看成是家族利益的产物。这种现象之出现，并不是因为领养者没有儿子，而是为了商业经营。收养弃儿，无意而养子，是积德行善事。有意而养子的原因至少是:一是自己无子，求他人之子而养，以继香火子嗣，是宗族伦理之举;二是不论自己有子无子，专为海外经商而养他人之子，结果是把养子作为自己的商务代理。这种纯以家族关系作前提的代理不同于一般经济关系的委托之恩，还是肩负家族成员之责任，养子都必须服从养父之命，尽忠尽孝，尽义尽礼。而养子之父也可以从这种伦理道德中相信养子，托付重任。在沿海一些地区，以他人之子为子，不仅不以窜宗为嫌，而且可视同最信任的兄弟层次的亲情关系。明中叶普江人蔡清也说到了这种习俗:"借人钱本，令的当兄弟火义男营运生

---

① 郑振满:《明清福建家族组织与社会变迁》，长沙:湖南教育出版社，1992年。

理,此决不害义。"①可见即使是胞侄也不可比养子。但是,在这种拟宗亲关系里面出现了两种情况:其一,当养父用养子的意图在于让养子经风冒险,而让自己血亲儿子安享其利时,其实质便是一种包藏在家族关系里的雇佣关系。倘若雇佣关系并不否定被雇佣者的经济权利,那还是具有雇佣意义的;倘若雇主借家族关系以否定被雇佣者的经济权利,那么"实可说是一种变相的奴隶制"。其二,当养父的意图不仅在于用人,用于贩洋,用于增强自己家庭或家族的势力,而且也的确是把养子作为"子"来对特,"与亲子无异,分析产业,虽胞侄不能争",这就不是雇佣关系或变相奴隶,而是家族成员的扩充。况且这种家族成员的扩充"积习相沿,恬不为怪",是"习俗"与家族"机构"默许的。

在福建宗族制度建设过程中,客家和少数民族的附会是一个重要的因素。当汉族移民移入福建之后以建设家族相炫耀时,原来的土著各民族出于对汉文化的仰慕,模仿汉族的习俗包括家族组织形式是非常自然的,况且宗族组织在现实社会生活中确实可发挥多方面的作用。客家人自造畛域与少数民族同化于汉族,虽然表面上显得有些矛盾,实际上他们所要达到的目的是一样的。客家人本属于汉族,但他们抓住中原士族曾因战乱而大量移居南方这一史实,把自己说成是中原文化的代表,他们的地位理应被人们尊重。应该说这是他们面对当时环境的一种理智选择。据陈支平先生研究,所谓客家人与非客家人在南迁时同祖而分支,移入一定区域的人们自称客家人之后,由非客家区移入的人也逐渐自命为客家人,有的由客家区迁出的人们也并不自认为是客家人了,有的人甚至反复迁进迁出,在客家人与非客家人中间游离,这些都说明客家与非客家的界限并非泾渭分明②。

少数民族归化汉族也进一步促进了东南家族的发展。福建的少数民族主要有土著畲族、回族以及北方南下的蒙古族和满族的后裔。这些少数民族在文化历史传统上与汉族有着很大的差异,特别是畲、回二族。据云畲人"以盘、蓝、雷为姓",对祖先"岁时祝祭","不巾不履,自相匹配"。而丁郭等回族的后裔,原先是信奉伊斯兰教的,他们对于祖先的崇拜比较淡薄。但随着福建地区汉人姓氏修谱风气的盛行和家族组织的日趋完善,现实社会的宗族地位和个人地位与对各自祖先出身的标榜有着很重要的关系。于是,

---

① 《寄本宗一书》,《文庄公集》卷二。
② 陈支平:《客家源流新论》,南宁:广西教育出版社,1998 年。

这些少数民族的姓氏为了在社会中争胜，便也纷纷仿效汉人的做法，开始修纂族谱，凝聚家族。

明代正统年间晋江陈埭《丁氏族谱》中显示了丁氏发展壮大的过程。"丁氏之有谱，则始于毅斋府君（明初永乐年间人，丁氏七世祖），而大备于文范卒公松之日也。文范名仪，举孝宗乙丑进士，直道雄才，历谱郡邑，敦本好古，有天下之志。此谱德之作，殆其一也。"

惠安郭氏族谱于明正统年间已修成。其《族谱引》中说："古者国必有史，有家者仿之而为谱，则谱乃史之遗也。史自司马以至班、范诸家，有传、有世、有表、有书，其体详矣。"可见其直承汉族"国有史，家有谱"的文化传统。

畲族修谱、建家族首先是在儒学塾师的参与下完成的。如晋江雷蓝二姓族谱中说："盖闻木有本，水有源，而人则有祖者也。自天子至于庶人，报本追远，礼不可易，敦敦孝展，亲情不可离，是以祖泽虽遥，《春秋》乃百世之巨典，孙支即衍盛，昭穆立万古之纲常，伦次等级，因此莫越。"晋江雷氏族谱是由塾师完成的，该族谱说："先祖之事不可忘，昭穆分人不可容乱，遂集族众，特请惠邑黄塘乡新厝陈讳雪观，字温如，为西席，教督子孙，谨修族谱，庶先祖之实录有传，而昭穆之等级有序。"[①]福州萨氏家族是蒙古族的后裔，在福建社会环境中，该家族也致力于族谱、家族的建设工作，体现出对儒家传统的归附。

总而言之，东南地区凝聚家族的纽带是多方面的，其顺应自然和社会环境要求的取向也是很明显的。建立家族的目的首先在防御外患，壮大扩张家族乡族的目的，则在于维护地方社会秩序，一致对付外患。由于福建特殊的自然环境和经济开发方式的影响，人与人之间的睚眦争斗势必经常发生，小的家族一方面也旨在调解本家族内的纠纷，大的乡族则旨在调解地方的纠纷，但是，宗族间或乡族间亦势必经常存在争斗，存在纠纷，因此实际上建立家族并不能消除纠纷和争斗，只是家族的建设较能适应这样的环境而已。

二、家族文化教育的兴盛

东南家族的发展显示出与江南家族发展的显著不同点在于：江南家族

---

① 转自陈支平：《福建族谱》，福州：福建人民出版社，1996年，第287页。

多官宦型家族、多注重血缘的纯洁性、多讲究信义与声誉,而东南区的家族则多商业型家族,超越血缘,家族中的士绅文化与流氓文化并存。

由于家族也注重树立自己的正面形象,也由于家族经济的发展为文化事业的发展提供了强有力的经济基础,东南地区的家族文化呈现出兴盛的景象。这里有硕儒文化,有民间长期形成的捐资助学风气,这些都共同推动了东南家族文化的兴盛,乃至赢得了"东南邹鲁"的美誉。族学即家族塾学,族学是家族组织的重要组成部分,是家族对青少年族众进行教育的专门机构。凡家族经济条件稍好的就兴办家塾,聘请塾师或由家族中文化素质较好者担任塾师,为家族承担培养人才的任务。

办学从根本上说是为了提高家族地位。首先,是提高家族声望和地位的需要。传统社会中,家族在社会上的地位同家族中为官为吏的人的多少有着密切的关系。家族中为官为吏的人越多,家族在社会上的地位和声望就越高,家族就越受到人们的敬重。培养子弟读书是入仕的前提。其次,是维持家族既定秩序的需要。族学是灌输知识和伦理道德的最佳场所。第三,是族中子弟谋生的需要。所有这一切促使民间家族高度重视族中子弟的教育。一般的家族或利用家族的族田族产收入,或通过族人集资的办法开办族学。少数经济基础雄厚的富家大户则自家设立塾学,培养自家的子弟,督促他们发奋苦读,考科入仕,把家族的更加显赫寄望于子弟的未来。东南民间家族组织把创办族学作为事关整个家族前途的大事,不惜花费物力财力予以举办,而且纷纷把它作为族规家训的重要内容之一载入族谱,作为家族的一项规制,作为家族子孙义不容辞的一项永久性事业。

泉州《桃源庄氏族》云:"立书田以兴教学。礼义由贤者出,唯读书为能明理,然礼义生于富足,亦尾有资然后能读书也。自为家门寒素,作养无资,往往有聪明子弟,困于家计,不能造就成材,非读书之为难,亦培养未周也。近来科举罢停,学堂兴起,论者几视读书为无用。然国家养士之典,终不容废也。凡我族人,祀田之外,当另立书田,为油灯考试等费,以作养人才,以厚待后学。庶几人文蔚起,学校振兴,其族党增光,岂有艾欤。"①这一族规制定于清末,科举已经罢停,在这种背景下仍强调"立书田",足可显示其对族人教育的重视。晋江《锦马林氏族谱》规定:"吾林入闽定居莆阳之后,传

---

① 泉州《桃源庄氏族谱汇编》。

家有两重:重图书设置,重培养人才。"赵氏家族的《家范》规定:凡赵氏家族子弟均须入学读书。"自八岁小学,十二岁出就外傅,十六岁入太学,当延明师教诲。""子弟年十六以上,须能暗记《四书》一经正文,讲说大义,粗知礼义之方,然后为之冠。""子弟学业未成,必须食肉饮酒。古有是法,非为资于勤苦,抑欲其斋盐之味。子孙器识可以出仕者,须资勉之。"又规定:"祖宗广储书籍,以惠子孙,不许假人,以致散逸,须各识卷首云'赵氏书籍'。如有不才子孙以之散鬻与人及假借于人,而不宝惜,甚为不孝。"①如此严肃而具体的规定,充分反映出其尊学重教的态度。

由于商品经济的发展,东南地区具有了较强的经济实力,这便为族学的兴办提供了良好的经济基础。泉州《印塘杨氏族谱》云:"明万历年间,九世杨增会凤具至性,与伯仲始终称无间。国初沧桑,兄为贼掳索饷,增会奋往贼垒请代。贼相顾感动,遂得同兄释归。增重信义敦礼数,凡远近曲直有相质者辄为和解,众推为都约主称长者焉。先时家有书房,父课其子业。"晋江《青阳庄氏族谱》云:族中早有书房,明初五世庄震彦因恐"宗族子孙不肖,常馆鸿儒,方从善,日同讨论而训诲之"。永宁刘氏家族于万历间集长老议事,商定各家参照资产,每年拿出一定的余资,购置田产,以资助族中子弟。据该家族《鳌城东瀛刘氏家谱》云:"万历戊申(1608年)……适家族谱成……又立为条约,酌人岁出余资,行立族田,于以御外侮,于以资学业。"一些富有的族人也乐于兴学助教,如清代石狮塘边的蔡德策"每岁给考资,供资。……素敬业儒,凡造门者,尽礼之。间有缓急,则资给之"。② 这样的例子甚多,举不胜举。

族学为鼓励族人读书,还制定了不少奖励措施。如泉州《太原王氏家谱》中说"奖读书以传诗礼。吾族世代诗礼传家,而读书之人则诗所由传也。族中有游泮或登仕者,众祭必使与,分胙必及之,以奖已能,以勉未能者也。各房产业丰者亦应自立书田赡养之"。

家族对于子弟教育的投资得到了丰厚的回报。《桃源查氏族谱》载:北宋天圣元年(1023年)庄森六世孙庄俚登进士后,该家庭在北宋期间已有进士第数人,南宋先后登进士者有 10 余人,赐同进士出身者 20 余人。明代登

---

① 《南外天源赵氏族谱》。
② 《龙渊蔡氏族谱》手抄本。

进士第 30 余人,中举人 50 余人。万历年间,庄安世中武状元,庄际昌中文状元。在这一时期,桃源庄氏的派裔青阳庄氏家族还出现过"一榜散龙""五科十凤"的盛况。明嘉靖八年(1529 年)己丑科,同榜登进士者有:后官至户部主事的庄一俊,官至浙江按察使佥事的庄用宾,官至广州推官、严州知府的庄壬春。又自明弘治至万历年间,有 5 次乡试(即五科),每科都有 2 人同科中举,又都是青阳古山公裔孙。青阳庄氏祖祠竖有"一榜三龙齐奋,五科十凤同飞"的匾联。惠安玉埕《骆氏族谱》中记录明代后期该家族有文进士 1 人,武进士 1 人,举人 1 人,三考出身 3 人,荣政 10 余人,诸生 30 余人。安海镇黄氏家族明代中后期连出数名侍郎以上的大官。儒林张氏祖祠名贤匾林立,有"进士""兄弟进士""父子进士""同榜进士""理学名宦",正是该家族自宋以后族人参加各级考试、登科及弟者的一种记录和反映。东南各家族为使子弟受到更高的教育,往往还在省城或国都设立书院,给士子们提供跟踪服务。当然对于许多族人而言,接受普通教育是其基本需要。在这种基本教育中,伦理道德是基本的教育内容,这些内容有利于族人确立起传统的纲常伦理,有利于与政府的教化保持一致。接受教育的有时还不止于男性,女性也同样受到教育。

家族还注重对子弟行为规范的教育,提倡谨职业,戒非分。针对社会上存在的种种恶习陋俗,如酗酒、赌博、嫖妓、斗殴、吸食鸦片等等,家族组织总是予以严厉的批判。总之,家族教育的兴办对家庭教化的进行与家族秩序的维持具有重要作用。

三、家族建设与经济发展

宗族建设是东南地区人们开展经济活动的基本途径。凭借宗族建设,人们可以凝聚为一个经济单位,宗族内部可以开展相互间的经济协作、换工、相互借贷乃至合股经营,还可以团结起来在乡里树立起自己的势力,乃至称霸乡里,当然有些是为了保卫自己的经济建设成果,防止外界恶势力的侵扰。

宗族的力量是开展海外经济贸易活动的基本依托。在远洋贸易活动中,尤其需要借助于家族的团体力量。福建晋江的大《蔡氏族谱》展示了明嘉靖年间出洋吕宋的商人行为:

> 景思、景秩为弟,周夫为兄,均有骨肉厚爱。思,叔弟也,娶妇后遂

往吕宋求赀,迭寄润于兄弟。二兄景超全家赖之,修理旧宇,俾有宁居。末后归来,仍分惠银两,各拨十五石与兄及侄,管掌为业。秩,季弟也。……乙丑年(1565年)自吕宋归,将所赀买地盖屋,与兄侄公分。周夫,伯兄也。……弱冠,遂求赀吕宋,初归娶妇,再归为二弟择姻娶妇,赎祖地基及宅盖屋,皆自己赀,与弟公分。仍同二弟往吕宋,出本银令之经纪,日后各有四十余金,归又拨租十石,付其管业。

兄弟四人,血亲骨肉,出外经商,不忘回报。进而相互提携,先后出洋吕宋,公分商利,兄弟、叔伯、侄儿和睦相处,盖屋、娶妇、赎祖地基,此大家庭、小家族已形成很有凝聚力的一个整体。这个商人小家族应付了贫穷,应付了出洋经商的风险。按这种形式,在清代海禁期间还可能保护已出外未归的兄弟的家小。他们最终并未成为巨商大贾,但他们的生存理想却是实现了的。这仍然是家族伦理规范下的商人行为。

陈东有先生分析明清时期福建的海外贸易情形时说:福建海商不顾一切冒险从事合法与不合法的对外贸易,其行为中包含了大量的家族行为。他们的经济动机往往是从家族所得利益去考虑。许多成功的商贸活动往往是凭依家族集体力量实现的。

石狮位于泉州的东南突出部,泉州湾的西南岸,是泉州的东大门。借助优越的地理位置和商业传统,石狮人成了闽南商人的中坚力量。其石龟《石崖许氏族谱》为我们揭示了16世纪至18世纪石狮商人的家族行为。《许氏族谱》修纂于清雍正年间,较详细记载了自南桥公铉孙(生于正德壬申1512年,卒于万历丙戌1586年)以后的子嗣情况。其家族中有不少弟子从事商贾。① 其中有些是工业和商业者,还有一些则是行商或坐贾。从而形成了颇具规模的家族组织性实业。他们的经营自具特色,体现为:

(1)多行业结合的方式。在一个家族中既有商业,又有手工业。既有行商,又有坐贾。

(2)家族内部形成较细的分工。四世以前,处于创业阶段,分工尚不明显,但后来他们却有意识地做出分工。四世以后,莹峰公一支以"丝房"作业为主,二子亮昌炸专营"丝房"并教其他兄弟;其他各支以行商和坐贾为主。根据文中"丁亥戊子沧桑",四世的亨民与其兄与种种贸易是为了本共同体

---

① 雍正《石崖许氏族谱》卷四,《纪实篇》卷七,《壮志录》。

的利益互为因果。族产是家族经济实力的一种重要体现,族产主要包括族田、山场、房屋、桥渡、水利工程、碾坊、沿海滩涂等,到明清时期,许多家族还通过工商业活动如出租店屋、经营手工作坊、放高利贷、生息银两等途径筹措家族的活动经费,增殖家族的财产。例如泉州洋塘杨氏家族,在明代不仅有大量的族田,而且曾把族款借出生息。

> 公钱款共一万一千文,每年收到利息钱二千二百文。培接、培指、培道同借去钱五千文。培笔借去钱一千文,培兹借去钱一千文,演石借去钱一千文,懋仁借去钱一千文,焕富借去钱一千文,焕轸、焕俯借去一千文。每千文每年应入利息钱二百文,以上利息钱系洋塘直祀自收弟各宰外所。①

这则记载不仅反映出杨氏家族血缘亲情是天然的一种关系,家族中的天然首长和家庭中的家长们也往往以"天性使然"来号召共同体中的血缘成员,而所有的成员也往往因为这种"天性使然"的关系而予以绝对地服从。还有一种人为的拟血缘亲情,就是养子。把本来没有血缘关系的别人的小孩接过来抚养,作为自己的儿子。而且,收养养子的原因并不是自己没有儿子,而是为了商业经营。史料中记载:

> 海澄有番舶之饶,行者入海,居者附赘。或得篓子弃儿,养如己出,长使通夷,其存亡无所患苦,犀象、玳瑁、胡椒、苏木、沉檀之属,麋然而至。②

> 生女有不举者,间或假以他人子为子,不以宰宗为嫌。其在商贾之家,则使之挟赀四方,往来冒霜露;或出没巨浸,与风涛争顷刻之生,而己子安享其利焉。③

闽人多养子,即有子者亦必抱养数子,长则令其贩洋。赚钱者则多置妻妾以羁縻之,与亲之无异。分析产业,虽胞侄不能争。亦不言其父母,既卖后,即不相认。或籍多子以为强房,积习相沿,恬不为怪。④

收养弃儿通过拟家族关系进一步壮大了家族,可以为经济发展起到积极的保驾作用。一旦遇上海上灾难,受到伤害的不是自己的亲人,反过来如

---

① 《印塘杨氏族谱》。
② 《闽书》卷三十八,《风俗志》。
③ 光绪《龙溪县志》卷十,《风俗志》。
④ 道光《厦门志》卷十五,《风俗志》。

果不遇上灾害,则家族的经济力量便取得了巨大的发展,社会地位也将取得巨大的提高。乡族的社会势力在明清时期不断壮大。在对外贸易活动中,家族、乡族的势力不仅以地方势力出面,也以行会、帮会的形式,成为冲破政府禁令管制和有限贸易,支持本族本地商民参与世界市场的重要力量。家族的收入除了用于家族活动外,已有相当可观的余额用于放债生息以增殖财富。有的家族则盖房作为店铺出租,收取租金。有的家族则自己直接经营各种能获利的经济活动,从而扩大家族的经济基础,增强家族的经济实力。例如从南安水头迁入泉州城内西街的王氏家族,"八世迁居城内象峰开基。……在城西有糖房、典当、揩灶,均设在傅府山下。另在涂山街水门温市场内尚有店铺一间,租作渔店,所收租金悉为交轮忌辰、祭祖等用,每年由各房轮流凭折收取支用。……并自置帆船多艘组队巡回南北各港,业务鼎盛,货畅其流,修桥造路,恤孤济贫,富而好施,热心公益,族人聚居全巷"。①

族田的设置与家族组织的发展是相辅相成的。明清时期,福建各地设置族田更为普遍,与当地社会经济中商品经济的成分扩张有着密切的关系。泉州《梅州陈氏族谱》云:"吾宗从宋末以迄于今,盖三百余年矣,未有兴此田,盖自嘉靖辛酉(1561年)……诸叔父兄弟佥曰然,遂以告之家庙,而立为大宗义田。"晋江《青阳庄氏族谱》云:"六世立祖,明洪武年间拨田地八亩七分,以供考妣之蒸尝焉。又六世磷祖,拨四十四石九斗,棉花十八斤,予子孙轮收祭祀焉。"

民间设置族田的途径主要是通过提留,即每当分家析产时,提取一定数量的田产作为祖、父辈的赡养费,祖、父辈死后,这些田产便成了祭田。这种分家时提留祭产的方法,是福建族田增殖的主要途径,也是各家族非常重视的一项任务。如南外天源赵氏《家范》称:"祭田之事自恨贫薄不能,言及此语痛心再三,呜咽流涕。倘我后世子孙如有余饶能继吾志者,可拨出腴田三十五亩以为祭祀之资,严戒后之子孙长久保守,毋致质鬻。"②其次是派捐。向族人派捐以增加族田。有的家族向登科者摊派"喜钱"。如南安蓬华郭氏"祖宗九世以上未有祀田,至十世朴野公始建祀业,亦聊具粗略而已。迨乾隆甲申(1764年)冬诸绅吟见其秋冬两祭简陋难堪,于是共兴孝思,充祀银

_____

① 《龙塘王氏族谱》。
② 《南外天源赵氏续谱》。

以为买置祀田之资,谨将酌议充银定式开例于左:一生员充银一大元;一监生充银二大元;一乡宾充银二大元;一贡生充银四大元;一举人充银四大元;一进士充银十两;一及第充宦五十两;一仕宦随力充捐"。① 在郭氏家族,针对科举仕宦的得意者,家族派捐已成为一种定例,其捐数则依其取得的成就而递增。尽管这是一种派捐,但被摊派者往往也乐此不疲,这不仅有家族精神的感召,而且也是成就与荣誉的体现。有的族人娶媳妇,生男孩,也是大喜事,不能忘记祖宗,于是家族即向族人征"娶妇钱"和"报丁钱"。泉州薛氏家族子孙娶妇喜庆银一钱,添丁喜庆银五分。再次是义捐。各家族积极鼓励族人义捐族产。永春《桃源蓬莱巷乡梁氏族谱家训》云:

> 后世有殷实房分,衣食饶足者,但遇丰稔之年,会众登门,随处多少,劝借以助,赈鳏寡孤独无依倚者,切勿悭吝不从。大抵富不能长富,贫不能长贫,富若能听言乐行,则汝之子孙倘有贫日,他日亦如此乡周,不至失所矣,贤子孙其念之哉。予意欲效范文正,置义田宅及立祀业,恨力不足耳。凡有志子孙,其体吾意而行之。

这个家族以祖先痛切呼吁的形式要求子孙设置祭田。于是,在家族精神的有力感召下,一些发达富裕的族人,经常自动捐银购置田产,充作族田,有的族人捐献的族田数量还是很大的。如泉州印塘杨氏家族"十世裔孙钟凤捐产田一段一丘,田面六篮,坐贯本乡,土名深内,配产米一钱二分;乌墩乡税银配查米一两七钱四分一厘,本厝地基税银年一钱五分,现管裔孙懋永。又年银一钱,现管裔孙培出。又年银五分,现管裔孙焕晓。以上租税系洋塘石塘前直祀同收对分"。②《紫云黄氏宗史谱》"祀田记"云:

> 守恭公舍宅为寺,延僧守之。僧德公立檀越祠以志。万历间几罗于火,裔孙黄文炳重修建构,群子孙以岁序拜公祠宇……文照毅然会族众而谋曰:不奉现不孝……乃酿金买田千亩,而吾门人户部尚书梦松为记,所有亲吾亲者准此,春秋祭祀而所需又惟此福田。……宣其置之而不图所以守之乎。

黄文炳为明万历年间进士,黄文照为明崇祯年间发达富有者,两人均紫云黄氏后裔,发达以后,互相激励,一个主动捐修宗祠,一个则捐金买田千

---

① 《蓬湖郭氏家谱》。
② 《印塘杨氏族谱》。

亩,献作族田。黄文照所捐祭田的数量很大,一般家族中族人的捐献,倘若非高官巨富是不可能达到的。

族田的扩充无疑与家族中人的经济成就密切相关。因为经济行为有涨有落,因而有的族田也往往面临倾覆的危险。如南安金榜吴氏家族在元代所置的大量族田,至清末已流失过半。原有租谷三百余石被土豪王绍宗隐匿以为己业,只存百余石。光绪甲午年(1894年)春,"经二十一世孙拱蒙重绘祖田形势及祖簿一本,藏之以俟有志"。① 应该说这种情况有一定的普遍性。

第三节

海洋经济与明清福建山海联动

一、海洋经济发展的背景

15世纪世界航海史翻开了新的一页,郑和下西洋开始于15世纪初,哥伦布等的航海则开始于15世纪末。世界性的航海将世界由孤立化为了整体,经济一体化逐渐加强。

在明代的中国沿海,尽管王朝推行严厉的海禁政策,但民间层次的近海海洋贸易、远洋贸易均热烈地开展着,受该趋势影响,在东南部中国,专业经济区域渐渐形成,松江成为棉纺织业中心,苏杭成为丝织业中心,湖广等地取得了"湖广熟,天下足"的美称,闽广则成为经济作物集中生产的区域。"福兴漳泉四郡,皆滨于海,海船运米可以仰给,在南则资于广,而惠潮之米为多,在北则资于浙,而温州之米为多……每至辄几十艘,福民便之,广浙之人亦大利焉。"②清代台湾"虽孤悬海外,而禾稼一岁三熟,米粮充裕,除岁供

---

① 《金榜吴氏族谱》。
② 《筹海图编》卷四,又参见《古今图书集成·方舆汇编·职方典》卷一一一○,《台湾府部纪事》。

内地兵粮谷六万余石,兵眷谷二万余石,外商贩源源内运以济民食,而漳泉尤资接济。"①雍正四年(1726年)闽浙总督高其卓也认为:"闽省泉漳二府,向资台米以济民食……台湾地广民稀,所出之米,一年丰收足供四五年之用,民人用力耕田,固为自身食用,亦图卖米换钱。"②据雍正七年(1729年)记载:台湾每年运至大陆之米不下四五十万石,③"闽广产米无多,福建不敷尤甚,每岁民食半藉台湾,或佐之以江浙,南洋未禁之先,吕宋米时常至厦,番地出米最饶"。④

二、"食山而足"与"以海舶为恒产"

山区自然资源特产的被开发与利用,成为沿海贸易的重要商品在商品经济取得发展之前,山区居民的生产多属于自给自足式的开垦,山地开辟农田,种植粮食是一般的选择。当其与外界的经济沟通起来之后,商业发展的通道便被打开。因此,福建经济的发展是在与外地的贸易中实现的。

福建的部分手工业原料都取决于外地,"闽人贷湖丝者,往往染翠红而归织之",他们"于二三月载糖来卖,秋则不买布,而止买花衣以归,楼船千百,皆装布囊,盖彼中自能纺织也"。⑤ 福建商人不仅从江南,也从四川买进原料,如其"丝质来自川蜀,(由)商人万里贩来"。⑥ 甚至还从国外买来原料,如牙雕"俱贾舶市来者,漳州刻为牙仙人之属,以供近税",像"牙箸、牙带、牙扇"等都能制作。⑦

经济作物的种植顺应了市场需求取得了长足发展。如乾隆《漳州府志》:"俗种蔗,蔗可糖,各省资乏,利较田倍,又种桔,煮糖为饼,利数倍,人多营焉。烟草者,相思草也,甲于天下,货于吴于越广于楚汉,其利亦较田数倍。"商品经济成为福建经济发展的巨大带动因素。泉州"农囊耕于田,今耕

---

① 《皇清奏议》卷一三,嘉庆四年(1799年)福建巡抚汪志伊《议海口情形疏》。
② 《皇朝经世文编》卷八四,《兵部·海防中》雍正四年(1726年)浙闽总督高其卓《请开台湾米禁疏》。
③ 雍正七年诏书,连横:《台湾通史》上册,第44页。
④ 《鹿洲文集》卷三,《请开南洋事宜疏》。
⑤ 王世懋:《闽部疏》卷上。
⑥ 宋应星:《天工开物·乃绫》。
⑦ 《古今图书集成·方舆汇编·职方典》卷一〇四。

于山，若地瓜、若茶、若桐、若松杉、若竹，凡可供日常者，不惮陟硗岩辟草莽，藏计所入，以助衣食之不足"。① 当时人陈懋仁说："甘蔗干小而长，居民磨以煮糖，泛海售焉，其地为稻利薄，蔗利厚，往往有改稻田种蔗者，故稻米益乏，皆仰给于浙直海贩。"②

烟草本来是作为辟瘴气的药物，但随着烟草市场的开通，漳州烟草种植面积迅速扩大，很快超过了作为原产地的吕宋，并大量输送到吕宋销售。清初"多莳之者"，"漳烟称最，声价甲天下，漳又长泰最胜，人多种之，利甚多"。③ 闽西汀属八邑，康熙以前，农民只懂得"耕耘稼穑"一事，并不了解种烟可以"网利"，康熙三十年（1691 年）后，由于漳州"流寓于汀州"的人把烟草移植该地，"因其所获之利息数倍于稼穑"，所以"汀民亦皆效尤"，以致"八邑之膏腴田土，种烟者十居三四"。④ 清代福建"烟草之植，耗地十之六七"，⑤"今种烟之家，十居其半，大家种植一二万株，小亦不减二三千株"。⑥

"滨海舟楫通焉，商得其利而农渐弛，俗多种甘蔗、烟草，获利尤多。"⑦ 漳州海澄地方"处处园栽橘，家家蔗煮糖"。⑧

南安，"山而居者岁食其山之入，犹出其余以贸易于海，海而居者，亦食其海之入，举得而有焉"。⑨

沟通山海之间、沿海与内地之间、中外之间商品交换轨迹的是不辞辛劳的贩运商人们。龙岩"商人贾人以通货贿，其往也，以岩之货，行于四方，因萃各方之货，而旋居于市"。⑩ 清代厦门"服贾者以贩海为利薮，视汪洋巨浸如衽习，北至宁波、上海、锦州，南至粤东，对渡台湾，一岁往来数次"。⑪

海外贸易的巨大商业利润成为激励商人们冒禁入海的动力。人们"望

---

① 黄任《泉州府志》卷二〇，《风俗》。
② 《泉南杂记》卷上。
③ 乾隆《长泰县志》卷十。
④ 王简庵：《临汀考言》卷六。
⑤ 《皇朝经世文编》卷三六，《论闽省务本节用书》。
⑥ 《清朝文字档案》卷五，《吴英拦兴献策书》。
⑦ 光绪《漳州府志》卷二六，《风俗》。
⑧ 乾隆《海澄县志》卷二〇，《艺文一·诗》徐𤊹《海澄书事曹能始》。
⑨ 乾隆《海澄县志》卷二〇，《艺文一·诗》徐𤊹《海澄书事曹能始》。
⑩ 嘉靖《龙岩县志》，《食货》。
⑪ 道光《厦门志·海舶贸易》。

海为田,藉鱼盐蜃蛤之利,征贵贱于他邦,以其所有,易其所无"。① "漳泉之民,自明季多航海外洋,以谋生计。"② 惠安辋川"数百家皆业海利,远近趋利,足迹辐辏"。③ "海上操舟者,初不过取捷径往来贸易耳,久之渐习,遂之夷国,东则朝鲜,东南则琉球、吕宋,南则安南、占城,西南则满剌加、暹罗,彼此互市,若比邻,然又久之,遂之日本矣,夏去秋来,率以为常,所得不赀,什九起家,于是射利愚民,辐辏竞趋,以为奇货。"④

海外贸易因为地理状况不同,更能发挥互通有无的作用,贸易之利就更大。诚如"夷中百货,皆中国不可缺者,夷必欲售,中国必欲得之"。⑤ 贸易不仅可以互通有无,而且还能让甲地菲贱之物在到达乙地后身价大增。于是"望海谋生者十居五六,内地菲贱无足重轻之物,载至番境,皆同珍贝,是以沿海居民造作小巧,技艺以及女红针黹,皆于洋船行销,岁敛诸岛银钱货物百余万入我中土"。⑥

人口急增,经济总量增加,成为明中叶以后该地设县甚多之所在。外来粮食作物的被引入,这本身就是海洋经济带动的结果。

番薯和花生的引进为福建商品化生产提供了便利。"万历中,闽人得之外国,瘠土砂砾之地,皆可以种,初种于漳郡,渐及泉州,渐及莆,近则长乐福清皆种之。"⑦ 方便食用,"或煮,或磨为粉,其根如山药之竽,如蹲鸱者,其皮薄而朱,可去皮食,亦可熟食,亦可生食,亦较可酿为酒",它较易种,只要"截取其蔓……虽萎,剪插种之,下地数日即荣",并且"其初入时值闽饥,得是而人足一岁……耄耇童孺,行道鬻乞之人,皆可以食"。其产量高,"蔓生多结根,一亩地数十石之获,此土薯省力而获多,贫者赖以充腹"。陆耀也说:"亩可得数千斤,胜种五谷几倍。"⑧ 当时被人们称为"不死之药",甚至在一些贫瘠之地,"贫民之食地瓜有终身不见米谷者"。⑨ "其种也,不与五谷争地,凡瘠

① 嘉庆《云霄厅志》卷四,《户口土田志》。

② 民国《同安县志》卷三六,《人物录·华侨》。

③ 《古今图书集成·职方典》卷一○五二,蔡清《惠安县辋川桥记》。

④ 《五杂俎》卷四,《地部下》。

⑤ 《殊域周咨录》。

⑥ 蓝鼎元:《皇朝经世文编》卷八三,《论开南洋事宜疏》。

⑦ 周亮工:《闽小纪》卷下,《番薯条》。

⑧ 《甘薯录》。

⑨ 《皇朝经世文编》卷四九,《户政》。

卤沙冈,皆可以长,粪治之则加大,无雨根盖奋满,即大旱不粪治,亦不失经捆,泉人鬻之,斤不值一钱,二斤而可饱矣。"①在明代后期数十年间,福建、广东两省某些地方的农民逐渐地把红薯作为主食,或谓:"闽广人以当米谷。"②或谓"闽广人赖以救饥,其利甚大","甘薯所在,后人便足半年之粮,民间渐此广种"。③因此,番薯种植很大程度上解决了沿海区域人们的吃饭问题,为海洋经济的发展提供了基础。

三、山海联动与明清治闽政策

(一)明清海禁政策与山海经济的官方色彩

倭寇入闽是以掠夺财富为目的的,却危害了明海防。海防本来以肃清海氛为目的,结果却很快转化为沿海渔商的重要威胁力量,海防的官兵们时常把渔民和商人作为抓捕的对象。

打击倭寇却导致了扩大化,商由民转化为盗。到清代,顺治十八年(1661年)迁界,"迁沿海居民以垣为界,三十里以外悉墟之"。康熙十八年(1679年),"沿海二三十里地险要各筑小寨防守限以界墙"。④清政府试图以此孤立郑氏势力,但事实上这一政策不仅没有达到目的,反而造成了沿海商民的"群起为乱"。当时人裴行简说:"其所以流为盗贼者,则无恒产之故,而其所出盐产者,则从前更改盐法未善之故,查滨海斥卤之地,向难耕种。""沿海赤子既无资术,不能别作贸易,安得不入海为寇,法令日严,而洋盗愈炽,非愚民之甘心就戮也,亦谋生之念重而罹法之念轻耳。"⑤《云霄厅志·命盗》分析说:"穷民畏死,甚于畏法,穷民贪利急于贪生,盖以为盗而获利,则今日可以得生,而异日或未必罹于法,不为盗而无利,则今日已不得生,而遑恤异日之死于法乎。"⑥蓝鼎元在《请开南洋事宜疏》中说:"南洋未禁之

① 《闽小纪》卷下。
② 王象晋:《群芳谱》,见《中国农学遗产选集》上编,《粮食作物》,第609页。
③ 徐光启:《农政全书》上册,第500~506页。
④ 道光《厦门志·防海》。
⑤ 裴行简:《闽盐请改收税疏》,嘉庆九年(1804年),《皇朝经世文编》卷四九。
⑥ 嘉庆《云霄厅志》卷三,《敝俗》。

先,闽广家给人足,游手无赖,亦为欲富所趋,尽入藩岛,鲜有在家饥寒窃劫为非为患,既禁之后,百货不通,民生日蹙,居者苦艺能之罔用,行者叹致远之无方,故有以四五千金所造之洋艘,系维朽蠹于断港荒岸之间,驾驶则大而无当,求价则沽而莫售,折再易小如剥栋梁以为伐,裂锦绣以为缕,于心有所不甘……一船之数,废中人百家之产,其惨目伤心可胜道耶? 沿海居民萧索岑寂,穷困不聊之状,皆因洋禁。其深知水性,惯习船务之舵公水手,不能肩担背负以博一朝之食,或走险海中为贼驾插,图目前糊口之计,其游手无赖更靡所之,群趋台湾,或为犯乱。"蓝鼎元总结说:"今禁南洋有害而无利,但使沿海居民富者贫,贫者困,驱工商为游手,驱游手为盗贼耳。"而且"闽地不生银矿皆需番钱,日久禁密无以为继,必将取给于楮币、皮钞,以为泉府权宜之用,此其害匪其微也。开南洋有利而无害,外通财难消奸宄,百万生灵仰事俯蓄之有资……"①慕天颜也在《请开海禁疏》中说:"(银两)耗消者去其一,湮没这去其一,埋藏制造者由去其一,银日用而日亏,别无补益之路,用既云而愈急,终无生息之期,如是求财之裕,求用之舒,何异塞水之源而望其流之溢也。"②顺治六七年间,"彼时禁令未设,见市井贸易咸有外国货物,民间行使舵以外国银钱"。③ 诚所谓:"未禁之日,岁进若干之银;既禁之后,岁减若干之利。"④

迁界引起土地荒芜,墟场被破坏,致使鱼盐失利,国穷民困。顺治十八年(1661年)"诏沿海居民三十里界外,尽徙内地,禁渔舟商舟出海,以杜沟通,总督李率泰迁同安之排头,海澄之方田边境八十里堡安置内地"。⑤ 康熙十二年(1673年)总督范承谟上条陈说:"闽人活计,非耕即渔,一自迁界以来,民田废弃二万余顷,亏减正供约计有二十余万之多,以致赋税日缺,国用不足,而沿海之庐舍,在在化为斥卤,老弱妇子展转沟壑,逃之四方者不计其数。"⑥"自今以后,近海通舟之墟场,去论福兴泉漳等处理应一体防拿,凡

① 蓝鼎元:《请开南洋事宜疏》。
② 慕天颜:《请开海禁疏》《皇朝经世文编》卷四八。
③ 《皇朝政典类纂》卷一一八,《市易六·海舶通商》。
④ 《皇朝政典类纂》卷一一八,《市易六·海舶通商》。
⑤ 光绪《龙溪县志》卷三〇,《纪兵》。
⑥ 范承谟:《条陈闽省利害疏》,《皇朝经世文编》卷八四。

有擅开墟者,即丘置重典不赦。"① 过去"鱼盐最为财赋之薮",这时,"赋税缺减,民困日蹙。""老弱转死沟壑,壮者流离于四方。"②

"市通则寇转而为商,市禁则商扎而为寇","食不继则民流为盗,抚有方则盗化为民。"③ 当海禁之时,"江浙闽广,则自二三月至九月,皆盗艘劫掠之时。今天下太平,非有所谓巨贼,不过一二无赖饥寒逼身,犯法潜逃。寄日腹于烟波浩荡之际,而往往不能廓清,岁岁为商民之患"。"开洋以来,原以借贸易之盈余,补耕耘之不足,商与民交相赖,一经洋盗滋扰,商累而民亦累。"④《东西洋考》说:"一旦戒严,不得下水,断其生活,若辈悉健有力,势不肯拳手困穷,于是所在连接为乱,溃裂以出,欺纵于外者。"⑤ 因此,"海商原不为盗,然海盗从海商起"。⑥

清康熙时兵部尚书金世荣督闽时,谓出洋大船易以藏盗,奏定渔船禁用双桅。商船饬令改造,毋许梁头过丈有八尺,至是闽浙总督梁鼐疏言:商船不许过丈,虑其越出外洋,遂至为匪,且不容无赖之人操焉,自定例改造,所费甚巨,皆畏缩迁延。其现已改造者,仅求合于丈有八尺之梁头,而船腹与底仍如旧,是有累于商。⑦

禁海、迁界还导致"数年来附洋船回者甚少","内地民希图获利,往往留在彼地"。⑧《东西洋考》中也说:"今华人之贩吕宋者乃日反佛朗机者也,华人既多诣吕宋,往往久住不归,名为压冬,聚居涧内,为生活渐至数万,间有削发长子孙者。""回来者不下十之五六,其余悉卖在海外。""我省往贩吕宋中多无赖之徒,因而流落彼处不下万人。"海禁政策只能导致强人弱己。

郑氏集团的被剿灭成为东南民间海洋经济力量被殄灭的标志,残余部分则被纳入到官方海洋经济体系中。

---

① 《皇清奏议》卷一三。
② 王云:《漫游纪略》卷三。
③ 《皇清奏议》卷三,《议沿海情形疏》。
④ 《皇朝经世文编》卷八五,《兵政·海防下》。
⑤ 《东西洋考》卷七,《饷税考》。
⑥ 《虔台倭纂》上卷,《倭原》。
⑦ 《东华录》卷二〇康熙四十六年(1707 年),北京:中华书局,第 372 页。
⑧ 《皇朝政典类纂》卷一一八,《海舶通商》。

（二）海禁导致了私人贸易港口的兴起

月港在成弘时期，"豪门巨室，间有乘巨舰贸易海外"。① 形成"汪洋巨浸之区，商舶百货之所"。隆庆元年（1567 年），明政府正式取消"海禁"，在月港开设"洋市"以后，月港与海外的贸易就由非法走私变成了合法贸易，由此，"闽人通番，皆由漳州月港出洋"。到万历年间，则更是"四方异客，皆集月港"。② 其规模之大，"泉漳商民，贩东西二洋，代农贾之利，比比皆然"。"饶心计者视波涛为荤麻，梮帆樯为末耜，盖富家以财，贫人以躯，输中华之产，弛异域之邦，易其方物，利可十倍，故民乐轻生鼓枻相续，亦既习惯，谓生涯无逾此耳。"③当时人傅夏器形容月港"人烟辐辏，商贾咸聚"。④ 谢宗泽也认为"澄治踞海陬得通道诸夷，贸其珍异，藉舟楫之利，以腴丽甲于闽中"。⑤ 这里"所贸金钱岁无虑数十万，公私并赖，其殆天子之南库也"。⑥

（三）民间山海经济的互补发展

绅官盗合流走出了福建海洋经济发展的新路，以致像朱纨被迫自杀，这是强硬僵化海禁政策失利的重要表现。

福建沿海与山区经济的联系进一步加强，山区的经济作物输往沿海，满足了沿海贸易活动的货源。沿海人走向山区，也把商业观念带往山区，促进了山区商业的发展。

在糖业中，"富商巨贾，当糖胜时，持重赀往各乡买糖，或先放账糖寮，至期收之，自行货者，有居以待价，俟三四月好南风，租舶艒装所货糖色，由海道上苏州、天津，至秋，东北风起，贩棉花龟布回邑，下通雷琼等府，一往一来，获悬几倍，以此起家者甚多"。⑦

在商品作物高额利润的刺激下，商品作物大量种植起来，茶叶、甘蔗、烟草、水果的种植面积进一步扩大，在水果业中，"闽中荔枝龙眼家，多不自采，

---

① 《东西洋考》卷七。
② 顾炎武：《天下郡国利病书》卷九六，《福建》。
③ 乾隆《海澄县志》卷一五，《风土》。
④ 光绪《漳州府志》卷四六，《艺文一》
⑤ 乾隆《海澄县志》卷二三，谢宗泽《梁明府增筑关城碑记》。
⑥ 周起元《东西洋考·序》。
⑦ 乾隆《海澄县志·物产》。

吴越贾人，春时即入赀，估计其园，吴越人曰断，闽人曰榷，有榷花者，榷孕者，榷青者，树主与榷者，某树得钱几许，某少差，某较胜，虽以见时之多寡言，而后日之风雨之肥瘠，互人皆意而得之，他日摘焙，与所估不甚远，估时两家贿互人，树家嘱多，榷家嘱少"。① 在航海业中，"富家征货，固得捆载归来，贫者为庸，亦博升斗自给"。②

当然，有时过度的开发也破坏了生态平衡：宁洋县的杉木"康熙年间，近地采买已尽，商人复从永安辖界贩运，路由宁属翠峰新村西塔，石坑山谷一带，地方陡辟，新径出，至河放运，其为民害甚剧"。"凡商客采买杉木，砍之于山，拖之于河，而后放运，杉木长大略径行曲，水势纵横冲流田土禾苗以及毁害桥梁，崩损坟墓，众岁之勤动不得收成。"③

第四节

晚清厦门的疫情与社会应对

——以传教士的记述和海关、教会医院的疫病应对为中心的考察*

晚清厦门是清代最初对外开埠的重要口岸之一，此时此地的疫情呈现出多重特征。据到此传教、游历、经商、居住的传教士记述，晚清厦门的日常医疗卫生状况堪忧，积极的卫生防疫意识还未融入人们的日常生活；降雨和高温等自然条件、卫生环境恶劣、医疗条件简陋、医疗资源分布不均以及家庭与社会卫生意识淡薄共同构成了晚清厦门疫病发生或散播的原因。普通民众主要以诉诸风水和祭拜神灵的方式应对疫情，西方传教士以开展救治和预防活动、海关管理者以制定和实施港口检疫制度应对疫情的发生和散播。医疗传教士、教会医院与医学专科学校等西方社会团体和组织在医疗

① 《泉南杂志》卷上。
② 张燮：《东西洋考》卷七，《饷税考》。
③ 光绪《宁洋县志》卷二，《舆地志·物产》。
* 本节与刘希洋合写，刘希洋现为中国海洋大学马克思主义学院讲师。

卫生这一日常生活活动中与厦门许多阶层之间的互动推动了厦门的现代医疗卫生事业的起步和发展。

一、厦门疫病和医疗卫生研究回顾

美国历史学家威廉·H. 麦克尼尔（William H. McNeill）在《瘟疫与人——传染病对人类历史的冲击》中写道："传染病在历史上出现的年代早于人类，未来也将会和人类天长地久地共存，而且它也一定会和从前一样，是人类历史中的一项基本参数以及决定因子。"①的确，人类与传染病的交锋有着漫长的历史，透视历史上与人类生存环境密切相关的传染病有助于了解人的生命史，深入认识和理解人类历史的发展变迁，培养人们对生命的关怀和珍视的思想意识。20 世纪 70 年代，欧美史学界兴起人群生命史的研究，80 年代中后期，中国台湾开始了疾病医疗社会史的研究，90 年代中期，中国大陆史学界一些学者也开始关注医疗社会史研究。② 疾病医疗社会史已成为国际医史学研究的热点之一，从社会史的角度研究疾病医疗史，可以探究历史上人们的生存状况、群体的心态和精神面貌，窥测环境与社会的相互作用，进而唤起人们对生命健康的关注。

学术界已经出现很多关于疾病和医疗卫生的研究③，本文在这些研究和综述的基础上重点回顾厦门疫病和医疗卫生的研究情况。目前对于厦门疾病与医疗卫生的研究多作为福建全省、闽南地区疾病卫生统计资料和研究著作的一部分，从医学角度和医学史脉络进行资料的整理和论述是这些统计资料和研究著作的主要特点。按照时间先后，这些统计资料和研究著

---

① ［美］麦克尼尔（William H. McNeill）著，杨玉龄译：《瘟疫与人——传染病对人类历史的冲击》，台北：天下远见出版股份有限公司，1998 年，第 339 页。

② 参见余新忠：《关注生命——海峡两岸兴起疾病医疗社会史研究》，《中国社会经济史研究》2001 年第 3 期，第 94～98 页。

③ 关于这方面的学术史回顾，请参见余新忠的著作和两篇综述文章。余新忠：《清代江南的瘟疫与社会——一项医疗社会史的研究》，北京：中国人民大学出版社，2003 年，第 20～41 页；余新忠《20 世纪以来明清疾疫史研究述评》，《中国史研究动态》2002 年第 10 期，第 14～22 页；余新忠《中国疾病、医疗史探索的过去、现实与可能》，《历史研究》2003 年第 4 期，第 158～168 页。另可参见张泰山：《民国时期的传染病与社会》，北京：社会科学文献出版社，2008 年，第 6～24 页。

作主要包括：

李玉尚在《近代中国的鼠疫应对机制——以云南、广东和福建为例》①一文中以云南、广东、福建为例探讨了 20 世纪 40 年代以前和 40 年代以后中医医生、官方和民众在鼠疫流行时的应对措施和防疫手段，认为 20 世纪 40 年代以前，中医医生和官方的应对无效，民众自发采取的措施是最重要的防疫手段，20 世纪 40 年代以后，官方在中医医生和民众防疫无效的情况下实行现代防疫措施。他的另一篇文章《和平时期的鼠疫流行与人口死亡——以近代广东、福建为例》②比较了广东、福建的乡村和重要城市鼠疫流行的特点、影响程度等，认为不同的社会结构和发展状况对于鼠疫流行模式和人口死亡所产生的影响十分明显。闵宗殿在《明清时期东南地区疫情研究》③中以上海、江苏、浙江、安徽、江西、福建五省一市的方志记载为主探讨了东南地区的疫情、疫病的种类、疫病暴发的相关因素及社会影响等问题。林星在《近代福建传染病的流行及其防治机制探析》④一文中重点探析了近代福建传染病的流行状况、政府、中医和民众的应对策略，认为国家力量和社会力量的共同参与对传染病的防治起到重要作用。杨明新的《试论近代闽南地区的鼠疫》⑤从近代闽南地区鼠疫的性质、传播、社会影响、政府和民间社会的应对几个方面考量了疾病与社会政治经济发展的关系。林汀水在《明清福建的疫疠》⑥则主要依靠地方志资料罗列了明清时期整个福建地区的疫疠发生时间、疫情，其中包含了较多的厦门疫情资料。杨齐福、杨明新的《近代福建鼠疫的传播与社会

① 李玉尚：《近代中国的鼠疫应对机制——以云南、广东和福建为例》，《历史研究》2002 年第 1 期，第 114～127 页。

② 李玉尚：《和平时期的鼠疫流行与人口死亡——以近代广东、福建为例》，《史学月刊》2003 年第 9 期，第 82～94 页。

③ 闵宗殿：《明清时期东南地区疫情研究》，《学术研究》2003 年第 10 期，第 109～115 页。

④ 林星：《近代福建传染病的流行及其防治机制探析》，《中共福建省委党校学报》2003 年 9 月 10 日，第 60～64 页。

⑤ 杨明新：《试论近代闽南地区的鼠疫》，《福建论坛》（人文社会科学版）2005 年专辑，第 110～111 页。

⑥ 林汀水：《明清福建的疫疠》，《中国社会经济史研究》2005 年第 1 期，第 46～59 页。

影响》①和《近代福建鼠疫述论》②分别研究了近代福建鼠疫的传播方式、重大社会影响以及地方政府、民众、士绅、华侨、教会采取的应对措施。周易、刘德荣的《清代福建医家编撰的部分医籍述评》③介绍了清代福建医学家编纂的部分医学书籍，从侧面反映了清代福建医学的发展状况。井运梅在《1997—2008 年明清时期福建医家研究述要》一文中④回顾了学术界对明清时期福建医家及其著作的研究状况。李颖、王尊旺的《清代福建瘟疫述论》⑤一文论述了清代福建瘟疫的特点、影响和发生原因。

这些以福建、闽南为主要范围的研究一方面从不同的角度研究了福建地区的疫情和卫生医疗状况，为深入研究和认识厦门疾病与医疗卫生提供了许多基础的资料，另一方面让我们看到厦门在闽南、福建历史变迁中所处的地位。但仍有一些缺憾：第一，有关厦门的疾病卫生资料多分散在这些研究之中，不够全面、系统、清晰；第二，关于晚清的研究较少，特别是关于晚清厦门的研究几乎没有。晚清既是中国传统社会行将结束的阶段，又是清帝国逐渐退出历史舞台的阶段，既是中国社会逐渐转型的阶段，又是中国与世界接触、碰撞、交融的阶段，从疾病和医疗卫生角度研究晚清历史变迁是深化晚清史研究的题中之义。厦门是五口通商口岸之一，开埠之后，很多西方人来到厦门，主要包括传教士、商人、海关管理人员等，许多内地人、闽南人从厦门走出国门，还有许多华侨不断回到厦门等地。晚清许多疾病伴随这些人口流动不断出现在厦门地区，对厦门地区的社会经济发展、民众日常生活产生了重要影响，因而有必要进行专门研究；第三，这些研究所依据的资料缺少晚清厦门一个特殊群体——传教士——有关厦门疫病和卫生医疗活动的记述。地方志以及一些民间民俗资料往往只记述了疫情发生的时间、

① 杨齐福、杨明新：《近代福建鼠疫的传播与社会影响》，《史学理论研究》2007 年第 3 期，第 33～42 页。

② 杨齐福、杨明新：《近代福建鼠疫的传播与社会影响》，《福建师范大学学报》（哲学社会科学版）2007 年第 4 期，第 102～110 页。

③ 周易、刘德荣：《清代福建医家编撰的部分医籍述评》，《福建中医学院学报》2008 年第 1 期，第 53～55 页。

④ 井运梅：《1997—2008 年明清时期福建医家研究述要》，《福建中医学院学报》2008 年第 5 期，第 70～72 页。

⑤ 李颖、王尊旺：《清代福建瘟疫述论》，《福建中医学院学报》2010 年第 3 期，第 64～67 页。

地点和基本影响，忽略了真实存在于基层社会和民众日常生活的疫病和医疗卫生状况，而西方传教士关于厦门的著作中有很多疾病卫生医疗方面的内容，他们以直接的观察和异域的眼光记录下了当时厦门地区疾病和医疗卫生一些基本状况，因此，这些记述是研究晚清厦门疫情、卫生实践、疫情中的民众状态及其救疗活动的重要依据；第四，虽然不少研究探讨了疾病对社会经济的重大影响以及政府、社会和民众对疾病的反应，但是它们较少涉及民众、社会团体（主要是传教士及教会医院）和海关管理者在疾病和医疗卫生实践方面的互动状况。

鉴于以上几点，本文系统整理了晚清厦门的疾病卫生资料，重点关注晚清阶段，以西方传教士的记述为主要参考资料，研究疾病流行的自然和社会经济原因，探讨晚清厦门医疗卫生的建设和发展，展现并分析民众、政府和社会团体在疾病与医疗卫生实践中的互动情形。

二、晚清厦门的疫情

本文所整理的厦门疫情主要依据的资料是：（一）《近代厦门社会经济概况》①。该资料是厦门海关历任海关税务司编制的海关资料，主要包括海关年度贸易报告（1865—1881）、海关十年报告（1882—1941）、海关大事记三部分，在1872年至1882年记述厦门海关状况的年度贸易报告中，有相关厦门疾病卫生状况的信息；1882年至1941年，以十年为一个单位，共有六个十年报告，其中有很多关于厦门海关疾病、卫生医疗方面的记载，由于其记载多是概述，所以在做统计时，把报告中1882年至1911年有关疾病卫生的内容附在相应年份的后面，与其他资料相互参照。（二）地方志。民国时期和中华人民共和国时期编纂的《同安县志》②、《民国厦门市志》③，这些方志资料多把疫情放在

---

① 厦门市志编纂委员会、《厦门海关志》编委会：《近代厦门社会经济概况》，厦门：鹭江出版社，1990年。

② 林学增等修，吴锡璜纂：《同安县志》卷之三，《大事志·灾祥》，北京：中国方志丛书，第八十三号，台北：成文出版社，1967年；同安县地方志编纂委员会编：《同安县志》，北京：中华书局，2000年版。

③ 厦门市地方志编纂委员会办公室整理：民国《厦门市志》卷三，《大事志》，北京：方志出版社，1999年。

"大事志"部分,记述相对简单。(三)卫生专志,主要有《厦门市卫生志》①、《同安医药卫生志》②。(四)近人研究,主要是林汀水的《明清福建的疫疠》③一文。根据以上资料,我们整理了厦门疫情状况一览表。从表中可以看出,晚清厦门疫情主要呈现出以下特征:第一,疾病种类主要有霍乱、鼠疫、天花、疟疾、登革热、痢疾、伤寒、流行性麻疹、肺结核、黑死病10类。第二,在发生疫情的26年里,有9个年份发生霍乱,在10类疫情中发生次数最多;有8个年份发生鼠疫,位居第二;有3个年份发生天花,分别有2个年份发生疟疾、登革热和伤寒,分别有1个年份发生痢疾、麻疹、肺结核、黑死病。第三,从朝代来看,光绪朝厦门的疫情最为严重,发生疫情的26年里有15年在光绪朝;第四,鼠疫全部发生在光绪朝,且在1894年至1901年里连续发生;第五,每年的疫情以1种流行疾病为主,同时出现多种疾病的年份不多。

表 3-1　晚清厦门疫情一览表

年号	发生年份	疫情	资料来源
道光	二十三年 (1843 年)	霍乱	林汀水:《明清福建的疫疠》,《中国社会经济史研究》2005年第1期,第54~55页。同安县卫生局编:《同安医药卫生志·大事记》,厦门:厦门大学出版社,1995年,第3页。
	二十六年 (1846 年)	瘟疫	《厦门市卫生志》编委会编:《厦门市卫生志》,厦门:厦门大学出版社,1997年,第257页。同安县卫生局编:《同安医药卫生志·大事记》,厦门:厦门大学出版社,1995年,第3页。
咸丰	五年 (1855 年)	霍乱	林汀水:《明清福建的疫疠》,《中国社会经济史研究》2005年第1期,第54~55页。
	八年 (1858 年)	瘟疫	《厦门市卫生志》编委会编:《厦门市卫生志》,厦门:厦门大学出版社,1997年,第257页

---

① 《厦门市卫生志》编委会编:《厦门市卫生志》,厦门:厦门大学出版社,1997年。

② 同安县卫生局编:《同安医药卫生志》,厦门:厦门大学出版社,1995年。

③ 林汀水:《明清福建的疫疠》,《中国社会经济史研究》2005年第1期,第54~55页。

续表

年号	发生年份	疫情	资料来源
同治	三年 （1864 年）	霍乱	林汀水：《明清福建的疫疠》，《中国社会经济史研究》2005 年第 1 期，第 54～55 页。
	十年 （1871 年）	疟疾、登革热，全岛人口 75％以上染病。	同安县地方志编纂委员会编：《同安县志》，北京：中华书局，2000 年，第 1210 页。同安县卫生局编：《同安医药卫生志·大事记》，厦门：厦门大学出版社，1995 年，第 3～4 页。
	十一年 （1872 年）	登革热，伴随着风湿病似的疼痛，肋骨和脸部肿大，并出现发疹。几乎所有的本地人和半数欧洲人都传染上这种病，但极少致命。	厦门市志编纂委员会、《厦门海关志》编委会：《近代厦门社会经济概况》，厦门：鹭江出版社，1990 年，第 94～95、469、171～172、180 页。
	十三年 （1874 年）	霍乱，厦门口岸首次发现染疫船。	
光绪	元年 （1875 年）	天花一例；流行性霍乱型腹泻。	
	三年 （1877 年）	霍乱，波及泉州；厦门口岸普遍流行霍乱，但仅有一名外国居民死亡。	林汀水：《明清福建的疫疠》，《中国社会经济史研究》2005 年第 1 期，第 54～55 页；厦门市志编纂委员会、《厦门海关志》编委会：《近代厦门社会经济概况》，厦门：鹭江出版社，1990 年，第 189 页。
	四年 （1878 年）	疟疾	同安县卫生局编：《同安医药卫生志·大事记》，厦门：厦门大学出版社，1995 年，第 4 页。

续表

年号	发生年份	疫情	资料来源	
光绪	八年 (1882年)	霍乱,厦门口岸发现霍乱患者多名。	厦门市志编纂委员会、《厦门海关志》编委会、《近代厦门社会经济概况》,厦门:鹭江出版社,1990年,第470页。	在这10年里,本地居民中仍普遍流行有传染性的多种疾病。除已提及的霍乱外,还流行热病。病情严重且常是以致命。热病一般流行秋天,而天花则在冬天流行。但这些疾病并未侵袭本地的外国居民。(厦门市志编纂委员会、《厦门海关志》编委会:《近代厦门社会经济概况》,厦门:鹭江出版社,1990年,第278页)
	十年 (1884年)	鼠疫	同安县卫生局编:《同安医药卫生志·大事记》,厦门大学出版社,1995年,第4页。	
	十七年 (1891年)	大疫	厦门市地方志编纂委员会办公室整理、民国《厦门市志》卷三、《大事志》,北京:方志出版社,1999年,第57页。	
	二十年 (1894年)	鼠疫	同安县卫生局编:《同安医药卫生志·大事记》,厦门:厦门大学出版社,1995年,第4页。	
	二十一年 (1895年)	大疫(鼠疫),鼠先死,染者或肿项,或结核吐血,流行盛甚。	林学增等修,吴锡璜纂:《同安县志》卷之三《大事志·灾祥》,中国方志丛书,第八十三号,台北:成文出版社,1967年,第93页。	
	二十二年 (1896年)	疫,死者多。	厦门市地方志编纂委员会办公室整理:民国《厦门市志》卷三《大事志》,北京:方志出版社,1999年,第57页。	
	二十三年 (1897年)	鼠疫,死者千余人。		
	二十四年 (1898年)	鼠疫,一日死亡五十人。		
	二十五年 (1899年)	鼠疫		

续表

年号	发生年份	疫情	资料来源	
光绪	二十五年（1899年）	痢疾一例，死亡。	厦门市志编纂委员会、《厦门海关志》编委会：《近代厦门社会经济概况》，厦门：鹭江出版社，1990年，第320页。	
	二十六年（1900年）	鼠疫	厦门市地方志编纂委员会办公室整理：民国《厦门市志》卷三，《大事志》，北京：方志出版社，1999年，第57页。	
	二十七年（1901年）	疫，历四月之久。		
		流行性麻疹和伤寒一例。	厦门市志编纂委员会、《厦门海关志》编委会：《近代厦门社会经济概况》，厦门：鹭江出版社，1990年，第320页。	
	二十九年（1903年）	霍乱	林汀水：《明清福建的疫疠》，《中国社会经济史研究》2005年第1期，第54～55页。	在这10年里（1902—1911），本地的健康状况相对尚好。瘟疫每年都有规律地发生，但疫情轻重程度不一……本地没有严重的霍乱发生，尽管几乎每逢夏季都会出现或多或少的患者。痢疾和麻疹每年都会重复发生。但并没有造成流行病……除了上述发生的和每年重复出现的瘟疫外，本地没有其他的流行病。（厦门市志编纂委员会、《厦门海关志》编委会：《近代厦门社会经济概况》，厦门：鹭江出版社，1990年，第360页。）
宣统	元年（1909年）	天花	厦门市志编纂委员会、《厦门海关志》编委会：《近代厦门社会经济概况》，鹭江出版社，1990年，第360页。	
	二年（1910年）	鼠疫	同安县卫生局编：《同安医药卫生志·大事记》，厦门：厦门大学出版社，1995年，第4页。	
	三年（1911年）	鼓浪屿因各种原因死亡的人数为216人。其中49人死于流行病，其构成情况如下：天花1人，霍乱3人，伤寒症10人，肺结核23人，黑死病12人。	厦门市志编纂委员会、《厦门海关志》编委会：《近代厦门社会经济概况》，厦门：鹭江出版社，1990年，第356页。	

三、晚清厦门的日常医疗卫生状况与疫病散播成因

从医学角度探析疫病的发生、传播、预防和治疗有利于准确解释历史上疫病的成因、影响等问题,但生活在晚清厦门的民众和游历、居住在此的西方传教士对医疗卫生的认识和探讨才是历史情境中的真实存在,因此,通过叙述和研究他们在当时当地的记录,我们可以体会他们对疫病及其救疗和预防的认知与态度,较为全面地了解疫情时期人们的生存状况、心理状态和精神面貌。笔者搜集、整理了西方传教士关于厦门日常卫生状况和疫病散播成因的记述,主要包括以下几个方面:

第一,降雨无常、高温和空气等一些自然条件不利人们健康而引发疫病。英国传教士乔治·休士说:"(厦门)雨下得反复无常。因为大多数天气是干燥的,常常有好几年雨量不足,结果导致了饥荒或贫困,某种传染病也会随之而来。三年大旱之后,今夏我们雨水充足,贮水池和井又满了,时间一长,没什么用处,水也会发臭。"①雨量的无常引起饥荒、贫困,传染病极易暴发和散播。英国另一位传教士塞舌尔·包罗认为:"长时间住在厦门口岸的外国人看起来很健康,没有居住在热带国度的欧洲人那种普遍的疲倦现象。厦门气候最大的影响是对神经和心理,除了很年轻的人,很可能多少都有神经衰弱、健忘等等毛病。本地人也有这些症状。毫无疑问这是长时间的高温与少有的使人懒洋洋的空气所致。"②塞舌尔·包罗观察细致、感觉入微,记录下了受气候长期影响才有的疾病症状。

第二,城市、家庭卫生状况恶劣引起疫病的发生和传播。首先,厦门非常脏乱的城市环境令许多传教士印象深刻。19世纪末来到厦门的美国传教士毕腓力分别记述了鼓浪屿和厦门的卫生情况。他对鼓浪屿的评价是:"1841至1842年外国人首次在这里居住的时候,鼓浪屿和厦门都没有被看成是天堂。事实上因为到处肮脏和污秽,鼓浪屿要比厦门还不利健康。1841年英军驻扎在岛上的时候,上百人发烧病倒。因此,鼓浪屿对40年代

---

① [英]乔治·休士:《厦门及周边地区》,载何丙仲辑译:《近代西人眼中的鼓浪屿》,厦门:厦门大学出版社,2010年,第38~39页。

② [英]塞舌尔·包罗:《厦门》,载何丙仲辑译:《近代西人眼中的鼓浪屿》,厦门:厦门大学出版社,2010年,第129页。

早期来到这里的传教士和商人们并无魅力可言。"①他对厦门的评价是："厦门有一个几乎很多城市都有的名声，遗憾的是厦门更加有名。它被称作是中国最脏的一个城市。厦门的脏臭名气一直很大，这从城市外观上可以看到，鼻子也闻得到，只有那些鼻子有毛病的中国人是幸运的。就我们所知，这里只有一个传教士，他是这个地区最敬业的传教士，厦门的脏臭可以解释他敬业的原因。"②乔治·休士也说："厦门的城镇和中国大部分城镇一样，都肮脏至极。狭窄而且没有规则的街道极其污秽，弥漫着各种混杂的气味。"③英国另一位传教士麦高温记述："狭窄弯曲的街道，不结实的平房，坑坑洼洼的道路，贫困人家住宅的简陋，以及不论穷人富人都具有的那可怕的令人厌恶的气味等等构成了这个城市的特征，这些都给那些四处游览、寻找新奇的人们留下最深刻的印象。"④可见，脏臭、藏污纳垢、街道狭窄脏乱是厦门城市日常卫生实态，其卫生状况堪忧。正是在这种情况下，厦门城区"是各种疾病的温床，其中瘟疫和霍乱较为突出"。⑤ 其次，家庭卫生状况同样恶劣。据麦高温记述："几乎每个中国人的生活环境都处于一种脏、乱、差的状态。当你走进一个属于中下层阶级的家庭时，你会为自己所看的景象感到震惊……屋里的东西肮脏而破旧，被摆放的到处都是，一点也没有整体感。地面上满是灰尘，虽然中间的空地好像时不时地被打扫过，但桌椅尤其是床铺下面的积尘和头顶橡木上挂着的蜘蛛网充分表明已经好久没有人光顾过了。"⑥人们的家庭卫生观念淡薄，根本没有从身边环境着手预防疫病的发生和传播。

---

① ［美］毕腓力著，何丙仲译：《厦门纵横——一个中国首批开埠城市的史事》，厦门：厦门大学出版社，2009年，第167页。

② ［美］毕腓力：《在厦门五十年：厦门传教史》，载何丙仲辑译：《近代西人眼中的鼓浪屿》，厦门：厦门大学出版社，2010年，第270页。

③ ［英］乔治·休士：《厦门及周边地区》，载何丙仲辑译：《近代西人眼中的鼓浪屿》，厦门：厦门大学出版社，2010年，第40页。

④ ［英］麦高温著，朱涛、倪静译：《中国人生活的明与暗》，北京：时事出版社，1998年，第234页。

⑤ ［英］塞舌尔·包罗：《厦门》，载何丙仲辑译：《近代西人眼中的鼓浪屿》，厦门：厦门大学出版社，2010年，第129页。

⑥ ［英］麦高温著，朱涛、倪静译：《中国人生活的明与暗》，北京：时事出版社，1998年，第283页。

　　第三，医疗水平落后致使疫病蔓延、病人得不到合理救治。麦高温详述了他在厦门所见到的医生的状态：

　　　　在中国，无论男人还是女人，人人都可以不受任何限制地公开地行医……只要那个人有一件长衫，一副学识的面孔……以及对于汤药和成药的肤浅知识，他随时都可以治疗令西方一流的内科医生头疼的疑难杂症。

　　　　一位满脸脏兮兮、油乎乎，衣服上积满了污垢，浑身脏得连你都不愿用一副钳子碰一碰的中国人，偏偏吸引住了你的视线。他是一个普普通通的劳动者，没有超人的才智，极易令你不屑一顾，不愿与之相处，可就在这时，却有人会在你耳边轻声说，他是一个很有名的业余医生，曾经治愈过许多人的病。

　　　　我所遇到的这类大夫都能在不一会儿的功夫，为需要有很高技术才能治疗的疾病开出处方……通常，一个人如果想要以行医作为职业，就要学习古代名医的著作……他们相信，如果掌握了这些知识，就能医治那些著名的医生曾经成功治愈过的疾病。中国人不相信在医学上有独创性的发展，他们认为，今人的身体构造与古人没有什么不同，既然足智多谋、才华横溢的古人已经研究过人类的疾病并为后人留下了他们发现的结果，那么，现在的人只要确定无疑、充满信心、平平静静、舒舒服服地接受那些书中记载的处方就行了。①

　　虽然麦高温的叙述有些夸张，可能不完全符合当时社会的实际情况，但是从这些医生的医疗实践来看，治疗疫病的卫生条件以及医生的卫生意识本身使人怀疑医治疾病的效果。并且他们所掌握的医疗技术和治疗方法依然延续着传统中医的知识，麦高温就注意到当时的医生把疾病统归为两大类，治疗方法因此也模糊地分为两种："中国的行医者把这个国家的人所染上的很大一部分疾病的病因主要归为两类，即是'受寒'和'受热'。因此，药物乃至食物均被分为两大类，即'凉性'和'热性'。当一个人病倒了，他的血液循环变慢，浑身乏力，丧失了生命的活力，那一定是由引起体内燥火的食

---

　　①　[英]麦高温著，朱涛、倪静译：《中国人生活的明与暗》，北京：时事出版社，1998年，第189～190页。

物及药物所致;相反,如果他在发烧,脉搏过速,就要使用凉性的药物。"①虽然延续千年的中医有非常深厚的医理和较为完善的治疗方法,但是在晚清厦门已经出现原来根本没有的疫病,例如鼠疫,所以医生依然沿用旧有的医疗知识显然已经无法应对这些疾病。

第四,民众对疫病认识不足导致疫病无法正确、有效地得到抑制。在没有完善的医疗设施和技术的情况下,普通民众在面对那些可怕的疾病时,多诉诸风水和神灵。麦高温较为详尽地记述了当时人们的行为反应:"瘟疫夺去了人民的生命,洪水和干旱带来了无尽的痛苦。居民们纷纷开始绝望了。这时,人们开始寻找造成这些灾难的原因。最终人们发现,这座城市没有风水。当然,现在是很容易解释瘟疫是怎样在城市狭窄的街道、拥挤的住房中蔓延起来的。这不是由恶劣的卫生条件、排水系统的缺乏而导致的,而是由于没有风水,致使恶的力量在这座城市肆意横行的结果。"②当发生瘟疫时,民众处于"绝望"的一种心理状态,他们向巫师求助,力图驱赶妖魔,"中国人声称,各种流行病是由恶魔引起的,而治愈这些疾病不是用保持环境卫生和清扫阴沟、并用大量的石灰酸消毒的方法,而是用巫师的法术,它会立即将这一群看不见的最难制服的妖魔赶走"。③ 从以上两点来看,这种恐惧心理源于人们对疫病的认识不足,那些肆虐的流行病给民众带来巨大的恐惧感,民众在无力从技术上应对的情况下,只好寻求心理和精神上的安慰。麦高温看到这种情形,也不由感慨:"在这里,霍乱、瘟疫和感冒到处流行,人们内心承受着生活的痛苦,用可怜的精神胜利法来苟且度日,并尽可能地从这失去了浪漫和诗意的生活中找到乐趣。"④

第五,日常生活贫困的民众无力治病。"穷人阶层特别是那些'苦力们'很少活到老年,因为瘟疫、霍乱、发热、肮脏、鸦片、垃圾、卖淫和愚昧无知夺走了他们的生命,所有这些都导致他们不能够活到高龄。每年都有好几千

---

① [英]麦高温著,朱涛、倪静译:《中国人生活的明与暗》,北京:时事出版社,1998年,第197页。

② [英]麦高温著,朱涛、倪静译:《中国人生活的明与暗》,北京:时事出版社,1998年,第110页。

③ [英]麦高温著,朱涛、倪静译:《中国人生活的明与暗》,北京:时事出版社,1998年,第127页。

④ [英]麦高温著,朱涛、倪静译:《中国人生活的明与暗》,北京:时事出版社,1998年,第253页。

人像草一样在收割者的刀前倒下。"①穷人在疫情面前就"像草一样"卑微，根本无力救治自己的生命。

第六，晚清厦门疫病的频繁暴发和成规模地扩散与医疗资源分布的不平衡密切相关。虽然晚清厦门口岸已经引进西方的卫生防疫制度和现代救治技术，一些靠近口岸的居民已能够运用这些医疗资源，但是在众多农村地区，农民要依靠"江湖郎中"进行疫病的救治和预防。西方传教士麦高温记述了农民在疫情中遭"江湖郎中"蒙骗而丧命的事情：

> 在条件如此优越的城里，他们的特殊本领不能像在乡村，尤其是在集贸市场上那样得到充分展示，因为城里人聪明敏锐；而众多适合他们的乡村集贸市场，却有他们施展才能的广阔天地，世界上再也找不到比中国的病人更易轻信大夫的人了。他们选中了一个人多、显眼的地方，展示那些能在农民及乡巴佬身上创造奇迹的存药，围观的人们正带着好奇的眼神盯着这些千奇百怪的药品。
>
> ……
>
> 在那个乡下人得知这个聪明的郎中有能治好他的药时，脸上露出了宽慰的表情，他亟不可待地买了一些药丸，忙着赶回家去告诉他妻子今天这个重大发现，要不是这个郎中医术高超，他过两天就会命丧黄泉了。②

当然，并非所有郎中都在行骗，一些郎中走街串巷给看病可能是当时乡下人所能分享的比较好的医疗条件，但乡下人的无知和"江湖郎中"的没有良知使得农民面临着极其恶劣的医疗环境，疫病无法得到医治。

从以上论述可知，晚清厦门的日常医疗卫生状况不容乐观，积极的卫生意识还没有成为人们日常生活的一部分。降雨和高温等不佳的自然条件、恶劣的医疗卫生情况、简陋的医疗条件以及淡薄的个人与社会卫生意识共同构成了晚清厦门疫病发生和散播的成因。当然，传教士所记述的内容没有完全涵盖各种疫病的具体来源、传播和影响情况，许多疫病——例如鼠疫——在厦门的出现都与厦门开埠后和外国特别是东南亚国家频繁的贸易

---

① ［美］毕腓力著，何丙仲译：《厦门纵横——一个中国首批开埠城市的史事》，厦门：厦门大学出版社，2009年，第58页。
② ［英］麦高温著，朱涛、倪静译：《中国人生活的明与暗》，北京：时事出版社，1998年，第197～200页。

往来、人口流动有关，并非本地固有。不过，从传教士对晚清厦门的医疗卫生状况和疫病救治条件的描述可以看出，一旦疫情暴发，无论其源于国内还是来自海外，恶劣的个人、家庭与社会卫生环境、简陋的疾病救疗条件以及淡薄的卫生和疫病预防观念无疑会加重疫病的社会影响，甚至成为疫病广泛传播、造成巨大影响的社会文化根源。

四、诉诸风水和神灵、积极救疗与防治、制定疫病预防措施

——不同群体面对疫病时的选择

疫病的散播因人们对疾疫认识的偏差和承受能力的差异而呈现出不同的特点。从晚清厦门社会经济文化特征来看，普通民众、传教士及教会医院和海关管理者对疫情的出现和散播采取了不同的态度、做出了不同的选择。

传统的社会习俗、恶劣的城市和家庭卫生环境、淡薄的个人卫生健康意识等原因使得普通民众多把疫病归咎于恶魔鬼怪，因而采取了消极避疫的态度。看风水是他们想到的最直接的做法。英国传教士麦高温的记述让我们得以窥见当时疫情发生时民众的心理状态：

> 于是，城里的居民们请来了远近闻名的风水先生来解决他们的问题。先生建议应该在城内建两座宝塔，东边一座，西边一座。居民们照办了。各阶层人士为了建塔，毫不吝啬，纷纷踊跃捐献财物。最后，宝塔终于在人人都能看到的街道和土地上屹立起来了。在宝塔的庇护之下，居民们顿时觉得心里踏实了许多。他们相信袭击这座城市的恶魔已被镇住，灰溜溜地逃走了。今天，这座城市已变得繁荣兴旺。大街小巷熙熙攘攘，商人们从本省各处赶来，在这里摆摊卖货。城里出的精英人物遍布国家的各个角落。所有这些都被认为是那两坐镇妖宝塔的功劳。①

居民在风水先生的建议下群策群力建起镇妖宝塔，希望借助宝塔的力量驱赶走恶魔，并且对宝塔的作用确信无疑。他们对其他原因不屑一顾，"如果瘟疫横扫了一座城镇的某个地区时，人们会对这是由于饮用水不洁或

---

① ［英］麦高温著，朱涛、倪静译：《中国人生活的明与暗》，北京：时事出版社，1998年，第110～111页。

污水横溢造成的设想持以最不屑一顾的态度。他们会轻蔑地问道:‘城里人的健康和难闻的气味之间能有什么联系呢?’他们会告诉你,中国自古以来就是这样的。”①

此外,祭拜神灵是居民另一种经常性的选择。麦高温记录到:“染有疾病的人去任何一座普通寺庙都可求治,这种寺庙随处可见;但像疯癫、中风、瘟疫这类被视为因恶魔缠身而导致的疾病,就应来向‘帝王’(城隍)请愿方能治愈了。”②可见,民众得病时会根据疾病的种类和程度来选择拜求不同的神灵,并且对神灵同样崇信不疑。

与普通居民形成对比的是,西方医疗传教士及其团体在疫情面前采用西医方法和医疗设施进行积极救治,并建设医院、开展疾病预防活动。厦门海关设立后,在厦门和鼓浪屿常住的西方人逐渐增多,从厦门港进出的人口也不断增多,传染性疾病随着人口的流动也逐渐增多。西方人为了保持健康和管理好厦门海关以及鼓浪屿,开始修建西式医院,运用西医方法开展疾病治疗。19世纪末,鼓浪屿上出现第一所西医医院——救世医院,它也是厦门第一所正规西医医院。1897年,美国归正会为了更好地开展宣教和医疗工作,决定在鼓浪屿建立一所医院。教会通知在美国休假的郁约翰医生操办此事。郁约翰立即在美国筹集了一笔近万美元的资金回到厦门。归正会在鼓浪屿河仔下买了一块地,作为医院的地址。1898年4月,医院在鼓浪屿正式建立。之后,博爱医院、私立鼓浪屿医院、晋惠医院、神州医院等西医医院纷纷建立。英国传教士孟逊(Patrick Manson)在厦门工作20多年,先是担任厦门海关关医,后来专门研究热带病学。1871年,他与缪拉(Muller)在厦门发现疟疾病例,并于1878年提出蚊类与疟疾传染关系的报告。③ 孟逊还以鼓浪屿救世医院为实验基地,开展了一系列卓有成效的医

---

① [英]麦高温著,朱涛、倪静译:《中国人生活的明与暗》,北京:时事出版社,1998年,第127页。

② [英]麦高温著,朱涛、倪静译:《中国人生活的明与暗》,北京:时事出版社,1998年,第133页。

③ 《厦门市卫生志》编纂委员会编:《厦门市卫生志》,厦门:厦门大学出版社,1997年,第35页。

学研究。① 这些西医医院和医疗传教士进行的医疗救治和预防活动影响范围颇广，对现代科学医疗在晚清厦门的传播起到积极作用，客观上也为在疫情到来时诉诸风水、祭拜神灵的民众提供了一种积极有效的选择。

作为清朝第一批对外开埠口岸——厦门的管理者，厦门海关对待疫情持何种态度呢？随着厦门海关的设立，厦门与东南亚地区之间的贸易迅速发展，厦门港也成为南洋移民出洋和华侨回国的重要中枢，许多从南洋归国的侨民有时会携带传染病上岸，造成厦门口岸发生疫情。厦门海关管理者为了维护口岸正常的社会秩序、海关贸易和居民的健康，采取措施逐步完善卫生检疫制度，重点预防疫情的扩散。1862 年 4 月 14 日，厦门口设海关，聘任医官兼负海港检疫。② 1873 年 8 月 21 日，因新加坡、暹罗等地发生霍乱，厦门关拟定《厦门口岸保护传染疫症章程》，计 3 条。规定：来自新加坡、暹罗等有瘟疫病症的地方的船舶，须在口外头巾礁停泊，不准擅动，听候海关医官上船查验，凭海关准单起卸旅客及行李货物。章程有 3 条内容：第一，凡有船舶由新加坡、暹罗有瘟疫病症的地方来厦应在口外头巾礁停泊，听候海关医官上船查验；第二，凡有此等船舶在口外不准擅动，禁止旅客及行李、货物起卸，俟得到海关准单方准起卸；第三，如有违犯以上章程者由该国领事官照例罚办。③ 1874 年 7 月 20 日，厦门口岸首次发现染疫船——来自曼谷的德籍"Brami"轮船上有中国患者死于霍乱。厦门关颁布卫生条例，在 1873 年《厦门口岸保护传染疫症章程》的基础上，增加了检疫港口包括所有疫港及疫船悬挂黄旗等事项。④ 海关社会秩序正常与否直接关系到海关贸易是否顺利，以上条例章程引进了西方海关、口岸疾病管理制度，虽然是对疫情的反应，但同时也表现出管理者积极主动防疫态度，海关管理者非常重视厦门海关的疫情，制定专门的、相对完善的规章制度来加强海关的传染病防治，以保障海关社会秩序的稳定和促进口岸贸易的有序发展。

---

① 张宗洽：《近代西方传教士在厦门的社会文化活动》，载鼓浪屿申报世界文化遗产系列丛书编委会编印：《鼓浪屿文史资料（中册）》，2010 年，第 29 页。

② 同安县卫生局编：《同安医药卫生志·大事记》，厦门：厦门大学出版社，1995 年，第 3 页。

③ 福建省地方志编纂委员会编：《福建省志》，北京：中华书局，1995 年，第 104 页。

④ 厦门市志编纂委员会、《厦门海关志》编委会：《近代厦门社会经济概况》，厦门：鹭江出版社，1990 年，第 469 页。

1903年,鼓浪屿成为公共租界之后,其统治机构工部局颁布了《鼓浪屿工部局律例》,其中对防治传染病专门做出了规定:"本鼓浪屿各铺户及肩挑贩卖一切事物者,如鱼肉水果等物,时时用网盖遮,以免蝇蚋集传染疾病。若夫挑贩之布盖,亦须先带到本局查验适当,方能准用。所有冰水冷水及剖开之生果,不论铺户或挑贩,由本日起,一律禁止售卖,以防暑天传染疾病。倘敢故违,立即捕办不贷。"[①]对食物卫生做出这么细致而严厉的规定表明工部局十分重视鼓浪屿传染病的防治。

虽然在一些资料中也可找到民众求医问药、管理者施医送药的记录,但是总体来说,诉诸风水和祭拜神灵仍是晚清厦门普通民众在应对疫病时的首要应对措施,是一种消极躲避的态度,而西方传教士开展了许多救治和预防工作、海关管理者初步制定和实施了港口检疫制度以及鼓浪屿工部局律例对食物卫生做出规定,是近代西方医疗卫生观念、实践和制度的具体体现,是一种积极防疫的态度。

五、民众、医疗传教士及教会医院和海关管理者之间的互动

——以鼓浪屿救世医院的建立和医疗卫生实践为例

19世纪后期,美国归正教会先后在闽南、闽西地区创办了4所医院:平和县小溪救世医院、厦门保赤医院、鼓浪屿救世医院、龙岩爱华医院。其中平和小溪救世医院创办于1883年,鼓浪屿救世医院创办于1898年。本来西方人在鼓浪屿创办医院对人们来说应该是一件好事,但是鼓浪屿救世医院创办时,各方反应不一,既有赞成的,又有反对的,从美国传教士马休斯对郁约翰医生的记述和后来学者的研究中,我们得以窥见当时各方的认知与态度,也可以了解到救世医院在19世纪末20世纪初开展的医疗卫生实践。

1897年,美国归正教会为了更好地开展宣教和医疗工作,决定在鼓浪屿建立一所医院。教会通知在美国休假的郁约翰医生操办此事。郁约翰立即在美国筹集了一笔近万美元的资金回到厦门。归正会在鼓浪屿河仔下买了一块地,作为医院的建造地址。正当万事俱备之时,住在鼓浪屿的不少外

---

①　中国人民政治协商会议厦门市委员会文史资料研究委员会编:《厦门的租界》,厦门:鹭江出版社,1990年,第86页。

国人担心病人会将病菌传染给岛上国际社区的居民,极力反对郁约翰建立医院。他们通过各种渠道向中、美两国政府"上诉",希望他们出面制止医院的建设。据马休斯记述:"和在小溪一样,在厦门设立医院也遭到反对。这回不仅仅是中国人,连居住在厦门的不友好的外国商人也不赞成。反对这项工作的请愿书到处散发。北京政府也重视起来。办事人员遭到海关税务司的扣押。"①可见,在小溪设立救世医院时,当地就已经出现反对者。在鼓浪屿创办救世医院时,外国商人、北京政府、海关税务司等都参与了进来。根据 A.C. 马休斯的记述,美国领事金渥德是优秀的基督教徒,他支持医院建设,并从中斡旋,使得医院的建设有了保障。郁约翰顶住各方压力,提出折中办法,他为中、外富豪提供舒适的房间,收取较高的费用,平息了众怒。此外,他将不需留在鼓浪屿的病人,安排住在厦门另设的病房。排除阻力后,郁约翰马上投入到医院的建设中去。他亲自设计了医院的建筑,并参与工程的监督。经过不懈努力,1898 年 4 月,厦门第一所正规西医医院——救世医院在鼓浪屿正式建立,郁约翰成为首任院长。马休斯记载了当时医院开业典礼的情况:"开业之际,所有本地的官员们都花翎顶戴光临。竹树脚礼拜堂的郑老牧师主持奉献礼拜。许多有影响的华人出席并表示良好的祝愿。外国团体,甚至包括一些反对这项工作的外国人及其夫人也应邀视察了这座大楼。舆论转变了,敌意化为同情。这种形势一直延续至今。1901 年初,医院的收入有不足之虞,许多有钱的商家收到求助的短柬,都慷慨解囊。"②

囿于资料,笔者目前无法明晰当时整个事件的过程,不过,从传教士马休斯的记述可以得知:厦门民众、鼓浪屿外国居民、当地政府官员、中美政府、海关税务司、美国归正教会、医疗传教士郁约翰因鼓浪屿救世医院的建设而发生具体的互动关系。美国归正教会为了传教而修建医院是这次事件的直接诱因;普通民众与外国居民和商人害怕带来疫病而强烈反对医院建设,不然也不会引起中美政府的特别关注,从他们散发请愿书这一点也可以看出来。教会没有因民众和外国居民、商人的反对而停止医院建造,而是通

---

① [美]A.C. 马休斯:《郁约翰医生的生平业绩述略》,载何丙仲辑译:《近代西人眼中的鼓浪屿》,厦门:厦门大学出版社,2010 年,第 246 页。

② [美]A.C. 马休斯:《郁约翰医生的生平业绩述略》,载何丙仲辑译:《近代西人眼中的鼓浪屿》,厦门:厦门大学出版社,2010 年,第 246~247 页。

过外交人士出面干预,使得医院建设得到官方的支持。从马休斯记述的医院开业典礼来看,似乎所有人最终都赞同了医院的建设。如果马休斯的记述真实的话,那么对医院建设态度的转变是如何发生的呢?不过,虽然人们都害怕疫病,以各种方法力图摆脱疫病的侵染,但从鼓浪屿居民因害怕医院建设而带来疫病可以知道,当时的民众已经树立起较强的疫病预防意识和生命健康观念,而外国居民在这种观念的树立与传播中无疑起到了重要作用。

如果当时人们能预见到救世医院建成后所进行的医疗实践,那么反对救世医院建设的程度或许就会小很多,因为救世医院建成后的救助和医疗活动确实解除了很多人的病痛,它还与当地甚至外地、外国的民众之间产生了许多互动关系。救世医院有 2 层楼房,包括小礼拜堂、饭厅、厨房、2 间工人房、办公室、药房、眼科室、4 间学生房、7 间病房。医院不收药费、治疗费及住院费,仅收相当于 5 美分的伙食费。据美国传教士马休斯记述:"救世医院和威廉明娜医院(救世医院分院)开办以来的 12 年间,住院病人超过 17000 人,门诊病人也超过了 135000 人。该院做过 7500 多例各种各样的外科手术。"[①]医院不仅向官绅富人开放,而且也尽可能为普通贫苦民众提供帮助。"大多数病人来自厦门周边的乡下。许多是住在离那座小县城多日旅程的人。还有些是从马尼拉和仰光来的,偶尔也有遥远省份的流浪者因为意外事故而来求治。各色人等都有,很多满身污秽、困顿卑微的乞丐到这里来。有钱人在医院租住病房,有些在治愈后慷慨捐款。"[②]可见,尽管医院建设之初带着浓厚的传教色彩,但是优良的医疗条件、免费的医疗救治确实让众多病人得到实惠,所以救世医院不仅在当地人中得到了很好的口碑,而且其名声远播海外。这一点从医院首任院长郁约翰的实际工作中也可得到印证。1904 年,郁约翰赴荷兰度假。在此,他到处宣传鼓浪屿救世医院对护士的需求,希望能有护士到厦门工作。他的呼吁得到荷兰女王威赫明娜的支持,立即派遣 2 位护士来厦,并在救世医院旁开设女医馆,荷兰王室还提供培训护士所需的资金。为感激荷兰女王的义举,郁约翰将女医院称

① [美]A.C. 马休斯:《郁约翰医生的生平业绩述略》,载何丙仲辑译:《近代西人眼中的鼓浪屿》,厦门:厦门大学出版社,2010 年,第 249 页。

② [美]A.C. 马休斯:《郁约翰医生的生平业绩述略》,载何丙仲辑译:《近代西人眼中的鼓浪屿》,厦门:厦门大学出版社,2010 年,第 250 页。

为"威赫明娜女医院",救世医院的全称改为"救世男女医院"。郁约翰医生工作的自述则让我们更加清楚地了解到当时救世医院以及他本人的众多医疗实践活动:

> 到施药所的各阶层的人都有。数年前一位善良的少妇带着一个高个子的掘井者到办公室来,该人因粗暴的敲诈和乱伦,眼珠被同村人挖出来。竟然有如此野蛮的兽行。当患者被告知无法医治时,看到少妇的一脸苦相,即使最坚强的人也会伤心。
>
> ……
>
> 若干年前,一位神学校笃实的年青学生被送到医院救治,他认为他犯了不可饶恕的罪恶。我们给他有效地服了安眠药。许许多多无法治疗的患者老远跑到门诊处,多数得到帮助,最后康复。
>
> ……
>
> 第四种工作是每周9小时的教育。课程为5年,及格者颁给一份表明工作量的证书。此后,学生们出来在群众中做事,救助困苦。多种方法的教育工作已成为我们事业最可喜和最有益的部分。毕业离开救世医院的,没有一个不是基督教徒……他们一些人已在非基督教徒中树立了良好的影响,其中有一人很可能是整个地区最有影响的基督教徒,他现在和过去都是教会的年长者、厦门市政会和华人议事会的成员,也是教会内外多种慈善组织的成员。尽管他是名人,然而常常看到他在星期天走好几里路到聚会所为在那里的祷告者进行传道。
>
> ……
>
> 我们的另一件工作仍是对病人的家访。他们中有许多有钱人,并且乐意为医生的工作付费,知道医生的收入就是对医院的支持。有时我们的家访也遇到古怪的事。数年前有一天,我们的一个医生去探访一批瘟疫病人。这天又热又闷,肮脏的街道底部覆盖着阴沟,散发着难以形容的臭味,一具尸体盖着稻草席躺在街上。到处有写着"求平安"的红纸贴在门上。空气中弥漫着烧纸钱和为驱逐恶魔而燃放数百万发爆竹的烟。家中躺卧着一个临终的母亲和她刚生下来的婴儿。在那又黑又湿且充满臭味的房间里,容不下5个人。12个或更多的邻居来看外国医生工作。恶浊的空气、妇人的哀号和临终妇人脸上绝望的凝视,

令人难以忘怀。那时,基督的爱似乎不能给这个家庭带来平安。①

从这几条自述可以看出,郁约翰本人和救世医院开展的医疗卫生实践活动(积极救治、医疗教育、走访病人等)取得了不错的社会效益;郁约翰和其他医疗卫生人员在这些活动中所投入的真挚感情让我们切身感受到当时人们在病痛面前痛苦的生存状态和精神面貌;由美国归正教会修建的救世医院与当地民众之间通过医疗卫生产生和建立了互动关系,医院对疫病的社会救治已经在民众中产生了重要影响;在西方医疗卫生制度、设施、知识等的影响下,民众对疫病的认识和应对方法也在发生改变。

除了开展实际的医治活动、筹款、完善医院设备外,救世医院还附设医学专科学校,培养医学人才,学制 5 年。"学生大部分来自鼓浪屿寻源中学。学习科目包括物理、化学、胚胎学、组织学、生理学、解剖学、内科、外科、眼科、妇产科、小儿科、皮肤科、检验科等。学校采取理论结合实践的教学方法。上午学生跟随医生到各科见习,下午上课。课本按照中华博医会出版的教材和一些外科教材。"②1900 年至 1932 年,医学专科学校共培养 6 届毕业生共 40 人。学校为闽南培养了不少医疗人才,黄大辟、陈天恩、陈伍爵、林安邦等均成为闽南名医。

从这些医疗实践活动来看,虽然医疗传教士和西方教会组织建立医院、设立学校主观上主要是为了传教,但是医疗传教士、救世医院及其附属医学专科学校等社会团体借助医疗卫生这一日常生活活动与厦门许多阶层的民众之间的互动推动了厦门的现代医疗卫生事业的起步和发展。

晚清是中国历史发生转折的一个阶段,厦门是晚清最初开埠的对外贸易口岸之一,各种中西方因素在此出现、碰撞与磨合。晚清厦门的疫情与这一阶段的国际、国内形势以及厦门口岸的外贸关系密切相关。西方传教士的所见所闻以西方社会文化为背景,侧重于晚清厦门的社会医疗现象和民众日常生活状况,虽然未对疫情成因做深入的剖析和考察,但是从西方传教士对厦门疫病卫生状况特别是民众日常生活中卫生行为的记述可以得知:

---

① [美]A.C. 马休斯:《郁约翰医生的生平业绩述略》,载何丙仲辑译:《近代西人眼中的鼓浪屿》,厦门:厦门大学出版社,2010 年,第 251~252 页。

② 杨维灿:《鼓浪屿救世医院院史》,载鼓浪屿申报世界文化遗产系列丛书编委会编印:《鼓浪屿文史资料(上册)》,2010 年,第 99 页。

第一，民众防疫知识匮乏、卫生观念淡薄、应对方法消极、日常生活贫困往往成为疫情暴发、扩散的社会经济和文化根源；第二，卫生、健康和生命等行为与观念开始在厦门传播、实践，民众虽然还未完全接受并实践西方近代疫病治疗和卫生观念，但是晚清厦门的卫生事业在近代防疫知识和卫生实践的传入、传播和影响下开始成为管理者社会治理的重要内容之一，人们的卫生意识和健康观念也逐渐得到加强。民众、传教士及教会医院、海关管理者等社会团体和组织对疫情的不同认知与选择以及他们之间在医疗卫生实践中的多重互动关系表明，晚清厦门西方社会力量在处理中国社会问题中起到了重要的引导作用。从现有的文献资料来看，晚晴中央和地方政府并未切实参与到这些医疗卫生实践活动和互动关系之中，由西方人管理的厦门海关以及由西方医疗传教士、教会医院开展的疫病救疗和卫生实践在晚清厦门医疗卫生史中扮演着主导角色。

第五节

明清民间办学勃兴的社会经济背景

明清时期，教育事业取得了很大的发展，这其中固然有封建政府的积极倡导和推进，同时也包含了各种民间力量的大力参与，甚至可以说，明清时期这些民间力量的参与在弥补官方教育之不足，扩大社会教育面方面功绩卓著。

朱元璋建立明王朝后，就颇为注重教育事业的发展，他说："治天下以人才为本，人才以教育为先。"①他利用明初建立起来的较为强固的中央集权体制，逐渐推行了建立从中央到社会最基层教育体制的政策。在其即位之初，就建起国子监，洪武十四年（1381年）又进一步扩大国子学规模，至洪武二十六年（1393年），国子监学生人数达到8124名，继起的永乐皇帝也一秉其意，在北京再设国子监。从而形成南北两监交相辉映的局面。

地方官学是明初学校教育的重要方面，洪武二年（1369年），朱元璋有

---

① 《南雍志》卷一，《事记》。

感于长期的战乱所带来的士风日下、社会道德日衰的状况,特地下诏各地办学。他说:"治国以教化为先,教化以学校为本,京师虽有太学,而天下学校未兴,宜令郡县皆立学校,延师儒,授生徒,讲论圣道,使人日渐月化,以复先王之旧。"①自此,明代府、州、县开始普设学校。为了保证地方学校办有成效,明朝政府规定:"府设教授,州设学正,县设教谕各一。俱设州导,府四、州三、县二。生员之数府学四十,州县以次减十。师生月廪食米,人六斗,有司给以鱼肉。学官月俸有差。生员专治一经,以礼、乐、谢、御、书数分科设教,务求实才,顽不率教者黜之。"②这就从教官编制、学生人数、学生待遇、教学内容诸方面对地方学校提出了具体要求,改变了以往各朝地方学校无严格制度,守令得人则兴、去官则罢的松散局面。洪武十五年(1382 年),"又颁禁例十二条于天下,镌刻卧碑,置明伦堂之左,其不遵者,以违制论"。③ 体现出明朝中央对地方学校的重视和控制。经过一段时间的努力,全国府、州、县皆建起儒学,在边疆和特殊地区卫学也随之建立起来。

朱元璋还继续向下推进,下诏在城镇乡村广设社学,洪武八年(1375年),太祖谕旨中书省,"昔成周之世,家有塾,党有痒,故民无不习于学,是以教化行而风美。今京师及县皆有学,而乡社之民未睹教化,宜令有司更置社学,延师儒以教民间子弟,庶可导民善俗也"④。社学本见于元代,是推行教化的民间组织,朱元璋借鉴这一形式,提出"以五十家设社学一所",力图将皇权的触角延伸到社会的最基层,以实现对全国的有效控制。

其实,即使在朱元璋时期,中央集权对社会的管理也并非天衣无缝,尤其是社学政策到了执行者那儿便很快就走了样,朱元璋曾大发脾气,申斥地方官吏说:"好事难成,且如社学之设,本以导民为善,乐天之乐,奈何府、州、县官不才酷吏,害民无厌。社学一设,官吏以为营生。有愿读书者无钱不许入学,有三丁四丁不愿读书者受财卖放,纵其愚顽,不令读书,有父子二人,或家或商,本无读书之暇,却乃逼令入学。有钱者又纵之,无钱者虽不暇读书,小不肯放,将此凑生员之数,欺诳朝廷。"他怕"逼坏良民不暇读书之家",

① 《明史》卷六十九,《选举志一》。
② 《明史》卷六十九,《选举志一》。
③ 《明史》卷六十九,《选举志一》。
④ 《明史》卷六十九,《选举志一》。

只好一度停办社学①,《上海县志》载:"社学,洪武八年奉部符闻设,每五十家为一所,寻革去。"《姑苏志》载:"洪武八年,诏府州县每五十家设社学一所。本府城市乡村共建七百三十所。岁久,渐废。"②《宁化县志》载:"明太祖源本周官,诏天下每五十家设社学一所,延秀才之有学行者,训迪军民子弟,寻革去。"③这些都表明,朱元璋有着理想的出发点,但要付诸实施却缺乏有效的保障机制,因而由官府操持的社学落得"寻革去"和"渐废"的命运是必然的。正统、弘治年间,官府又曾下旨各地立社学,但皆很快变成具文。当清朝建立起中央集权政治时,又积极推行社学政策,顺治九年(1652年)明令"每乡置社学一区,择其文义通晓、行谊谨厚者,补充社师,免其差役,量给廪饩养赡"④。并规定:"凡近乡子弟十二岁以上,二十岁以下,有志文学者,令入学肄业,……如有能文入学,社师优赏;若怠于教习,钻营充补者褫革。"⑤清政府竭力扶持社学的发展,是想让更多的人得到教化,以成为封建政权的忠实臣民,时至康熙时期,社学逐渐被义学所取代,这是因为义学有较多的民力渗入其中,显示出较强的生命力,故康熙政府便乐于顺水而推舟了,对此下文将继续展开。

再往上溯,本来在中央政府把握之中的府、州、县学也因为中央集权的日遭削弱而渐显弊窦。因为各级官学的生员入学的指向在"专务甲科",教师所能发挥的教育功能就大大简化为顺应科举,故出现了"学官之秩卑而选轻,固未尝责以成就人才之事"。教官不须承担什么责任,以致庸劣不职之徒充塞各级学校。明代天下教官多缺,举人多不愿就,只好以岁贡人员充选,然而当时的岁贡仅是按"食廪资深"挨次而升者,"衰退不振者十常八九"。成化十三年(1477年),御史胡璲就指出:这些人员充任教官,"言行文章不足为人师范",请罢贡生勿选。

但明政府无法寻到新的教官来源,只得因循依旧。到了清代,以庸劣之职的州县之官改授授竟成定例。雍正五年(1727年)谕吏部:"凡县令改教

① 《御制大诰从》,《社学》四四。
② 转引自陈学询主编《中国教育史研究(明清分卷)》,上海:华东师范大学出版社,1995年,第8页。
③ 康熙《宁化县志》卷六,《学校》。
④ 《钦定学政全书》卷六十四。
⑤ 《清朝文献通考》卷七。

职者,因其不胜牧民之任,例当罢黜;念其读书攻苦,选授一官,不忍遂令废弃,是以俾居师儒之席,以展其所学,此联格外之恩也。"①清代各直省定期考察属吏,莫不有以才具平凡、不谙吏治、年力就衰各员改教之请,而上谕也莫不准如所请。无怪乎在清朝上谕是屡有"近来教职多系衰老庸劣之辈"的感叹。这些教官充斥学校,整日养尊处优,饱食终日,无所用心。就是在国子监,"司教之官,不将监生严加约束、教诲,纵之游戏,又其甚者,闲杂之徒,任行出入,竟以国子监为游戏之地矣"②。晚清的王鎏著有《富教论》,其中就对这一现象提出了质问:"方今为教官,或年已笃老,或才力不胜为县令,使之改教,是直以教官不养老藏庸之所,又安望其化导士子耶?"

明清政治的腐败直接导致了官学的废弛,但在经济领域内商品经济的繁荣和王阳明心学的平民化倾向,却为明中叶以后民间办学的勃兴注入了无限的生机和活力。正如陈东原先生所说:"国家不要费多大力量,只定了一个考试标准之后,教育一事社会便自动起来,琢磨锤炼,以趋向国家所定之标准。"③

明清时期江南乃至整个南方地区的教育发展水平远远高于北方地区,这是中国古代经济重心南移、无数民力投资于兴学的必然结果。

南方民间办学首先体现为家庭办学,而家族办学则必须建立在雄厚的家族经济基础之上。明清时期,许多家族通过兴办家族教育跻身于仕宦行列或保持住了仕宦地位的长期延续,可以说,服务于科举是家族教育的根本宗旨,因为一个家族科举及弟的人数及为官的人数、为官者官位的大小,都是衡量一个家族社会地位高低的重要标准,在南方地区,子弟入仕与家族发展互为促动,相推而进。像安徽黟县西递明经胡氏家族通过办族学、以科举入仕保持了家族的长期兴盛。清中叶武英殿大学士军机大臣曹振镛在《西弟明经胡氏壬派宗谱·序》中说:"胡氏壬派一支,自有宋历明至今更七百数十年,积三十余世,族姓蕃衍,支丁近三千人。"可见家族势力的庞大。胡氏家族在宗祠与住居中,到处设置劝告学楹联,如"传家无别法非耕即读,裕后有良图惟俭与勤","欲高门弟须为善,要好儿孙必读书","读书经世文章,孝悌传家根本","第一等好事只好读书,凡百年人家无非积善"等等。

---

① 《清世宗实录》卷六十一。
② 《国子监志》卷二,《圣谕二》。
③ 陈东原:《中国教育史》,上海:商务印书馆,1936 年,"自序"。

清乾隆年间，胡氏族裔胡学梓建万印轩，作为读书习文、修身养性和子弟肄业之所，万印轩实际就是一所族学。潘遝南《万印轩记》中说："余惟古之学者，藏修游息之地，安亲乐信有其方，故进而齿术序学校，群居萃处，春诵复弘，此时教以正业也。若夫半亩之宫，萧然环堵，拥图书翰墨，日使子弟涵育薰陶，循循矩矱，则退息有居，学亦惟由其诚，尽基材焉耳"①。万印轩培养的人才，如胡元熙历任衢州、湖州、嘉兴、严州、处州、杭州等地知府。据《黟县三志·选举志》记载，从道光二十九年（1849 年）到同治八年（1869 年）20 年中，西递明经胡氏家族出了 16 个官阶为大夫的官员，胡氏家族的社会地位和政治势力隆盛一时。

富裕起来的徽州商人亦颇注重家族的建设，通过将财富转化为科举投资，达到仕宦上的成功，从而既提高家庭的声望，又实现了官商结合以官保商的目的，像歙县"在山谷间，垦田盖寡，处者以学，行者以商，学之地自府、县学外，多聚于书院。书院凡数十，以紫阳为大；商之地海内无不至，以业盐于两淮者为著，其大较也。……大之郡邑，小之乡曲，非学，俗何以成；非财，人何以聚"②。许多商人捐资兴学、培育子弟入仕仡至自己入仕看作实现人生价值的重要途径，自然推进了该地区教育事业的发展。③

福建东南沿海商品经济的繁荣也带动了这一地区族学的发展，如晋江安海出现了黄居中黄虞樱父子的"千顷堂"，藏书最多时达 8 万余卷。南安著名海商郑芝龙除"田园遍闽广"外，注重使子弟接受正统思想的教化，郑成功七岁时即延师课读，十五岁补县学生员，二十岁入南京太学，师钱谦益，此外，郑芝龙之弟郑鸿逵中崇祯十三年庚辰科进士。④

为了鼓励族学内的子弟投身于科举，许多家族设置了义田或义学田⑤，制订了对赴科举者的奖励措施，如安徽徽州《明经胡氏龙井派宗谱》记载：

---

① 《五世传知录》，转见吴霓：《中国古代科举发展诸问题研究》，北京：中国社会科学出版社，1996 年，第 242 页。
② 道光《徽州府志》卷二，《营建志·学校》。
③ 王日根：《论明清时期的商业发展与文化发展》，《厦门大学学报》（哲社版）1993 年第 1 期。
④ 《安海志》卷二十六，《郑成功传》。
⑤ 王日根：《义田及其在封建社会中后期的社会功能浅析》，《社会学研究》1992 年第 6 期。

"凡攻举子业者,岁四仲月请齐集会馆会课。祠内供给赴会。无文者罚银一钱,当日不交卷者罚一钱。祠内托人批阅。其学成名立者,赏入洋贺银一两,补禀贺银一两,出贡贺银五两,登科贺银五十两,仍为建竖旌匾,甲第以上加倍。至若省试盘费颇繁,贫士或艰于资斧,每当宾兴之年,各名给元银二两,仍设酌为饯荣行。有科举者全给,录遗者先给一半,俟人棘闱,然后补足。会试者每人给盘费十两。为父兄者幸有可选子弟,毋令轻易废弃。盖四民之中,士居其首,读书立身胜于他务也。"①其中先是规定了对应科举者实行严格的纪律,对于不认真刻苦准备才采取罚款的办法进行督促。同时,应试时的经费由族内给予资助,并对"学成名立"者给予经济上的奖励和精神上的褒扬,以期族人能更多地入仕。闽西中川胡氏家族亦注重对族人中及第者的精神鼓励,其族规规定,凡立有功名者,可在家庙前之门坪上刻"功名柱"一支,胡氏家族家庙前曾共立过 21 支木柱和 15 支石柱,可见其族中入仕者之众,在家族中实施明确的奖励措施,实为推动教育发展的有效手段。

应该说,南方民间办学的形式还有多种,家族教育固然是其中最主要的一支,而超越家族的各种教育形式亦纷然出现,特别是随着官办教育的废圮,民间办起的义学、义塾、书院、乡馆、私塾等都取得了广阔的发展空间,如江西奉新华林的胡氏家族"大建华林书院……筑室百区,聚书五千卷,子弟及远方之士,肄业者常数十人,岁时讨论,讲席无绝"②,对于族外子弟一样"供衣食,给资斧,一时云游者尝数千人"③。还有人置学墟,把所有权交归义塾,学墟上征收的商税便成为办学的经费,或作延师之用,或作束修,或奖掖进洋者。如康熙年间广东电白县有赤岭墟,乾隆时番禺县有高塘墟,福建诏安有南胜墟皆属此类。④ 这种不仅"惠及一族",而且"惠及四方之众"的做法可以让倡办者产生更强烈的自豪感。

民间力量亦时常渗入已经废圮或行将废圮的官办学校中,体现出官学民办化的倾向。如前述的江西奉新华林的胡氏曾给奉新县儒学"捐资若干,金粟若干",使儒学"鼎建更新","创洞三十间,塑像……七十余座,建立徒讲

---

① 胡钟毓:《明经胡氏龙井派宗谱》卷首,《祠规》。
② 徐钱:《洪州华林胡氏书堂记》。
③ 《奉新古代书院》,奉新县志编委会 1985 年印行,第 64 页。
④ 王日根:《试论明清文化的世俗化》,《社会科学辑刊》1993 年第 1 期。

舍一百余号"①。再从清代福建漳州府新置学田中,我们也可看到官办与民办各自所占的比重。康熙二十一年(1682年),姚启圣捐置学田受种2.2石,全年税额60.6石,带正供银2108两,除纳粮外,余粟分给贫士。雍正元年(1723年),乡绅郭元龙捐置义租14.5亩,年有花利银120两,三年共计银360两,分180两对学明红科举摩友乡试之资,五年一换佃,应银20两以为修葺府学文庙之资,一郑黄二姓经官归入孔氏家庙洲田共60亩,奉竟归府学照等奉秋二祭,诏安县南胜书院亦有大量义田作为经费。乾隆元年(1736年),防厅刘良璧建一座三进讲堂学舍共三间,中祀朱子,左右以王阳阴先生黄石斋先生配春秋二祭,其捐充租额包括:"乾隆三年(1738年),贡生陈其宏呈捐田种八斗五升,又楼间一间;乾隆五年(1740年),南澳镇黄锡申呈捐南胜墟场地租;乾隆二十六年(1761年),监生李定国呈捐田种八斗,乾隆二十八年(1763年),防厅陈夏钞详请将南胜书院膏火内剩银两以作武庙祭品之费。"②各类学校支费中,民办成分较大,这是民办力量对官办教育事业渗透的典型体现。

事实上,明清民办教育不仅得到了官绅豪富的捐助,而且也包括了社会上各个阶层乃至孤老、贞女的捐助。如《不下带编》中记一孤老"尽以蓄产为厚田"③,《郎潜纪闻》则记载:"台州府太平县李氏女,许嫁于林,未嫁而夫死,女奔其丧,奉舅姑以终,林故贫族,女以针黹营生,节衣缩食,有余即置田产,积十余年,有田六十亩,因无后可立,以其田呈请学使,每岁按试,取第一者主之,计所入息分为四,以其三助文生之贫不能应试者,而以其一助武生。"④

由于有了书院义学的全面普及,加上源源不绝的义田设置为明清民办教育事业的发展提供了足够的经费。义田超出族外用于兴学,就不单是为了本家族子弟荣登科第而光宗耀祖,其目标是把社会上的优秀聪慧分子送入官僚机构以利国利民,或让他们修习儒家经典以垂范社会,其结果就使得"编户单寒之子不必复以贫乏为优,而聪明俊秀者又何事负发远游始得称师哉?后之学者于执经问难之余,幼学壮行之际,以之佐帝王之治平者,由此

① 康熙《奉新县志》卷十一,《学校》。
② 嘉庆《漳州府志》卷二十六,《学校志》。
③ 《不下带编》卷六,第115页。
④ 《郎潜纪闻二笔》卷六,第422页。

以之穷圣贤之道德者，由此以之励士大夫之立身行己者"①。显然，学校的普及又为儒家思想的广泛传播创造了良好的条件。

明清民间办学固然把服务科举作为主要目标，但那些办学的倡导者们亦多致力于造就知书达礼、能适应社会需要的人才。清人王鸣盛说："立国以养人才为本，教家何独不然，令合族子弟而教之，他日有发名成业起为卿大夫者，碑族得所庇……即未能为卿大夫而服习乎诗书行义之训，必皆知自爱，族人得相与维系而不散。"②江苏昆山《李氏族谱》中说："读书非仅为科名也。能研求义理，学为好人，即不必科名始贵。"③江苏华亭《顾氏族谱》也说：子弟入族塾就学，"以孝弟忠信礼义廉耻培植根本，实行为重，非欲其专攻举业，求取功名"④。福建连城四堡邹氏家族办族学教育子弟，也希望使族人都成为知书识字之人，"不辱我诗书礼义之乡"⑤。所有这些，都为明清南方文化教育的普及奠定了基础。

明清时期民间办学中的师资很大一部分被称为塾师，他们多在科举场中"连举不售"，"屡试不弟""棘闱屡踬"，"竟困场屋，终身不获一遇"，可以看成是退而求其次的"守成"之业，但同时他们是基层社会中读书人形象的集中体现，故自觉或不自觉地必须以清廉自持，即必须能为人师表。因而他们在教授弟子时多能遵循先德而后行，先礼而后文的伦理轨迹，譬如章缓"诲女孝弟忠信之事，凡子姓初学必令习孝经、小学起，尝曰：为学不从此始，必不成人，纵显达亦不贤淑"⑥。沈伸璜"淡然名利，隐居教授，严课生徒，先行而后文"⑦。张楷"虽童蒙亦为指陈大义"⑧，金玉相"尝揭塾规四则：曰正心，曰明理，曰敦伦，曰立品"⑨。从这几位普通塾师的品行中，我们不难看出中国传统知识分子"正人必先正己"的道德风范，而这也正是他们在教学中不遗余力灌输的传统道德的精华部分，塾师们的主体成为中华优秀传统

---

① 嘉庆《上杭县志》卷十六，《艺文》。

② 光绪《清浦县志》卷三，王鸣盛《王氏宗祠碑记》。

③ 昆山《李氏族谱·族规》。

④ 华亭《顾氏族谱·义庄规条》。

⑤ 连城《邹氏族谱》卷首。

⑥ 慈溪《平溪章氏家谱·家传》，光绪三十年（1904年）刊本。

⑦ 慈溪《师桥沈氏宗谱·家传》，民国二年（1913年）刊本。

⑧ 项城《张氏族谱·家传》民国十四年（1925年）刊本。

⑨ 光绪《青浦县志》卷二十一，《人物·懿行》。

文化的传承者。

许多优秀的塾师还积极投身于对教育改革的探索,力求整肃和改良不好的社会风气,他们看到政府推崇的御用文化之失败,多倡行德与才、达与识、教与养相统一的教学模式,倡导"情趣式"的"歌以咏志"的教学方法,寓教于乐,故易于达到好的教学效果。王阳明说:"今教童子必使其趋向鼓舞,内心喜悦,则其过自不能已……故凡诱之歌诗者,非但发其乐意而已,亦所以泄其跳号呼啸于咏歌,宜其幽抑结滞于音节也;导之习礼者,非但肃其威仪而已,亦所以周旋揖让而动荡其血脉,拜起屈伸而因束其筋骸也;讽之读忆者,非但开其知觉而已,亦所以沉潜反复而存其心,抑扬讽诵以宣其志也。"①王阳明的总结可以说是塾师们教学活动的经验结晶。正是通过这种有效的方法使文化传统得以传承下来。

明清民间办学还多能以不断适应社会形势的变迁而保持其常新的生机。在科举制度废除之后,江西万载张氏就制定出《新议学堂章程》,对于入新式学堂,出洋留学均有劝学措施,"光绪三十一年(1905年)八月,我朝有鉴于外洋维新有效,及煌煌谕旨,颁行新政,废科举兴学堂,盖士子非学堂无进身之阶。吾族人才辈出,代有达人,世受国恩,亦当仰体作育至意以嘉惠后进。凡入各学堂肄业期满得毕业文凭,经奏准部覆奖励者,各色花红俱照科举旧章给发,惟陆军测绘则予以官职,八九品入泮给发,六七品照五贡给发,五品照举人给发,四品以上例准,矿务铁路学堂,倘得实奖亦准此例。未经学堂出身由行伍军功者不得混争。今学生远出向学不比昔年本境读书,凡往返川资及购制衣装仪器等项所费之资,祠中若不稍为资助,寒贫之士未免向隅,且不足以鼓励后辈。今趁重修谱牒,公议族中子弟除入县学堂不给外,入府学堂肄业者,每年给津贴钱四百文,本省学堂肄业者每年津贴肆千文,北洋肄业者每年给津贴八千文,东洋肄业者每年给津贴钱十六千文,西洋肄业者每年给津贴三十二千文。游历者不得混争。……子侄宜勉力学界,光大门第,日后发越尤须报效宗祖,是所厚望"②。规定鼓励族中士子志于新式教育,以求在新形势下脱颖而出。福建闽西中川胡氏家族也制定了相应的措施,在小学、中学、高等学堂、大学堂及东西洋留学的族人分别根据

---

① 《王文成公全书》之《训蒙大义示教读刘伯颂等》。
② 江西万载《张氏六支族谱·新议学堂章程》。

其考试成绩给予奖励,因而形成了"富者摩肩,学者踵接,人文蔚起,鼎盛一时"的局面①。

综而言之,明清民间办学的勃兴是在既有官方政治腐败与政治无为所留下的空隙和提供的机遇,又有民间各种经济力量的生成、各自继续发展的内在要求与全社会普遍的尚义风气等复杂的社会经济背景之下实现的,再加上这种办学形式较官办教育更注重有效管理、更能适应社会变迁形势,又更注重实效,且体现出强烈的使命意识,因而保持了旺盛的生机和活力,并顺利地实现了由传统教育向近代教育的过渡。

第六节

海疆经济分量加重与设县中的官、私博弈

——以明晋江安海新县设置失败为例*

明代中叶以后,晋江安海以其便利的海洋贸易条件,经济急剧上升,朝廷派来的官员、地方部分宗族势力均积极进言设置新县,体现出王朝对海洋区域治理的重视,以及地方宗族势力谋求政治地位地位提升的企图,但一方面官方与若干私家的利益或发生冲突,另一方面不同宗族因相互之间的矛盾亦时常表现出不一致的政治态度,导致晋江安海新县设置失败,其背后充满着官与私、私与私之间错综复杂的矛盾与斗争。

一、明安海海港兴起与海疆经济分量的加重

民间海商的海上贸易活动驱动着安海港的兴盛。早在宋代,商贾们造船出海,将"唐货"换成"番货",转销国内。因此,宋代泉州市舶司已派官吏

---

① 李明欢、周莉:《闽西中川胡氏族田研究》,《中国社会经济史研究》1993 年第 3 期。

* 本节与张宗魁合写,张宗魁现为厦门外国语中学历史教师。

来管理安海港市贸易事务,"州遣吏榷税于此,号石井津"。① 安海与石井隔海相望,近在咫尺。"斯时,海港千帆百舸,乘风顺流,出入海门之间。渡头帆樯林立,客商云集,转输货物山积,镇市店肆罗列,百货杂陈,举凡越裳翡翠,南海明珠,无所不有,丝绵锦绮,氆毛靴袜,无所不备。镇市指繁荣,不亚于一大邑。"②明代,泉州港衰落,安海港更进入其繁荣发展的鼎盛时期。它逐渐发展成跟漳州的月港齐名的私人海外贸易中心地之一,其地理位于泉州平原的南侧,北靠厦门湾。苏琰说:"安海距泉郡五十里而遥,其地北阻府会,南控漳潮,乘风破浪,诸岛夷仅在襟带间。"③其地理位置对发展海外贸易有一定的优势。《安海志》中说安海的形势为:

> 安平,泉南一大都会也。上接郡垣,下达漳、粤;西扼九溪、黄冈之险,南通金、厦、台、澎之舶。

> 其地势远自三峰、毫光,转东北十里为六都内坑、熊山,迤逦南行为七都桐林、前埔、曹店;自是而东曰佳坂、庵前,接以内市、浦边,障安平之左臂。而由内市南行则有庄头、井林、萧下,南至东石,以踞海门之东。其西曰古田、后萧接以曾庄、曾埭,障安平之右臂。而由曾庄南行,则有南安之朴兜、江崎至石井,以踞海门之西。是则东石、石井,实安平之二巨鳌也。

> 其水道则由晋江东南隅诸溪流,南汇于石井江以达大海;其南安诸水则自九溪东折于大盈桥入溪尾、曾埭而注于海,与晋江水大会于海门,以通天下之商舶。④

"安海港居围头湾内。循围头澳而西,经丙洲、塔头、潘径,即达安海港。入港处有白沙、石井两澳东西对峙,是为海门。舟入海门,海面豁然开阔,港岸弯深,随处有避风良坞。旧有后垵湾者,在镇东里许,为天然避风港。海舶遇风,恒趋此避险。……安海江海流平,出入无风涛之险,较之泉州湾口江海争流,风高浪急,舟行有横风逆流之险,安海港尤为航海者所欣

---

① 《方舆汇编·职方典》,《古今图书集成》第一、五一卷,北京:中华书局。

② 《安海志》卷十二,《海港》。

③ (明)陈宾:《安海新设驻镇馆记》,引自粘良图:《晋江碑刻选》,厦门:厦门大学出版杜,2002 年,第 174 页。

④ 安海编志小组:新编《安海志》卷二,《山川》,第 10 页。

所向。"①

但在明初的时候，江夏侯汤和整饬海域，安海不算冲要之地，还将元代设于该地的巡检司移往浯屿水寨："洪武二十年丁卯（1387年），江夏侯整饬海域，以安平不系冲要，乃移本巡检司往浯州屿水寨，而以同安陈坑巡检司兼守本处。初未设官，随时以指挥、检校、县丞，千户等官委镇。"②明政府在此处缺乏直接管辖的机构，却为私人海上贸易兴起提供了方便。《闽书》中说："安平一镇尽海头，经商行贾力于徽歙，入海而贾夷，差强赁用。"③也有"晋江人文甲于诸邑，石湖、安平番舶去处，大半市易上国及诸岛夷，稍习机利，不能如山谷淳朴矣。然好礼相先，轻财能施，曷可少也"。④迄至嘉靖年间，安海已有了一定的规模："本都数千人家，粟帛之聚，甲于乡邑。"⑤又有文献称安海是"东南巨镇，朋比阛联，万有余家"的大镇。⑥王忬列举嘉靖年间福建通番港口时说："漳泉地方，如龙溪之五澳，诏安之梅岭，晋江之安海，诚为奸盗渊薮。但其人素少田业，以海为生。"⑦这些史料都说明安平是嘉靖年间福建主要走私港口之一。

万历年间，安平镇经济进一步繁荣，其时有人说："安平一镇在郡东南陬，濒于海上，人户且十余万，诗书冠绅等一大邑。"⑧"（民）多服贾两京都、齐、汴、吴、越、岭以外，航海贸诸夷，致其财力，相生泉一郡人。"⑨显然属于跨国贸易，安海商人采购来浙江丝绸、江西瓷器、四川药材和本省府县的山货、海味、手工业品、土特产，汇聚之后，浮海"贸夷"，安海成了海商对外贸易

---

① 新编《安海志》卷十二，《海港》，第118页。

② 新编《安海志》卷一，《沿革》，第3页。

③ （明）何乔远：《闽书》卷三十八。

④ 万历《泉州府志》卷三，《风俗》。

⑤ （明）黄堪：《海患呈》，安海志编志小组：新编《安海志》卷十二，《海港》，第127页。

⑥ （明）关德宪：《安平城二敌楼记》，安海志编志小组：新编《安海志》卷四，《城池》，第33页。

⑦ （明）王忬：《条处海防事宜仰析速赐施行疏》，《明经世文编》卷二八三，《王司马奏疏》，第2993页。

⑧ （明）何乔远：《镜山全集》卷五二，《杨郡丞安平镇海汛碑》。转引自：安海志编志小组：新编《安海志》，第136页。

⑨ 何乔远：《镜山文集》卷五十二，《杨郡丞安平镇海汛碑》。

的重要港口。从安平港载运出去的货物包含了丝、绸缎、锦绮、陶瓷、药材、铁器、糖品、果品等，运销到柬埔寨、占城、暹罗、渤泥、三佛齐、吕宋和日本等国。安平商人常驾船到三佛齐与阿拉伯商人进行交易。换来的钱再买成胡椒、香药、犀角、象牙、珠贝等，运回安海再销往各地，安海呈现出繁荣昌盛的景象。"①万历四十六年（1618 年），安平镇已是"室家鳞次，闤闠栉比，肩摩毂击，骈骈阗阗，昔村落而今粤区矣。"②

因为明政府推行"海禁"，故导致安平镇繁荣的主因是海上走私，由此而形成的安海商人集团渐渐闻名于全国。"福地素通番舡，其贼多谙水道，操舟善斗，皆漳泉福宁人。盖漳之诏安有梅岭，龙溪海沧、月港，泉之晋江有安海，福鼎有桐山，此皆海澳僻远之处，贼之窝，向船主、喇哈、火头、舵工皆出焉。"明代朱纨曾说："泉州之安海、漳州之月港乃闽南之大镇，人货萃聚，出入难辨，且有强宗世获窝家之利。"③私人海上贸易几乎都控制在地方的强宗大族手中。他们从明中叶至明末不断发展，对外开拓，势力越显加强。李光缙说："安平人多行贾，周流四方。兄伯十二，遂从人入粤。鲜少有诚壹辐辏之术。粤人贾者附之。纤赢薄贷，用是致资。时为下贾。已，徙南澳与夷人市，能夷言，收息倍于他氏，以故益饶，为中贾。吕宋澳开，募中国人市，鲜应者，兄伯遂身之大海外而趋利，其后安平效之，为上贾。"这一段文字很实在地描写了一个安平商人发财的经历。李光缙感慨说："吾温陵里中家弦户诵，人喜儒不矜贾，安平市独矜贾，逐什一之利。然亦不倚市门，丈夫子生及已牟，往往废著鬻财，贾行遍郡国，北贾燕，南贾吴，东贾粤，西贾巴蜀，或冲锋突浪，争利于海岛绝夷之墟。近者岁一归，远者数岁始归，过邑不入门，以异域为家。壶以内之政，妇人秉之。此其俗之大概也。"去吕宋贸易很快在安海形成一股风气："自吕宋交易之路通，浮大海趋利，十家而九。"如安海志中所记叙：

> 嘉靖间，安平商人李寓西，即曾徙南澳与夷市，因长期与夷人交，能

---

① （明）何乔远：《镜山全集》卷五二，《杨郡丞安平镇海汛碑》。转引自安海志编志小组：新编《安海志》，第 136 页。

② （明）陈宾：《安海新设驻镇馆记》，引自粘良图：《晋江碑刻选》，第 174～175 页。

③ （明）朱纨：《阅视海防事》，陈子龙等选辑：《明经世文编》卷二〇五，《朱中丞甓余集》，北京：中华书局，1987 年，第 2158 页。

夷言,乃倍获其利。甚有富豪贾商,勾结官吏,私造海船,自雇船工,满载货物,迳自往日本、吕宋、交趾等地,其瞒天过海,各有妙法:或就海港附近小港澳,轻舟分散出海,以就海舶转运;或贿赂官吏,假给文引以渡关卡;或借官许通贸之琉球为转口再运往日本或南洋各地,以牟厚利者。更有大者:集帮伙,结船队,置武装,载私货,窜行海上。官称之为寇,却莫能制。若郑芝龙者,曾以安海港内之石井澳为踞点,集海船千百艘,纵行海上,成为东南海上之一大海商。安平商人,或乞其符令,或借其庇护,乃得畅行海上而无阻。其始,仅船数十,至天启六年丙寅(1626年)而有一百二十艘,次年突增至七百艘,崇祯间竟达千余艘。明朝对其发展之快,自叹为:"彼以恤贫诱人,我以禁粟驱民。"①

众多的番商亦有驾船前来贸易的。嘉靖年间,"番舶连翩径至,近地装卸货物"。② 黄堪《海患呈》说:日本商船一来就有数十艘,碇泊安海港海门白沙。"四方土产货,如月港新线、石尾棉布、湖丝、川芎。各处逐利商,云集于市。"本地人民"亦有乘风窃出酒肉柴米,络绎海沙,遂成市肆"。③ 另据《同安县志》记载:"碇于晋南之白沙头,与漳、泉人互市"的日本船,最多曾达"数千艘"。隆庆间(1567—1572)吕宋开洋,募集华人为市。安海商人李寓西、陈斗岩首航吕宋贸易,获得巨利而归。从此,包括安海在内的沿海居民纷纷下海去南洋,有的便定居下来,成为华侨。到明末安海的地方社会差不多已被郑芝龙海商势力完全把控。郑氏拥有庞大的商船队,此时,安海"城外市镇繁华,贸易丛集,不亚省城",④外国人称其为"著名的商业城市"。这些强宗大族通过参加科举而多有斩获,以此实现与官府的连接。安海作为晋江的一个重镇,有明一代,登进士者二十一人,登乡榜者七十一人,蔚为大观。⑤ 安海的地方士绅与海外贸易存在深刻的联系,他们积极谋求跟官方合作实现对地方社会的控制。

走私港口勃兴,具有科举功名的士绅阶层参与到海外走私贸易活动中,逐渐形成巨大的经济力量,他们试图与地方官府形成联盟,从而在地方社会

① 新编《安海志》卷十二,《海港》,第122~123页。
② 胡宗宪:《筹海图编》卷四,《福建事宜》。
③ 《安海志》卷十二,《海港》附文,黄堪《海患呈》。
④ 江日升:《台湾外纪》卷八。
⑤ 新编《安海志》卷一,《沿革》,第8页。

控制中掌握主动权。提出设县动议并谋求占据主导权是许多有着海外走私贸易背景的士绅们试图达到的目标。

二、嘉靖年间安海设县之官私较量

嘉靖二十四年(1545年)，安海地方出现了倭患的冲击，这种外来力量加剧了安海地方社会的混乱状况。嘉靖年间黄堪的《海患呈》说：

> 本年(嘉靖二十四年)三月内，有日本夷船数十只，其间船主水梢，多是漳州亡命，谙于土俗，不待勾引，直来围头、白沙等澳湾泊。四方土产货，如月港新线、石尾棉布、湖丝、川芎，各处逐利商民，云集于市。本处无知小民，亦有乘风窃出酒肉柴米，络绎海沙，遂成市肆。始则两愿交易，向后渐见侵夺。后蒙本府严禁接济，是以海沙罢市。番众绝粮，遂肆剽掠，劫杀居民。鸣锣击鼓，打铳射箭，昼夜攻劫，殆无虚日。去海二十里乡村，挈妻提子，山谷逃生。灶无烟火，门绝鸡犬。……至本月十九日，夷船闻风逃去，居民复业。①

在黄堪眼里，嘉靖年间安海地方因为港口走私贸易的发达，商品汇聚，人口增殖，市井繁华，但他认为这里地方社会秩序混乱，一方面是由于私人海商集团坐大，不服政府管理，另一方面是因为地方富庶引起山海流寇的觊觎，即威胁地方社会秩序的力量一者是山海流寇，一者则是地方上宗族化了的海商集团。

> 迩来生齿浩繁，众志难一，流寓杂处，机巧居多。况县治去远，刁豪便于为奸；政教未流，愚民易于梗化。况本都数千人家，粟帛之聚，甲于乡邑。山海寇贼，素来染指，实可寒心。又有奸民诡告良民为番徒，以塞清议；又有把寨妄申良民为番徒，以图需索。鹿马不分，玉石俱焚，是皆海寇致害良民。②

黄堪并不敌视安海经济的发达，但他觉得这时的山贼和海寇严重危害了当地的正常秩序，奸民诬告良民，贪官诬陷良民的现象均存在，理应设置

---

① (明)黄堪：《海患呈》，安海志编志小组：新编《安海志》卷十二，《海港》，第127页。黄堪为嘉靖间人，参见《安海志》卷三十二，《孝友》，第369页。

② (明)黄堪：《海患呈》，安海志编志小组：新编《安海志》卷十二，《海港》，第127页。

相应的政府机构,对此做细致的处理。这一认识得到了此时负责福建军政事务的朱纨的积极呼应,他首次提出在安海设县的主张。《甓余杂集》中记载:

> 臣惟安海地方,虽属晋江、同安二县,而离县太远,政令不行。南安一县,迫近府郊,又无城池,人不数姓,不成县治。……若以南安官司移置安海,而以南安附近晋江、同安都图割附该县,以安海都图割入南安,不过转移之劳、营建之费,而一府之经画伟矣。①

明代南安县城在丰州,离泉州府城不过十里,且无城池防守,人口亦不多。所以朱纨提出可撤销南安县,重新分割里图另立安海县,并在原南安县内设府通判以控制安溪、同安、晋江各县。"或以安溪离府太远,不可无南安。然有南安,安溪固自远也。南安数姓,惟黄族为巨,为守望谋,亦不过移一腹里冗设巡司。使该府巡捕通判在往住札,则南安、安溪等处皆有控制矣。"②《明世宗实录》中亦记载了中央政府所理解的朱纨的主张:"安海原属晋江、同安二县,离县太远。南安迫近府郊,地偏民寡,宜移治安海;割其地近晋江、同安者附之二县,而以安海割入南安,似为两利。"③

"国初海禁甚严,地方宁谧,迩年豪民借势通夷,当事者莫敢诘难,动为掣肘,惟庙堂烛其奸欺,不为摇动,然后法禁可立,一明宪体,言都御史职在总宪,比御史周亮奏言:城池、仓库、钱穀、甲兵、刑名、狱讼及官吏臧否,利病兴革,皆不得与。则所谓宪职者安在?请申明之一定法守。言浙福守巡诸臣既有专官,继又设粮储、屯田、巡海等道,职守参差,互相推诿,今宜檄分巡各道:按地分驻,兼综诸务。专事者惟理其绪而稽成焉,苟一道不治,专事者乃躬督之一定要害,闽之要害若月港,首宜创邑。安海原属晋江、同安二县,离县太远,南安迫近府郊,地偏民寡,宜移治安海,割其地近晋江同安者附之,二县而以安海割入南安,似为两利。桐山、梅岭,闽之尽境,行部罕至,宜增置漳州通判一员,专驻梅岭,置福宁州同知一员,专驻桐山,一除恶本,言迪盗势家往往窃发文移,预泄事机,及有捕获,又巧眩真赝,此恶木之难除也。请自今地方失事即重创守土所司,俾知惩戒。一重决断,言规画多方,奉行者鲜甚。或持异论以阻挠之,宜令各守臣持议坚确,凡事果行,无惑两

---

① (明)朱纨:《甓余杂集》卷五,《四库存目丛书》集部第 78 册,第 125 页。
② (明)朱纨:《甓余杂集》卷五,《四库存目丛书》集部第 78 册,第 125 页。
③ 《明世宗实录》,嘉靖二十八年四月辛亥条。转引《明实录闽海关系史料》。

可。"下兵部覆议,纨所陈多忠愤激切,其言定法守,欲以专事者受成,似非分职之意。至于海滨立县增官亦嫌更扰。然其议守巡分驻要害,禁诘海滨,实有益也。① 考察史料,还发现嘉靖年间江苏昆山人俞允文对朱纨的主张也持基本赞同的意见:

> 访得贼中谙水道及操舟善斗者,多漳州、泉州、福宁人。漳州属县诏安有梅岭,龙溪有海沧、月港,泉州署县晋江、同安连界有安海,福宁有桐山,皆负海阻,民甚桀逆,专以勾引番人杀掠为命。梅岭在闽中极南,尽界邻走马溪、下湾二澳,接广东潮州。走马溪下湾有两山障蔽,无风涛险害。贼舡每收泊于此。桐山东北尽界,接浙江。……今漳州、福宁多阻桀逆,于闽中又为最。即欲诛之,不能尽诛。拟合漳州添设通判官一员,专住扎梅岭;福宁州添设同知官一员,专住扎桐山,照依海沧安边馆事例。其月港、安海,可各添设一县。或谓,泉州南安县去府甚近,民又稀少,无城池自固,宜以南安徙置安海。南安都鄙附近晋江同安者,即割隶晋江、同安。安海都鄙即割隶南安,不必另立县为省。此议前已经福建都、布、按三司等官具奏,诚为甚便。乞即下吏部议处,选择贤能官员知其俗者,讽喻和辑之,又守候诚谨,则民既近有所属而威德宣行,自消其凶悖之心矣。②

这则史料可被看作是对当时朱纨主张的主要立论之补充,俞允文的主张大概来自朱纨的上议,而俞允文的父亲俞璋,正德辛未(1511 年)进士,曾任官泉州府,是为俞允文关注安海设县的原因。

作为安海地方士绅一员的黄堪,属于积极支持朱纨建议的宗族势力,黄堪认为:"且宋石井镇之制,近有朱都堂移县之请,伏望明台为本都造万古不磨之功。乞赐申请设官永镇,使地方有备,则盗寇无窥伺之心;政令申严,则奸顽无交接之患。地方安靖,民生乐业,实为万代阴骘。"③文中的朱都堂即指朱纨。朱纨提议安海设县主要看重安海地理位置适中,处于南安、晋江、同安、安溪四县之交,在此立县易于控制这几个县。但朱纨也意识到安海若

---

① 《明世宗实录》卷三四七,嘉靖二十八年四月辛亥条。

② (明)俞允文撰:《仲蔚先生集》卷二二,第 556 页。《续修四库全书》集部别集类,第 1354 册。

③ (明)黄堪:《海患呈》,安海志编志小组:新编《安海志》卷十二,《海港》,第 127 页。

立县则与南安县存在辖区重叠,腹地变小的问题。因而他的主张是设安海而撤南安。理由是南安县治丰州离泉州府城太近,不到十里,人口不多,又无城池。而当时反对设县者表面的理由仍为新县设置扰民费财等,而我们可以推断深层次的原因还有泉州一府在宋代已经几乎开发完成,拥有较长历史的南安县在地方士绅的眼中还具有很强的文化意义和历史意识,故地方士绅没有明说但在内心应该是反对裁撤南安县的。而如果新立安海,并保留南安,则在经济上、政治上、地理区划上都不容易协调。因而这一主张在当时不同的地方宗族势力中存在较大的争议,无法形成统一的意见,加上朱纨严格海禁导致闽浙士绅反对,最后朱纨设县计划终于搁浅。

三、万历时期安海筑城之官、私较量

朱纨在设立安海新县的建议中没有明确提到安海在防卫上的便利之处,但安海当地的许多士绅则看得更清楚。安海作为海港远离外海,拥有曲折的海湾,便于防御来自海上的威胁,同时陆上腹地周边都有山岭拱卫,易守难攻。如果在安海设立城池则诚为一良好的防御所在。如《安海志》卷四城池记载:

> 迨元入明,治属晋江,图依旧,都名八,班四十。……其后生齿繁而文物盛,产籍多而赋税足,为晋江之上都也。郡邑视为富饶,宫府赖其急办;两盗贼亦缘此而流涎,故广贼入者二,海寇涎望者屡。但阻于港汊之险,难于兵舰之用耳。①

同卷城濠中亦说明:

> (安海)南城面海,目穷处海门也。潮一日夜两次起落,潮退港底水尽,如船入,必乘潮头初动时即随潮而入,至波平方得到岸。去必潮大平时即转船头,亦随汐渐出,汐尽得到海门,若稍缓则两头俱不得到,必须停流,盖港汊多曲湾,微不由道,必搁浅败船。此海寇不得到岸一也。
>
> 石井、东石乃安海之二巨螯,两边到海,内宽外窄,春秋二汛,海上汛船如麻;收汛则捕盗船亦多,如寇一入,则兵船把汊口,盗船不能脱,此海盗不能到城二也。

---

① 新编《安海志》卷四,《城池》,第29页。

自古海寇何此百千至。杰黠势大如温文进,岂曾不垂涎安海,亦不敢窥其门墙者,以此二险也。此固天堑百二之险不能过也,

东西二埭,水泽泥淖,东埭到东门以上,接皇恩坑;西埭到西门以上,接福埔坑,是皆易防守。所可虑者东北一隅耳,守城者须用力于此,自古贼至安者,按高谱载:宋景炎之世,天下大乱,奸民挟漳贼二次而入,获进士高大章以去。自后至明朝正德二年丁卯(1507 年)十月十三,广贼远袭,剽掠甚惨。五年(1510 年)庚午十月二十四,广贼又至,皆山寇也。直至嘉靖三十七年戊午(1558 年)四月初三倭寇由海而来,然皆从他处弃船登陆,行有十里而后至安海,非直抵也。①

这样的地理形势对于明代官方防倭来说是很便利的。所以明代官方与地方部分士绅在嘉靖年间开始有筑城的动议。

嘉靖三十六年(1557 年)时任晋江县令卢仲佃和安海地方士绅为防倭始有筑城之举。而这一筑城的行动则充满了波折和地方势力之间激烈的斗争。倡导筑城的为泉州知府熊汝达和晋江知县卢仲佃,负责筑城的是曾任池州知府当时已经致仕在乡的乡宦柯实卿。安海筑城的过程在《安海志》作如下记载:

嘉靖之末,东阳卢公以本县父母,垂慈怜而废政,同里贵宦以邻乡狡官,生怃求以成谋,父母有爱子之真心,而彼以爱兄之道乘,诚信而喜之,不虞其有他计也。乃于三十六年丁巳(1557 年)卜日,运五十之工,驱东海之石以成建,功未及半,而柯宦实卿因取植木为基,被乡恶颜钦夫殴死。戊午(1558 年)四月,宦仆挟倭以来报宦仇,焚其尸,火其庐,祸延居民。其岁城亦卒成之,己未年(1559 年)雨大城圮,倭奴大至。自是六七年间,漳贼、倭寇流祸不已,城随圮随修。②

在这则史料中,将负责修城的柯实卿称为闾里贵宦,并指出他有私心,并擅自在修城时取公用木料为基础,导致被"乡恶"颜钦夫殴死。同时这则史料认为修城完毕的第二年(嘉靖三十七年,1558 年)的倭患是柯实卿的仆人勾引倭寇来为其报仇,结果反而"焚其尸,火其庐,祸延居民"。

再参考《安平志》对安海修城的考证,可以更清晰看到柯实卿修城却罹

---

① 新编《安海志》卷四,《城池》,第 36 页。
② 新编《安海志》卷四,《城池》,第 29 页。

奇祸的始末。在《安平志》卷二《地理志·城池》一节中，1957 年编者考证：建设安平城之时间，明、清官修府县志，皆作嘉靖三十七年（1558 年），先由县令卢仲佃倡建，后由乡绅柯实卿完成，隐去三十六年（1557 年）卢侯倡建，柯绅以自修一百丈为响应，功及半，柯绅因取木为基，被乡凶殴死等事实。但何乔远之《闽书·建置志·安平镇》对此有如下记述："（安平城）令卢仲佃与乡绅柯实卿甓石拓之。实卿为池州守，为镇人成功，其坚果任怨如其治官，竟为凶徒所戕。"证实卢侯、柯绅共同建城，及柯绅确被凶杀于建城中，而非最后完成安平城之建设者。可知城池篇所述建设安平城之曲折经过，及起讫时间为实录。即城始建于嘉靖三十六年（1557 年），完成于嘉靖三十七年（1558 年）。柯绅之死，似应在三十七年四月倭寇由龟湖突至安平掠杀之前，因此之后，安平城也告成。① 又据同书第 47 页编者的考证，说明柯实卿在修城时存在损公利己的行为，同时由于他家是地方势宦，与地方其他大族等存在较深的矛盾，所以导致了被殴身死及来年奴仆挟倭报复的闹剧。下面将编者按转引如下：

> 清抄本有"安平城池"一篇，系将明抄本"城池志"删去柯仆挟倭以来之记载，而加以称颂柯实卿语词之作品，或者系出于清道咸间新街人柯琮璜之手笔。而明抄本"城池"篇中，柯宦因取木为基被乡恶颜钦夫殴死乃涂改原文，而宦以恹求死之句，当时造城派工派捐，众人埋怨者，盖亦以柯宦之兄系大商人，柯府广有田园财产，造城首先为保护豪富，柯自造百丈石城而拆东桥石，又擅取他人之木，乃损人利己之行为耳。当时黄菊山在文中即特别指出：安海筑城出于民之酿金，是否认柯对筑城之功也。卢侯城记即高元宾之作，观明抄本"小序"有"高元宾曰"等语，似高亦系修编安海志人之一，其文中亦有兴作重役不能无生得失之句。可见当时筑城与防倭，以及贾夷问题与人民生活之关。至于"安海旧城"一篇，乃黄其琛作于清光绪十年（1884 年）上巳辰后三日，尽去旧案。②

而《安平志》在义烈一目"黄仰"条下的记载也与《安海志》大不一样，详

---

① 安海乡土史料编辑委员会编：《安平志》（校注本）卷二，《地理志》，第 44 页。

② 安海乡土史料编辑委员会编：《安平志》（校注本）卷二，《地理志》，第 47 页。

细记载了柯实卿家族及黄仰家族在嘉靖年间的斗争及柯宦死事的始末。义烈黄仰条下首先说明了嘉靖年间安海的廪生黄仰为维护位于安海的石井书院的祠产,与当时福建督学浙江人田汝成的斗争。这一事迹与《安海志》所载基本相同。然后史料详细说明了黄氏家族与柯氏家族在筑城前后的争斗。《安平志》记载:

> 有乡太守柯实卿者,杰黠狡猾,凌驾寒门,吞渔大姓,又欲以力制吾宗,遣其朴募永春之教头,令其弟诱五澳之海贼,三道入攻,意在残捣掳掠,公乃率我族众,督我家僮败山海之贼而推擒其首。柯知力不敌,乃复以势以贿而构之于官,两下俱伤,狱久未决。既而实卿毒害于人,无远不披,岂虑其所以自毒也,寓泉被刺而未遂,居家任弟谋杀而不就,钦夫杀之如拉朽。①

说明黄氏与柯氏两族在地方控制上存在巨大的矛盾,黄仰史料的编写者甚至认为柯实卿是嘉靖年间安海倭患的幕后主使,而柯家陷构黄仰入狱,双方在修安海城当时处于缠讼之中,而以柯实卿被颜钦夫所杀告一段落。

第二年(嘉靖三十七年,1558 年)倭寇入犯安海则是柯家世仆所为:"继之戊午之年,有被害者林五与逝仔、童仔挟倭而来,冀复其仇,盖未知实卿之已死也。至则赭其室,焚其棺,俘其人,纵余毒而后去。"②当时黄仰还被押在狱中,

> 时公在狱,倭寇狼藉,乡邦莫之能御,公素有用武之志,而筹略亦素闻于人,阖郡咸推郡守豫章熊公汝达,出之于狱,礼而遣之,公誓不与贼俱生,发家僮为兵,守洛阳桥,当贼北来之冲,贼首有跛脚番者,最杰黠用事,公以计获之,于是不敢渡,沿山道而去南安潘山直抵磁灶,与其乡千长吴君范战杀之。公策其必至安海,乃率众追及磁灶破之,遂直趋至堡时,堡新筑未就,以四月初三败罢役,公至,率家兵子弟,调拨守御,贼闻之不敢□堡者数日,公料其已沿山路出境矣,因暂安之,且值端午,遂各解严回家。有为贼响导者,以□□□□意,公兵犹在堡,又以西桥为绝□,可托险而破也。乃诱贼沿堡城边俘掠人民,出西桥南趋,意欲

---

① 安海乡土史料编辑委员会编:《安平志》(校注本)卷七,《人物志》,第 228 页。

② 安海乡土史料编辑委员会编:《安平志》(校注本)卷七,《人物志·义烈》,第 228~229 页。

□□以自脱也,既而乡之避贼者二万余人,亦欲出西桥以奔,贼于后追逐甚急,海潮又涨,西桥一时拥塞,而公兵未集,望救者转切,公按剑誓曰:"捍贼救民吾之分也,见贼扼人于险而舍之,将焉用戎为。"即率其现有之兵二十人,据险以拒贼,杀贼十余徒,而二万逃生之众,乃不得脱险焉。既而人渡尽,贼大至,以二十人抗三千,势不可支矣。而潮水涨满,人劝之曰:"众寡不敌,尚可逃也,谨避之,以图后计。"公曰:"逃,非匹夫事也,辱人也,逃遁贱行也。以一身活二万人之命,丈夫责也。余廪膳也,食君之禄矣,纵不敌而死,亦从王事之忠也。忠素志也,死不以罪,而以功得死所也,夫复何恨哉。悲夫!纵毒而死于匹夫之手者,何尝祥鸢之于□鼠也,遂擒战力尽,与其从弟廷英死之。"嘉靖戊午岁之五月初五日也。事闻官给葬。巡按御史斗山范献科上其功而祭之以文,钦赠州同知,赐一子冠带云。①

从这则材料中可知,当柯实卿筑城之时,黄氏性格刚烈的代表人黄仰因与柯家的诉讼还被押在狱中。而柯氏死后,直至嘉靖三十七年(1558 年)春,柯家仆人挟倭来攻时,府县官员因安海地方有城而无守城之有力领导人,柯实卿已死,乱亦由柯氏内部的人导致。此时官方才将在地方上另一有影响力的大族领袖黄仰放出领导城防。这一事例颇像之前章节所说的正统年间,诏安镇涂赟领导的诏安镇城的保卫战,也是地方士绅领导群众抗御本地武装流寇骚扰的例子,只是涂赟守城成功而安海黄仰则不幸身亡。

再看《安海志》中记载黄仰死后其一子获得封荫的情况。黄仰死后,袭冠带的儿子名叫黄回青。《安海志》转引《泉州府志》中的记载说:"父仰遭龃龉,絷圄十年。回青亦坐累落籍,荼苦备尝。值倭乱,父自狱中上书请讨贼,死难赠官。回青袭冠带,州同治。"②可见安海柯氏与黄氏因对地方把控问题导致的诉讼居然长达十年之久,而黄仰本人因为在此前得罪了省督学田汝成,在诉讼中处于下风,被絷狱中达十年之久,亦不能为筑城的领导人物。但在嘉靖二十七年(1558 年)的倭乱中却成为城防的地方领导,死后其子回青及黄仰的兄长黄伯善共同领导了之后的守城及抗倭,黄氏宗族亦在之后的安海社会中取得了发展,也提高了在地方上的影响力。再看《安海

---

① 安海乡土史料编辑委员会编:《安平志》(校注本)卷七,《人物志·义烈》,第 228~229 页。

② 新编《安海志》卷三十,《义勇》,第 360 页。

志》转载黄仰族兄黄伯善条的记载:

> (伯善)领嘉靖十九年庚子(1540 年)乡荐历任昌化教谕、衢州府同知,后罢官归家,益思行其德于乡,数为乡人排难解纷,尤急于宗族;族中指以七八千,为纪纲约束之,奖其贤者,周其贫者,诫斥其傥荡不类者,族人多化焉。①

黄伯善的儿子黄宪清后也为举人,黄宪清之子黄汝良(伯善之孙)中明万历十四年(1586 年)丙戌科会元进士,另一儿子黄汝为中万历四十六年(1618 年)乙卯科乡举人。汝良二子庆增、庆华分别再中天启四年(1624 年)、崇祯六年(1633 年)举人,黄庆华后官至山东监察御史。从这些资料可知,黄氏家族为安海地方科举极发达的大族,族众达到七八千人之多。而黄氏与负责筑城的柯氏之间的矛盾反映了明代安海地方社会强族相争,把持地方事务的复杂历史面貌。双方对地方的把持与斗争也都依赖于官方的支持与调停,但实际上有点凌驾于官方之上了。而明清时期的地方史志的书写者由于出身与立场的不同,多少受到了地方强宗的影响,也对这一公案做出了不同的阐释,导致我们今日看到这样复杂不清、语焉不详的记载。

上述史料说明明嘉靖年间,安海地方社会的地方大族之间围绕着筑城与海外贸易问题存在激烈的矛盾斗争。但无论斗争如何激烈,安海镇城修筑对安海的地方防御起到了决定性的作用,在嘉靖三十年(1551 年)代大倭寇侵袭福建沿海的冲击中巍然不倒。而柯实卿被刺杀这一事件,柯氏族众必然谋求官方对行凶者予以处置。《安海志》卷三十一《笃行下》列柯实卿之弟柯奇卿条目中记载了柯氏代表对柯实卿被杀案件的追诉。这则转引自《泉州府志》的材料是这么说明的:

> 柯奇卿,字特季,号鳌桥,为郡诸生有文名。兄实卿为池州守归,为乡人所齮龁。奇卿亦因是坐累铲籍。实卿议城安平,奇卿实助其画,复部署族人为捍御计。比倭至,率以登陴,兼治糜以哺保者,与众共守,城卒以完。后倭复至,野剽无所得,乃发冢责赎,乃冒死从间道以父柩归。……实卿之殁,以建城采木为凶徒所戕,事极冤酷。奇卿徒跣控诉两台,累岁倾资殆尽,不为辍。凶人卒伏辜。②

---

① 新编《安海志》卷二十七,《文苑》,第 339~340 页。

② 新编《安海志》卷三十一,《笃行》,第 362 页。

从这则史料来看,刺死实卿的颜钦夫被官方处死而告终。但在明代当时,如若发生民刺官的事件,则官府将极为严厉和果断地予以惩处。但从材料来看,制裁刺杀柯实卿的凶手居然弄得如此周折,可见期间充满了大族间的矛盾和斗争,柯家在官方的眼里似乎是把持地方的另一乡霸,也是应当给予惩治的,地方舆论则形成相互对立的两个阵营,让官方在做出决断时仍无法做到扬此抑彼。如上引文黄仰的史料,说到"柯知力不敌,乃复以势以贿而构之于官,两下俱伤,狱久未决"。说明明代泉州官方处理柯、黄两族的争端,只是采取了各打五十大板的做法,除将黄仰系狱外,也革除了柯氏中柯奇卿的生员身份。这样才能说"两下俱伤"。

当时的地方舆论对柯宦被刺事件分为同情与讨伐二派,如何乔远就同情柯氏被刺,并认同柯氏造城之功。但官方文献中《泉州府志》《晋江县志》都对争端的深刻内因避而不录,而历代私修安海志的作者对这一事件则有自己的看法,《安平志》中在还记录了数条补充资料:

> 城池志门楼四,以后有窝铺连城楼二十八个,及稍广之。立甲长副以居民。配上中下户。家产有千者为上户,出银三十两,中下出银二十两,柯宦署笔自担一百丈。柯功何不大哉。宦之死莫之记者何也? 后乡绅御史苏琰志其墓,深为太息。柯宦死于嘉靖丁巳,至崇祯甲戌八十有余,其孙胤贤乃葬之。

> 东桥名曰"东洋桥"。宋绍兴二十二年,安平桥成,二十三年权泉州军赵令衿偕进士临漳户椽史进建之,不半载而成。长六百十余丈,广一丈二尺。分为二百四十二间,东西二亭,赵令衿撰碑记。明嘉靖三十六年,倭寇频扰,急议筑城保障里人。知府柯实卿乃拆东桥石筑城,而桥废焉。

> 明嘉靖丁巳年,邑尹卢公讳仲佃,乡绅柯公讳实卿,虑安平士民之众,无城廓之卫,于是申请各宪议建石城以为之备。因为乏石,乃拆斯桥之石以筑城,功未及半,而柯公身受意外之祸死矣。后之往来者,冒风雨之阻,多归怨于柯公,厥后,石城完就,而安平之众,无有颂柯公之德者。呜呼! 桥城二便,不知孰是孰非,惜哉![①]

---

① 安海乡土史料编辑委员会编:《安平志》(校注本)卷二,《地理志》,北京:中国文联出版社,2000年,第48页。

柯实卿抱不平,同情柯氏之死,谴责柯实卿修城擅自拆安平桥的罪过,这些都反映了明代地方社会复杂的面貌。而所谓柯氏家仆勾引倭寇为柯复仇为名劫掠安海,估计是其家仆乘着柯氏死后图谋对主家的劫掠,所以倭寇攻安海反而将在安海城外的柯家烧毁,劫掠一空。如此解释,则安海筑城的曲折历史可以让我们稍有清晰的认识。而安海镇城修好后,"倭寇"多次进攻,都未能下,地方赖以安全。"三十八年倭寇两攻安平,四十三年后自仙游来攻,皆不能陷。"①

嘉靖三十年代末倭寇冲击风波过后,明代隆庆、万历年间漳泉地方社会处于一种较宁静的状态中。漳州海澄设县,月港开港之后,漳州沿海获得海外贸易的合法地位,安海的海外贸易实际上从属于月港。而万历三十年代,安海设县之议再起。而在此之前,相邻地方先有将驿站移置安海的主张。如若安海设驿站,则是安海地方的一种负担,故引起地方若干士绅强烈反对。黄氏家族的乡绅黄伯善也给我们留下了反对筑城的文献。黄伯善认为安海筑城没有花费官方的经费:

> 安海筑城出于民之酿金,不烦库藏;守城本予土著编户,不动官兵,钥锁自由,盘诘不懈。……近有南安县康店驿夫,保捏呈欲寄驿于兹土。……其奸人乘传,托以皇华为名,而非肺急呼于外,党与伏匿,假以驿卒为名,两观衅待变于内。方此之时,若拒之而不纳,是无王命也。纳之则万家之命坐受其缚,幸而不死,仅有鸟迁兽徒而走耳,奚暇顾其家室哉。是城反为贼寇之堡,而驿为奸宄之资,数万金之费,委于草芥;数百雉之险,鞠为丘墟,城既不为民有,驿亦安得独存,云霄驿之近事一鉴也。且晋江濒海,村落靡有孑遗,独安海一城,伤残之民以供里旅之役,而安海亦何负于官府哉。兹复使为贼有,则安海之人民土地,一时俱尽,宁复可为县乎。贼得安海城以为巢穴,聚而不散,谋而不轨,美鱼盐之利,通山海之货,游途隘隔,数县声息不通。东断永宁之臂,西折武荣之肢,南拊南安之背,北扼清源之咽,是事不十费支吾耶。缘系议处应否徙驿,书生愚昧,以为不相应,大不便云。②

因此地方士绅强烈反对将南安的负担转嫁于晋江和安海。这一动议也

---

① (清)顾祖禹:《读史方舆纪要》卷九十九,北京:中华书局,2005 年,第 4522 页。

② (明)黄伯善:《徙驿议》,新编《安海志》卷五,《公署》,第 44 页。

就搁浅了。从材料来看,南安方面主张移驿,似乎是作为安海设县主张的一个附加条件来谈的,而黄伯善为首的地方士绅反对,说如果移驿,而人民逃亡,"安海之人民土地,一时俱尽,宁复可为县乎"。

而黄伯善之孙万历十四年(1586年)会元黄汝良给我们留下了万历年间地方士绅推动设县的重要史料。根据《安平志》中记载,1984年安海镇政府在朱文公祠西侧建镇政府办公楼时,出土有关明代设驻镇馆石碑二方,其碑文对万历年间割地设县未果,以及后设驻镇馆的复杂曲折历程,有详细的记述。同时碑文出土明确说明了《安海新设驻镇馆记》一文的作者为明万历年间安海黄氏进士黄汝良,而不是乾隆府志所收入同名文章所说的作者为苏谈,而府志收入此文删节过多,篇幅仅为碑文的三分之一,且碑文字迹剥落难辨者亦不少。从该碑文来看,万历年间安海重提设县的动议,是地方士绅受到了嘉靖隆庆年间海澄设县成功的鼓舞。"列圣以来,益谨绸缪,泉漳兴福之间,时增式廓,若竹崎、云霄、海澄诸处,大者为邑,小者为镇,犬牙错而虎落周,良以巨浸浩淼,风飙飘忽,不备不虞,易启戒心,盖庙谟宏远矣。"漳州府在明代至此已经新设五县,同时云霄作为镇城,也以设官管辖,直属于府。而安海自嘉靖年间设县动议未成之后,虽已筑城,但没有官方常驻机构管辖。碑文中对嘉靖万历以来安海的局面作了以下描述:

(安海)承平日久,生聚渐繁,室家鳞次,阛阓栉比,肩摩□击,骈骈阗阗,昔村落而今粤区矣。物力既盛,巧故萌生,曩时奸民往遥阑出、交关岛夷,输我虚实,自洋禁开,互市之舶往来□□,我以彼为外,□彼□□□为匜齐,□陀涎垂何所不有。昔内地而今夷□□。嘉靖之季,倭讧突发,磨□吮血,万室为墟,当事者乃始料民醵赀,筑为城堡,保聚捍御,民用稍有宁志。其后夷氛既憩,经久虑疏□间,镇以武弁桑梓□□□□□□□□复经则委□□□□□吏早□□襁徙规浚削。无事如蚁慕膻,有事则如□遗迹,非惟无益又滋害焉,何则城非公创,不领于职方。守无专官,冈虑于民社居平,犹或探充无忌,杆鼓时鸣,一旦有儆,其□剪为寇,罹者几何,夫时至则事起,以高皇帝加意海邦,推之讵于今日,不为之所哉。①

___

① (明)黄汝良:《安海新设驻镇馆记》,安海乡土史料编辑委员会编:《安平志》(校注本)卷五,北京:中国文联出版社,2000年,第129页。

在这种情形下，地方士绅联合向上官建议设县，"于是堡之缙绅父老，走控上官"。

时任晋江县令顾士琦对于新设安海县的建议是："安海置邑，如海澄诚便，然必割晋南同之界。版籍既定，纷更为难，又必设官，办建学，必多创公署，必措处舆台，一切廪禄经费，猝未经办。宜略仿云霄竹崎故事，建设分府，即以现在府倅一员充之，无增官之扰，有保障之安，计无便此者。"①而碑文中对安海分设府通判常驻的始末是这样记载的：

监司上其议，直指方公深题之。为请于朝，给印章，文曰驻镇安海，用示专守。堡人闻命欢欣鼓舞，输将帛币，□走恐后，乃始揆日蠲吉，饬材庀工，即城之西北而建署焉。统以周垣，拱以重门，有堂有皇，有寝有房，宾馆廨舍，罔不毕备，盖不烦官帑一钱，而隆栋岿然矣。经始于别驾汪公，殷公继之，趋事益敏，起丙午四月，越戊申四月落成。②

在这种情况下，官方因安海设县存在较大的行政难度，故模仿漳州云霄镇的例子，设立泉州府督粮馆分镇安海，并派遣新任府通判殷光彦莅临安海专驻管辖。安海的府属督粮馆实际上是作为晋江的分县常驻该地处理的。

道光《晋江县志》中为当时推动设镇的县官顾士琦和首任督粮官（府通判兼任）的殷光彦都有列传。

顾士琦，字二韩，太仓人。万历戊戌进士，二十九年由崇安令调知晋江县。不为优强开敏喜事好功，一以恺悌为政。值旱蝗相继，极意拊循催科，不事鞭扑，与为期会，民无逋者。两造之讼，徐出片言，轻者立遣，重者量惩，无株连，亦无久系。校士严加防范，邑无留良，即在彀外者亦帖息无哗。兴一事必惟其终，革一事必思其后。居己于瘠而予民以肥，居己于拙而予民以静。门无暮金，吏皆奉法。造请贤士大夫咨询利弊，不厌谆复。秩满，念岁祲，民艰于食，报绩独迟。③

顾士琦的施政风格是严于律己，加强管理，颇有政声，在任晋江令后升迁而去，因而他的主张得到上司的首肯，也得到地方士绅的认可和支持。

首任安海镇官的通判殷光彦也有较好的政绩：

---

① 新编《安海志》卷五，《公署》，第41页。

② （明）黄汝良：《安海新设驻镇馆记》，安海乡土史料编辑委员会编：《安平志》（校注本）卷五，第129页。

③ 道光《晋江县志》卷三十五，《政绩志》。

值安平新设镇,移驻于斯,是时疆理方殷,庶务草创,光彦至未数月,顾盼咄嗟,百务具举,镇去郡稍远,邪侠恶少,博塞呼卢,探丸击剑,恣睢莫何。光彦摘其尤桀黠者,重惩之。诸风渐息。镇素殷富名,奸人虎视,始而鸡狗窃关,继且萑苻思逞。为慎管钥,严街鼓,明保伍,饬游击。于是夜犬不吠,闾阎安堵。镇城数圮,外隍曾无衣带之限,创谋缮陴,塞港以壮金汤。……俗嚚讼难诘,光彦干局精敏,才谞练明,片言立折,两造输诚。钩金既省,桁杨罕用,惠同之民咸赤质成。其他善政,难以枚举。郡人歌颂,万口一词。①

万历三十五年(1607 年)虽设县不成,而终于有了官方常驻的文官予以管辖,安海地方社会也经历了一段安靖发展的局面。但好景不长,天启、崇祯时期随着郑芝龙海上力量的崛起,安海很快成为郑氏海上商业与军事集团的基地,基本脱离了官方的直接控制,为郑氏海上集团直接把控了。根据廖渊泉的研究,天启、崇祯年间,安海港是郑芝龙对外贸易的基地,郑芝龙海商贸易的发展和海上武装力量的壮大,必然促进安海港的极盛。郑芝龙以其煊赫的权柄和雄厚的资财,调动大批的人力、物力,采取很多措施,对安平镇进行大规模的整治与建设,如首先继续修筑安海城池。"筑城安平镇","开府其间"。他还在安海镇内大兴土木,建筑有"亭榭楼台,雕梁画栋,极尽豪华"的府第,其"巧工雕琢,以至石洞花木,甲于泉郡。并兴建仓库和军营,积财宝甲兵,充实其中,人物丽盛,专务丰殖",更重要的是郑芝龙还整治安海港,在安海"开通海道,海梢直通卧内,可泊船,竟达海"。而郑芝龙降清之后,郑成功继续利用安海为基地,展开对清政府的斗争。② 这都使得安海成为明清福建历史上一个特例,因为战争的破坏,安海港开始衰落下去。入清以后,虽再有设县的动议,基本不能获得官方的支持,因为这时安海的经济地位已不像明末呈顶峰状态,厦门的崛起之脚步已渐近。

由上文论述我们可以看到安海设县跟海澄设县的情况具有很多相似的地方。这两处地方在明中叶私人海上贸易发展起来之后,都是地方海上贸

① 安海乡土史料编辑委员会编:《安平志》(校注本)卷七,《人物志·名宦》,第 202 页。

② 黄天柱、廖渊泉:《郑芝龙父子与安海港的盛衰》,《安海港史研究》,福州:福建教育出版社,1989 年,第 119~129 页。

易的中心地,经济发展迅速。都与当地原有的政治中心距离较远。一旦设县都能够控制地方重要的港口地域,而且地理上都有利于地方的军事防御功能。两地在明代都产生大量科举士绅阶层,这些阶层都力图推动对地方有利的设县运动。但安海与海澄设县一成一败,又分别有深刻的内在原因和不同的历史背景。

从地方士绅对地方事务的把持来说,安海的士绅集团更加深入介入地方事务。嘉靖年间的设县及之后的筑城运动,可以看到地方大族对地方控制权的斗争的情况。海澄在设县之前,不像安海出现能够强力把控地方政务并能跟政府合作的科举式大族,对于安海地方上不同宗族间存在的矛盾,官府甚至采取了使它们彼此削弱、共同归顺于王朝的方略,而设县前的海澄地方秩序更加混乱,倡乱的民间力量与官方合作的程度更低,海澄设县后地方民众对官方仍采取不合作的态度,明代官方如若不在海澄设县,地方治安及将来放开合法的海外贸易基本不可控制。

此外安海所处的泉州经济发展的周期与漳州不同。泉州的开发早于漳州,宋元时期其行政区划的格局基本已经稳定,形成了强大的历史惯性。而漳州开发的黄金时期和经济发展的高峰在明中叶以后,漳州地方的县份原本就较少,各县的辖区过大,海澄在地理上具有更完整的成县的条件,面朝九龙江入海处,腹地内有完整的水系沟通,山区与沿海地形复杂。安海的成县条件则相对不足,腹地狭小,所在的晋江、南安两县之间再划出一县,势必导致三县的地域都过于狭小,所以明代倡导设县的主张是撤并南安,让安海、晋江两县并立。这势必引起南安地方的反对。同时,在私人海外贸易港口的功能和地位上,安海一直不如海澄。海澄在明代中叶以后已经成为可以联系全中国沿海的贸易中心地,全国的财货要纳入海外贸易往往先转运至海澄,再行批发出去。而安海的贸易货物,尤其是纺织品往往从海澄转批发。这些都导致海澄设县势在必行,而安海的设县却存在种种的阻挠。

最后看安海历史最特殊的一面。在于明代崇祯年间郑芝龙海上力量崛起之后,完全把持了沿海的政治、经济、军事事务。安海成为郑氏海上力量的总后方和大本营,这样特殊的历史更使得安海设县的可能性化为乌有。明清易代时期,郑成功与清政府在福建沿海的争夺更集中在诏安、海澄、厦门岛、安海这几个重要据点。至郑氏力量离开福建沿海后,沿海的海上贸易衰退,地方治安趋于长期稳定,安海设县的内在动力几乎丧失殆尽。

第七节

制度被败坏的表现与机理

——明代中后期福建盐业的剖析*

明代中后期福建盐运司所辖的盐区弊端百出。凡官、商、民、匪均参与舞弊,导致盐务部门无法正常运行。盐官贪欲大张,盐商多心存苦衷,沿海灶民等下层人民视制盐、贩私为谋生之道,亦屈就腐败的官场,盐的专卖制度则无法推行。

一、明代中后期福建盐业中的舞弊种种

盐是日常生活的必需品。自古以来,中国就有"夫盐,食肴之将",或"盐五味之酱",或"盐者,食之急也"的说法。② 中国地形的特点是面积广大,而产盐区只限于特殊地区和短短的海岸线。所以中国很早就实行了盐的专卖制度。明朝沿袭了盐的专卖制度,将全国盐场分为长芦、山东、两浙、两淮、福建、广东和云南七大盐运司。就福建盐运司而言,福建都转运盐使司下设有水口、黄崎镇和黄港三分司。分司负责官员分别是运同、运副和运判等,下辖上里、海口、牛田、浯州、丙州、浔美、惠安七个盐课司。另外设有竹崎、闽安镇两个批验所。盐场是盐业生产的基本单位。各个盐场分别设盐场大使,大者二名,小者一名,负责督理全场的生产和盐课的完纳。

明代中后期福建盐业弊端重重,花样百出。如果按阶层来看,舞弊人员包括了官、商、民和匪各个阶层。每一阶层中又可以细分为不同的类型。

贪蠹官员胥吏欲壑大张,索贿无厌。它包括盐务机构各级官员和胥吏甚至军事机构人员。官员舞弊的主要表现是受贿。

---

* 本节与吕小琴合写,吕小琴现为河南师范大学历史文化学院副教授。

② 分别出自《汉书》卷二十四,《食货志》下;《太平御览》卷八百六十三;《晋书》卷二十六,《食货志》下。

都转运盐使司是福建盐政最高机构，起到总摄全局的作用，然而却有"运司，利薮也，商例馈长官金"的记载。[1] 盐商贩运盐斤要向运司长官都转运使送礼已经成为惯例。

都转运盐使司下设有水口、黄崎镇和黄港三分司。分司负责官员分别是运同、运副和运判，他们的职责是协助运司管理盐务。具体来说，水口分司运同住札掣卖西路官盐。黄崎分司运副住札掣卖东路官盐。南港分司运判掣卖盐斤以济省城民食。他们实际的表现如何呢？水口分司运同伍典说："访得运盐水口分司掣放盐船，每船一只，官取银四十两，以为常例。前此掌印官皆所不免而营求，署印者又加多焉。以故听商人夹带私盐，漫无稽考，立石该司禁革。"[2]分司官吏借行使职权"掣放盐船"或加盖署印而乘机向盐商索取银两，此项恶习也逐渐变成了常例。既然受人钱财，自然要为盐商大开便利之门，遇商人夹带私盐也就睁只眼闭只眼，任其过关。水口分司运同林大有说得就更详细了，"今水口分司无论专官署官，遇船开帮，每船一只常例银十五两，每月开帮一次，该船十只，共输纳常例银一百五十两，又茶果银每月五两，掣船二三百只，受馈银八九百两。传袭为常，争求差委。况又日用饮食，俱取备于牙行，非但酒席贺仪是徒各小费，而欲借民以充口，各司委人署理，货贿公行恬不知耻，最当恶者一也"。[3] 无论专官署官都恬不知耻地向盐商、水客要银子，而且名目繁多，像开帮银、茶果银，甚至连日用饮食都算上。

黄崎镇分司主要是管理东路八港行盐地方，确保东路官盐畅通无阻。但是运同伍典说："近年以来，该司官俱以原建黄崎分署，系荒凉旷野之区，不便居止，每每恋处会城，裹足不至其地。凡遇掣盐把港，一切委之佐领、仓巡等官，需求之意多，而稽查之念少，以故私盐充斥，课引雍滞。至今弊也极矣。"[4]黄崎镇分司长官嫌黄崎镇署衙设在荒凉旷野之地，因而自己不在署衙办公，而将盐务统统交给下属办理。下属佐领、仓巡等官则意图在索取银两，不在稽查私盐，所以结果是私盐充斥，课引雍滞。

本来福建运司另外设有竹崎、闽安镇两个批验所是为了加强对私盐的

① 江大鲲：《福建运司志》卷之十三，《奏议志·都御史金学曾》。
② 江大鲲：《福建运司志》卷之十四，《规划上·运同伍典》。
③ 江大鲲：《福建运司志》卷之十四，《规划上·运同林大有议》。
④ 江大鲲：《福建运司志》卷之十四，《规划中·运同伍典》。

盘查,可是实际运行的情况也是一样的糟糕。水口分司运同林大有提到,"闽安镇及竹崎把港批验等官得受常例私弊,船只不行看验,以致私盐充塞。上里、海口、牛田等场俱系出盐之地,私弊尤大,纵容兴贩,阴阻坏盐法"。[①] 竹崎、闽安镇两个批验所批验等官同样因为受了贿赂,所以玩忽职守,致使盐商灶民等私贩严重,阻坏盐法。此外更有甚者,有些官员不但纵容舞弊,而且还通同舞弊,像经历王之模说的:"闽安镇巡检司设在滨海联络之区,往来船只悉经盘验,商船剪引,督缉私盐,所关甚重。访得该司官吏因循年久,剪引验船不问引目,船到不报,通同放过。或一引影照二三次,奸恶商梢得盐过镇,至南台芋河下引,复深藏盐不入仓,任人转卖,惯贩、奸徒往往接盘抵充,西路官盐弊非一日。"[②]

三分司下辖上里、海口、牛田、浯州、丙州、浔美、惠安七个盐课司。盐课司场官目无法纪,受贿其中,所以默许乡曲势力私创丘盘,私自产盐,败坏盐法。如盐法道李思诚所说福宁州的情况,"福宁州奸民钱十一、霍大冶、谢汝茂、丘芳等倚藉乡曲,浸润官吏,创丘漏,变乱成法,该州贪婪吏书受贿安申"。[③]

底层的胥吏以俸禄过低难以养家糊口为借口,也想方设法从中牟利。所以运同支如璋才会说:"今非无兵也,护党行私、欺瞒,上有犯而不获,获而不报,报而不实。我且将为利孔,彼何惮而不为哉?"[④] 有些胥吏甚至擅离职守,运同屠本畯指出,"查巡盐巡河诸役有卖放私贩窃盗,并旷役不守信地者"。[⑤]

更有甚者,连军事机构人员也干涉盐政。原本盐政系统和军政系统是互不关联的。但是运同支如璋提到,"近日南商林毓春领牌卖盐,为梅花所私牙棚主黄启运等阻挠,而千夫扶同指官为私,几混黑白。明文非盐官不许预盐事,而一武贲遂为盐政梗"。[⑥] 千夫扶同对盐政指手画脚,颠倒黑白,指官盐为私盐,阻挠盐商正常贩运盐。

①　江大鲲:《福建运司志》卷之十四,《规划上·运同林大有议》。
②　江大鲲:《福建运司志》卷之十四,《规划中·经历王之模》。
③　江大鲲:《福建运司志》卷之十四,《规划中·盐法道李思诚》。
④　江大鲲:《福建运司志》卷之十四,《规划下·运同支如璋议》。
⑤　江大鲲:《福建运司志》卷之十四,《规划中·运同屠本畯》。
⑥　江大鲲:《福建运司志》卷之十四,《规划中·运同支如璋议》。

惟利是图的奸商逾矩违规，牟取暴利。盐商打着贩运官盐的旗帜想方设法贩私盐，像贿赂盐官、增加盐斤、改造大船、中途先期贩卖和在盐里搀杂泥沙等。盐商舞弊的事例更是不绝于书。除了前面提到的大肆贿赂盐官之外，盐商其他的舞弊手段还有如下几种。

一是夹带。盐法道李思诚说："私贩之径百，而夹带之途二。在外则行贩，在商则夹带是已。商之夹带，一则曰包重，重一斤免一斤之课，免一斤之费，净得一斤之利，谁不乐为？一则曰愆期，自场运至南仓，风顺则不过一日，未有数日而风不变者，乃延挨岁月，甚过半年以上，犹尔不报，其情弊显然矣。见当帮船数不足，前帮剥船未回，以官附私，帮之不继，职此之由。"① 他这段话对盐商夹带之手法还做了细分即加重包斤和愆期。就商人拖延愆期的做法运同伍典也有论述，"各路盐商，轮帮发卖完即追纳余价等银，销缴红牌，遵行已久。近各商资本消耗，奸伪日滋，盐已卖毕，故将余价等银延挨四五年，不行完纳者，岂惟坏乱盐法，抑且亏损国课"。②

二是变更船的尺寸和高度。嘉靖十四年（1535年）福建盐运使娄志德变革运盐制度，"改造溪船，计舱以载盐，不用包缚，横索以量舱，不事称掣"，一改先年"装盐必以包"的通例。③ 盐船的具体规制是"其船限以梁头阔二丈五尺，长七丈，深八尺五寸，装正、余盐一百五十引，名为全引；又虑各商资本不齐，复准造中船，阔一丈五尺，长五丈，深六尺，装正、余盐九十引，名为中引"。④ 运盐制度革去后，盐商就在盐船的尺寸和高度上做文章，嘱咐船匠从中舞弊，"商梢装运如有奸顽，贿嘱匠作巧造，缩腰涨槠，凿眼加高，更易尺寸等弊"。⑤ 另外是打破装盐"平满为度"的规定，想方设法多装盐斤。运同林大有指出，"近来商梢作弊，仍将首尾空舱装载不尽，又将旁板加高，虑泊沉水，巧将衫木亲垫使船浮起，计一船可装二船之盐，及至过所赴关，临期用小船一只起驳船，以足用为期。今却用五、七只混带插卖，期未至则先卖，而后复补，期既至则多方而夹带"。⑥

---

① 江大鲲：《福建运司志》卷之十四，《规划中·盐法道李思诚》。
② 江大鲲：《福建运司志》卷之十四，《规划中·运同伍典》。
③ 江大鲲：《福建运司志》卷之十三，《奏议志》。
④ 江大鲲：《福建运司志》卷之七，《征输志》。
⑤ 江大鲲：《福建运司志》卷之十四，《规划中·运同伍典》。
⑥ 江大鲲：《福建运司志》卷之十四，《规划中·运同林大有议》。

三是中途先期贩卖盐斤。盐商贩运盐斤有严格的销盐地界,逾越地界就算是私盐。运同林大有对盐商中途先期贩卖盐斤有较多论述,如"商人通同船户,先期盗卖,以致引数有余。吏书又将余引隐卖,其水口卖空,溪船即放。退关下直抵南台、黄田、岑河,下湾泊,仍听商人雇装引盐。近来停泊水口、大雄地方,将小木溪驳船私盐密盘在内,接买接卖。隐收余引,则影设重照接装空船,则延绵不绝"。① 这是盐商、船户、吏书、盐徒等通同贩私卖私。另外,"商人俱寓居省城内外,盐船当帮,垂坐河船,前去水口听船户收买私盐夹带插帮发卖。灶户煎销卤水,往往乘机插卖私盐,及私煎而不给票,给票而不销缴,俱为阻坏盐法"。② "近来竹崎所上引盐,商梢陆续盗卖,十船九空,及至当帮或通闽安镇私盐抵补,或买南港官盐填塞。其竹崎所下引盐,未经掣验者,亦将盐盗卖过半"。③ 盐商在当帮或掣验前先沿途贩卖一部分盐斤,然后再填补,阻坏盐法。

四是在盐里掺杂泥沙。运同屠本畯斥责水客,"拆卖篓盐,雇船运卖,原无钉封,亦无盐样,奸梢中途插和土,民食不堪。其末流之弊,尤在水客"。④

包括船户、盐徒、灶户、哨夫和购买私盐之民户的"民"人也是盐务积弊的推波助澜者。他们在实践中不断摸索逃避官府的贩私手段,拉拢官员亲属甚至直接对抗官员的执法,有的则较熟悉官场运作程序,竭力钻政策的空子。

盐商开中之盐由船户专门负责运输。船户乘机私自藏盐斤于船上,然后卖给盐商。像运同伍典所记载的,"商人临关另雇河船一只,以便止宿。访得往年船户遇商装盐,先装私盐在船,乘机过关,货卖商人,利其省值,互相容隐"。⑤ 有时也是盐商默许从中渔利,"亦有惯熟奸商通同私买,深为阻坏盐法"。⑥

盐徒的舞弊伎俩更为高明。运同屠本畯记载到,"芋原多有贩徒,每遇官府乡宦或随家眷,探知发牌到、拨用座站等船装载贡箱等项,即将私盐昼

---

① 江大鲲:《福建运司志》卷之十四,《规划中·运同林大有议》。
② 江大鲲:《福建运司志》卷之十四,《规划中·运同林大有议》。
③ 江大鲲:《福建运司志》卷之十四,《规划中·运同林大有议》。
④ 江大鲲:《福建运司志》卷之十四,《规划中·运同屠本畯》。
⑤ 江大鲲:《福建运司志》卷之十四,《规划中·运同伍典》。
⑥ 江大鲲:《福建运司志》卷之十四,《规划中·运同伍典》。

夜先载各船，多者万余斤，少者数千斤，官府、乡宦俱不之觉。通同家人侍势作威，假以火食为由，竹崎所官兵不敢搜获。至水口，又借乡宦之船，不听盘验，径越过关，透至延、建等府发卖获利，以致西路官盐被其阻滞"。① 这则材料中记载到芋原贩徒买通官府的家人，将私盐偷偷地放在官府的船只上，掣验官不敢盘验官府船只，所以盐徒能顺利逃过关卡的盘查。然后将私盐运到延、建等府发卖，西路官盐受其害。芋原、洪塘等处积棍恶徒也有类似的举动。运同林大有指出，"芋原、洪塘等处积棍驾驶大船，探有福、兴泉、漳乡宦起程，即收买私盐，密谋手下、家属，诈作行李船只跟随在后，混插驾行。有过关所贩卖，不经盘验，俱阻坏盐法"。②

盐徒贩卖私盐的气焰还很嚣张，他们私自建造盐船，遇到巡检等官的盘查要么脱逃，要么拒捕甚至杀伤官吏，"海滨私盐在在有之，而松下澳及大小址地方为甚。私造双桅大船，摆列军器，恣意兴贩。交通海口、牛田私牙，递相接贩。乘潮出入，一遇盘诘，轻则脱逃，重则拒捕，甚者被获而抢夺而杀伤。借权势之威灵，藐法度于乌有，灭赃遁迹，出鬼入神，盖盛世之所必无，而闽省可以为常者"。③ 更有趣的是，盐徒私自贩盐被查到后还反咬官吏一口，到处告状，"近如郭春洸双桅盐船被获，假领盗卖，反诬捕获官兵，到处告害"。④

盐徒贩卖私盐的具体路线也很明了。福建共有八府即福、兴、漳、泉、建、延、邵、汀。其中福、兴、漳、泉为产盐区，而建、延、邵、汀为销盐区。但是汀州府因"南赣军兴"借行广盐，一借不还。所以，"独延建邵三府乃官引通行之处"，但是，"三府之内又多山道潜通贩私"。⑤ "查得永福、闽清、古田、连江四县，原系行盐之地，而今并无商人行盐到彼。及查延建邵所属尤溪、永安、大田、沙县、寿宁、政和、松溪、建宁各县递年亦无商人行盐，以致各县并非销引，岂各县俱能淡食哉？其水口贩买水客应往各县发卖，其故可知也。盖以各县俱有小路可通私盐，其间地虎窝顿不容水客往彼发卖"。⑥ 由

---

① 江大鲲：《福建运司志》卷之十四，《规划中·运同屠本畯》。
② 江大鲲：《福建运司志》卷之十四，《规划中·运同林大有议》。
③ 江大鲲：《福建运司志》卷之十四，《规划中·运同支如璋议》。
④ 江大鲲：《福建运司志》卷之十四，《规划中·运同支如璋议》。
⑤ 江大鲲：《福建运司志》卷之十四，《规划中·运使何思赞》。
⑥ 江大鲲：《福建运司志》卷之十四，《规划中·运使何思赞》。

上可知,建、延、邵、汀作为销盐区也被私盐阻坏。私盐兴贩的具体路线是:"查得永福、闽清皆福清、兴化私盐从清源里可通永福而达闽清。古田县系福清私盐由罗源县起步铺宁德县石壁岭、三望岭可通。尤溪、永安、大田、沙县、将乐、顺昌、建宁皆兴、泉私盐由永春、德化县地方可通。寿宁、政和、松溪各县皆福清私盐由宁德县水祭、福安县穆洋斜滩可通。连江、长乐县附近海湾向食私盐,其间私贩神出鬼没,势难尽捕"。①

退役哨夫、衙门惯熟也参与到私盐贩卖中来。他们曾经在巡检司或衙门任职,一方面对盐运司运转情况了解,另一方面对地形地势也很熟悉。所以当他们要贩私的话,比一般的民众更有优势,他们和巡检司或衙门人员更有交情,更容易过关。"水口茅寮街等处有邵武等处人氏居住,结党兴贩,透港或从关下挑山,到关插卖。及革退哨夫衙门惯熟,亦与装盐船夫弟侄交通贩卖。"②

《盐律》中明确规定,"凡买食私盐者,杖一百"③,不允许民户食私盐。但是,明初福建食官盐的县份是 42 个,而到明中后期食私盐的县份已有 33 个。这是官方公布的数字,还不包括那些被隐瞒的县份。食私盐的县份它们分别是闽中的永福、闽清、长乐、连江、罗源、古田、宁德、福安;闽西北的龙溪、永安、大田、将乐、沙县、顺昌、建宁;闽东北的寿宁、政和、松溪、瓯宁、建安;闽南的晋江、南安、永春、安海、德化、仙游、平和、尤溪、长泰、漳平、龙岩、南靖、长泰。④ 西路乃官盐销售的主要区域,然而仅能销三四县,占总销售县份的 15%,东路、南路市场由于"近卤之域""私盐盛行"而丧失殆尽。⑤ 可知,福建民间潜藏着巨大的私盐销售市场。

以地痞流氓无赖之徒为代表的"匪"结帮为非,对盐务侵害尤重。他们的名称有长布衫、赶船虎、十八瘟好汉等,他们潜伏在"芋原竹崎所、南台仓前、水口关下、闽安镇各港地方"进行活动。⑥ 此外还有"讼师、打手、败商、刁军、罢官罢吏存据卫所衙门",他们"或倚寇裳,或恃力笔,或以教唆口辩,

---

① 江大鲲:《福建运司志》卷之十四,《规划中·运使何思赞》。
② 江大鲲:《福建运司志》卷之十四,《规划中·运同林大有议》。
③ 周昌晋:《福建鹾政志》(上卷),《盐律》。
④ 江大鲲:万历《福建运司志》卷十四下,《运司支如璋议》。
⑤ 江大鲲:万历《福建运司志》卷十五,《文翰志·南抬政记》。
⑥ 江大鲲:《福建运司志》卷之十四,《规划中·运同支如璋议》。

或以威势挟制，呼朋引类，十百为群，日则酗赌为生，夜则嫖饮是计，人各不同，其为光棍一也"。① 他们谋求分盐利的办法一是敲诈勒索非本地区的盐商，"窥各商出盐打包、或牌限将满、或海口等处收盐阻风迟开报到者，乘机挟骗，稍不如意，捏词呈首，不曰伤残本则曰倾身家，不曰直陈利弊则曰洗白沉冤。方其未状之时，先令同党苛敛一番，某若干某若干，如意则止，不如是则添情扳诬，商畏之不啻如虎"。② 此外还有一群无籍之徒，他们游手游食，强求要给盐商搬盐，实际上是乘机恣意藏盐于身上或袋子里。当盐商阻止时，就开始撒泼，"窥商盐船上帮之日，强要扛抬柱槟，藏盐衣裙包裹，恣意窃搬，少有阻挡，便要轻生或呼老夫病妇面赖，商受身家，无奈含忍，转转成风，孤商势莫与敌，惟有懊悔从业已耳。此其在南台仓者"。③ 这群匪徒利用盐商身处异地、势单力薄的弱势，对盐商百般敲诈勒索。

官、商、民、匪各自都有自己的舞弊伎俩，或是运用手中的职权或是冒险等等贩卖着私盐。盐法道李思诚将他们形形色色的舞弊伎俩概括出来，"兴贩百孔千疮，如鬼如蜮，不可究诘，或棚主领票，而省城之盐悉系兴贩；或巡司傅送而他人不敢盘诘；或商丁通同而公行货卖；或捏称无犯私盐，当官领卖，而任意硬射私贩；或士夫借口妆作私盐，而大船小艇昼夜搬运不已；或哨兵假缉盗而为盗；诸如此类，皆兴贩之流毒，官盐之巨蠹矣"。④

二、盐业积弊的原因探讨

福建盐业长期以来一直没有得到朝廷的重视，盐务上的积弊越积越深，亦没有得到及时的纠正。探讨积弊形成的原因，大体有以下数端：

贪利是盐官受贿的重要原因。明朝中叶社会经济繁荣，商品经济空前发达，商品和货币成为社会各阶层所追逐的目标。朝廷官员也是一样，追名逐利。区区一个知县"一到任，乡绅举监生员来见，满面春风。送礼只回盘盒；征钱粮，兑头火耗，准只加一五。问词讼，原被干证，个个一两三。买食

---

① 江大鲲：《福建运司志》卷之十四，《规划中·运同支如璋议》。
② 江大鲲：《福建运司志》卷之十四，《规划中·运同支如璋议》。
③ 江大鲲：《福建运司志》卷之十四，《规划中·运同支如璋议》。
④ 江大鲲：《福建运司志》卷之十四，《规划中·盐法道李思诚》。

用,一两也给三四钱,还要领他一载。给钱粮,十两定除一二两,何妨预借一年"。① 盐运司是个肥缺,官员们更是如此。

福建盐运司的主要官员有转运使、同知、副使、通判、经历和知事。运司职掌摄该产区的盐策政令,率其僚属办理下列事务:发给盐商盐引,督促灶户煎办盐课,杜绝私贩,听绝讼狱,会计盐课之增减,配合销区需要调整盐运,留意灶户生活,救济水旱灾民。而以催督盐课、引目与杜绝私贩为主要职掌。② 分司判官、副判或同知,职掌监督各场大使催征灶户盐课,整理灶户因逃亡等事故积年未纳盐课,四季巡历辖下诸盐场,稽考盐课之多寡,场官之勤惰;对盐场附近图不法利益之驵侩与无赖之徒,治之以法;又时时检校巡检司,杜绝私盐贩运。③

运司官秩从三品,不为不尊;职掌关系九边军储,不为不重。运同以下之运副、运判等官,号称分司,料理盐务,是个重要的职位。然而明代后期却成为"降处各官之托宿、借差、候升"之所。④《熹宗实录》中还记载,在 1623 年,有人上奏皇帝说盐务机构仅仅是"破甑疲老"的避难所。⑤ 一个人如果被任命为盐务官员,其名声立即将受到玷污。难怪说盐务机构"地望不尊,贤者裹足"。

下面是江大鲲《万历福建运司志·官政志》中相关的例子。万历年间同知萧敏道、蔡宗宪分别以进士、举人身份入仕,但名声都很不好,分别是"贪而污"和"贪纵不检"。副使江以朝、戴维师都是嘉靖间进士,分别由尚宝司卿和御使贬谪上任的;万历年间王亮进士身份,由苑马卿谪为副使;熊维膏万历间副使,"有墨声"。王之模岁贡身份,万历年间由通判降为经历。万历年间年知事梁鹏、张问达、冯渠均是进士身份,分别以知县、御史建言和知县谪;陈钦进贡,以知县降为知事。⑥ 这些人要么有恶名要么是被贬被谪的官员,可见素质不佳。让他们钻进盐运司这个可以获利颇多的大染缸里,接受贿赂,阻坏盐法是难免的。

---

① (清)东鲁古狂生:《醉醒石》第七回,《失燕翼作法于贪,堕箕裘不肖为后》,第 95 页。

② 江大鲲:《福建运司志》卷五。

③ 《皇明世法类纂》,第 735 页。

④ 《明神宗实录》卷四六二。

⑤ 《熹宗实录》,第 1569 页。

⑥ 江大鲲:《福建运司志》卷之四,《官政志》。

盐务官员腐败堕落的重要原因之一是官员低俸禄、盐务机构低开支的制度。受明帝国建立者节俭的意识、藏富于民的思想的影响,整个明代官员的俸禄和各类国家机构的开支都很低。如:运使、运同、运副、运判、经历、知事每年给工食银一十二两。有闰月,运使加一十两、同知加六两、运副加四两、经历知事各加二两。再如:水口、黄崎二分司,运同支廪给银一钱,运副每月支廪给银八钱,于经纪银两支给。可见,国家给运司官员的俸禄和办公费用如此之低。① 而福建运司与上级机构及其他机构还有往来,"遇有上司经过及各使往来一应下程礼仪",可是国家规定的开支中一般是没有交际往来费用的,所以盐务管理者转嫁给商人。万历九年(1581年)十一月运使王三锡说:"因事查得本司日用交际礼仪下程向系留商供应。近每月酌议银四十两,于没官盐价内按季支办。"②运同伍典也说:"水口地方……非若有司议有纲办,其势不得不科取于各商,而各商既已送有常例,其弊必至。"另外,国家仅仅把盐务机构视为国家的一种收入来源,所以从来不向盐务机构提供必要的财力来管理这项工作。

盐商的经营苦衷驱使他们投机取巧。一名盐商开中运销官盐所需的成本大致包括三大部分,就是工本费、盐税和运费。所以,盐商的成本大致等于工本费、盐税和运费相加的结果。

先说工本费。一开始工本费是由国家提供的。洪武年间办盐"每引四百斤,官给灶户工本米一石",后改给钱钞。③ 洪武十七年(1384年),户部尚书栗恕说:"淮、浙每引,官给工本钞钱二贯五百文;河间、山东、海北八百文;福建上色者七百文,下色者六百文。煎盐之力则一,而工本钞有不同。今拟淮、浙如旧,他处均给二贯。"④这样的话,福建的工本费就变成了二贯。但是,后来宝钞日渐贬值成为废纸,使得工本费形同虚设,化为乌有。后来国家就把提供工本费的责任推给了商人,让他们担负起工本费的重任,所以有"养灶银"的说法。所以商人成本中也就有工本费一项了。

再说盐税。盐税包括引纸银、正盐引价、余盐引价和加饷银、牙税银、滴珠银、经纪银等等。福建盐商分为西、东、南三路盐商,下面以西路盐商为

---

① 江大鲲:《福建运司志》卷之十,《供亿志》。
② 江大鲲:《福建运司志》卷之十四,《规划中·运同伍典》。
③ 道光《福建通志》卷五十四,《盐法》。
④ 道光《福建通志》卷五十四,《盐法》。

例。商人开中先纳引纸银,"每引两百斤,追引纸银三厘"。然后是纳正盐引价,"每引令商纳引价银三钱派支场盐"。每引还要纳水脚银 0.006 两,滴珠银 0.003 两。此外允许商人每一引带余盐二引,称为"母子并支"。"盐装到镇掣卖完毕,又每引追纳余价银四钱"。纳水脚银 0.008 两,滴珠银 0.004 两。加课银 0.0075 两,牙店银 0.00396 两。经纪银约 0.007 两。①

最后是运费。福建省交通十分不便利,陆路是崇山峻岭、水路又多是险滩恶水。以延平府大田县为例,"贪婪之夫,非有赀堪以承买官盐,督行销引,一没于三荚滩,盐被沉覆;再没于黄大谐滩,人遭溺死。陆路山岭危峻,肩运甚艰"。② 可想而知,运费肯定不少。有时候盐商还得搭上性命。

由上可知,一名盐商运销官盐本身所需的成本不低,此外,还有其他大量无法计入的成本如对官员的打点、对政府的捐纳与其他种种浮费。那么,如果他循规蹈矩的话获利则不丰,这和盐商冒险加辛劳地运官盐的目的并不相符。所以,盐商舞弊是难免的。而且明代中后期社会腐化也给盐商钻营提供了条件。

退一步说,福建盐商经济状况大不如淮、浙盐商。江大鲲曾这样描述福建盐商:"奈履任以来,见各商有商名无商实,其所往来海上,劳筋骨而终岁勤动者非已赀,称贷富室赀也。"一些盐商破了产,被迫卖儿卖女,甚至身陷囹圄,多数"产尽而目中流血,灶息而灶底产蛙,比比而是,穷愁狼狈之状,已不类人形,而尚谓之商耶?"③他们本身资产也不甚雄厚,所以为了资本能更快地流转,他们自然会想尽一切办法,找出贩运盐斤的最佳途径。

制盐、贩盐是沿海居民谋生之道,谋生之道遇阻则必然驱其施巧为非。福建地贫民穷,尤其是沿海居民更是以制盐、贩盐为谋生之道、为养家糊口之需。嘉靖九年(1530 年),御使粘灿说:"福建乃滨海之区,而臣所生浔美场之乡又极滨海之涯。地势刚卤,稻麦不收,所恃以养生者惟晒盐而已。"④

沿海灶民生活较平民负担更为沉重,生活更加困苦。"祖宗旧制,民户十年一次里甲,十年一次均徭。若盐户则十年一次总催、秤子。而里甲之差役亦同民户,但里甲虽同,民户亦只办纳正科,其杂料等项一概优免。盖民

---

①　江大鲲:《福建运司志》卷之八,《课程志》。

②　江大鲲:《福建运司志》卷七,《征输志》。

③　江大鲲:《福建运司志》卷十四,《规划下》。

④　江大鲲:《福建运司志》卷之十三,《奏议志·御使粘灿》。

户只纳民粮，只当民差；盐户则既纳民粮、当民差，而于民粮每亩一石对发五斗，重纳盐课，民命既已不堪，复于里甲之内又办杂料等项，民又何以堪命耶？"①

明代中后期的盐仓因为得不到修缮而逐渐倒废了，灶户所生产的食盐无处放置，这与国家起初建立仓廒以防私的初衷相违背，势必造成灶民的制私、贩私。为了防止所产盐斤消融，灶户开始私自建小仓廒储盐，"近年，秤、埕将附海引盐，私自造廒收顿。离场七八十里或百余里，场官莫能防范"②。再加上"灶户皆系沿海贫民，勤劳力作。知其终归融消，势难久贮，于是减价售私，弊端百出"③。所以才会出现上述灶户的种种舞弊或通同舞弊。

再者，盐课改折也加剧了贩卖私盐之风。"福建运司所属浔美、丙州、浯州、惠安四场盐课，国初俱征本色。正统八年(1443年)，将浔、丙、浯三场盐课，每引折米一斗，坐派泉州府永宁、福全、金门仓三仓，交纳饷军。弘治十六年(1503年)，又奉堪合，将惠安场盐课每引折银七分，运司转解户部。至嘉靖九年(1530年)，又奉堪合，将浔美场盐米每石折银五钱，仍派泉州府给军"④。自从盐课改折后，私贩四出。时任福建运司运同的傅国璋说："夫名曰灶户，未有不办盐者，今一旦折银，得以借口卖盐纳课，将来私贩四出，孰得而阻之？奸商要借此领银下场多买，孰得而查之？"⑤

明清的学者也看到私盐兴贩问题，也不断地探索其中的原因，最后他们把民众偏爱私盐的原因归根于私盐物美价廉，而官盐则相反即物恶价贵。明代何乔远说："私贩多白盐，易售，入仓类低黑，肴杂卤壤。"⑥"舍远就近，舍贵向贱，人情趋利之常"，"彼小民日用食盐不过斤数，亦何乐于走百里之远，而不就出门之近哉"⑦。顾炎武也持类似的观点。目前的学者像徐泓等也是把私盐兴贩的主要原因归结到这点上。而笔者认为盐专卖制度本身的不完善是深层次的原因。制度本身的不完善，容易滋生不诚实。《福惠全

① 江大鲲：《福建运司志》卷之十三，《奏议志·御使粘灿》。
② 周昌晋：《福建鹾政志》(上卷)，《盐仓》。
③ 周昌晋：《福建鹾政志》上卷，《盐仓》。
④ 江大鲲：《福建运司志》卷之十三，《奏议志·御使包节》。
⑤ 江大鲲：《福建运司志》卷之十四，《规划中·运使何思赞》。
⑥ 何乔远：《闽书》卷三十九，《版籍志·盐课》。
⑦ 《福建运司志》卷七，《按察司副使柴议》。

书》卷八中提到,每个州县官有责任敦促百姓买盐,即签署一张布告,鼓励老百姓从盐商那里买盐,但是向百姓摊派并强迫其购买私盐是非法的,将会遭到革职的惩罚。[①] 既然向百姓摊派并强迫其购买私盐是非法的,那么也就是说百姓可以选择不消费官盐。这样的话,现实中百姓就偷偷地私下购买、消费私盐,尽管从法律上讲,百姓购买私盐是非法的。这就是专卖制度不完善的表现之一。

---

① 《福惠全书》卷八,第 8 页。

第四章

沟通陆海的商人及其作为

第一节

经商有道:《交易须知》所见晋商的职业观

　　晋商是明代中叶逐渐崛起的一支商帮,他们的行迹跨越大江南北,长城内外。晋商这个标识往往在晋人涉商之后马上便被定义。于是先入行的商人们常常须给予后入行的新商人或口头或书面的指导与规诫。《交易须知》便是较全面的一种。在中国传统社会地区间的差异注定了懋迁有无的必要性,交易的繁荣一定意义上也可看作是社会经济兴盛的标志之一。从王朝统治者而言,需要制定交易规范,以使其有效地发挥积极作用,防止其对社会秩序的冲击与震荡。从参与交易者而言,实现公平是基本的追求。《交易须知》就是交易者为交易总结出的若干法则与技巧,体现了交易者自我的职业认同以及集体意识的逐渐形成。

　　《交易须知》最先强调的是:

　　　　凡做生意俱要立合同、账目,为永远之据;至于出入借贷必须立发帖、借约;远处兑使银两必有会票;出外兑发货物,陆路必立车脚之契,水路务立船契;买卖米粟必立批帖为妥;以及银色杂粮之类与夫水陆二路各处斗斛平头,俱要打听明白。若夫往来书札,虽非商贾之急务,亦不可不知其大略。每见人当幼年初学之时,读书不多,凡遇合同账目等项,往往书写不清,此须少年自不留心,而亦当事者之不示以准绳之故。予非多读者,然自经营以来,凡遇明公即细心请教,故将平生所闻于老成先辈者,草写此本,虽足以取有识者之笑,而未必非初学者之一助云尔。①

这段文字里,包含了强烈的契约精神,经商者须有一定的文化知识储备意识,是晋商树立诚信经营、文化商人形象的典型表现。

一、经商者有自己的职业素质要求

经商者应该了解各种合同、契约的样式与订立、对田地与房屋的买卖与典当、账簿的种类与设置、银色的判断、各处天平与斗斛的大小,粮食与油料质量的鉴别与贸易、水路贩运应注意的事项等。卷一"生意中立合同式",卷二"做生意立账俗论",卷三"立账式",卷四"万全账式",卷五"生意中应用文约车船脚契发帖报单共计二十篇",卷六"买卖机关客商规略",卷七"银色指明",卷八"看银俗论",卷九"俗论天平大小",卷十"杂粮统论",卷十一"船脚总论",卷十二"斗斛管子俗论",卷十三"御河各路马头镇店里数斗斛",卷十四"滏阳河各路马头镇店里数斗斛",卷十五"各处斗斛大小",卷十六"初学算盘开破因乘归除要法",卷十七"俗论大小斗相合之法",卷十八"使京钱关东小钱宣化府三三钱俗法(内载栓钱图式)",卷十九"零使关东小钱数目",卷二十"论北京城内使京钱合关东小钱法",卷二十一"宣化府三三钱合京钱法",卷二十二"讲解北京城内兑换钱银法",卷二十三"写书札规各论",卷二十四"一切往来杂项书札式(内载按二十个月佳话内赘闰月佳话)",卷二十五"春夏秋冬四季来往书信式",卷二十六"写书信各月佳句(后载杂项书信式,用各月佳句下笔之法)",卷二十七"候尊长疾病书信式(后载候暂别候久别候不遇候不识面候初识面)",卷二十八"问候教自己先生书信式",卷二十九"与教自己手艺师傅俗写书信式",卷三十"与和尚道士俗写书信式",卷三十一"一切贺喜事书信式(内载贺元旦贺开账迁居贺生子生女生孙入泮元旦贺舅父一概书信式)",卷三十二"慰病书信式(内载慰人父母病慰丧妻丧妾

---

① 《交易须知》,北京:中华书局,太原:三晋出版社,2013年,第4页。

一切书信式)"，卷三十三"俗言与少年学者写书信之法"，卷三十四"家信类"，卷三十五"一切俗写家书式(后载与姐姐姑娘嫂嫂弟妻夫妻一概书信式)"，卷三十六"俗言妇女写书法(后载与本家尊长俗写书信法，问候堂兄托本家叔与儿子寻学业地方书式)"，卷三十七"一切与至亲来往杂项书信式(后载与少年学者指明抬头格式，又与至亲长幼俗写书信式)"，卷三十八"与至亲长一辈妇道俗写信式"，卷三十九"杂项文约式(共七篇内载伏写约之论)"，卷四十"论一字二体三体"，卷四十一"互用联且字"(联且是省笔小写，互用是二字多用)，卷四十二"借用字"，卷四十三"二字相似(后载三字相似，四字相似，五字相似，查字汇及康熙字典歌诀，初学少年记认字俗论)"，卷四十四"写帖俗法(后载图式)"，卷四十五"设席拜贺俗论(后载上下左右拜贺图设席方桌图)"，卷四十六"安席俗论"，卷四十七"挂贴字画俗说(后载图式)"，卷四十八"人事俗语论"，卷四十九"俗言称呼问答"，卷五十"杂项药方"。

经商者必须掌握基本的珠算技能如乘除法运算、大小斗相合之法、京钱与关东等地方钱币的比价与兑换以及各种书信的书写样式与书写方法等等。必须掌握语言文字、请柬宴客、字画挂摆、杂项药方等基本知识。在语言文字方面，开列了一些多体字、互用字、借用字、相似字等，还讲述了《康熙字典》的使用方法。这表明经商必须具备基本的识字能力，能够应付基本文书的撰写和阅读。

经商者必须遵守职业禁约，包括铺中不许赌博；铺中不许请会随会；每人力二分，一年许支钱若干，不许过额长支；东伙买粮放账，各出字号，不许借铺中字号；东伙不许在柜上出息借贷，亦不许浮挪暂借；人力伙计回家来往，每股柜上送盘费车脚银若干；东家非开分利钱之日，不许支使分文。

经商者需要善于撰写借钱文约、买(卖)田文约、典地文约、租地文约、买(卖)房文约、典房文约、包盖房人工文约等，所有这些都需要用准确的文字表达来说清交易的本义，避免引起不必要的纠纷。

二、经商者必须具备处理日常羁旅生活的能力

经商者需要接待各方客人，因而对于宴客如何排座，不但有详细的文字说明，而且还画出了具体的图形。一桌如何排，两桌、三桌乃至多桌如何排，都给你说得、画得清清楚楚。字画条幅如何挂摆，两屏乃至于多屏如何挂

摆,亦都给你说得、画得明明白白。具体细致到无以复加的状态。

珠算是经商者必须直面的技巧,"狮子滚绣球"法堪称形象、生动,便于掌握和运用。

为了给初学写信者提供便利,书中列出了各月佳句,如正月风历春回,二月莺花富贵,三月桃花飞红,四月五风麦熟,五月云峰耸秀……这些对初学者来说应该都是大有帮助的。

该书将日常生活中的问题用歌诀进行条理化处理,让人便于掌握和理解。在白银流通中,大小、成色、形制各不相同,银色如何鉴别,经常令人难以把握,该书则有《断银歌》和《辨银歌》。

《康熙字典》如何用? 歌诀是:

> 一二子中三丑寅,四卯辰巳五午寻。六在未申七在酉,八九戌部余亥寻。倘若部中查不见,补遗备考内重寻。若还难的部头者,笔画之数总记清。头本检字细查看,得了部头再查明。

读者不妨一试,看看这首歌诀到底灵不灵。

《交易须知》卷四介绍了若干一字两体的事例、一字三体的事例、互用字的事例、借用字的事例,有时会有二字相似、三字相似、四字相似乃至五字相似的情况,需要注意分辨。[①]

经商者时常需要举行宴会,宴会上的座位安排、礼仪讲究也需要一本基本的常识,《交易须知》也提供了这方面的相关知识,有的用图示的办法,给人直观、形象的认识,便于商人们应用于实际。

经商者于厅堂内挂一些字画,其实也需要有一些基本的知识和讲究,《交易须知》同样给予若干基本的提示。[②]

订立各种契据是经商者经常遇到的事,《交易须知》列举了大量的范本,教导经商者这方面的格式、内容和注意事项。如出赁房约式、赁房约式、会票式、立买粮批帖式、卖粮批帖式、借帖式、行店内代客雇车契式、木客自雇车帖式、新开粮店报单式、行店内代客雇船契式、本客自雇船契式、辞生意文约式、押本文约式、出佃生意文约式、出当铺文约式、执照式、交约式等,明白了这不同契据的套路,新入行者就能省去若干探索性的工作,避免走若干

---

① 《交易须知》,北京:中华书局,太原:三晋出版社,2013年,第311~336页。
② 《交易须知》,北京:中华书局,太原:三晋出版社,2013年,第355~360页。

弯路。

羁旅在外的商人经常需要以信件的方式与同行、家人、政府部门建立联系，同行有新的店铺开张，需要发去贺书，有货物寄送，需要发去发货书。向朋友了解何物可发，可发去咨询书，"未知某处某项生理如何，或有别样，祈探听确实赐音示知，以便束装而前来，倘得脚跟落地，则兄之恩大矣"。① 若干商机就是通过这样的途径，实现了零交易成本或微薄的交易成本核算。有时鼓励性的书信能激发一个闯劲不足的人展足外出经商，譬如：

> 相时而动，大丈夫之经济也。兄台抱不世之才，必须大展经纶，以斯振乾立坤，岂可以郁郁终老哉，既有远游之志，何妨爱秣舟车，倘蒙不弃，得以聚首一堂，凡事分劳指教，受益多矣。弟恐积棘，不堪栖凤，故未敢专函恭请，如果不嫌清淡，谨当虚左以待，肃启奉覆，翘企光临。②

对于不合适的选择，则可能在书信中加以委婉的拒绝：

> 弟命途多舛，徒事奔波，终年累月，无一体暇。虽负虚名，何曾囊积。每思束装言旋，静养性天，乃久羁繁冗，递难清结，故未能从心耳。兄奇伟素著，间阎尽堪大展，何必去父母之邦，而为风霜客耶。且近来此地锱铢计利，长途劳苦，愚窃以为不可。③

文字典雅工整，显示了商人们文字基本功的扎实。

商人们还试图依据季节不同在信里有不同的表达，譬如春季写上"春风摇曳，化日舒长，一年好景，无逾于此。缅想老兄台新禧骈集，与时俱庆，可无蔡卜也"。④ 夏季的表达则为："赫曦司令，赤帝经天，际此柳岸熏风，晴霞换彩。"⑤秋季则写道："金风涤暑，玉露横秋。"冬季则写："朔风凛冽，厚气严凝。"⑥这也于无形中增加了雅致。

经济人之间往往少表现出人情味，但《交易须知》中却告诉人们可以在书信中加以适当的情感表达，可以缓解相互间可能出现的紧张与不协调。譬如《讨银宽限日期书》中讲到：

① 《交易须知》，北京：中华书局，太原：三晋出版社，2013年，第155页。
② 《交易须知》，北京：中华书局，太原：三晋出版社，2013年，第158页。
③ 《交易须知》，北京：中华书局，太原：三晋出版社，2013年，第159页。
④ 《交易须知》，北京：中华书局，太原：三晋出版社，2013年，第166页。
⑤ 《交易须知》，北京：中华书局，太原：三晋出版社，2013年，第167页。
⑥ 《交易须知》，北京：中华书局，太原：三晋出版社，2013年，第168页。

济急之施,没齿难忘。帑金之挪,思同高厚。本拟旦夕间即可奉璧,奈乎困之穷逼,未得从心。不谓转瞬如许之久,固非负信,亦乖情理,愧甚愧甚。乃蒙檄催,更增羞愧。伏异见原始终全情,容俟某时揭措奉上,断不敢复延以重失信之罪。肃启恳限,不胜涑懔之至,专此奉覆。①

这样动情的解释,便易于缓解对方的情绪,或能达到让对方宽限的目的。

商场中债务问题经常困扰彼此,有时讨债还需要动用第三方的力量,往来书信中的表达技巧也显得特别重要。范文中有《求借米粟书》这样表述:

兄台之素志也,弟刻下有在陈之危,釜甑有生尘之叹。伏异吾兄挪借某粮几石,以应目前之急,免老幼桅腹之悲,德莫大焉。容俟某时运纳盛仓央,不敢延滞,以负厚情也。②

这是委婉拒绝的语气,但并不是直来直去的僵硬的拒绝。当表示同意时,往往表达得也让对方不觉得丢面子。"谨效廪人之贡,少尽推仓之诚,为是拮措拨某粮若干石,以充厨甑之炊,以应急遽之援。"③

在实际生活中,物品的互借也是经常会遇到的。为此需要写个书信,范文这样表达:

人生世上,百凡最难满用,而家居器物犹难全备,项因某事必需某物,四处请假十八难,得知老兄台素有此物,必不见吝,乃专人走恳祈即拨借一用,自宜珍重,不敢损失,事竣即当贵赵,伏惟俯从至祷至祷。④

有时也确实会遇到原有此物,后来确实坏了的情况,此时便无法应允。

有时还会遇到要辞工的情况,书信的委婉表达也很重要。譬如:

忆兄数年来竭力深心,诸事叨光,弟等感激无既,岂忍分隔,一方面致悬悬想念乎?奈小铺生意微小,无云雾之天,焉能藏龙震动。伏祈兄台鉴谅宽恕,另择胜地,无庸还辙。况兄才品优长,智勇兼备,富贵之图,咫尺可望。⑤

给足了被辞者的面子。

---

① 《交易须知》,北京:中华书局,太原:三晋出版社,2013年,第177页。

② 《交易须知》,北京:中华书局,太原:三晋出版社,2013年,第180页。

③ 《交易须知》,北京:中华书局,太原:三晋出版社,2013年,第181页。

④ 《交易须知》,北京:中华书局,太原:三晋出版社,2013年,第183页。

⑤ 《交易须知》,北京:中华书局,太原:三晋出版社,2013年,第186页。

经商者的子弟往往需要找老师,给老师的信得写得有点儿水平。譬如:

> 小儿得依兄台左右,弟心甚慰,但此子性尚未定,恐其举动弗尊正道,某极力教训万物,以出门之故,生姑息之念,使伊无所畏惧也。承情之处,面谢不一,为此奉托。①

经商者之间通信时还会表达相互的思念和倾慕,往往亦是好词用尽。譬如:

> 一别几载,如失手足,况云天高谊,令人尤不可忘,忽接手教,如在左右,一时欢幸,难以言喻。②

经商者的事业扩大往往以新建店铺、新购地块等等形式表现出来,朋友之间往往要以书信等表达祝贺之意。家里添丁了,亦表达祝贺。

家信是书信的最基本类型。主要内容包含家里情况的介绍、在外经商的情况的介绍,传达对长辈、幼辈的关爱,对病人的慰劳,对夫或妻的思念。要准确表达出情感,书面语的积累与运用显得特别重要。

父亲对在外行商的儿子交代:"出门人总要小心谨慎,不可妄自尊大,交结匪类,衣服器物,不必过于华丽,尤须不时检点,待人务必和气,如此做法,不为省却许多烦恼,亦有无穷受用。"③其他的内容往往包括家人身体健康、子女学业优良、长成者则面对婚姻大事等,骨肉间由书信相互关照,这是外出经商者注重亲情的表现。

儿子在外写给在家父母的信一般写到的内容大体有:给父母寄上了衣服、食品或钱款,希望父母在家生活安适,颐养天年。④

父亲在外经商给在家的儿子写信内容一般有:讲述自己在外一切安好,希望儿子在家一要小心门户,二要对亲戚朋友谦恭友爱,对生活较为艰难的,适当给予资助。尽管自己并不一定很富裕,但仍尽力给予适当的帮助。对于子弟,不可打骂,对于三姑六婆,尽量不要让他们进门,自己读书一定要认真,"不可以做生意为指望,衣服干净便是,不可学长随衙役派头。你妹妹并间姑,着你母亲好好教训,做女儿的好了,娘家精淡,一不贤慧,便有无穷辱没,不可不知。前后我的书,要照着行,不可置之高阁,捎去银四十两查

---

① 《交易须知》,北京:中华书局,太原:三晋出版社,2013 年,第 186 页。
② 《交易须知》,北京:中华书局,太原:三晋出版社,2013 年,第 192 页。
③ 《交易须知》,北京:中华书局,太原:三晋出版社,2013 年,第 223 页。
④ 《交易须知》,北京:中华书局,太原:三晋出版社,2013 年,第 224 页。

收,亲友问替我问候"。① 这其中包含了商人对子女的殷切希望,即做一个读书人和一个有涵养的女子,期求在社会上有好的名声。

儿子给在外的父亲去信则告知家里的各种情形,有时内容涉及老人去世、不争气的族人赌博、酗酒乃至打官司、蹲监牢需使费等等内容,有时也有自己读书中得功名等喜讯。② 在这篇范文之后,还注释说明晚辈给长辈写信的基本规则:"此张抬头格式,系按大理,隔一字写之,乃寻常俗写,遇与自己尊长,或同辈写书,长一辈抬二字,长两辈抬三字,兄长抬一字,与亲戚晚辈或当家晚辈写书,抬一字可也,自己亲弟子侄,不用抬头,平写可也。"③这些规教对商人乃至商人的家人都特别实用,也成为社会教育的一个重要方面。

父亲对在外经商的儿子还会交代:

> 书算乃是生意人之根本,偷闲务必勤学,无事莫要入火房,背下不可说人之是非,闻闲言而远避,柜上一应活计,自必勤心苦做,不可扯拉别人。年一年二的兄弟,先来者以长尊敬,后到者亦要恭敬。长者为兄,少者为弟,不可放肆张狂,少年者一时失口骂你,亦不可还言,凡事只以忍辱为先。常言不受苦中苦,难得人上人。若遵父书训,日后不至于忍受饥饿,再者酒不可饮,街上办事,急去速回,花柳之间,断不可闻,至嘱至嘱。④

显然,正派的经商者往往对自我有很严厉的约束,他们注重修炼自己的德行,需要克制自己的世俗欲望,需要全心投入正当的事业。有的母亲也能写信规劝在外经商的儿子"好好学习,听诸爷台教训。凡事小心,不可妄自尊大,穿衣须要减省,不可费大,酒不可多饮,吃物不可过馋"。⑤

有一篇伯父写给在外侄子的书信范文写道:

> 你祖母秋夏间俱获康泰,家中亦皆平安。我于今科赖祖宗培植,乡试中式第七名,幸吾家累世清贫,诸事都从省便,过年会试,家中无人料理,你须早些回家。今年粮食可以不籴,诸物亦不甚贵,渐有起色矣。

① 《交易须知》,北京:中华书局,太原:三晋出版社,2013年,第226页。
② 《交易须知》,北京:中华书局,太原:三晋出版社,2013年,第228页。
③ 《交易须知》,北京:中华书局,太原:三晋出版社,2013年,第228页。
④ 《交易须知》,北京:中华书局,太原:三晋出版社,2013年,第245页。
⑤ 《交易须知》,北京:中华书局,太原:三晋出版社,2013年,第246页。

你某弟天分亦不甚愚鲁，可以读书，只是外边风俗不好，每一出门，见异思迁，令人不免忧虑，总之家中人少。若你父亲并你诸叔在时，何至照应不来，至此令人失声矣。你四妹年已十六，题媒者甚多，你婶母妇人见识，必欲许与富家，我并不是说富家不好，但佐近膏粱子弟，俱系放荡成性，且不知书，绝不见衣食有余，而极肯读书者，数年间的富足，如何贪得。我意中已有一二人，外面甚可敬，将来物色他的诗文，看看选一个，等你回来定夺。你岳母之服，务必要持，我们再补守礼，便无可以见祖宗矣。不可因俗人之谈论，废此一服也。①

接到伯父家信的侄儿马上给了回信，这样写道：

知侄祖母身体康泰，伯父中式，不胜欣慰。侄已定于某月某日起身回家。今先捎去银五十两，衣箱二个，咸腊一包，到日验收。所有一切事宜，统俟面禀，请伯母大人、婶母大人金安！②

这两篇范文体现了商人家庭一样以守礼遵道自律，而坚守崇文重德的高雅德性，应该说这是对传统优秀文化的尊重，也必将对其立身处世产生积极的影响。

接下来的一篇叔在外寄给侄儿的信也体现了商人们的宽广胸怀。他说：

家中年景，虽甚平常，较之从前，此善于彼，可将乡里粮食，尽运入城，佃户拖欠，酌追三分之一，必不能上，也自罢了。总之连年歉收，他们糊口尚不足，如何能还将课，过于搜求，不为目下支持不来，将来便不肯用命。咱们地土，所赖何人，敢将此辈困饿乎？某人读书，你要着实教他，不可因你婶母姑息，便生嫌疑。我房中所使两个丫头，好弄口舌，作速打发出去，人家不和，全由于此，再不容留也。捎去银物照单收明。③

侄儿的回复说：自己已完全按照叔父的意思做了处理与安排，这两篇范文体现了商人并不纯然就是经济动物，他们能换位思考，体谅到佃户遭遇自然灾害后自身需要休养生息的实际情况，并认识到佃户资源是今后生产获得恢复的重要前提，必须加以保护。这些认识对于建立和谐的主佃关系势

① 《交易须知》，北京：中华书局，太原：三晋出版社，2013年，第230页。
② 《交易须知》，北京：中华书局，太原：三晋出版社，2013年，第231页。
③ 《交易须知》，北京：中华书局，太原：三晋出版社，2013年，第232页。

必具有积极意义。

在外的年轻丈夫最思念的往往是在家的妻子,丈夫写给妻子的信往往包含这样的内容:一路平安,诸事顺遂。同时还会交代妻子代丈夫完成各项义务,譬如"南院四叔粮食须按月早差人送去,凡四叔、四婶衣服,但该添补,且不可等着开口。三位姑母并弟妹们,时常送些吃食,第一要账目清白,捎去布四匹,烟三十包,查收"。① 妻子回书说遵丈夫之意处理了各项事务。这也表明商人对传统观念中应承担的家庭义务能严格执行。

有一篇"兄与弟妻"的书信范文,这样写道:

> 自我弟与你大嫂去世以来,家中全凭你一人照管。老母年高在堂,好好侍顺,度日须要勤俭,麟哥在外,诸事甚好,不必结计。广玉读书,必须好好管教,不可避嫌。常言犹子比儿。麟哥今以十六岁了,明年回去,欲与完婚。今捎去布四匹,绵花十斤,先将被褥做就,又捎去银二十两,以备今冬费用。②

《交易须知》涉及了各种家庭、各种特殊情况,提供了各种表达方式和技巧,不能不说是交易人日常的百科全书。

其他像兄弟分关文约式、遗嘱分书式、卖田地文约式等也提供了基本的样本。譬如兄弟分关文约式的格式是:

> 先考某号府君不幸早逝,某姓名等兄弟三人,上赖母亲某氏孀人抚育成人,次第婚荷天地祖宗之祐,饱暖康宁,以至今日。所虑者子侄众多,勤惰不一,恐日后消长难料,苦乐不均,为此遍请诸亲族长、邻友,眼同老母公议,将所有祖父所遗并续置产业,均匀三分平分,兄弟三人,各得一分,内除某处某铺号借银若干两,以为老母送终之用。自分之日,每月轮流供膳老母,不致奉养有缺,以取罪戾。兄弟各宜和睦,努力成家,光前裕后,不坠先人之续,实家门之庆幸也。今将应分产业开具于后,兄弟几人,各执分关文约一纸,永远存照。右分关一纸付长房某名收执,今将分到产业资材开后。③

由此我们看出商人家庭的分关文书与一般家庭的分关文约当没有区别。

---

① 《交易须知》,北京:中华书局,太原:三晋出版社,2013年,第240页。
② 《交易须知》,北京:中华书局,太原:三晋出版社,2013年,第256页。
③ 《交易须知》,北京:中华书局,太原:三晋出版社,2013年,第285页。

三、经商者遭遇疾病乃至生命威胁等的应对办法

《交易须知》可谓是从事商业和商务活动的百宝囊，是晋商经商和做人做事的一套教材和读本。它不仅讲述了许多商业知识，而且讲述了不少中华传统文化，应该说这些对当代商家都有许多可供借鉴之处。

《交易须知》卷五十介绍了诸多杂项药方。因为"为商之人出外居于他乡，一时受风寒微病"，必须有及时的应对之策。有一种"清瘟解毒汤，此方治受风寒，肚内积食，瘟疫热症，十日以内服之即愈，打动腹内食积起来时，多忌口食，喝小米汤，三五日后吃干饱子小米干饭亦可，今将药材开后：羌活（二钱）、防风（二钱）、白芷（二钱）、川芎（二钱）、滑石（二钱）、石膏（二钱）、黄芩（二钱）、熟军（二钱）、栀子（三钱）、赤芍（三钱）、大生地（三钱）、元参（三钱）、花粉（三钱）、甘草（四分），引用姜三片，枣二枚（去核）、葱白三寸，水四中，煎一中服，如熬第二便，水三中，煎一中可也。男女受风寒瘟疫熟病五日前后服之即愈，染病一二日服之甚好，如受孕妇人服此药，去花粉熟军，如肚腹硬者去熟军加生军三钱可也，如软者去生军加熟军，如年少壮人用三钱生军，打不动食疾，多加生军一二钱可也，人得风寒瘟热之病，先服此药一剂，管保不能睡倒身子，如不愈，打不动肚内积聚食，再服一剂，内加一二钱生军无碍"。①

有一种"洗眼方"，配药为"胆矾（一钱）、白矾（一钱）、乌梅（一个）、青盐（一钱）、铜绿（一钱）、花椒（一钱）、新针一个"，用滚水冲起，放一夜洗之即好，不论远年近日火眼等症。多可洗的②。

还有像嘴巴生疮赤烂肿痛、唇燥破裂等症可用"绿袍散"，其构成是"黄柏（五钱）、薄荷（一钱）、儿茶（五分）、月石（一钱）、青黛（三钱）"，用法就是直接涂搽，效果就会很好。③

治疗腹内湾住水食、治疗胯身体肿胖、治疗牛皮癣、治疗受风起白癜紫癜、治疗癣癫、治疗胃口疼、治疗无名肿毒、治疗片血、治疗烂眼边发痒、治疗黄水疮、治疗腹内积聚米食面食、治疗痘疮、治疗铁针入肉，均有特别的办

---

① 《交易须知》，北京：中华书局，太原：三晋出版社，2013 年，第 372 页。

② 《交易须知》，北京：中华书局，太原：三晋出版社，2013 年，第 372 页。

③ 《交易须知》，北京：中华书局，太原：三晋出版社，2013 年，第 373 页。

法。譬如,铁针吞到喉咙,须用蛤蟆血吞服,促呕吐以带出铁针。误吞铜钱以后,可以多吃荸荠以化之。① 遇到竹木刺进肉内,可以用蝼蛄捣烂涂抹,"少时即去,如刺已出,而仍作痛者,再以蝼蛄涂之即愈"。②

治疗疟疾有一种神效方,即"苹果仁、槟榔、常山、乌梅各三钱,引用姜三片,水三中,煎一中服,临疟子来时以前服之神效"。③

譬如遇到脖项生癣,可以"用白麻一绺,用手揉之,将黑皮揉净,将鲜处用麻擦破,候血干住,血片吊之自愈,如吊了血片还发痒者,再用麻擦破,此如三五次自愈"。④

如"凡蛟虫咬伤起疙瘩发痒者,不可手挖,用白矾唾津擦之即愈"。⑤

这些实践中总结出来的方剂具有很强的针对性,切实有效,方便商人采纳。

总之,《交易须知》分四卷分别介绍了经商者从经商本身的基本技能到经商者需要注意的各种生活细节,再到经商者需要具备的应付日常生活的本领,直到经商者在异地遭遇疾病时的应对之策等,并记载了相关的指导与规诫。

此前的研究多将商人看成是传统社会秩序的破坏者和革命性力量,验诸《交易须知》,我们觉得并非如此,《交易须知》中的若干细节指导包含了强烈的普及传统文化知识、传统礼仪的愿望,商人们也迫切需要提高文化素养,迫切需要表达对长辈的尊敬、孝道,对晚辈的慈爱与抚育,乃至夫妻间的爱情。《交易须知》可以说是商人逐渐成长为一个自觉的社会阶层后对自我整体形象的塑造的体现,反映了商人们是传统优良文化传承的积极因素,正因为他们逐渐摆脱了世人所认为的"商人必奸"的偏见,逐渐树立起商人是有建树也有担当的形象,这当是中国社会逐渐走向进步的一个重要表征。

① 《交易须知》,北京:中华书局,太原:三晋出版社,2013年,第382页。
② 《交易须知》,北京:中华书局,太原:三晋出版社,2013年,第383页。
③ 《交易须知》,北京:中华书局,太原:三晋出版社,2013年,第398页。
④ 《交易须知》,北京:中华书局,太原:三晋出版社,2013年,第398～399页。
⑤ 《交易须知》,北京:中华书局,太原:三晋出版社,2013年,第399页。

第二节

明清时期商业风险及其防范刍论

商业活动需要有一个稳定和谐的环境，其中包括稳定的政策环境、风调雨顺的自然环境等。而明清时期商人经商的环境是很恶劣的。冯梦龙《喻世明言》卷十八《杨八老越国奇逢》开头即说："人生最苦为行商，抛妻弃子离家乡。餐风宿水多劳役，披星戴月时奔忙。水路风波殊未稳，陆程鸡犬惊安寝。平生豪气顿消磨，歌不发声酒不饮。少资利薄多资累，匹夫怀璧将为罪。偶然小恙卧床帏，乡关万里书难寄。一年三载不回程，梦魂颠倒妻孥惊。"这其中概括了行商在路途中遇到的一些风险，既有家庭之内的风险，又有行路中的；既有陆路的，又有水路的；既有来自官府的，又有来自各种社会势力的；同时还可能临时遭遇疾病、时疫，孤身独行的商旅更是情无所寄，心无所依。

一、明清商业风险种种

（一）天灾人祸之风险

天灾人祸是商人必须面对的风险。如婺源杨杰"偕堂弟货木三楚，各一筏。弟筏遭风，十不留一。杰慰之曰：'吾木尚在，汝毋忧。'比抵仙镇，获利数倍，悉与弟分"。① 火灾对木材商人威胁甚重。婺源商人"孙徽五屋家人，尝贩木湖南，抵浔江，木尽火，计耗数千金"。② 钱泳《履园丛话》曾记载乾隆年间的一次大火，停泊在汉口的船只被烧者有"粮船一百余号，客商船三四千只"。③ 道光二十九年十一月十九日（1850 年 1 月 1 日）汉口后塘角盐船

---

① 光绪《婺源县志》卷三〇，《人物·孝友》。
② 光绪《婺源县志》卷三三，《义行六》。
③ 钱泳：《履园丛话》卷十四。

大火,烧去课本银五百余万,使盐商受到了致命的打击。叶调元《汉口竹枝词汇编》卷六说:"塘角在省垣之东,各船停泊,汉口精华之所也。今年己酉冬月十九夜丑时,尾五帮起火,烧至首帮,辰止方熄。……计焚大舟五六十帮,小者不计。于时风狂月黑,波浪如山,即出帮者亦遭沉溺,真天数也。"当时在汉口停泊的船只多达七十帮,每帮三十余艘,上下延袤二十余里,用铁锚竹缆连环锁。所以一旦大火,即迅速蔓延,损失惨重。

又如明朝末期,战争频繁,商人们难逃劫运,"常德自三月破后,贼去而逃民自渐复。我乡徽苏大贾,纷纷重载而下,有五百人作伙附大海舟,铁锚桅杆忽作吼声,徽商溪南吴姓者,亟以相桐油贱售,贩豆还浦市"。结果,只有吴某有幸脱险,其余的商人"不数日而常德陷,四百九十九人无一免者"。① 徽商鲍辉祖"明季客扬州,死于兵"。洪其韬"崇祯十三年(1640 年),客扬州,避流寇,归途中死难"。业盐两淮的郭士璋也因顺治二年(1645 年)"大军南下,扬州乱"而"避难流徙"②。光绪年间北京遭遇八国联军的洗劫,"合京城当铺二百余家,钱铺三百余家,俱被匪徒勾结洋人,抢劫无遗"。"内外城仅存当铺二处"亦被土匪抢劫一空。③

从事海上贸易活动的商人经常遭遇的危险来自海难。譬如台海水道海流凶险,飓台无常,港湾特异,所以船难事件层出不穷;复以嘉庆初期,安南夷艇及海盗蔡牵肆虐东南沿海,闽台交通之风险更是提高,导致商旅畏于出海贸易,船舶渐造渐小,停驾者尤多。影响所及,造成道光年间台湾经济力的凋敝,而闽省所需之台米,亦往往因商船不通,米价腾贵,妨害民生至巨。

海盗以武力掠夺商民,亦增加了商业风险。海盗肆行于海上,若单靠打劫商渔船,机会有限,生活可说毫无保障;加以若残暴劫掠,商贩渔民裹足,间接制己于死路,故亦需掳人勒索。一般而言,海盗获得接济之来源,除了打劫之外,尚有二端,一是奸人之贪图厚利,偷运出海;一是以掳人勒索之法,胁迫被勒索者违法犯禁,故对不从者采取极残酷之报复手段。如"贼匪往来缚人妻女,系人父兄,以要人货,不如约则剖心脔肉,惨不忍言,虽有官兵,莫能痛剿。"晋江《莲江东林宗谱》说:"哲煜,名哲育,艾钳子,生咸丰壬子,卒同治癸酉,按君因父商于台,夜遇劫匪,损财毙命,府县宪台蒙昧,大冤

① 《明季实录》附录,《苍梧兄西阳杂记》。
② 嘉庆《两淮盐法志》卷四三至卷五一,《人物》。
③ 仲芳氏:《庚子记事》。

未伸，君乃备呈赴京御前呈控，归途遭害，殁在浦城，案悬三十余年始白。"①诏安《蒲氏家谱》相传始祖"由泉州分派来居漳州漳浦县十都沙岗村……一时人丁繁盛焉，延至明季，海氛一起，肆行抢劫，人多避之。继以清初郑国姓凭海为巢穴，本朝以迁界绝其交接，宗族居址皆属海滨地方，是以流离逃散，所有坟墓、木主，尽失落焉。"沈德符《野获编》卷十二《户部·海上市舶司》条："闽广大家，正利官府之禁，为私占之地。如嘉靖间，闽浙遭倭祸，皆起于豪右之潜通岛夷，始不过贸易牟利耳，继而强夺其货，靳不与值，以故积愤称兵。"

谭纶说："闽人滨海而居者不知其几也，大抵非为生于海则不得食，海上之国方千里者不知凡几也，无中国绫锦丝檾之物则不可以为国。禁之愈严则其值愈厚，而趋之者愈众。私通不得则攘夺随之。昔人谓弊源如鼠穴也，须留一个，若要都塞了，好处俱穿破，意正在此。今非惟外夷，即本处鱼虾之利与广东贩米之商、漳州白糖诸货皆一切禁罢，则有无何所于通，衣食何所从出？如之何不相率而勾引为盗也。"②深刻地揭示了海禁愈趋严厉的大背景下，沿海民众由海上走私贸易而发展为海盗（即所谓倭寇）的轨迹。茅元仪说："贫民倚海为生，捕鱼贩盐乃其业也。然其利甚微，愚弱之人亦恃于此，其奸巧强梁者自上番船以取外国之利，利重十倍故耳。今既不通番，复并鱼盐之生理而欲绝之，此辈肯坐而待毙乎！"③当时，留心经世韬略及边防的唐枢，在"倭寇王"王直接受招抚后，为身负平倭重任的胡宗宪咨询时，谈到倭患的根源，直言不讳地指出了以下几点：第一，中国与外国的贸易难以禁绝，海禁只能禁止本国百姓，他说："中国与夷各擅生产，故贸易难绝，利之所在，人必趋之。本朝立法，许其贡而禁其市。夫贡必持货，与市兼行，盖非所以绝之，律疑通番之禁、下海之禁，止以自治吾民，恐其远出以生衅端。"第二，嘉靖年间的倭患起源于海禁政策，他说："若其私相商贩，又自来不绝，守臣不敢问，戍哨不能阻。盖因浩荡之区，势难力抑，一向蒙蔽作法，相延百数十年，然人情安于眡记之便，内外传袭，以为生理之常，嘉靖二十年后，海禁愈严，贼伙愈甚，许栋、李光头辈然后声势蔓延，祸与岁积，今日之事，造端命

---

① 焦循：《神风荡寇记》，《雕菰集》卷一九，台北：鼎文书局，1977 年，第 309 页。

② 谭纶：《谭襄敏公奏议》卷二，《海寇已宁比例陈情疏》。

③ 《武备志》卷二〇四，《海防六》。

意实系于此。夫商之事顺而易举,寇之事逆而难为,惟顺易之路不容,故逆难之图乃作。"三、所谓倭寇,其实是中国百姓,他说:"使有力者既已从商而无异心,则琐琐之辈自能各安本业,而无效尤,以为适从。故各年寇情历历可指:壬子之寇,海商之为寇也;癸丑之寇,各业益之而为寇也;甲寅之寇,沙上黠夫,云间之民户,复益而为寇也;乙卯之寇,则重有异方之集矣。"①谢杰的《虔台倭纂》说:成为中国大患的"倭寇"其实多是中国人,"倭夷之蠢蠢者,自曹鄙之月奴,其为中国患,皆潮人、漳人、宁绍人主之也。其人众其地不足以供,势不能不食其力于外,漳潮以番舶为利,宁绍及浙沿海以市商灶户为利,初皆不为盗"。由于政府实行严厉的海禁政策,粤闽浙沿海民众海上贸易的生路受到遏制,由商转而为寇:嘉靖初,市舶既罢,流臣日严其禁,商市渐阻,浙江海道副使傅钥申禁于六年,张一厚申禁于十七年,六年之禁而胡都御史琏出,十七年之禁而朱都御史纨出,视抚设而盗愈不已,何也? 寇与商同是人,市通则寇转为商,市禁则商转为寇;始之禁禁商,后之禁禁寇,禁愈严而寇愈盛,片板不许下海,艨艟巨舰番蔽江而来;寸货不许入番,子女玉帛恒满载而去。商在此者,负夷债而不肯偿;商在彼者,甘夷居而不敢归。向之互市,今则向导;向之交通,今则勾引。于是海滨人人皆贼,有诛之不可胜诛者。由海禁政策导致的人祸严重地威胁着该区域商业活动的正常进行。

(二)货币金融之风险

货币不统一是商业活动的一个重要障碍。难怪《金瓶梅》中西门庆要专门雇佣甘伙计为他把好辨识银子成色的关。明英宗时,"京城内外,有造诸色伪银以给人者,贫民被给,往往窘忿致死"。②《明宪宗实录》卷二一〇的户部奏疏中也谈到当时北京商业界存在严重的"伪银盛行"之情形。明万历范濂《云间据目抄》中说,当时"行使假银,民间大害,而莫如近年为甚。盖昔之假银不辨,今则不可辨矣。昔之行使者尚少,今则在在有之矣。昔犹潜踪灭迹,今则肆无忌矣。甚至投靠势豪,广开兑店,地方不敢举,官府不能禁,此万姓之所切齿也"。③ 到清代,银两的品种更是复杂。据张家骧统计,单

---

① 《明经世文编》卷二七〇,唐枢《御倭杂著》。
② 《明英宗实录》卷一三九。
③ 范濂:《云间据目抄》卷二,《记风俗》。

清朝的元宝银依成色不同就有一百零四种，"若细别之，无虑数百种。盖因地而生，随俗而变，尤难得有详确之标准也"。① 由于银两重量不同，成色多样，甚至连精于辨识钱币者也无法全部通晓，"各省常用之银，大则五十两，小则论分厘，银店中人，均于平色等事，上下其手，可得厚利，而用者无不受害"。②

钱庄、票号等金融组织信誉不实，时有倒闭现象，这不仅危及金融组织本身，而且也会给商人的经营带来灾难。19 世纪 80 年代，上海钱庄共有八十多家，出现了第一个兴盛时期。但是，就在 1883 年，上海连续发生众多钱庄因借款商户经营失败倒账而倒闭的事件，时称倒账风潮。当时报载："南北市各行业及钱庄倒闭者，纷纷不绝，大约亏空者数十万，少亦数万。"③山西票号一向以重信用著称，单后来却也发生了大掌柜携款潜逃的事件。

（三）市场价格之风险

明清时期商人多数是以贱买贵卖来实现利润的，一旦信息把握不准，商人的经营就可能亏本。这样的风险在当时信息传递不便的情况下时常会遇到。如李渔《连城璧外编》中记载：王继轩运一船米千里迢迢至山东、河南发售，目的是想从其中赚取一笔可观的地区差价，因为他"闻得山东、河南一路年岁荒歉"，断定那儿米价必高，可结果事与愿违，"王继轩装米去卖，指望俏头上一脱便回，不想天不由人，折了许多本，还坐了许多时"，过了半年后才狼狈而归。④ 原因是许多商人都抱着与王继轩同样的想法运米来售，结果供应过多，粮价自然下跌。

商人之间的恶性竞争亦多给商人带来风险，商人"递兴递废，犹潮汐也"。⑤ 大商压小商可致小商破产，不同商帮间的竞争往往亦以一方的彻底退出为结局。如山西亢氏，人称"亢百万"，在家乡临汾开了一个亢家当铺，后有一典当商来到他的界域开当铺，他看此很不顺眼，每天派人带一金罗汉

---

① 张家骧：《中华币制史》，北京民国大学出版部，1926 年，第 45 页。
② 《中国近代币制问题汇编》银圆编，第 2 页，转见《清代货币金融史稿》，香港：广角镜出版社，1977 年，第 75 页。
③ 《论市面倒账之多》，《字林沪报》1883 年 10 月 18 日。
④ 李渔：《连城璧外编》卷六，《连鬼骗有故倾家，受人欺无心落局》。
⑤ 汪道昆：《太函集》卷五三，《处士吴君重墓志铭》。

典价钱一千两，"翌日又如之，约三月资本将完"。这家当铺主人大惧，"问其故，则答曰：'吾家有金罗汉五百尊。此三月间，方典到九十尊，尚有四百十尊未携至也。'主人侦访之，知为亢氏。与之商，取赎后，匆匆收肆去"。[1] 诚所谓"商场如战场"也。再如《金陵琐事剩录》卷三载："（金陵）当铺总有五百家，福建铺本少，取利三汾、四分。"而徽商的"铺本大，取利仅一分、二分、三分，均之有益于贫民"。故当地人最不喜欢福建的当铺，但"亦无可奈何也"。在此情况下，徽州商人利用宗族势力等在南京采取统一行动，降低典当的利润，同福建商人开办的当铺竞争客户，最终挤垮本薄利高的福建商人，从而使徽商在南京的当铺业取得独占权。在此情况下，在南京的福建商人成了竞争的牺牲品。

本地商人与外地商人的竞争亦很激烈。南京本地典当商逐渐被外地富民所取代。在江苏常熟，"附居徽籍商民"多经营典当业，当地人经常滋扰，迫使徽商不得不求救于官府的保护。中外商人的竞争也在沿海一些城市中展开，如 1741 年，荷兰殖民者在噶喇巴屠杀中国商民万人，就是起于贸易竞争。

（四）遇诈遭抢之风险

范濂《云间据目抄》卷三记载了嘉隆时的北京，一马姓商人被骗一百五十金的故事，"先是苏克温听选，以父恩善文贞公（按指徐阶）。故客其门。时有里人马姓者，携资客于京"。苏客温知道后便"往纳交，叙乡情甚密"，骗得马姓商人的信任，"其人已笃信克温"。克温见时机成熟，即对马姓商人说："闻君将以某日归，而孤身涉数千里，得无患盗乎？我当为君寄资徐氏官肆中，索会票若券者，持归示徐人，徐人必偿如数，是君以空囊而赍实资也，长途可贴然矣。马姓乃深德克温，即以一百五十金投之，克温伴入徐肆，若为其入谋者，即持赝票示之曰：'资在是矣。'其人亟持归，付徐人。徐人以为赝，不与。"结果，马姓商人被老乡苏克温所骗，白白损失了一百五十金。

往来于长途的商人在翻山越岭时经常遭遇盗贼劫匪。如徽商"李登赢，理田人，尝业茶往粤，经赣被盗"。[2] 在明清小说中这类描写能极尽细节，商

---

① 徐珂：《清稗类钞》第二十四册，《豪侈》。
② 《婺源县志》卷三四，《义行》七。

人在乘船时可能遇到船户的敲诈,在山间可能遇到山贼的洗劫,有的人专在河上谋劫客商。还有一些恶霸、地痞找茬制造事端,蒙哄吓唬,讹诈商人钱财。叶权《贤博编》中说到:"常州一士夫之兄极恶,岁暮谓群仆曰:'可寻事来,为过年费。'仆四出无所得。卒至郊,在葬者,棺好而无持服之人,疑有故。夜发之,乃一少妇,衣饰如生,当是大家妾暴死者。群仆弇至小船中,设四盒,缚一鹅于上,若访亲者。薄暮,遇货船,故撞之,倾尸于河,鹅扑扑飞水面。大呼大船撞覆小船,吾娘子溺水,因缚商捞尸,延明月始得,果一妇人死矣。商大窘,愿悉货赎罪,并船户所有尽掳之。商仓猝竟不知妇人实已死者也。其人后为巡按访察,缘弟宦免,至今买冠带,驾楼船,出入鼓吹,虎视乡里。"① 在西南地区,"盗贼之辈实繁有徒,缙绅商贾过者往往于此失事"。② 牙行的敲诈有时也很残酷。明景泰年间,南京"上新河并水西门近年多被势要之家侵占官地,私立塌房。凡遇客商往来,各令家人伴当邀接强勒,物货到家,任其货卖"。③ 嘉靖年间,山西孟县"有等市民,私开牙行,招揽客商,通同垄断之徒,共为白日之盗"。④ 万历《嘉定县志》记载,"市中交易,未晓而集。每岁棉花入市,牙行多聚少年以为羽翼,携灯拦接,乡民莫知所适,抢攘之间,甚至亡失货物"。明人叶权《贤博编》称"孤商拼性命出数千里,远来发卖,(牙行)主人但以酒食饵之。甚至两家争扯,强要安落。货一入手,无不侵用,以之结交官府,令商无处控诉,致贫困不能归故里"。⑤ 有时候商人为了获得商机,把货物寄存于牙行,牙行往往制定一些"土政策","毕竟要一账搭一账,后货到了,前账才还,后货不到,前账只管扣住"。⑥ 牙行"非借势要之家不能立也"⑦,凭借着官府的势力,牙行往往变得肆无忌惮。

(五)政治干预之风险

政府政策偏颇是导致倭患趋烈的根本原因。"初但许栋、李光头等数人

① 叶权:《贤博编》。
② 王士性:《广志绎》卷五。
③ 《明英宗实录》卷二十四。
④ 嘉靖《孟县志》卷二,《关市》。
⑤ 叶权:《贤博编》。
⑥ 李渔:《连城璧》戌编"重义奔丧奴仆好,贪财殒命子孙愚"。
⑦ 叶梦珠:《阅世编》卷七。

为盗,既则张月潮、蔡末山、萧显、徐海、王直辈出而称巨寇矣;初但宫前、南纪、双屿等数澳有盗,既则烈港、拓林、慈溪、黄岩、崇德相继失事,而称大变矣!初但登岸掳人,责令赴巢取赎,既则盘据内地随在城居,杀将攻城,几于不可收拾矣。"归根结蒂,倭寇根源在于海禁太严:"推原其故,皆缘当事重臣意见各殊,更张无渐,但知执法,而不能通于法之外;但知导利,而不知察乎利之弊,或以过激启衅,或以偏听生奸……闽广事体大约相同,观丙子(万历四年)、丁丑(万历五年)之间刘军门尧海、庞军门尚鹏调停贩毒,量令纳饷,而漳潮之间旋即晏然,则前事得失亦大略可睹也。已夫,由海商之事观之,若病于海禁之过严。"①

商人时常遭遇政府、官僚的随意征收赋税、关税等。明代宣德四年(1429年)在北京至南京的运河沿岸设置郭县(后移至河西务)、临清、济宁、徐州、淮安、扬州、上新河七钞关;后又在浒墅、九江、北新关、正阳、金沙洲等处设立钞关,对所以通过的商船收船料税,其中临清和北新关还兼收货税。②万历三十一年(1603年)户部尚书赵世卿的奏折很清楚地说明了这一捐税苛征的严重后果,"在临清关,则称往年伙商三十八人,皆为沿途税使抽罚折本,独有两人矣。又称临清向来缎店三十二座,今闭门二十一家;布店七十三座,今闭门四十五家;杂货店六十五家,今闭门四十一家;辽左布商绝无矣……"③京城的苛索一点也不比地方少。四川宜宾县民奏:"臣等采米于万山之中,辛勤万余里始至北京。自南京已抽五分之一,淮安抽分三十分之一,至张家湾又抽分五分之一,并傭载费用通计之,不满原本,乃知木客多不至京,盖有由矣。"④

官吏的勒索几及商业活动的各个环节、各色人等。《清宣宗实录》记载了运输铜的官员对商人的敲诈,清代铸钱材料相当一部分来自云南,滇铜进境,从出厂到京局,水陆转运,计程万里,要经过云南、贵州、四川、湖南、江西、安徽、江苏、山东、直隶等地方。负责运输铜的官员为了弥补运输过程中的开支,不独捏报铜斤沉失,而且迫使船户讹诈商民。"运员雇船装运,有全不给价,或减办给价者,辄向船户言明,任其在途逗留,讹诈商船,甚至将铜

---

① 胡宗宪:《筹海图编》上卷,《倭原二》。
② 《明会要》卷五十七,《食货五》。
③ 《明神宗实录》卷三七六。
④ 《明英宗实录》卷二五八。

板掷置,指为抢去,或捏称撞损船板,勒令赔偿。商人畏之如虎。"有时上面派人查访,运铜官员还反咬一口,"即以铜斤被窃为词,反向讹诈"。①

又如徽州汪姓商人在苏杭买了几千金绫罗绸缎前往川中去发卖,来到荆州,如例纳了税。但是,官府硬说他"漏税,例该一半入官,教左右取出剪子来分取","不论绫罗绸缎布匹绒褐,每匹半分,半匹入官,半匹归商。可惜几千金货物尽都煎破,总然织锦回文也只当作半片残霞。汪商扶痛而出"。② 明清时期,商人的财产依然随时可能被官府没收,明人朱国祯《涌幢小品》里就记载了一个金华大富翁倪子贵将家产送给了同乡王仲和,以避免被政府没收的故事。倪子贵"以世乱悉散家财。里中有王仲和者骤富。子贵自书券,以田卖与之,不取值。所亲或以为讶。笑曰:子贵田有送处,仲和无处送也"。后来王仲和果然被抄家流放。③

雍正以后商人报效成为风气,这造成一些大商人难以为继。"嗣乾隆中金川两次用兵,及嘉庆初川、楚之乱,淮、浙、芦、东各商所捐,自数十万、百万以至八百万,通计不下散千万,其因他事捐输,迄于光绪、宣统间,不可胜举……商力因之疲乏,两淮、河东尤甚。"④

朱纨从政府的立场出发,指责乡官:"夫所谓乡官者,今乃肆志狼藉如此,目中亦岂知有官府耶?"⑤

明清政府仍坚持商人末位地位的政策,明初朱元璋有"濒海民不得私出海""申禁人民无得擅出海与外国互市"。⑥ "敢有私下诸藩互市者,必置之重法。"⑦凡擅造二桅以上违式大船,把违禁货物运往国外贩卖者,正犯处以极刑,全家发边卫充军。⑧ 商人的社会地位既然不高,他们从商一般只能离家而为,外乡的陌生环境、区域文化的差异都让他们首先必须谨小慎微。除

---

① 《清宣宗实录》卷二四〇。
② 天然痴叟:《石点头》卷八,"贪婪汉六院卖风流"。
③ 朱国祯:《涌幢小品》卷十七,《散家财》。
④ 《康雍乾时期城乡人民反抗斗争资料》,北京:中华书局,1979年,第308页。
⑤ 朱纨:《朱中丞甓余集》,《明经世文编》卷二〇五。
⑥ 明太祖实录卷七十、二五二。
⑦ 《明太祖实录》卷二二一。
⑧ 《明经世文编》卷二〇五,《朱中丞甓余集》。

此之外,商人们仍须经历各种类型的商业风险。康熙末年蓝鼎元尝曰:"江浙闽广,则自二三至九月,皆为盗贼劫掠之时。今天下太平,非有所谓巨贼,不过一二无赖,饥寒逼身,犯法潜逃,寄口腹于烟波浩荡之际,而往往不能廓清,岁岁为商民之患。"①

明清时期的禁海为主的政策使闽粤沿海商人的商业活动充满风险。明成化八年(1472 年),福建龙溪县二十九人到国外贸易,被官军追击拒捕,结果遇风船被折破,船民浮水登陆被俘。② 康熙五十六年(1717 年)颁布南洋禁航令,规定:"南洋吕宋、噶喇巴等处,不许前往贸易",违禁者治罪。已在南洋的商人须在三年内回国,否则"不得复归故土"。③ 雍正时把流移海外的人看作不安分之人,乾隆时,政府认为被荷兰屠杀于巴达维亚的华人是"自弃王化,按之国法,皆干严遣。今被其残杀多人,事属可伤,实则孽由自作"。④ 政府对本国商民的漠视乃至遗弃无疑成为海上商人必须面对的巨大风险。

另外还有从事开矿者由于技术落后必须面对的井崩、成本加多等风险,如《四川盐法志》卷二《井厂二·盐井图说》记载:"井浅者咸轻,深者咸重。……锉至二百丈,常有出火者。至二百数十丈,或见黑水,其咸可二两有奇。大概浅出黄水,深出黑水,又深出大火,仅给一二十锅或三四十锅不等,至二百八九十丈,近三百丈,见火必大,可给五六百锅。井上工费,或数万金,少亦万余金。"虽然挖深可得厚利,却也面临着巨大风险,"有费至三四万而不见成功者"。⑤

二、明清商人防范商业风险的若干举措

(一)对政治力的崇拜和依附是商人寻求的规避风险的重要手段

官商勾结成为官商双赢的必然选择。即"官以商之富也而朘之,商以官

---

① "论海洋弭捕盗贼书",《鹿洲初集》,台北:文海出版社,第 41～42 页。
② 《明宪宗实录》卷九十七。
③ 《清朝文献通考》卷二九七,《四裔考五》。
④ 《清朝文献通考》卷二九七,《四裔考五》。
⑤ 《中国资本主义萌芽》卜,成都:巴蜀书社,1987 年,第 800 页。

之可以护己而豢之。"①冯梦龙讲了一个故事说："原来坐船有个规矩,但是顺便回家,不论客货私货,都装载得满满的,但却揽一位夹人乘坐,借其名号,免他一路税课,不要那官人的船钱,反出几十两银子送他,为消损之礼,谓之'坐舱钱'。"②

交通王侯是商人利润的一个重要流向,著名的徽商、晋商在"行媚权贵"上都很突出。有人说徽商"勇于私斗,不胜不止,又善行媚权势"。③ 万历时,徽商吴守礼家"累资百余万","尝助边饷二十一万两。万历间,用兵征关酉,其孙吴养春上疏愿输饷银三十万两"。④

乾隆五十二年(1787年),以李念德为首的盐商共捐银二十万两,以助清军在台湾"剿捕逆匪"。嘉庆九年(1804年)二月,黄河修堤工程费用浩繁,以洋商潘致祥、盐商温永裕为首的广州洋、盐两大商人组织,各捐银二十万两。⑤

有的商人捐输报效,以取得皇帝和官府的好感,或花钱买个官衔,既可以光宗耀祖,又可以享受为官的种种特权。清末大商人胡光墉(字雪岩)"官至江西候补道,衔至布政使,阶至头品顶戴,服至黄马褂,累赏御书"。⑥ 人称"红顶商人"。有这么大的派头,做起生意便无往而不利。

与官府勾结还往往能获得偷税漏税的便利。且不说《金瓶梅》中西门庆每次经过临清钞关都希望主事钱龙野"青目一二",史料中此类例子也甚多,如徽州木商王天俊等人在运输木材时,"实木十六万根勿论,夹带私木,不知几千万根;则此十六万根木,税三万二千余根,亏国课五六万两"。⑦ 与官府勾结还使走私活动公开化,盐商在引盐之外大量走私私盐,卢询说:"今日私贩之卖私盐,盐商之夹带私盐,皆数倍于引盐数目。"⑧

闽粤海商因从事的多为犯禁式的海盗贸易活动,他们逐渐形成了自己

---

① 《皇朝经世文编》卷五十,《盐法考》。

② 《警世通言》第十一回,《苏知县罗衫再合》。

③ 《太泌山房集》卷六六。

④ 《明神宗实录》卷三三二。

⑤ 《两广盐法志》卷二十六。

⑥ 徐一士:《一士类稿·一士谭荟》,重庆:重庆出版社,1988年,第163页。

⑦ 陈维儒:《冬官记事》,转引自傅衣凌:《明清社会经济史论文集》,北京:人民出版社,1982年,第210页。

⑧ 《皇朝经世文编》卷四十九,《盐商加引减价疏》。

规避风险的若干措施：如多阶层的商人组合，乡族势力与商人集团的结合，商帮的地缘色彩，亦商亦盗的武装贸易形式，内外勾结与山海兼顾，海上贸易与移居国外的相互促进等特色。①

（二）商人通过组成商帮、建立会馆形成合力，增强抗御风险能力

建立会馆，自我管理，遵纪守法，依例纳税。商人们力图在封建社会苛重税收、官府严重腐败的背景下谋求自我发展。

会馆是明清时期商人形成商帮，并逐渐由行商落籍客地后建立的同乡或同业团体组织②，它通过"祀神、合乐、义举、公约"等活动，建立起了一个个社区化的基层社会，在谋求会馆的内部整合、会馆间的整合以及会馆与全社会的整合方面做出了积极的努力，适应了明清社会的变迁，推进了明清社会的发展。③

明清商人在实践中也逐渐认识到商业经营规模化、多样化能够有效地化解商业风险。如嘉靖时歙商潘惟信，在经营典当的同时，还"以盐策贾江淮，质剂贾建业，粟贾越，布贾吴"。④ 歙县岩镇的潘汀州在真州除经营典当外，"或用盐策，或用童布"。⑤ 歙县程澧"东吴饶木棉则用布，维扬在天下之中则用盐策，吾郡瘠薄则用子钱"。多种经营是商人们商界活用的法则。安徽休宁商人程维宗"从事商贾，货利之获，多出望外，以一获十者常有之。……且增置休歙田产四千余亩，店仆三百七十余家。有庄五所：其曰'宅积庄'则供伏腊；曰'高远庄'则输二税；其洋湖名曰'知报庄'，以备军役之用，至今犹遵守焉。……又于屯溪造店房四所，共屋四十七间，居商贾之货，故

---

① 王日根、陈支平：《福建商帮》，香港：中华书局，1995年。
② 参见许敏：《明代商人户籍问题初探》，《中国史研究》1998年第3期。许敏先生指出：明代规定铺居之民只有在官府注了籍，才能成为合法铺行，才有在该城市的居住、贸易权利，否则就是"市井无籍之徒"，要被驱逐出城。由于商人本来就富于流动性，又作为客籍，他们往往依靠同乡组织起来，开展自我管理，亦多能得到政府的默许乃至支持。
③ 王日根：《乡土之链：明清会馆与社会变迁》，天津：天津人民出版社，1996年。
④ 汪道昆：《太函集》卷五十一。
⑤ 汪道昆：《太函集》卷二十四。

税粮冠于一县"。① 之所以把一部分商业利润投向土地,也是出于商业经营风险化解的追求。

商人们还通过合股经营来分担风险,徽州茶商"以婺源人居多,其茶亦由本山所出,且多属合股而做。即有亏蚀之处,照股均分,亦不觉其过累"。② 晋商的股份经营有两种:银股与身股。"出资这为银股,出力者为身股"。所谓身股即"择齿近弱冠之年少略知写算者使习为伙,历数载,察其可造,酌予身股,不给工资,惟岁给置备衣物之资。三年结账,按股分余利,营业愈盛,余利愈厚,身股亦因之以增。以此人人各谋其私,不检责而勤,不检制而俭。"③通过股份制,既可分担经营中的商业风险,又可调动经营管理的主动性,这成为晋商成功的一大支撑。

显然,合股经营中亦较易产生矛盾和纠纷,有时雇佣的店员携资逃跑,店家可能采取羁留店员家属或财产的办法。

有的商人采取保守商业秘密的办法维持自己在竞争的市场上的优势地位。这在陶瓷业、彝器业和布业等领域都广泛存在。④

(三)资金流向上的风险规避追求

捐助公益事业是赢得良好社会声誉的重要途径,也容易获得世人的认可。乾隆时徽州盐商鲍志道"捐银八千两,增置城南紫阳书院膏火;偕曹文敏公倡复古紫阳书院,以三千金以落成之"。⑤ 再如浙商在乾隆八年(1743年)、十年(1745年)两次共捐银二十万两修建盐义仓和购买仓谷。⑥ 商人们捐助公益事业,既可赢得社会上人们的普遍称誉,又可避免盗贼和官府的觊觎,实是规避风险的常用手段。

肆意挥霍是消极的灭财之法。《金瓶梅》中的西门庆就是大肆挥霍的典型,他家几乎天天宴会,有生日宴、寿辰宴、接待各色官员、朋友宴等。到清

---

① 《休宁率东程氏家谱》,转见张海鹏、王廷元主编:《明清徽商资料选编》,合肥:黄山书社,1985年,第295页。

② 光绪十七年《通商各关华洋贸易总册》下卷,转引自唐力行:《商人与中国近世社会》,杭州:浙江人民出版社,1993年,第18页。

③ 徐珂:《清稗类钞》,北京:中华书局,1986年,《农商类·山西票号》。

④ 韩大成:《明代社会经济试探》,北京:人民出版社,1986年,第274页。

⑤ 民国《歙县志》卷九,《人物志·义行》。

⑥ 《清盐法志》卷一八八,《两浙·杂记门》。

代,扬州盐商奢靡在李斗《扬州画舫录》、黄钧宰《金壶浪墨》等书中已有清晰的记载,这里亦不赘言。

(四)阅读商业指南获得经验与信息以规避风险

商人书是明清时期书市中的大端。清李虹若《朝市丛载》介绍了北京的商肆、食品、风俗时尚、会馆庙寓等情况。该书序言说:"阅此书者按图以骥,一若人游市肆,凡仕、商来自远方,不必频相顾问。"①该书卷四记载背景风俗时说:"京师风俗最为淳厚,笔难尽述,唯无关于仕商者,概不载入。"

京师之地,各种坑蒙拐骗事件层出不穷,随时可能落入陷阱。故社会风险对商人而言尤其应该重视。李虹若说,行路时有十二则:1.凡出外收拾行李,若有铜、铁、锡、铅、石砚一切重物,不可收入箱笼及包袱之内。倘付脚夫挑载,疑是财帛,遂起歹心,不可不戒。如有此物,宜显露外面为是。2.凡外出必须择伴,庶几有辅。若路逢素非相识之人,同舟同宿,未必他人似我,一切贵细之物,务宜藏密,谨慎防护,夜恐盗而昼恐拐也。3.不论陆路、水行,俱看东方发白方可开船、离店。若东方冥暗全无曙色,寒鸡虽鸣尚属平夜,便急促解缆、陆行,恐遭奸人劫夺之害。至于日将西坠,便当投宿,俗云:"投早不投晚,耽迟不耽错"也。4.有物不可离房,无事切宜戒步。大抵鼠窃之辈有心窥探,或结善己仆,亲热来往,伺我他出,即潜入盗偷,故房门常宜关锁,出门宜早回头也。5.吊白打拐,诓骗掣哄之辈,智过君子,狡诈莫测,或假装乡里讲乡谈,称有寄托,哄出我银却将铅石抵换。或用物件玩器执立街衢,自谓客仆偷出主物,不求高价,惟求现卖,诱入僻巷哄买;及觉物伪,寻觅,则拐子变易衣帽,虽立面前不复识认。种种诡计,惟老成、守己、不贪者方能不入彼奸套。出,最忌铿吝,凡与人同舟共店,饮食蔬果务均众同嗜,不宜背地自用,或每事独占便宜,皆足取人嫌弃。至于话言,尤要谦慎、缄默,使人难以窥我虚实。若满口矜夸,说短论长,不知观前顾后,此人必无内养,诚为可憎。6.凡在外,弦馆歌楼之家,不可月夜潜行,遇人适兴酌杯,不可畅饮过度;见人博弈赌戏,宜远而不宜近;有人携姑作乐,不得随人打哄。少年老实,方保无虞。7.京师小笘最为可恶,着自己仆役跟车后可保无虞。8.写船不可无埠头,夫车不可无脚头,倘铿小希,省牙用,船无埠头,小人乘奸为

---

① (清)李虹若:《朝市丛载》,北京:北京古籍出版社,1986年,《序言》。

盗；夫车无脚头，脚子弃货中途，或至财劫命休。此皆因小而失其大，切宜戒之。9.外出为客，务宜朴素。若到口岸肆店，服饰整艳，小人心生窥觑，潜谋劫盗，有性命之忧。如孩童年小，父与母垂爱，以金银为之冠帽、手镯、项圈、耳坠之类，小人利其财物，或毁体折肢探取，或连孩童拐去。谋杀之端由此。10.乘船、登岸、宿店、野行，所佩财帛切宜谨密收藏，应用盘缠少留在外。若不仔细，显露被人瞧见，致起歹心，丧命倾财，始由于此。居家有财，亲友见之，或借，不惟无以推辞；拒之，必生怨隙。11.同船搭伴之人，或人物衣冠整齐，无甚行李，踪迹可疑者，非拐子即掏摸吊剪之流。或自相赌戏以煽诱，或置毒饼果以迷人，或共伙党而前后登舟，或充正载而邀吾入伴。若不识其奸，财本遭掳，又苏杭湖船，人居上层，行李藏于板下，苟不谨慎，多被窃取。12.凡待人，不论行客、主家，必须和颜悦色，不得暴怒骄恣，恐致争气生事，至于童仆，尤宜抚恤，勿为苛刻，使其怀其恩，实心效力，谚曰："在家靠妻子，出外靠童仆。"尤所宜戒。

黄忭《一统路程图记》卷七1条说："自湖广至仪真，强盗出没不时，有夹州处，贼尤甚。……货无粗细，一例（律）而掳。凶年贼多。""草鞋夹（峡）夜偷摸，粗细货皆遨，日调包。"卷七10条说："湖口至康郎山，盗贼不时而有，江中强盗得财便休，惟此湖贼凶贪无厌，杀人常事。"卷七24条说嘉兴至松江，"此路多盗"。卷八8条说："自呈坎至几村，不可起早，日调包，夜偷摸，打闷棍常有者。冬有强盗，谨慎。"卷八13条说："自芜湖县至徽州府，每处十里，早有闷棍，日有调包，夜有盗，宜慎。"一些盐徒有时也行盗劫之事，卷五2条说，在淮安邵伯一带，"贼有盐徒"。卷五6条说，小安丰至朦胧，"盐徒卖私盐为由，实为强盗，谨慎"。卷五8条说胶州"盐徒捉客，许以米赎"。卷七27条说亦有冒充粮长，沿途行劫，江西路江至小关州，"中途土豪口称粮长，每挑索银五分，不与即打，有司不知，过客甚受其害"。卷一1条说响马也常出没于途，"自北京至徐州，响马贼时出"。卷六4条说"自颍州至大名府，响马贼甚恶，出没不时，难防"。卷六10条说"自宿州至汴城，响马宜慎"。

《士商类要》也提到为商贾者，身携重金旅行在外，或押重货在途，又身处他乡，所以必须保持清醒的头脑，处处小心，保护人身物财的安全。上船下马要稳当踏实，防止失足。搭船运货，陆路押货，都要"早歇迟行"。"凡行船宜早湾泊口岸，切不可图快，夜行陆路，及早投宿，睡卧勿脱里衣，此为防避不测。""天未大明休起早，日才西坠便湾船。"目的皆在于防备劫夺之事发生。还要注意天时变化，"伏日行船，最忌乌云接日，腊天起早，须防黑雾漫天"。

贵重财物必须随身携带，不可随便放置，"初休奢侈，囊沉箧重，亦要留心，下跳上鞍，必须自挈"。也不要显露财帛，必须密收藏放，就是一些不值钱的铜铁之物也不要放在箱箧，以免引起外人疑心以为是珍宝财物而起歹心。衣着装饰亦宜素朴，童稚戒饰金银，以免谋财害命之事发生。

投店宿夜，门窗门户要锁闭，防止小偷潜入，"有物不可离房"。外出旅行，必须结伴而行，"凡出外，必须要择好伴，庶几有辅"。但对旅伴要慎加选择，亲贤良，远小人。与人言谈中，要"谨慎缄默，使人难以窥我虚实"。

对于同行搭伴之人，也要警惕，防止中其圈套，上当受骗。"同船搭伴之人，或人物衣冠整齐，无甚行李，踪迹可疑者，非拐子即掏摸吊剪之流。或自相赌戏以煽诱，或置毒饼果以迷人，或共伙党而前后登舟，或充正载而邀吾入伴。若不识其奸，财本遭掳。又苏杭湖船，人居上层，行李藏于板下，苟不谨慎，多被窃取。"①

徽商刊刻了如《水陆路程》《宝货辨疑》《程君房墨谱》《商贾便览》等著作，举凡算账、交税、用银、用秤、出行气候、商业通信、求神保佑发财等一切知识和经验，都包括在内。

（五）树立良好的阶层形象以减少世人的敌视

由于商人生活方式富于流动性，传统社会管理方法已不能胜任，于是封建政府对商人阶层竭力限制、遏制。乡族势力往往干涉商人的商业经济活动，如建阳运木商人须向乡众缴纳相当的费用。"建阳商人沿溪转运木筒，当经过水坝之乡众，议定修坝费用，大约每厂木筒经过一水坝，须出用二元以上十元以下。"②明清时期，士农工商的四民秩序注定了商人只能处于社会的下层，尽管因为明清社会经济的发展，商人可能获得较高的利润，但他们无法享受高层次的社会生活，他们千方百计努力改变自己的商人地位，力求跻身与士绅阶层，这才是他们人生价值的最好实现。

由于商人地位低下，但商业却又是当时最有可能改善经济状况的途径。

---

① （清）李虹若：《朝市丛载》，第71～72页。
② 《中国民事习惯大全》第二编，《物权》，傅衣凌：《明清社会经济史论文集》，北京：人民出版社，1982年，第94页。

从事农业生产、手工业生产的人们往往只能挣得赖以维生的生活资料和生产资料,而商业却可以凭借勤敏和多思而迅速致富。于是,我们在传统典籍中经常看到贫苦小民筹集小本经营商业的例子,这样的商人比较能为人们所接受,一旦经商取得一定的收益后,多数人往往就退出商业领域,在户籍里,我们往往较难看到商人这个身份。

但是,明代商人阶层也已逐渐地把商业作为一项事业来经营,因而注重树立自己的阶层形象,克服世人"商人必奸"的固有成见。譬如 1. 为商贾者必须努力提高自身的修养,注重自省,使自己成为具有较高道德水准和文化素养的人。徽商吸收、继承了中国文化、道德、伦理中优秀的传统,力倡为人应是"良善""忠厚""至诚""信实正大""笃实""谦恭""克己无私"等优秀品德。他们强调节俭为己,"用度须薄乎自己",要时常让自己经历劳苦,"筋骨常从劳苦多"。2. 善于观察人生和社会,注重人际关系的和谐。善于团结人,和气生财,信赖伙伴,还要尊老爱幼,使自己具有完善的人格。立身正才能创业,才能事业有成。3. 熟悉商品和市场,公平竞争,以智能取胜。要培养自己具有多方面的知识、才能,如商品知识,如何鉴别商品的优劣真伪,善于发现弄虚作假偷窃等行为和手法,善于把握商品市场的规律,善于管理、经营,而不是弄虚作假、尔虞我诈、损人利己。意思就是要使自己成为一个专业的商人。4. 心存警觉,防身有术。正是在这种既防外祸又练内功的过程中,明清商人不断开辟着商业发展的荆棘之路。

三、明清商业风险及风险防范对中国社会发展的影响

商业风险可以发生在经商前、经商中和经商后。经商前,要克服被人轻视的心理,到明嘉靖以后,商人以自己自觉遵循道德行为的努力改变了过去"商人必奸"的印象。商人的社会地位有所提高,商人的队伍也逐渐壮大。

商业书的编纂以及商业经验的传承提高了明清商人抗御风险的能力,商人的自我意识也进一步明确了,他们更注重树立自己良好的形象。

防范风险使商人更加依附于政治,丧失了自己的独立意识和独立身份,不利于中国独立商人阶层的成长。商人、地主、高利贷三位一体的格局,更加补强了小农与手工业相结合的牢固的社会经济结构,不能充分地发挥商人对小农经济的解体作用。商人采取政治联姻、贿赂、买官、培养自己在政府中的代言人等方式,千方百计使自己的利润最大化,以降低商业风险。但

这客观上销蚀了大量商业资本,这些商业资本转到贪官污吏那儿,更造成了国家机器的腐败,降低了人们对政府的信任,极易造成社会动荡和骚乱。明清时期一些商人通过各种手段,控制各式各样的专卖事业,其所形成的垄断大大妨碍了自由竞争,使经济资源得不到有效的运作,市场经济的创新活力受到压抑。

防范风险的许多机制实际上多在保护中小商人,大商人往往在商业风险防范中承担更多的义务,包括事务上的和经济上的,这就使中国难以形成更大的商人,商人发展到一定程度就可能离开商业,而转移到其他行业中去。

防范风险更多地具有自我和民间的色彩,官方虽然也有一些保护商人的措施,但多效果不好,民间的风险防范却又多以自我保护为中心,对自我的保护往往成为别的商人经营必须面对的风险。从小集团方面看,抗御商业风险的能力增强了,而从整个社会看,商业经营的环境仍不美好,虽然也有一些小集团跨越狭小的圈子,融合到更大的社会范围内,但这一进程非常曲折、坎坷。

第三节

由《类成堂集》看清代湘潭闽商的联合

清代前期,湖南湘潭成为中南地区乃至全国的一个重要贸易枢纽,"长沙水步不利泊船,故皆辏湘潭,自前明移县治以来,杨梅洲至水东门岸,帆樯蚁集,连二十里,廛市日增,蔚为都会,天下第一壮县也"。① "县毓富浩穰,磁货氓庶皆在城外,沿湘以上十余里,自前明号为小南京。"②湘江流域传统的区域经济中心在湘潭,各地客商在湘潭汇聚,形成了一个个商帮集团。《湘潭闽馆类成堂集》记载:"潭有客帮,称为六省者,旧立福善局,本潭、江西、江苏、北省、江南、福建是也。新立谦吉堂,江西、江苏、江南、北省、广东、

---

① 光绪《湘潭县志》卷十一,《货殖》。
② 光绪《湘潭县志》卷十一,《货殖》。

福建是也，故凡科派置业济众等情，本馆无不在列。"①形成团体的力量，往往通过各种途径显示自己的存在，投入于公共事业或公益事业是最传统也最能产生成效的途径。类成堂（类编堂、成言堂，合称类成堂，原名建福宫）是在湘潭的闽商共同的组织，形成了全闽各地商人的联合，树立了在外闽商的整体形象。

一、妈祖是闽商走出闽地的保护神

妈祖信仰对闽商走出闽地产生了积极的护佑作用。林兰友在《类成堂集》的序文中云：

> 天后阴精毓秀，水德储灵，所司者海也。海之中嘘唏百川，风涛万状，而霾媅潜消，天日晴霁，倏而阴风怒号，浊浪沸腾，彼贡献之扬帆而渡者，岂无倾樯裂楫之危乎？艨艟之鼓棹而出者，岂无飞沫怒涛之险乎？贾人渔子之解缆而往者，岂无屑没于鼋鼍之穴，流转于蛟鳄之窟乎？乃当颠连危急之际，拜祷天后，恍若自天而降，神光焜耀，异香氤氲，遂使溟渤之飞变为安澜，海之狂飙化为熏风，则是江淮河海中借神之庇护，岂浅鲜哉？虽然天后之英灵，非独著于江淮河海已也。上而国家之大事，下而草野之细故，凡竭诚致敬而祷者，如影之随形，音之随声，靡不从其愿而锡之福，其或不为神所佑者，必其元恶而自绝于天也，必其大憝而自殒其生也。否则必神体好生之心，以保佑之矣。故于降灾降祥之中，寓彰善瘅恶之意。历七百余载，代弥远而功弥著。世愈久而德愈彰，是功德不在一方而在天下，不在一时而在万世，岂非能福善祸淫、御灾捍患，变化而不可测，煊赫而不可掩者乎？余一日登湄山捐友而进之曰："天后之异绩，彰彰如是，曷不汇集成帙，以传于世？"友曰："唯唯昔大宗伯林公手授一编，将博采见闻以补其未备，愿与同志者成之。"余于是先为之序，以为劝世之一助云尔。

林兰友在他的这篇序文中表明了自己作为一个知识人，应该承担起劝世责任的心情。

本来这本书叫《显圣录》，为粤人所收藏，且"神灵昭应不爽"。当闽商得

---

① （清）何字恕纂辑：《类成堂集》，道光十五年（1835 年）刊本，第 387 页。见张智、张健主编：《中国道教志丛刊续编》，扬州：广陵书社，2004 年。

阅这一书后,自然倍感珍惜,刊刻出来,定名为《昭应录》。有关妈祖显圣的实例均加以排列,包括"窥井得符"、"机上救亲"、"化草救商"、"菜地天成"、"挂席泛差"、"铁马渡江"、"祷雨济民"、"灵符回庄"、"伏高丽鬼"、"降伏二神"、"龙王来朝"、"奉旨锁龙"、"断桥观风"、"收伏晏公"(嘉应、嘉佑)"、"湄洲飞升"、"显梦辟地"、"祷神起椗"、"枯楂显圣"、"铜炉溯流"、"朱衣著灵"、"圣泉救疫"、"托梦建庙"、"温台剿寇"、"救旱进爵"、"瓯闽救潦"、"平大奚寇"、"一家荣封"、"紫金山助战"、"擒周六四"、"钱塘助堤"、"拯兴泉饥"、"火烧陈长五"、"怒涛济溺"、"神助漕运"、"拥浪济舟"、"药救吕德"、"广州救郑和"、"旧港戮寇"、"梦示陈指挥"、"助战破蛮"、"东海护卫张源"、"梦告柴山"、"庇杨洪入番"、"托梦除奸"、"妆楼谢过"、"助顺加封"、"起盖钟鼓楼"、"大辟宫殿(附梦护舟)"、"祈祷疏文"、"涌泉给师(附师泉记)"、"灯光引护"、"澎湖助捷"、"阴护册使"、"两请封赠"、"异鸟翔集"、"议准崇祀"、"祀典要用"等将妈祖的神威彰显到无上的地位。

书中记录康熙二十三年(1684年)册封琉球正使汪楫等题为圣德与神庥等事:

　　(康熙)二十二年(1683年)六月二十日谕祭海神天妃于怡山院,是时东风正猛,群言夏汛已过,未易开洋,乃行礼甫毕,风声忽转舵楼,旌旗尽皆北向。臣等加属天妃示异,决计放舟。二十三日辰刻,遂出五虎门,过东沙山,一望茫茫,更无山影,日则双鱼引道,夜则万鸟回翔,助顺效灵,不可殚述。以海道考之,二十四日当过小琉球花瓶屿鸡笼淡水诸山,而是日辰刻已过彭佳山,酉刻已过钓鱼屿,不知诸山何时飞越。二十五日应见黄尾屿,不知何以遂逾赤屿。二十六日夜见姑米山,又不知何以遂至马齿山,此时琉球接封之陪臣,唯恐突如入境,国中无所措手,再拜恳求暂泊澳中,容其驰报,乃落蓬而蓬不得下,抛椗而椗不可留。瞬息已入琉球之那霸港,直达迎恩亭前矣。时方辰刻,距开洋三昼夜耳。臣等未经蹈险,视等寻常,而彼国臣民莫不相看咋舌,群言:自古迄今,未有神速如此者,共称圣人在上,海不扬波。然则圣人在上,海可飞渡,远人骇叹如此,臣不敢不据实奏闻。至于贫瘠小邦,常苦风旱乃者,典礼既竣,甘雨如倾,飓风不作,群欣足食,凡此天泽之应,何非圣德之感,洵足流光史册,焜耀千秋者也。臣等洁己励众,幸免愆尤,冬汛归舟,还思利涉,而其时御笔昭敕,尽留海邦,百神阿护,不可复冀,风涛震撼,浪与天高,掀簸无已,人皆颠覆。臣等当百死一生之际,惟有忠诚自信,必无他虞。烟灶尽委逝波,无由得窥彼岸,于是肃将简命,共吁天妃,谓神既受封圣朝,自应佑臣返节,如其获济,当为神乞春秋祀典,永戴皇恩虔祷方终,神应如响,于时束桅之铁箍已断十三而桅不散,系蓬之顶绳一断,不可复续,而蓬不堕,桅前之金拴裂逾尺而船不坏,有此三异,可叹神功。

靖海将军施琅题奏文本,表达了对妈祖的无上虔信。当他于康熙二十一年(1682年)十月奉命征剿台湾驻扎于平海澳时,看到天妃庙因为迁界遭到毁弃,便"稍为整扫,以妥神庙",左有一井,距离海仅数步,当时亦"芜秽不治",经浚治,井水纷涌,施琅感恩备至,题写"师泉"二字,且率各镇营弁捐俸重建庙宇,结果在康熙二十二年(1683年)六月十六、二十一等日澎湖之战中均得到天妃的护佑。① 只在海边数步用手扒开尺许,就有淡水涌出,供给士兵。施琅的题本无疑能给人们提供很大的精神支撑。

康熙十九年(1680年)佐助前提督万正色克复金厦两岛,二十二年(1683年)佑相靖海将军施琅奏捷澎台,种种灵应,护国庇民,俱蒙圣祖仁皇帝览奏,敕封天后徽号。后来又有康熙六十年(1721年)台湾倡乱,施世骠率师,时值酷暑退潮之际,但得妈祖佑护,"海水骤涨数尺,舟师直进,克复全台",士兵于海滨便得到淡水解渴。②

人们得到皇帝对妈祖的奉赠,所要达到的目标是"鲸鲵永遁,海宇共庆升平,波浪常恬,商渔咸歌乐业矣"。③

乾隆五十三年(1788年)四月二十七日,福康安率官兵在鹿子港更换大船时,特起风暴,船漂至大洋,传说遇到妈祖护佑,漂泊两天,安然无恙。④

"从来有功德于民,能御大灾能捍大患者俱列祀典。"⑤妈祖祭祀从民祀转为官祀,且级别越来越高,这是与官员们的进言分不开的。有了官员的进言,皇帝的不断加封,不仅给予妈祖,同时也给妈祖父亲加赐封号,这样便将妈祖的崇拜推向了至高无上的地位。

---

① 《类成堂集》,第54页。
② 《类成堂集》,第61~62页。
③ 《类成堂集》,第69页。
④ 《类成堂集》,第77页。
⑤ 《类成堂集》,第82页。

二、湘潭建福宫成为全闽各地商人的凝聚中心

福建是个多神灵的地区,各地神灵诞辰日、仙逝日均有祭祀、演戏等活动,这些仪式成为凝聚众力的较好时机。譬如妈祖瑞诞为三月二十三日、九月初九日,上元天官大帝正月十五日瑞诞,中元地官大帝七月十五日瑞诞,下元水官大帝十月十五日瑞诞,祝融火官大帝四月十五日瑞诞,正一财神菩萨三月十五日瑞诞,五显灵官大帝九月二十八日瑞诞,福德土地菩萨六月初六日瑞诞。其次有诸佛,像南海观世音菩萨二月十九日、六月十九日、九月十九日瑞诞、韦陀菩萨六月初四日瑞诞、地藏王菩萨七月二十九瑞诞、三宝菩萨四月初八日瑞诞、释迦佛祖腊月初八日瑞诞、定光古佛正月初六日、九月十三日瑞诞、惠宽大佛十月十三日瑞诞。再者有关帝崇拜、天后崇拜等。

湘潭福建商人的凝聚中心最初就是以宫的形式出现的。宫的别号为馆,有人区分宫是对神而称,而馆则以人而言。各业的汇集之所则被称为堂。建福宫记云:

> 顺治十八年(1661 年)辛丑,闽人龙处契买徽人程君选等所卖潭十八总庵场地基一所,程即协僧临济(系南岳让一派先有和尚,即此而去)迁居指南庵(风筝街新安公馆),任吾闽人创建宾馆,聚族于斯,诚可谓善作善始者也。康熙二十年辛酉(1681 年),吾闽又买欧阳曙东所卖地基一所,同处合建,于是宾馆告成,谨事天后圣母元君,为福主,故名宫曰建福。康熙二十八年己巳(1689 年),合闽众姓契买虾公塘白洋堂田照契四十亩(佃约四十七亩七分),同日又买下杉冲田照契二十亩(佃约孔树塘一十九亩三分),康熙三十一年壬申(1692 年),合闽众买下铁家坝何必山田,照契卅四亩四分(佃约三十五亩)。乾隆六年辛酉(1741 年),四府汀兴漳邵合买虾公塘田照契二十三亩(佃约二十六亩),系上卜七都九六甲所属,照契百一十七亩四分,忠载一百三十亩,当照佃约一百二十八亩,方合历年收租数。以供福主香灯,名曰灯田堂,堂有张彩,出家为僧,易名净鉴,引曹洞赞闻入馆(青原思一派后之和尚即此来)代供香火,致将堂内契约寄存。讵僧四慧(净鉴之后)盗卖所寄契田一百二十八亩(此时灯田堂有名无业矣)。众或莫有知者(犹曰吾有灯田堂),即知亦莫敢言(此时不逐,僧实俀幸)。
>
> 查阅乾隆八年癸亥(1743 年)追刊灯田堂碑记(有田三处,无亩数

多少，有年月无坐落地名），并核复契（原契二张，书众姓等买，系康熙时印红契，另契二张，书杨廖等买，系乾隆时印红契），概可知矣。乾隆四十五年庚子（1780年），华光斗等实觉其事，与之讼胜，倍价赎回原契田一百二十八亩，皆出十闽所输，故更名曰"十闽堂"。嘉庆十九年甲戌（1814年），赖邦富等将抽众厘头银契买细屋冲田二十五亩（在上十七都六甲，与佃约同），志载汀漳两府共置祀田一百三十亩（即佃约一百二十八亩），各亦附和其说，盖谓首士彩五杨公，漳人也，瑞章廖公光斗华公与邦富赖公，皆汀人也，孰知四公肯为神人出力，不肯为神人要功，察契所书众姓等字即足以白四公之心矣。是以乾隆五十四年己酉（1789年）仍举华光斗等将众所抽之厘契买下五都九甲仙峰岭田，照契五十五亩（佃约并开荒计田共六十七亩）。嘉庆十八年癸酉（1813年），明德堂买十八总正街河岸河街老岸房屋照契七间，名曰厘头堂业。每年收租而为本馆岁修者即此堂也两堂另有无租之业如置镇本馆屋基与细屋冲属十闽，仙降岭属厘头等（山林塘屋及昔买茶山烟山营盘岭义山契详录后）。嘉庆二十一年丙子（1816年），赖又荣邦富杨经典林跃云等易馆旧制，更建维新，并改建福寺曰建福宫，盖谓本馆虽奉本省定光（泉州人氏）、惠宽（汀州人氏），两佛当遵天后元君（兴化人氏），为福主，额名不可不正也。[谨按汉明帝时白马驮经，并立白马寺于雍门外，后人遂以寺属佛，汉武帝以仙好楼居筑蜚廉，挂观后人，遂以观属仙，秦始定为至尊者居宫。凡有功德于民者居祠庙，天后之所居者，雍正四年（1726年）曰神祠，乾隆五十三年（1788年）曰神庙，至嘉庆六年曰神宫，故今皆遵额之。]①

其时捐资四万六千有奇，志之石曰：

此乃同人慷慨之力，不肯居功，然用犹不足敷，不能立碑，因故而内自讼，详下记事录。遂塞厘头之路致馆，历年屡空，诚足叹也。爰起两堂，聊续于后，一日类编，系道光八年戊子（1828年）公举汀府何命行等将馆各类等因编付梓，石一日成言，仍举何命行等于道光十一年（1831年）辛卯代刊捐修之碑，丙子兴修至辛卯，既十五年矣。皆另有记便览。道光十三年癸巳（1833年），公举汀府值事陈梅英何命行等清理上年数

---

① 《类成堂集》，第260页。

目，补刊济公碑记，同公立定馆规，转换霸欠租佃，或讼或评，妥然后止。余因有所感焉。方其时之盛也，曾几其人，以一念之诚，欣欣穰穰，能输重资建馆立堂，而为后世之源本，及其微也，现契莫管，现数莫问，任用任垫，处而为盈售业邀捐，详于碑注。尚不能缝其阙当其复也，馆虽朽而能新业，既去而犹复二难，竟并百废具与此，或时事之推移，其理有固然耶，抑其人力志所致也。①

本碑记记录了建福宫建成的过程。指出各地闽商在湘潭凝聚成一个整体，号称"十闽堂"，共同供奉天后元君，维持了很长时间的兴盛局面。

看其建筑设置：山门内，有二庙（关圣、天后）、二坪（两戏台），左关圣殿后佛堂奉立三宝、财神、定光、惠宽、韦驮宝座。右面天后宫后有明德堂，楼上为大士阁，嘉庆丙子（嘉庆二十一年，1816 年）改建戏台，归一坪内高建朝楼列事天地阴阳四官：财神、开圣、五显、土地诸神。馆之中央特建天后圣母正殿，后为明德堂，堂左为东厅，厅左为闲舍，舍后长生亭堂，右为西厅，厅前为船房，房左为花园亭阁。明德堂后为佛殿，左为大士岩，右为闽中享堂，此乃添买基地，始有如此之铺式也。②

天后供奉：嘉庆二十二年（1817 年），乡人于漳府敬谨塑就迎来，其时一路天旱，圣母所过之处，河道为之顺遂，客舟随行沾恩者不知胜数。嘉庆二十四年（1819 年）九月初一日恭迎圣母神驾出案升座，叠显灵异，莫可名言。

另有关圣供奉、三宝菩萨、土地菩萨，其祠原在宫二门外，因恐无知亵慢，故于道光九年（1829 年）请移朝楼上座谨事。③

天后宫旧名建福寺，在下十八总正街庙宇园地义冢烟山茶山，皆闽商公置，汀漳两府置祀田一百三十亩，乾隆五十一年（1786 年）公置田五十五亩，嘉庆十八年（1813 年）公买十八总河正两街铺屋四栋，又买田二十五亩，由司事掌管，自住持僧赞闻流传，迄今十代。④

本馆抽厘头数：嘉庆二十三年（1818 年），共收厘头银一千八百七十八两。嘉庆二十四年（1819 年）共收厘头银一千七百零八两正，嘉庆二十五年（1820 年）共收厘头银一千五百七十七两，道光元年（1821 年）共收厘头银一

---

① 《类成堂集》，第 261 页。
② 《类成堂集》，第 359 页。
③ 《类成堂集》，第 357 页。
④ 《类成堂集》，第 365 页。

千七百零五两,道光二年(1822 年)共收厘头银二千零三十六两。道光三年(1823 年)共收厘头银一千六百二十七两。道光四年(1824 年)共收厘头银一千九百八十二两。道光五年(1825 年)共收厘头银一千七百五十九两。道光六年(1826 年)共收厘头银一千一百四十五两。

对于厘头捐献,管理者赖又荣(邦富)可以说是至公无私,但是因为有人心怀嫉妒,妄控官府,致使赖流泪以病告辞,将厘随交林某收管,众心不服,合省止厘。

少了厘头之后,本馆的开支便出现了亏空,记录表明:道光六年(1826 年)兴府值年馆内亏空三百七十两六钱,道光七年(1827 年),汀永值年,亏空银两一百七十七两六钱,道光八年(1828 年),兴府值年,馆内亏空银二百四十八两八钱,道光九年(1829 年),漳府值年,馆内亏空银两九十八两二钱,道光十年(1830 年),汀杭值年,馆内亏空银两二百四十两八钱,道光十一年(1831 年),兴府值年,馆内亏空银两二百九十八两六钱,道光十二年(1832 年),漳府值年,馆内亏空银两二百九十八两六钱,道光十三年(1833 年),汀永值年,馆内长余银十六两四钱。①

会馆内的开支包括官员的送往迎来,如道光二年(1822 年),陈望坡来宫谒神等。道光九年(1829 年)记,花园内囊来有大葡萄树二株,荫浓可爱,珠子胜常时,有人来采览,赖某恶而伐之,诚为可惜。又有杨某私将仙峰岭义山借与本地陈某瘗葬,众知莫使起插,尤为可叹。

道光十年(1830 年)与十一年(1831 年),各堂各号行店共捐银二百五十二两正,仅付养济院银二百两正。

道光十一年(1831 年)各堂共捐银三百七十一两八钱,庆祝万寿。道光十二年各堂各号行店共捐银二百二十二两八钱,捡盖明德堂与东西厅瓦漏。

道光十二年(1832 年)乡宦某者求暂寄棺于馆,其时棺至馆门,众各阻住,方由后门抬入,众议于理不合,其保荐人遵罚演戏一台。②

道光十二年(1832 年),师克猺匪,路经潭邑,其时周宪在任,本馆各馆各堂捐银二百两帮差。

道光十二年(1832 年)腊月,某乘堂内司事外出,私将正殿神龛拆下金

① 《类成堂集》,第 368 页。
② 《类成堂集》,第 372 页。

漆,用去类编堂钱八十千文。①

会馆遇到事情不顺时,还会考虑到风水问题,譬如,道光十三年(1833年)三月十三日巳刻,陡起飓风吹破正殿后檐鳌头磁器瓦塌,概怨本馆开坏西门,遂将西门塞住,连年于花池内溺死沙弥,且馆兴讼不已,虽说无干煞碍,神龛亦宜选吉,议修后殿檐瓦为妥。②

会馆与地方官之间也存在着密切的互动关系。如道光十三年(1833年),有世袭守备赖某进京,稽扰多端,灵宪莫奈,九月九日复入本馆,闹祭不成,遂以被殴控各司事,幸逢叶宪莅任,片言折赖逾限例,应扣,除势扰地方,法所不恕,姑限五日,不走定行详究,赖服即遁,本馆讼息。

书中交代了叶宪的简历,叶宪,浙江处州人氏,原任兴宁县正堂,冬月调知湘潭事,才莅数月,恩遍乡城(宿案尽结,贼盗远遁),未满半年,泽及邻邑(上湘绅士来湘挂匾)咸歌何来暮也。忽闻叶宪患病,四民为之请祷者莫可胜数。相传先年卫宪际可亦有善政,无以过之,道光十四年(1834年)五月大水,十七八日船通正街,叶宪雇艇祭江救生,一面给送难民钱米,及水退日,仍自捐廉赈济,各省为之感动,六月初旬,本馆捐米三十石(内计汀府十三石,兴府十二石,延建邵府共四石,漳岩捐一石),是秋大有,皆言叶宪德感所致。③ 官员对会馆的建设、文化取向均产生积极的影响。

三、清朝前期是建福宫获得巨大发展的时期

会馆的收支状况在《类成堂集》中均有详细生动的记载。从建福宫的兴盛史中,我们能很明显地看到,买田行为众多。兹举数例如下:

康熙二十八年(1689年)己巳三月初八日,建福寺众姓买吴桥清所卖白洋塘田四十亩,并山骑峥分水为界,以及屋基园林皆入建福寺为万年灯田,原粮二石六斗,系康熙年间朱印红契。

康熙二十八年(1689年)三月初八日,建福寺众姓契买户乔浦所卖卞杉冲田二十亩,子谷一石四斗一升六合,内有屋塘山照分水单约为界,皆入建福寺为万年灯田,系康熙年间朱印红契。

---

① 《类成堂集》,第 373 页。
② 《类成堂集》,第 374 页。
③ 《类成堂集》,第 376～377 页。

康熙卅一年壬申（1692年）三月十六日福建杨彩五等契买张书山所卖下铁家坝荷必山荒熟田，共三十四亩四分，并山骑岭分水为界以及茅屋塘园皆入建福寺为万年灯田，老额粮一石五斗，熟原荒粮七斗七升五合。

乾隆六年辛酉（1741年）十二月初三日建福宫四府等买潘旭升所卖上十七都九甲虾公塘田二十三亩并山骑岭分水为界以及塘园屋基，皆入建福宫，永远管业，饷银四钱三分三厘。

嘉庆十九年（1814年）甲戌八月二十五日建福宫向前承买冯光明所卖上十七都六甲细屋冲田二十五亩，大小水塘四口，俱系独管独注，茅屋一栋，屋后松山果树及上首荒山骑岭分水为界，一概俱全，皆入建福宫，永远管业。①

建福宫（十闽堂）还购买了山岭、树木等，譬如乾隆二十六年辛巳（1761年）九月初三日福建首士吴中砥等契买朱万咸所卖营盘岭山地一大所，前抵江义冢郑宅田塘为界，后抵壕基为界，左抵江西义冢为界，右抵附件义山为界。

嘉庆十二年丁卯（1807年）六月十三日建福宫首士等契买谭家祠堂所卖上十七都细屋冲山地一所，树木俱全，上抵陈张两姓山，骑岭分水为界，下抵冯人塘边为界，左抵陈坟下田，以挖墈为界，右抵白洋树套冯山古坑为界，一批白洋树套陈姓童坟一冢，只有挂扫，并无进葬。② 山地买来一般均用于建坟，便于同乡死者安葬。

十闽堂还买了一些屋宇基地，顺治十八年辛丑（1661年）六月二十六日福建首士龙处契买程君选等所卖十八总正街大屋地基一所，四至载明契内，为闽创建宾馆。

康熙二十年辛酉（1681年）十一月十五日福建首士龙处契买欧阳曙东所卖十八总建福寺后门首地基一所，四至载明契内，而为建馆后屋。

乾隆四十八年癸卯（1783年）六月初四日福建公馆契买张植三所卖方家园屋地基一所，四至载明契内，为馆造观音阁处。

嘉庆三年戊午（1798年）六月二十四日，福建公馆契买罗廷槐所卖方家围菜地屋基一所，四至载明契内，而为宾馆所建佛殿。

---

① 《类成堂集》，第282页。
② 《类成堂集》，第287～288页。

嘉庆二十一年丙子(1816年)七月十八日建福宫首士等契买许金榜所卖十八总后街瓦屋九间,四至载明契内,为馆建享堂等屋。①

道光五年乙酉(1825年)五月初四日建福宫契买金紫荣所卖十八总后街瓦屋五间,四至载明契内,为馆造长生亭,前后并金家围等屋。

十闽堂内之屋俱系买来,建馆之余,另造铺屋,而为每年收租。

十闽堂下,又分为许多堂,如厘头堂,每一堂下又有自己的田、山、屋等。所属堂有:永盛堂、鄞江堂、恭圣堂、享圣堂、兴安堂、咸吉堂、兴圣堂、开源堂、连株堂、福圣堂、正一堂、龙丰堂、仁盛堂、龙丰堂、福庆堂等,它们于乾隆至道光年间均购置田产、房屋,取得了壮大发展。

十闽堂中悬挂着众多的匾额。如乾隆十四年(1749年)赐进士出身、钦命湖南布政司布政事许嵩吉悬匾"群生慈母"。通政使司通政使翰林院侍讲学士元一统志纂修里人雷鋐悬匾"碧海荣光"。乾隆五十八年(1793年)赐进士出身、诰授光禄大夫经筵讲官文华殿大学士吏部尚书晋加太子太师漳浦蔡新悬匾"海国风恬"。乾隆五十二年癸巳(1787年),赐进士出身、通政大夫特简黔南督学使者前奉旨册封琉球赐蟒玉正一品服莆阳林麟昌题悬匾额曰"天生仁孝"。乾隆五十二年(1787年),赐进士出身、中宪大夫分守陕西西乾鄜等处地方兼管水利驿传事务督粮道翁趩悬匾"得一以灵"。其他还有"后德配天""泽国慈航""湄云远荫""播液发灵""湄月印湘""泽流湘浦""福荫闽湘"等等,这些均把妈祖的形象提升到了一个极高的境界,增强了其文化渗透力。

十闽馆制定了《公议馆规》,具体内容如下:

一、祀有常典,本宾馆遵奉钦颁礼制仪注,陈设牺牲品物均有确守,历来省牲之后,备办庆寿酒戏用项,酌照存蓄时宜,诘朝在任文武各宪及乡帮绅士诣馆行礼,分别款待,务期精洁隆重,其分班各衔及乡帮福胙,悉照旧额,其有新捐入公,一体派给,所以均神惠崇礼仪也。

二、规有定额,十闽堂内所有租谷租银额为每年供给祀典戏酒杂用等资,如果丰俭得宜,又能照额用剩,载明总簿,照数归公。如任意奢华,所入不敷所出,虽经垫用,实属违规,公上断无还补,其老厘头堂内所有租谷租银,原存以备岁修,毋得羼入垫用,更不以两堂公业售典弥

---

① 《类成堂集》,第289~290页。

空,致断租息,设有义不容辞之事,需银至三十两以上者邀集各堂公议,是否可行,别为筹划,所以厚积储也。

三、用有应否如另置业,或在本业开垦筑塘修屋及为公事应酬,虽出祀典之外,悉在应用之列,其用公项固宜至各私自相与馈送厚薄,混称为馆来往,此皆不应用者,不得牵动公银,所以杜虚靡也。

四、事有责成,馆内租谷租银统由值年总理执管,他人不得搀入冒名荽收,所有兑换银钱不得轻重出入,混称时价暗里侵公,所以征诚实也。

五、本馆值年总理每年各府公择殷实诚愿之人,交接之日公同检查田屋山地新老各契字约,倘有违失互混及数重复漏载等情,公同彻底跟查,果有情弊,赔后加罚,所以昭慎重也。

六、本馆田屋如遇各佃私顶私赁,借端踞庄霸耕等因,理宜禀究押追。倘有私受贿嘱,武断公项弊给,一经查出,照数赔罚,所以防侵冒也。

七、本馆旧章,凡有乡谊荣登仕版,现任各省府县,因公经过诣馆行礼,值年致敬迎送,以敦乡情。如非现任绅官,又无同乡认识,即系来历不明,不得任其居停馆内,所以重桑梓杜冒诈也。

八、本馆义山凡同乡觅地安葬者,务同帮认识之人,先为值年领票,照票注定丈尺安厝,每逢春秋祭扫,值年偏视岗原,一有崩塌,立即饬佃修葺,所以安旅亲也。

九、本馆供奉龛前香烛,务宜昼夜不熄,殿前正门不得擅开,遇演戏日,不许拦殿门踞坐嬉笑触犯,一切淫邪秽粗,不许点演,所以昭诚敬也。

以上规定贯彻了俭约、规范、崇正等原则,本身便具有教化意义。

十闽堂中注重仪式的庄严性,管理亦很严格。凡馆内财产不得借出,馆内田地得招佃耕种,按时按质交租。规定十闽堂每年纳粮饷十两,厘头堂每年拿粮饷银陆两二三钱。规定:

每年司事定于三月初一日交盘,凡我同人齐至馆内,将所存契字约点交分明,各府轮流值管,公举总理一人帮理七人,各县照派,无得推诿,每逢三月十月总理现行约期,邀集同事公祭义山,一切照旧给仙峰佃户酒钱共二百文。馆内雇佣僧人代供香火,恪守清规,每月茶油五十斤,每朔望蜡烛二斤,每年谷五十三石,端节元银六两正,中秋元银六两正,年底元银八两正。数量均有定额,可见其规定之细致。馆内对每次活动由谁负责也很明确,正月里初五日祝圣堂演戏,初六日明德堂演戏,初八日永盛堂演戏,初九日定福堂演戏,十三日咸吉堂演戏,十四日兴安堂演戏,十五日十闽堂演戏,十六日永盛堂演戏。二月十九日明德堂演戏,二十日恭圣堂演戏,二十三日灯田堂演戏,三月初二日鄞江堂演戏,初三日连庆堂演戏,初七日福田堂演戏,初八日兴圣堂演戏,十二日源忠堂演戏,十三日西川堂演戏,十四日仁圣堂演戏,十五日十闽堂演戏,十五日永源堂演戏,十六日庆福堂演戏,十七日连株堂演戏,十七日咸吉堂演戏省牲,十八日咸吉堂演戏致祭,十九日恭圣堂演戏,二十夜永盛堂省牲演戏,二十一日永盛堂演戏致祭,二十一日天圣堂演戏,二十一夜上祝堂省牲演戏,二十二日享圣堂致祭演戏,二十二日兴安堂演戏,二十二夜十闽堂省牲演戏,二十三日明德堂演戏致祭,二十三夜永盛堂省牲演戏,二十四日龙丰堂致祭演戏,二十五日普庆堂演戏,二十六日宝树堂演戏,二十七日永盛堂演戏,二十九日祝圣堂演戏。四月初一日开源堂演戏,初六日灯田堂演戏。五月初十日咸吉堂演戏,十一日永盛堂演戏,十二日兴安堂演戏,十三日明德堂致祭演戏,十四日恭圣堂演戏,十七日十闽堂演戏。六月十七日十闽堂演戏,十九日灯田堂演戏。七月十五日明德堂演戏,二十五日十闽堂演戏。九月初一日开源堂演戏,初三日连株堂演戏,初四日十闽堂演戏,初五日祝圣堂演戏,初六日兴安堂演戏,初七日仁圣堂演戏,初七夜上祝堂省牲演戏,初八日享圣堂致祭演戏,初八日恭圣堂演戏,初八夜十闽堂省牲演戏,初九日明德堂致祭演戏,初九夜永盛堂省牲演戏,初十日永盛堂致祭演戏,十一日龙丰堂致祭演戏,十一夜咸吉堂省牲演戏,十二日咸吉堂致祭演戏,十三日十闽堂演戏,十三日兴圣堂演戏,十九日明德堂演戏,二十八日十闽堂演戏。十月十五日明德堂演戏,逢吉日类编堂宴庆演戏,逢吉日成言堂宴庆演戏。①

以上是有确定日期的活动,"凡各行店字号演戏庆祝,原未定期,故不悉录",就是说还有很多的类似活动,如此密集的演戏、庆典等活动势必将福建人在湘潭的影响力加以扩大。

---

①　《类成堂集》,第 353～354 页。

"类成两堂之银系各乐捐，虽曰合闽之堂，非若厘头，合闽诸公无不捐抽，所以不得紊入十闽堂内"。这表明尽管宣称"全闽"，实际上仍然以某些地区某些堂派为主，全闽的整合还需待以时日。

第四节

近代闽商组织的发展演变

近代福建商人组织的发展呈现出新的样态，大体包含三个方面：一是传统的会馆、公所继续存在，时有兴建，且呈现出兴盛局面，这类组织既集中于省城福州，也在像厦门、泉州、龙岩、建阳等地有所体现。二是随着近代商战的时代潮流涌现，福州、厦门建立起了商务总会，该两商务总会均受到《商会法》的推动，且由政府干预组建，该两商务总会统管全省各地的商务分会，实际上是建立起了对全省商会的集中管理。这些商务总会受到传统会馆、公所、同业公会的积极影响，或者说承继了传统会馆的基本遗产，厦门总务总会就成立于广东会馆内，福州的商务总会建于下杭街，也是会馆集中之区。三是福建商帮还将他们的组织建到了国内各地、海外各地。举凡上海、苏州、天津、烟台、宁波等地都有福建商帮的集合场所——福建会馆。在南洋各地，福建会馆鳞次栉比，彰显了近代福建商人在参与世界经济活动的强大能力。在与台湾的贸易中，福建商人尤其是闽南商人积极有为，规模巨大，除了建立会馆、公所外，在沿海港口还多建立了郊行及其郊行会馆，由于这类组织只出现在台湾、厦门等沿海港口城市以及闽南商人足迹所及的南洋区域，几乎只与海洋经济贸易活动存在关联，且内部相互信任多，运行有效。

一、传统会馆、公所在近代的继续发展

福建商帮是明清时期的十大商帮之一，在建立商人会馆方面，福建商帮具有倡始性，尤其在江南的苏州、上海等地，数量与规模均较大。进入近代以后，随着中外商业活动的进一步增多，福建商帮势力进一步壮大，兴建与扩充会馆、公所的努力进一步得到彰显。

　　福建的商人既有山地商人,又有沿海商人,因而形成了大商帮中的小商帮,可谓帮中套帮,有的会馆下又或依行业分帮,有的会馆下又或按地域集结,前者如苏州的三山会馆内又有干果帮、青果帮、洋帮、丝帮、花、紫竹帮等,后者如潮州的汀龙会馆分成篓纸纲、福纸纲、龙岩纲、履泰纲、本立纲、九州岛纲、运河纲、武平纲、上杭纲、莲峰纲、永定纲、白沙纲和袍季纲等,在汉口的福建会馆由巷岩福、龙川福、致和福和宝树福所组成,在重庆的福建会馆内又有文华会和鄞江会等。①

　　在浙江宁波,临海的天后宫于乾隆二年(1737 年)由福建商人建立,咸丰十一年(1861 年)庙毁,同治十年(1871 年)福建商人林益谦等又行重建。②　上海的开发与发展离不开福建商人的努力,由泉漳商众于乾隆二十二年(1757 年)建于咸瓜街的泉漳会馆,由建宁、汀州商人于道光五年(1825 年)建于翠微街的建汀会馆,由福州、建宁商众于光绪二十三年(1897 年)建于福州路的三山会馆和由莆田、仙游商众于光绪年间建于南市复兴东路的兴安会馆等都鲜明地记载了近代以前福建商帮在开发上海事业中的历史功绩。

　　在山东烟台,闽商凭借妈祖信仰在此站稳了脚跟,并带动以天后宫为中心的区域迅速成为城市中心,吸引了四面八方的商人加入进来。"本埠各会馆之兴筑,以潮州会馆及福建会馆历时最久,建筑亦甚宏壮……两馆内均供有天后圣母像,于年年中元节期,举办盂兰大会,故俗称潮州会馆为东盂兰会,福建会馆为西盂兰会。"福建会馆及潮州会馆呈闽粤建筑风格,格外引人注目。福建会馆由福建商人自 1884 年动工,至 1906 年落成,占地 3500 多平方米,原为三进庭院,建筑材料取自福建泉州,由当地工匠雕刻后海运至烟台组装而成。该会馆坐南面北,很显独特性,因为馆内供奉妈祖,须面朝大海,保佑渔民,普渡众生。

　　烟台福建会馆竭力谋求与当地文化的融合,妈祖与蓬莱八仙信仰相互结合,迅速实现了妈祖信仰与当地文化的融合。在建筑雕饰上,福建会馆亦尽量将当地人耳熟能详的传统故事融入其中,以求达到教化效果。福建会馆的楹联是文化展示的一个重要平台,楹联内容或警世、或崇神、或赞誉乡

---

①　《清代康雍乾巴县档案选编》上,成都:四川大学出版社,1989 年,第 61 页。
②　民国《临海县志》卷十　·,《祠祀》。

贤,强调两地交流产生的双赢效果。譬如"熙朝崇祀典鲁近闽并一席,湄岛现慈航江河海普护千艘"。山门右门楹联:"作庙象尊严观神威同般施布,入门加敬谨荷庇佑早切归依。"山门左侧楹联:"俎豆荐他乡何异明礼修故里,灵神周寰海依然宝炬济同人。"山门之前,面向大殿处石柱有楹联:"从八百英里航路通来揭耳鼓闻韶是真邹鲁海滨何分乐界,把二十世纪国魂唤起放眼帘阅史直等衣冠优孟同上舞台。"天后殿前六根石柱三副对联:"地近蓬莱海市仙山瀛客话,神来湄渚绿榕丹荔故乡心"。"榕嵩荷神庥喜海不扬波奠兹远贾,芝罘崇庙祠愿慈云永驻济我同舟。""潮馆近为邻作庙后先隆俎豆,曹碑同此孝惟神功德普寰瀛。"这些对联无不体现了福建与烟台、南北方的联系与交流。

1902 年在市中心的天后宫由八大家自发成立了大会,堪称烟台市最早的商会组织,大会主持商品统一价格及各商号的公益事宜。1906 年改名为总商会,1910 年改为商务会,1920 年在政府注册为烟台总商会。

在台湾,银同会馆创建于道光二年(1822 年)祀妈祖、吴真人、陈圣王、五文昌、朱夫子、蓝先贤等神。在彰化有汀州会馆,乾隆二十六年(1761 年)由汀籍总兵张世英及汀籍人士捐助而成,主祀守护神定光古佛。三山会馆创建于清同治七年(1868 年),三山会馆为清代福州人来台南所捐建。在淡水,有汀州会馆,为道光三年(1823 年)汀州人张鸣岗等捐建。光绪十九年(1893 年)《鄞山寺碑记》说:"昔汀人在沪尾街后庄仔内,于道光三年(1823 年)建造庙宇,名为鄞山寺,供奉定光古佛,为汀州会馆。"[①]在台湾,由于闽粤移民比较集中,故这里有泉郊会馆、厦郊会馆、汀州会馆等。

根据方志记载和实地调查,福州历史上共有 66 所会馆。按现在区属划分:鼓楼区有 32 所,台江区有 31 所,仓山区只有 3 所。按馆属分:本省的 36 所,外省的 29 所;全国 18 省,省内 24 县,都在福州设立会馆,有的一地多馆,如江西人在福州建的会馆,在鼓楼北角楼和鼓东路各有 1 座,在台江有昭武会馆 1 座、南城会馆 2 座,江西会馆 1 座,平南会馆 3 座,可见江西商人将福州作为贸易出海口的事实。浙江木业商帮在仓前桥头建"安澜会馆",俗称"上北馆",浙江运木商帮还在泛船浦文藻巷建"浙船会馆",俗称"下北馆"。会馆有的是联省合建的,如石井巷的两广会馆、三山会馆、闽浙会馆、

---

① 周宗贤:《血浓于水的会馆》第七章,1980 年。

闽陕会馆、奉直东会馆、蜀滇黔会馆等,江浙两省的绸布业公帮在福州城市内外各合建了一个会馆,因是跨省性的,不标"江苏"或"浙江"名称。城内的会馆在春育亭(俗呼"仓前河沿",在通湖路和光禄坊交界处),邻近三山驿,故叫"三山会馆",在南台的会馆也用此名,分别呼为"城三山馆"和"台三山馆"。浙江人还在鼓楼的三牧坊、西门外和南门下醴井分别建了浙江会馆、浙绍会馆、闽浙会馆。由此可见浙江商人在福州的势力。有的会馆是地缘性的会馆,如建郡会馆就是由建宁府所隶属的建安、瓯宁、崇安、浦城、建阳、松溪、政和七县共建的。又如台江下杭的南郡会馆,即由泉州、漳州、厦门等闽南籍商帮集资建造的。有的会馆是同业会馆,如安澜会馆是由浙江木材商兴建的,石塔会馆是京果行商会捐资重建的。福州市现有保存完好的会馆 11 家,已列入省级文物保护单位的会馆有 1 所,已列入市区两级文物保护单位的会馆有 6 所,被修复或正在修复的会馆有 3 所,为我们研究福州会馆史及各省市商帮在福州的经济发展史,提供了具有重要历史意义的实证。

在福州,还有外国商人的会馆。如琉球会馆,馆址在太保境和状元街之交的旧水闸口(今台江第五中心小学后门)外。由于福州与琉球贸易往来频繁,明代,琉球馆[福州人对柔远驿之称呼,始建于明成化年间,重建于康熙六年(1667 年)址在今馆后街 40 号福州第二开关厂]附近就有七姓十家联合组成的行会组织,专门经营对琉球贸易。据郑祖庚《闽县乡土志》记载:"李姓四户,郑、宋、丁、卞、吴、赵各一户,代售球商之货。"按规定琉球贡船贸易商品要委托他们代售,不能私下与老百姓直接贸易。琉球人所需的货物也由这十家承办,这样"十家排"几乎垄断了中琉贸易。这十家商人于清道光三年(1823 年)合资建立"琼水会馆",即琉球会馆。"迄于清代,河口仍在琉球商人集居之地,故老相传,当贡船来闽时,其地繁华殷盛,曾为全城之冠。"①

光绪二十四年(1898 年),由古田米商陈必光牵头,在台江购得地皮,创建会馆,到 1904 年,古田商帮的其他分支包括红粬帮、茶帮、焊帮亦加入会馆的建设,1904 年至 1908 年,建成正门、四面风火墙、石戏台、天井、酒楼、拜亭、大殿等部分,1909 至 1913 年进入局部维修阶段,并对栋梁、戏台基座

---

① 傅衣凌:《福州琉球通商史迹调查记》,见《福建对外贸易史研究》,艺声图书印刷所,1948 年,第 59 页。

和拜亭等进行金朱上色。1914年又购得右侧既有库房（又称西跨院）扩充规模。整个工程历时十年，共筹集款项18287两7钱3分5厘，耗资18889两3钱8分8厘。显然，在福州商务总会建立之后，会馆仍继续兴盛并发挥着作用。

同治十年（1871年）编成的《汀龙会馆志》为我们提供了福建商帮会馆运行的典型个案。

汀龙会馆倡建的起因在于："汀龙二州密迩毗连，据闽江之上游，下与潮属为邻，地壤相接，且鄞汀一水南流直通潮郡，舟楫往来，众皆称便。凡商贾贩运，托业于斯者，歌乐土焉。盖时当承平，清晏日久，海国江乡，无复向时鲤波瘴雨矣。由是议建会馆，将上以妥神灵，下以通乡谊，岁时祭赛，樽酒言欢，联一堂桑梓兄弟，甚盛事也。佥曰：宜然，因而相地裁定，鸠工庀材，自春徂秋，九阅月而告竣。考其时岁在癸未，为乾隆二十八年（1763年）。"

会馆建成之后，规模就颇为庞大，成为潮州地方最大的会馆。"馆在潮州城开元街之西福胜庙右手下畔，坐北朝南，馆门当街，正中为天井雨坪，左右二廊，道光戊戌年（1838年）改建东西二酒楼，正厅堂为奉祀天后圣母，正殿左耳厢为财神殿，右耳厢为福德祠，均祀木祖，设神龛，前为天井，俱有门与酒楼相通，则财神殿左横屋一直深与馆基等，上为客厅，咸丰癸丑年改修，兹仍京都汀州乡馆堂额为旅萃堂，厅屏后为小眠房，厅前开小天井，左出留天空，下开一水井，中用花窗屏扇隔一小厅，坐东面西，为祭祀更衣所，厅右隔小房，再出为厨房，中开大门当街路，门外左侧抽一厕所，馆后并左右俱黄姓房宅，馆右抽开小巷以通，然路墙檐下有滴水坑出街沟，馆门距街正对照墙一面，其墙下基址属馆内地。"会馆通过祭祀天后、财神、福德正神等聚合会众。

汀龙会馆的内部运作告诉我们：其在"祀神、合乐、义举、公约"等方面都有章可循，井井有条。它虽并不设立全馆公项，但在会馆的统一布置下，可以支使各纲来分担款项。另外又让各纲有自己组织祭神活动的机会。且看每年各纲庆祝前后分祭及敬神定期，就可见其中既有轮流坐庄，也有协作行动，从而保证了把事的不辍与规模。从正月初五日到十二月二十四日举行二十六次神祭活动，其中有饮宴、演戏等活动，大体情况是：

正月初五日福纸纲祈神，午刻饮福，演戏壹台。

二月初一日运河纲祈神，午刻饮福，演戏壹台。

三月十八日上杭纲分祭，预祝圣母诞辰，午刻饮福，演戏壹台。

三月十九日运河纲分祭,预祝圣母诞辰,午刻饮福,演戏壹台。

三月二十日九洲纲分祭,预祝圣母诞辰,午刻饮福,演戏壹台。

三月二十一日本立纲分祭,预祝圣母诞辰,午刻饮福,演戏一台。

三月二十二日龙岩纲分祭,预祝圣母诞辰,午刻饮福,演戏一台。

三月二十三日汀龙众帮公祭,庆祝圣母千秋诞辰。预期各纲董理公择帖,请主祭与祭各执事前一夜习仪,众办主与祭执事二便席。是夜演戏,各纲分办酒席预祝,二十三日卯刻致祭,辰刻主与祭执事二面席,午刻饮福二席,由众办,其余各纲早晨观祭,午刻饮福,酒席俱各纲自行分办。是日演戏连宵,亦各纲自办夜席庆祝。

三月二十四日篓纸纲分祭,庆祝圣母诞辰,午刻饮福,演戏壹台。

三月二十五日福纸纲分祭,庆祝圣母诞辰,午刻饮福,演戏壹台。

三月二十六日履泰纲分祭,庆祝圣母诞辰,午刻饮福,演戏壹台。

三月二十七日武平纲分祭,庆祝圣母诞辰,午刻饮福,演戏壹台。

三月二十八日莲峰纲分祭,庆祝圣母诞辰,午刻饮福,演戏壹台。

六月初三日福纸纲预祝土地福德神诞,午刻饮福,演戏壹台。

每年秋九月汀龙众帮公祭,庆祝圣母飞升,章程与春季同。

九月初六日上杭纲分祭,预祝圣母飞升,午刻饮福,演戏壹台。

九月初七日延河纲分祭,预祝圣母飞升,午刻饮福,演戏壹台。

九月初八日九洲纲分祭,预祝圣母飞升,午刻饮福。演戏壹台。

九月初九日汀龙众纲公祭,庆祝圣母飞升,午刻饮福,演戏连宵。

九月初十日汀龙众纲预祝财神诞辰,午刻饮福,演戏壹台。

九月十一日莲峰纲分祭,庆祝圣母飞升,午刻饮福,演戏壹台。

九月十八日延河纲庆祝财神诞辰,午刻饮福,演戏壹台。

九月二十二日福纸纲补祝圣母飞升,午刻饮福,演戏连宵。

九月二十三日本立纲补祝圣母飞升,午刻饮福,演戏壹台。

十二月初一日运河纲酬神,午刻饮福,演戏壹台。

十二月二十四日福纸纲酬神,午刻饮福,演戏壹台。

换袍季每年演戏壹台,午刻饮福。①

---

① 同治《汀龙会馆志》卷一,同治十年(1871年)刻本。由旅潮长汀人康晓峰先生提供,谨致谢意!

于娱乐中寓教化，促整合，祭祖活动成为聚会活动的载体。在各纲内，经费的收支与管理都有具体规条，从而保证了其规模的稳定与扩大。

会馆的管理是"依其里邑之所近"联络为纲，在汀龙会馆之下分为篓纸纲、龙岩纲、履泰纲、本立纲、福纸纲、九州岛纲、运河纲、武平纲、上杭纲、莲峰纲、永定纲、白沙纲和袍季纲等。会馆根据每年开支的预算按不同的比例分摊给各纲，包括不同节日的祭祀与演戏也分别由不同的纲来承担。如馆规规定："汀龙众帮未经抽厘，并无公项，其馆中神前香灯，每月额定一千五百文，守馆工食每月额定边银一两零五分，均照向规以三分派龙岩纲、本立纲、履泰纲，共派缴四月，篓纸纲派缴四月，福纸纲派缴四月，闰月均派"，"汀龙众帮春秋庆祝公祭香蜡戏金及主与祭执事二席及费照向规以九份派，篓纸纲派缴三分，福纸纲派缴四份，龙岩纲派缴一份，履泰纲派缴一份，倘有修葺馆宇亦同。""馆中众帮并未议额有津贴花红程仪及各项喜资，倘有甲科以上及出仕现任司道各大员至馆行香悬匾者临时酌议。""馆中奉祀圣母神像，袍服制绣更换及费俱由换袍季内措办。"这样便把具体责任都落实到各纲头上。各纲根据贩运集团的特点，或向会员征账饷银，或买房出租办店以取得收入。如福纸纲饷规规定：

各庄福纸由上山采办盖用各字号戳记，所有双合纸黄纸每四十二张为一刀，每五十刀为一片，合二片共壹百刀为一捆，船送至东关，每捆完纳银四分陆厘，大包各庄纸每八十四把为一球，每球完正饷银三分八厘，向规每饷银壹百两加耗银解费三两，补库平银三钱。至道光十六年再议每百两加费银四两，合前共加银七两三钱，纹佛各半缴完。

福纸纲更有具体行规：

（一）各字号纸张由客批定行收揭挥到东关，按挥先垫完清正饷并代发船脚，俟纸货售完后，总共与客申算，订记行单簿内；（二）各庄纸张由行照依时值发卖，俱作钱价申算，每七百文额定申七兑花边三元，每百元以时用佛边补贴花水边拾元；（三）各项纸售卖后行内与客结算，每七百零伍文扣七兑花边1元，自道光间议贴行内看边用戳过平钱三文，合共每七百另八文扣花边1元（支用行内之边，如有次边短平，俱由行认补）；（四）行内代客售卖以九八扣行用，每百元扣七兑边二元；（五）除行用船脚外，行内与客总共结算，每双合1捆扣钱五十文，大包各项每球四十九文（并饷项补费补平及东关发担入行，每捆市钱四文，每球市钱三文，又贴行房租油水客饭俱在内）；（六）各字号客到行，便饭一次，席请一次,前人定规,原以存宾主体统,行有请客之名,客有贴行之费。若将此除去,虽有另送,将来彼此效尤,致启争端,殊为不雅。自后宜照旧规,以昭划一;(七)各行售卖纸张务先向客说明市价,庶免以后争论,其纸货批入各行,倘有润张湿角,亦须通知各字号到行面验看过,提出结价,可免争多议寡;(八)各船户自峰领载,每双合一捆,额钱二十文,以四捆为一担,每担共钱八十文,大包厚纸每担额钱壹百六十文,中包每担壹百三十文,各行照会验收,先行垫发脚钱,后与客总结算,其船载倘遇水浅旱干,另加批包封,由峰馆批明,随时无定;(九)各纸客由蔡家围搭小船到郡,每人约略给钱壹十六文,其各纸客回家由关搭小船至大船,每人并行李一担,共给钱壹拾六文,若另有货物,每担给钱六文,此规已于咸丰九年(1859 年)呈请彭县宪给示勒碑在案。①

通过上述比较稳定的收入再加上房屋店面的租金来达到"答神麻而联乡谊"的目的。由此,会馆的兴盛就直接意味着商业的兴盛,会馆的规约为商业的良性发展奠定了基础。

近代福建商人组织化倾向更加明显,其发展呈现出新的样态,大体包含三个方面:一是传统的会馆、公所继续存在、时有兴建,且呈现出兴盛局面,这类组织既集中于省城福州,也在像厦门、泉州、龙岩、建阳等地有所体现,还存在于闽商所流布的沿海各地和南洋地区,其旺盛的生命力彰显出传承中华文化的跨时代意义。

福建商人在其"所托足之处,类皆建有会馆,所以联商情而敦梓谊,法至良意至美也"。会馆成为福建商人形成群体力量的重要标志,各会馆的规约则大体揭示了福建商人发展壮大的奥秘。同治时期《汀龙会馆志·馆志序》中说:"或曰会馆非古制也,而王律不之禁者何耶? 予曰:圣人治天下,使民兴于善而已,会馆之设,有四善焉,以联乡谊明有亲也,以崇神祀明有敬也,往来有主以明礼也,期会有时以明信也,使天下人相亲相敬而持之礼信,天下可大治,如之何其禁耶!"②可见会馆注重传统优良道德修养的维持,体现了通过自我管理实现社会有序的目标。

会馆多以"答神麻,笃乡谊,萃善举"而起,"崇乡谊,敦信义"是建馆的最

---

① 同治《汀龙会馆志》一册,同治十年(1871 年)刻本。
② 同治《汀龙会馆志·馆志序》。

初宗旨。会馆成了"劝诱德业,纠绳愆过,所以风励流俗,维持世教"的场所,明清福建商人以"诚""信"确立自己的形象,义利兼顾,以义兴利,因而开辟了商业发展的广阔前景。

福建商人会馆颇强调会员对会馆及其商帮的义务与责任,颇强调会首的"品行端方"与"办事公正廉明",颇强调建立良好的商业信誉,亦颇强调团体合作、信息交流与急公好义、共同发展。会馆倡导一种团体精神与协作精神,也有利于商业活动中矛盾纠纷的协调和化解。会馆制定的规约往往亦旨在建立公平的商业秩序,建立起良好的商业信誉。

福建商人会馆在"团结商人,保全信义"的基础上,遇到"凡受国家法律有不完全之处,或贪婪官吏对于人民有苛酷之事件",皆力求为会员争得"保全生命财产,判断曲直之权利",有人说:"凡所以联乡情,敦友谊,求自治,谋公益者,皆不能不于会馆公所是赖。"①

福建商人会馆多设置义冢,为客死他乡者解除了后顾之忧,会馆经常举行祀神、演戏、过节等文化娱乐活动,通过会众集资达到增强会众凝聚力的目的,福建地域文化既奠定了在当地的地位,又实现了与当地文化的交流与互摄,如作为闽人乡土神的妈祖逐渐走出乡土神的局限,而成为全国通祀神,又如福建人的种烟植蔗培薯技术亦纷纷为当地所吸收,依凭于会馆的商人几乎成为地方文化的使者,遍布东南亚的福建商人会馆还多致力于教育,更为中华文化的弘扬做出了贡献。

由此我们认识到:"闽帮"走四方,靠的是"无远弗届"的开拓精神、义利兼顾的职业道德以及诚信无欺的人格面貌,这不仅使他们创造了历史上福建商帮令人瞩目的辉煌,亦必将激励当代,走向未来。

二、厦门商务总会与福州商务总会的运行

随着晚清"商战"成为中国近代自强运动的一个重要引擎,商部于1902年开始建立,福建商务总会也在厦门、福州建立起来。

清光绪三十年(1904年)7月,厦门商务总会成立,首任会长是林尔嘉,厦门成为20世纪初中国首批成立商会的海港城市。

---

① 《中国经济全书》第二辑,宣统二年(1910年),第494页。

林尔嘉(1875—1951)，出身于台北，祖辈经商，家产丰裕。1895年，台湾被日本侵占，刚满20岁的林尔嘉不愿做日本的"顺民"，依然放弃在台湾的庞大家业，随父内渡到厦门鼓浪屿。林尔嘉曾主张："不以实业为政治之资，则政治几何能淑；不以政治为实业之盾，则实业几何能兴。"深刻阐述了中国社会政治与实业间相互支持的关系。1904年，厦门奉命筹办商务总会，其父亲林维源自愿担负承办，不久就因病逝世，清政府因而转派林尔嘉为厦门商务总会总理。之后，他持续任职6年，通过争取，先后制定了《土地买卖章程》《华洋交易规约》各六十四款，使经营者有章可循，从而保证厦门工商业者的利益以及国家的经济利益。林尔嘉在商务总会期间，提出过许多改革经济、发展实业的主张，他认为要振兴商务，必须大力发展出口商品工业，开矿铸银，修建铁路，整顿税收，削减冗费，以保证国家的收入。他以实际行动，为厦门经济发展做出了重大的贡献。

林尔嘉不仅学识渊博，而且为人正派，在政坛风云变幻中亦能明辨是非，择善弃恶。1915年袁世凯企图复辟称帝，省里的权贵力荐林尔嘉作为福建代表赴京上"劝进表"，他坚决予以拒绝。帝制破灭后，民国分南北政府，段祺瑞执政的北京政府聘他为"华侨总裁"，他毅然婉辞不就。

林尔嘉在当时"弱国无外交"的时代，却很有民族气节。他特别看不惯一些洋人凭借不平等条约规定，任意欺凌中国人。当遇到涉外事件时，中国官员往往仰承外国人的鼻息，不敢维护中国人的合法权益。林尔嘉在1913年于鼓浪屿建"菽庄花园"，毗连而居的是当时厦门海关税务司夏礼威，夏礼威蛮横地拆除"菽庄花园"的石桥，林尔嘉并不忍气吞声，他向法院提出了诉讼，还起草《为菽庄石桥被毁及私权横受侵害事谨告同胞书》，并印成单行本，分发国内外，以大量事实并引用中外法律，控诉其故意违法侵犯的行径。该书词锋锐利，大快人心。最后，洋人竟不敢与林尔嘉对质法庭，愿意赔偿还承认理亏。

厦门是一个良好的贸易港口，1842年，厦门成为"五口通商"口岸之一后，30年的时光就拥有了直通上海和香港的通信电缆，可通过电报与欧美市场联系，海上航运业的发展使厦门成为华侨的重要出入口岸与集散地。劳力输出创造了侨汇，侨汇又为厦门提供资金。同时，新兴的通信业加速了厦门与东南亚各城市之间的信息交流，跨地域的金融体系由此形成。

在这段历史风云中，厦门已经卷入了资本主义世界经济体系，厦门商人充分释放自己固有的冒险与求变精神，经济迅速发展，商人群体渐成气候，清政府署理闽浙总督李兴锐两次上奏，谈及"目前财用所困非讲求商务无从措手"，新成立的商部更是将厦门列入"商务繁荣之区"，定为"应设（商务）总会之处"，在劝办商会的奏折中提出："则今日当务之急，非设立商会不为功。"于是，1904 年 7 月，在厦门小走马路的广东会馆里，厦门商务总会宣告成立，当时林尔嘉只有 29 岁，被清政府指定为会长。

厦门商务总会成立之初，民族危机深重，社会动荡不安，商务总会毅然承担起稳定厦门政局的使命。当时"关税未自主，厘金未裁撤以前，外货源源入口，土货日形凋敝，举国洋货，满布市场，年溢出金钱亿万千"。20 世纪 20 年代，全国兴起倡用国货的热潮，商会在其中发挥了积极的作用，不但大力推荐本地商品参与包括南京劝业会、奥地利赛会等在内的各类展览会，也注重舆论宣传，曾通告各商业团体，一致倡用国布、国烟、国酒。同时更身体力行，1936 年，由总商会主办的厦门国货展更是将国货运动推向了高潮。

黄奕住（1868—1945），福建南安县人，年轻时赴南洋谋生，创办"日兴银行"，1908 年改为"日兴股份有限公司"，跻身爪哇四大糖王。曾任三宝垄中华商会副会长。1914 年 4 月定居厦门鼓浪屿。1926 年至 1931 年间，任厦门总商会第八、九届会长。后到上海创办中南银行。20 世纪 20 年代厦门市政建设中任市政会副会长，为投资房地产的大户。1919 年在厦门筹办商办自来水股份有限公司，继而成立商办厦门电话股份公司，均任董事长，推动厦门市与城郊及周边地区水陆交通。1924 年续办漳厦铁路。黄奕住注重文教卫生事业，独自创办南安斗南学校和厦门勤慈女中，先后捐助的大、中学校十几所，医院 3 所，图书馆 4 所，并多次赈灾济贫。

20 世纪初，受西方市政建设的启迪与近代中西文化交流的影响，中国各大城市的市政建设纷纷起步，鼓浪屿无疑为厦门城市规划提供了很好的参考，而富有爱国热忱的华侨则为厦门城市建设提供了充足的资金。20 世纪 20 年代至 30 年代中叶，厦门当局、地方商绅和华侨携手进行了大规模的市政建设。

在商会会长洪鸿儒的努力下，20 世纪 20 年代，厦门拥有了第一条道路——开元路，路政建设拉开序幕，运输业随之发达，1926 年至 1933 年，近千辆汽车输入厦门，1931 年已经拥有覆盖全市的 5 条公交干线。在洪鸿儒、黄奕住等商会领军人物的极力推动下，自来水、电灯、通讯、排污等公用事业迅速发展。

洪鸿儒（1865—1953），字晓春，又号悔庵，福建同安县人。光绪年间，从同安到厦门经商,经营粮食、信局、钱庄。从 1908 年起,先后任厦门商务总会(总商会、商会)第二、六、七、九、十、十一届会长(总理、主席)。30 多年间,积极维护地方金融秩序和物价稳定,谋求工商业发展和公共福利,维护商界权益,参与市政建设,发动民生救济,关心教育公益事业,成绩昭著。曾任厦门教育会会长,慈善团体"益同人公会"名誉会长,厦门市政会董事、副会长、会长,"保全海后滩公民会"会长,大同小学、民立小学董事长,还曾创办同安窗东学校。抗战爆发后,任厦门各界抗战后援会劝募部部长。1950年 1 月,洪晓春被选为"厦门市各界人民代表会议协商委员会"委员。1952年任福建省工商业联合会筹委会主任,并被政务院任命为福建省人民政府委员。

厦门鹭江道堤岸填筑工程于 1927 年启动,到 1933 年资金缺口达 28万,当时,市政经费"山穷水尽",建设经费"需款孔急,数额巨大",为了不使该"关于地方永久之福利"的工程搁浅,厦门市工务局向总商会发出了求助函,请其邀集各法团讨论维持堤岸工程费办法。当时"市况萧条,金融奇窘",商会经再三讨论,决议以关税附加 2‰ 来解决工程缺口,2 年 6 个月为限,由此保障了鹭江道堤岸的顺利完工,厦门脱掉了"污秽之商埠"的面貌。1937 年,厦门各行各业的店铺已达 5217 家,抗日战争爆发,厦门失陷后,商业开始退化,"大商巨贾,惨淡经营,负贩肩挑,生机告绝"。抗战胜利厦门光复,"接受伊始,满目疮痍","商人焦困已极",厦门商会在这段特殊的历史时期内,竭尽全能,为厦门商业的复苏进行了多方的努力。

1912 年,厦门商会组织办理立案,此时入会商号已达 316 个。至 1949年 10 月 7 日厦门解放,厦门商会组织共经历了 38 年,历 11 届。厦门市工商业联合会(简称工商联)于 1950 年 3 月开始筹备,于 1953 年正式成立。应对外交往之需,1988 年,厦门市工商联经批准加挂"厦门市商会"牌子。1990 年,厦门市商会又改称"厦门市总商会"。

近代商会的建立对推动近代福建工业、交通运输业的发展有积极意义。

厦门商会始终以重要的角色、积极的姿态,为发展厦门经济、推动城市建设、维护工商权益、沟通政企关系、联络海外社团、促进社会公益做出了独特而显著的贡献。

1908 年,林尔嘉创办了厦门第一家电话德律风电话公司。1912 年,厦门商人陈祖琛、黄庆元等筹办电灯电力公司,这是厦门第一家电力工业企业。1926 年,厦门商人陈日铭、陈有才等创办全禾汽车公司,首开厦门公共交通先河。

1910年秋,厦门商务总会接待了第一个到厦门访问的外国商团——美国商会代表团一行42人,商团中有银行家、工厂主、商人和实业界巨子,均带夫人随行,随团还有律师和记者,美国商团宣称:他们这次来访的目的是增进中美两国的友谊,扩大两国的贸易关系。美国商团抵达厦门后,由地方名绅叶崇禄(清池)代表厦门商务总会负责接待,先搭乘小火轮前往嵩屿参观铁路,随后参观交通银行、商务总会和同文书院。当天中午,在南普陀寺举行盛宴,宴会之后,美国商团还乘兴参观了鼓浪屿。

厦门商会以"东南门户、沪港枢纽、远及外洋"的区位优势,与出入于厦门的华侨及华侨组织保持着密切的关系,据宣统元年(1909年)资料显示,当时的厦门商会已与新加坡、菲律宾、缅甸、马来西亚、越南、印尼等地数十个社团建立了关系。正是厦门商会对外交往的这种广泛性和持续性,造就了厦门在东南沿海独特的"枢纽"地位,使厦门在国际上特别是东南亚国家拥有了极高的知名度。

1947年11月,厦门商会倡议举行了第一届"商人节"。

福州商务总会也经历了初创、发展、转折、衰亡等几个阶段。1905—1914年是其初创期。

光绪三十一年(1905年),福州旅沪巨商张廷赞、罗金城、李郁斋等自沪返里,联合福州商帮人士,于是年冬组织成立了"福州商务总会",标志着以绅商和买办为代表的早期民族资产阶级以崭新的姿态登上了历史舞台。

位于上杭路100号的福州商会"魁星楼",俗称"八角亭",是清光绪三十一年(1905年)福州富商张秋舫、罗筱坡、李郁斋等首倡组织"福州商务总会"时,福州商帮捐资买地,于清宣统三年(1911年)兴建的。八角亭占地480平方米。坐北向南,为双层八角、攒尖顶斗式木构建筑亭,是典型的清末古建筑。一楼为花厅,厅内摆着会议桌椅;墙上镜框内有两张旧照片:一张是1956年2月28日,全国工商界青年积极分子大会全体代表合影;另一张是1956年12月18日,毛泽东、刘少奇、朱德、陈云接见中华全国工商业联合会第二届会员代表大会代表和列席人员时合影。花厅是市工商联未搬迁时开会接待的地方。八角亭前有古榕、假山,后为厅堂,堂后庭院,两侧厢房。厢房为砖木结构的二层红楼,建得很讲究,保存也不错。右厢房的门呈花瓶状,门框用青花碎瓷片贴成梅、鱼等图案,门框边还有泥塑的竹子图案;厢房墙外刻有"林花着雨……,水荇牵风……"的句子。八角亭东侧还有一个幽静的院子,里面有挂牌保护的古樟、古榕以及解放初期工商联的招待所(两层旧楼)等,西侧还有一大片保留较好的清末木构建筑群。其周围清末建筑占地约 1070 平方米,是福州商贸发展的重要史迹之一。上杭路的"福州商会",是议行论市、互通信息、商务咨询、仲裁纠纷的商界民间社团组织,威望很高。自清光绪三十一年(1905 年)成立起,至 1949 年 8 月福州解放止,福州商会经历了"福州市商务总会"和"福州总商会"两个历史时期(不包含日占福州期间成立的伪商会)。历任的商会会长发扬了"闽商"的"义利相合,勇担道义,恋祖爱乡,回馈桑梓"的精神,在政治、经济、文教、社会治安、地方公益和慈善事业诸方面都做出很大的贡献,受到市民的广泛赞誉。

"福州商务总会"按"更定福州商务总会章程附件(一)",立会的宗旨为"联络同业,开通商智,和协商情,提倡改良,兴革利弊,商家如有债务廖葛,尽可赴会处决等等"。① 章程第一章规定,"总会所及之地以福州、兴化、福宁、延平、建宁、邵武、汀州七属为界",七埠会馆均纳入福州商务总会的管辖之下。据此,则除漳州、泉州、龙岩、永春等四属各埠为厦门商会辖区外,均属福州商务总会领导,两商务总会之下,各设商务分会,如闽侯商务分会、福清商务分会等。商务总会组织属议董制,设总理、协理各一员,会计议董二员,庶务议董六员,各员由会员公开选举决定;总理、协理须经商部加札委派,任期均为一年,任满另行公推或留请续任。在商务总会初创时期,相继担任总理、协理职务的有罗金城、张廷赞、李郁斋等。②

张廷赞,字秋舫,年少承家业,善经商,先后开办钱庄、食品罐头厂、布匹、京果、当铺等,曾任福州商务总会第一、二届总理,后来由于商业遭遇海难而破产。

罗金城,连城人,早年承父业经商,先后开设三家钱庄,两家当铺,经营木材、茶叶、布匹等,曾任福州商务总会第三届总理。罗金城在福州开设"恒和""升和"和"均和"三大钱庄,经营罗坤记进出口商行,购销南北土特产杂货,还开设"恒记"木行,业务远达天津、上海、营口、大连等口岸,并自备大型木帆船"金元和"和"银元和"号,往返于福州与各港口之间。

李郁斋,幼时读书,后旅沪经商,经营土产、布匹等,曾任福州商务总会

---

① 福州市工商联合会编:《福州工商史料(四):会史专辑》,1989 年,第 4 页。

② 福州市工商联合会编:《福州工商史料(四):会史专辑》,1989 年,第 4 页。

第一、二、三、四届协理。

这一时期的福州商会参与了政府推进的近代化改革运动，除了代行国家对商人的日常管理职能外，尤其在经济社会方面，如协助政府调查商情习惯、振兴实业、兴办商学、热心公益、调解纠纷、维护地方治安等等方面，都有商会的积极支持和协助。

1915—1927年是其发展期。1914年，商会法颁布，第一章规定："本法所谓商会者，指商会及商会联合会而言。"并明确"商会及商会联合会得为法人"。对于商会的设立范围，该法第二章第三条中规定："各省城、各商埠及其他商务繁盛之区域，得设立商会。"第三章第十九条规定："各省城得设立商会联合会。"第六十条规定："本法施行前，所成立之商务总会、分会及分所，自本法施行之日起，一律取消，但得于六个月以内，依本法与同地商会合组，其他原无商会者，亦得改组商会。"

这一时期，政府对商会干预过多，军阀战争频繁爆发，商会遭遇挫折，福州商会活动停止，商号减少，商会除了被迫为军阀筹饷、安顿伤兵外，很难有其他作为。

1928—1945年是其转折期。1927年，南京国民政府成立后，重新修订了《商会法》和《商会法实施细则》，1929年，工商部拟具《商会法》草案，同年8月15日公布施行。

在此期间，福州两次沦陷。福州商会被迫迁移南平。台湾浪民、日寇爪牙张家成出面组织伪"福州商会"。

1945—1949年是其衰亡期。1945年8月至1949年8月福州解放时期，是福州商会的衰亡期，面对国民党强权政治的白色恐怖及一系列变本加厉的疯狂经济掠夺，福州商会成了协助福建省国民政府进行统治的有力工具。

当时，经过八年抗战，两度沦陷，迭遭日寇轰炸和掠夺，福州各行各业受到戕害。据市商会当年不完全统计，在二度沦陷期间，仅木材、茶、绸布、百货、土特产等三十六个较重要行业约八百多家工商户，受日寇及伪组织勒索、摊派等经济损失数字约达631000064元。[①]"战前福州原有商铺九千三

---

① 福州市工商联合会编：《福州工商史料（四）：会史专辑》，1989年，第16页。

百二十八户,第二次沦陷中完全停闭者达四千五百户,收复后开业的仅六千一百户。"①在这种情况下,地方政府决定按照国民政府"关于健全工商团体组织要求",对福州商会进行整理改组,以便协助福建省国民政府进行内战。②

从税制到征收工作,其纷乱苛政基本是清末的继续与发展,税收问题是国民党政权与福州商会经常发生冲突的主要焦点。商会也以跨行业组织代言人的角色协调各业关系,组织领导这类抗捐抗税斗争,努力维护各行业团体的利益。就工商业本身的切身利益来说,商会反对苛捐杂税的态度基本是积极的,在抵制各项捐税的斗争中发挥了不小的作用,也取得了一定的成果。事实充分证明了商会具有一定的组织和斗争能力。同时在商会与商民的共同斗争中,促进了商人之间的团结,进一步扩大了影响。但是,也要看到,商会有时又屈从于政府,成为政府催缴苛捐杂税的工具,如此行为反映了商会上层人物的附庸性。

自1905—1949年的半个世纪中,近代中国商会这个社会经济组织的特殊载体,充当着国家与工商业者之间的桥梁和纽带,成为市场经济中不可或缺的重要组成部分。近代福州商会在协助工商管理、稳定市场、发展经济、缓和金融风潮、协调工商业者与官府的关系等方面,发挥了其他任何市场中介组织所无法替代的重要作用。但我们也应看到1905—1949年的半个世纪中,福建地方当局多为军阀把持,横征暴敛,"物无巨细,莫不捐税数重",城市商会更是他们勒索的主要目标,商会既不能拒绝执行政府的命令,又要充当工商业者的代言人和利益代表,处境十分窘迫。

比较福州商会与厦门商会,共同点在于:二者均由同业公会组建,其前身由一些会馆、公所转化而来。福州此前有堂会等行帮组织,厦门经营洋贩生意的行商也早已建立"行商会馆",设会址于和凤宫边。③

在职能上,二者都由商会总其成,而公会专其事,同业公会对商会的依赖更多地体现在对外事务之中;商会的行业构成及各业公会间的利益之争也影响到商会本身的政策倾向,强势企业或强势公会的领导者往往把持着

---

①　福建省政府编:《福建省福州市等十二市县沦陷损失调查》,1946年。

②　福州市档案馆:旧商会部分残余档案—901—3—323,第5页。

③　厦门市工商联合会史编写组整理:《厦门市商会沿革简况》,《福建工商史料(3)》,中国民主建国会福建省委员会、福建省工商业联合会编,1988年,第39页。

商会的决策权。二者在发展中互相制约互相促进,并非相互分离,而是具有十分紧密的组织联系。商会与同业公会这种十分紧密的组织联系,会随着政府政策和时局的发展变化及同业公会的力量的增减而发生波动。

从商会与地方政府的关系来看,无论是近代福州商会,还是厦门商会,都是当地工商业团体利益的代表,其团体的商办民间性与对政府依赖性的程度是根据政权控制社会团体的程度来决定的。并与地理空间有一定的关系。此外,二者商会并未完全屈从于政府的意志,成为政府的附庸,而是具有一定独立自主性的商人团体:政府与商会关系并非始终如一,而是时有变化的。

从商会与市场经济的关系看,二者皆通过倡导实业、调查商情和习惯、缓和金融风潮、协助工商管理、组织粮食调运、抵制苛捐杂税等方面的活动,来寻求维护当地商人利益,从而发挥了社会整合和社会和谐的重要作用。

二者的相异之处表现在:

第一,在福建辛亥革命中,近代福州商会所起的作用明显不如厦门商会。在这场革命中,福州商务总会起着协助作用,譬如,福州商会组织商团公会参加了福州的光复战斗,而厦门商务总会则起着领导作用。譬如“第二任总理洪鸿儒曾邀集绅商学各界,共议厦门独立的有关事宜,以实际行动响应武昌倡议”。“时兴泉永兵备道庆潘系旗籍,以各地风声不利匿不见客”,洪鸿儒与“各界人士即趋谒厦防分府王子凤,晓以厦市革命条件业已成熟,各界以革命为职志,以治安为前提,官吏倘能让步,地方当不与之为难,否则民意难犯”。厦门独立后,组织自治会,公推洪鸿儒任会长,维持厦门治安。① 可以说,厦门商会在厦门独立以及其后的社会治安维护中均发挥了积极的作用。“举凡警政、民政及安顿地方军队、炮台兵一等的维持费”,均积极筹措,保证了地方的“秩序井然”。

第二,在“五四运动”中,福州商会(前期)和厦门商会都对运动尚持有保留态度,或出现抵制与反对的现象。原因在于:一方面商会不少重要成员均与日本关系密切,抵制日货运动无疑会伤害贩卖日货的商会成员的利益,如厦门商会不少重要成员如“林尔嘉和黄庆元”等和福州商会重要成员如黄瞻

---

① 《厦门市商会沿革简况》,厦门市工商联会史编写组整理:《福建工商史料(3)》,中国民主建国会福建省委员会、福建省工商业联合会编,1988年,第41页。

鸿等,均与日本关系密切。①

第三,抵货运动,二者均进行了1905年抵制美货斗争,反对"二十一条"不平等条约、"五卅惨案",参与反对日本出兵山东等斗争,在1919年"台江事件"中采取了正确的态度,1931年"九一八"事变后,再次掀起抵制日货运动等。对于历次运动,二者均能积极响应,起组织作用。所不同的是二者由于受到官府和国内外因素的综合作用,所表现出来的态度也有所不同。

如在抵制美货斗争中,福州商会在福建民众积极响应抵制美货运动的斗争中,起了领导的作用。1905年5月10日,上海总商会发出通电,"暂不营销美货以为抵制",同时通电汉口、天津、福州、厦门等处商会,呼吁一致行动。5月中旬,福州商会收到上海总商会发来"抵制美货"的呼吁电,立即率先复电照办,并于5月29日印发《福州商会抵制美货传单》,指出:"国何以弱,民弱则国弱耳。民何以弱,粘合之力弱则民弱耳。中国所以长蹶不振,为外人所侵侮,皆人心涣散……"痛斥美国"借驱瘟为名,火焚华人之居市,牺牲华人之性命,使我国同胞之痛心发指"。② 同时,福州商会还组织福州工商界议定了八条抵制美货公约,并公布美货进口表,掀起了抵制美货爱国运动的高潮。③

因此,抵制运动始终局限在不用美货范围内,各地拒约组织均一再强调采取和平的文明手段,不攻击外人,也避免采取强制和暴力。厦门拒约公所规定:"如有奸徒妄造谣言,借端生事,与美人为难或毁损其物业,是破坏筹拒美约之盛举,而与我辈为反对也。本公所为此特出赏格,倘有确知实见上项奸徒所为,又有证据可指者,到本所报知,引往缉拿,立即赏银五十大圆。其奸徒送官重办。"福州商会抵制美货传单特别声明:"我同胞皆亦认定不买不卖美国货为宗旨。至于寓闽之美国人仍当照常宽待,慎勿误会宗旨,别开事端,以明我辈为文明之抵制,有别于野蛮之暴动也。"④

除了通电请愿、抵制日货之外,商会还采用了罢市抗税的手段要求北洋

---

① 周子峰:《国家与社会:以民国时期厦门商会之发展为个案的考察(1914—1937年)》,朱英、郑成林主编:《商会与近代中国》,武汉:华中师范大学出版社,2005年,第237~238页。

② 朱士嘉编:《美国迫害华工史料》,北京:中华书局,1958年,第154页。

③ 卢美松主编:《福州双杭志》,北京:方志出版社,2006年,第58页。

④ 朱士嘉编:《美国迫害华工史料》,北京:中华书局,1958年,第154页。

政府释放被捕学生惩办签约代表。上海罢市风声传出之后,从 6 日起全国各地商界闻风而起,罢市运动很快波及南京、福州、宁波、镇江、芜湖、苏州、常州、无锡、天津、汉口、济南、安庆等地,其中有些城镇的商会在领导商界罢市的同时,还准备拒纳税项,福建等省部分城镇进行了罢市、抗税活动,为时亦仅 1 周左右,但充分显示了商会和工商界的决心,扩大了社会影响。①

其后,1915 年签订丧权辱国的"二十一条",福州商会又与全市人民一道开展反对运动,厦门市民亦积极响应。厦门总商会洪鸿儒、陈瑞清、黄瑞甫、庄金章、石鼎宗、林东山等与黄幼恒、杨山光与建筑总工会许春草、庄雪轩、张圣才等,共同组织厦门市国民对日外交后援会,积极开展工作,抵制日货,作为政府外交斗争后盾。

1931 年"九一八"事变后,再次掀起抵制日货运动。福州总商会与 9 月28 日召集了 500 家商号在抵制日货宣言书上签字盖章,各钱庄实行停止日元兑换业务。抗日战争期间,福州商会与日本侵略者展开激烈的斗争。1936 年,外侮日殷,厦门总商会会长洪鸿儒等于是年 11 月举办国货展,吸引国内厂商 119 家,参观人数十万多。

二者在修浚河道、参与去毒、禁烟、消防、治安、赈济等公益活动方面均有所作为。在兴办实业教育、创办商报等方面也不落人后。

近代福州和厦门之所以会有这些差异,主要是因为:当时福州是行政中心,士绅为社会舆论之中坚,全省新办近代化事业都集中于福州;厦门经济结构以商业为主,商人在民间舆论中占主导地位。福州受到政治控制相对较多,厦门则较弱。福州华侨数量相对少于厦门。

近代福建商会推动了中国近代化的进程。在经济近代化方面,其"护商""联商"的基本职能通过各种经济活动得以实现。近代商会通过协助工商管理、调查商情和习惯、缓和金融风潮、组织粮食调运、抵制苛捐杂税、倡导振兴实业等系列活动,推动近代中国社会经济的发展。

在政治近代化方面,近代商会在积极协助政府普及政策法令、配合政府调控市场经济之外,还会通过他们的行为对政府的政策选择产生重大影响。他们既注意维护商人的利益,又多次与政府进行交涉,疏通与政府之间的紧

---

① 虞和平:《商会与中国早期近代化》,上海:上海人民出版社,1993 年,第236 页。

张关系。福州商会通过与政府的协调、妥协、讨价还价等途径,不断促使政府制定出一系列有利于资产阶级利益的经济政策,尤其是商人们反应强烈的捐税政策,而且还参与过福建辛亥革命、福建"五四运动"、抵货运动、"福建事变"等政治运动,反映了商会在维护秩序等方面的积极努力。

在文化近代化方面,近代商会倡导社会公益事业,弥补了政府社会救助方面的不足。近代福州商会主要参与了近代实业教育的规划、兴办福州商会商立小学校、支助福建官立商业职业学校等,而且协助和支持所属会员张秋罗、金城舫、胡文虎、蔡友兰等捐资、创办实业学校。此外,福州商会还创办了《福建商业公报》《福州商情》等商报。通过上述活动,商会在提高商人素质、加强商会内部联络、增强工商界的凝聚力和影响力等方面展示了自己的力量,发挥了极其重要的作用。

在社会近代化方面,近代福州商会通过实施慈善赈济、维护地方治安、修浚河道、筹办省会水厂、市政建设等公益事业,进一步构建了近代福州商会在社会公益事业中与地方政府的协调合作关系,在与官方的合力推动下基本实现了近代城市生活的有序和发展。近代福州商人社会团体也在加速城市近代化的进程中进一步增强了自身的凝聚力,同时"闽商"的"义利相合,勇担道义,恋祖爱乡,回馈桑梓"的精神,也得到很好的体现。商会自身所具备的近代社团性质和它的人数众多、分布广泛的特点,彰显出其在近代中国变迁中的重要意义。

从成立时间上看,晚于上海。从组织结构上看,尽管建立起一套管理模式,但在具体操作上不尽人意,如商务仲裁机构,仅充当和解、调停的功能,没有独立结案的行为能力。第三,商会比较依赖政府的庇护,斗争的理想主要是实现其经济目的。这充分反映了近代福州资产阶级的软弱。在列强侵略、军阀纷争的夹缝中求生存的商会,必须依赖政权的"保护"。在与政府合作的时候,商会也不可避免与政府发生矛盾,甚至发生冲突,其中最典型的是1940年10月,福州市商会会长王梅惠因"囤积居奇罪"被捕案。第四,商会的行业构成及各同业公会间的利益之争也影响到商会本身的政策倾向,强势企业或强势公会的领导者往往把持着商会的决策权,强势公会在经济生活中的作用举足轻重。

随着近代商战的时代潮流涌现,福州、厦门建立起了商务总会,该两商务总会均受到商部和《商会法》的推动,且由政府干预组建,该两商务总会统管全省各地的商务分会,实际上是建立起了对全省商会的集中管理。这些商务总会受到传统会馆、公所、同业公会的积极影响，或者说承继了传统会馆的基本遗产，厦门总务总会就成立于广东会馆内，福州的商务总会建于下杭街，也是会馆集中之区，商务总会充分继承了传统会馆的优良传统，有效地实现了对变迁状态下商人的管理。

三、台湾福建商人组织形态的多元化

与福建南部隔海相望的台湾岛，是福建商帮尤其是闽南商帮最主要的商业贸易活动场所之一。

以闽南商人为主体的闽商进入台湾岛从事商业活动，可以追溯到宋元时期。入明以后，随着私人海上贸易的兴起，环台湾海峡交易圈的商业活动逐渐增多。尤其是林道乾、颜思齐、郑芝龙等海盗商人集团先后入据台湾，有力带动了环台湾海峡交易圈的商业活动。明末荷兰人占据台湾，以大员为进入环中国海交易圈的据点，"设市于台湾城外，泉、漳之商贾始接踵而至焉"。① 这在一定程度上推进了闽南商人在台湾地区的商业活动。康熙元年（1662 年）郑成功驱走荷兰人，据守台湾抗清。郑氏集团的台湾经营，不仅带动了明末清初闽南商民向台湾移民的第一次高潮，而且大大推动了台湾商业的发展，奠定了闽南商人在环台湾海峡交易圈的主导地位。康熙二十二年（1683 年）郑氏降清，台湾进入了清廷治台时期，大批的闽南商民移居台湾，台湾社会经济迅速发展。正是在清廷治理台湾的 200 余年间，祖籍福建大陆，尤其是福建南部漳州和泉州地区的闽籍台湾商人群体逐渐形成。

自康熙二十二年（1683 年）起，大批闽籍商民通过合法（官渡）、非法（私渡）途径，移居台湾，掀起台湾大规模开垦浪潮，台湾商品经济日渐繁荣。然而，在清领台湾的前 170 余年间，台湾对外贸易基本上局限于台湾与大陆之间，尤其是集中于台湾海峡两岸，即台湾与福建大陆地区之间，形成一个颇具特色的台湾海峡经济圈。福建商人尤其是闽南商人活跃于台湾的各个商业领域，其中尤以郊商最具实力。尽管这些闽南商人大多"家在彼而店在此，领本而来，寄利而往"，但其中亦渐有部分商人随着定居、随着繁衍后代接续家业而逐渐土著化。如泉州锦铺黄氏家族，自康熙后期渡台经商，后大

---

① 蒋毓英：《台湾府志三种》卷一，《沿革》，北京：中华书局，1985 年，第 6 页。

多定居鹿港，开设新旧"锦镇"及"锦源号""锦丰号"等商行，至道光、咸丰年间，锦铺黄氏郊商进入其繁盛时期。

有些此前来台从事农业、为官、从教人员也转而经商，成为商业大族。如祖籍同安的杨氏家族其迁台始祖杨咸曲携同胞弟咸先，于乾隆年间移居台湾彰化，从事垦殖，育有三子，三兄弟除务农外，开始兼营商业，其后，家族后代中经营商业者渐众，至道咸年间，已是台中彰化地区较有经济实力和社会名望的家族。① 新竹郑氏家族也是一个典型的家族事例。该家族祖籍福建漳浦，明末迁居金门浯江，第三世五兄弟中，国唐、国周和国庆三兄弟于乾隆中期渡台，初居后垄。其后，国唐之子崇和与国庆之子崇科迁居竹堑。崇和以耕读起家，设教竹堑。其子用锡于嘉庆二十三年（1818年）中举人，道光三年（1823年）中进士，由此走入仕途，改变了郑氏家族之发展途径。此后，郑氏家族的族人或立志攻读求取功名，或购置田产成为地主，或经营商业发家致富。其中用锡家族中，置有四大商号，各造有角板乌艚巨船，航行天津、上海以及吕宋、槟榔屿和新加坡等东南亚各港湾。

在台湾的闽商组织中，还有一种叫"郊行"，如北郊、南郊、糖郊，同时也有会馆、公所，还有在19世纪60年代至80年代之间出现于竹堑地区的"九芎林铺户公记、中港金和顺公记"等"同街的准商人团体"以及19世纪80年代成立于竹堑的船户团体"金济顺公记"②，这些都是属于商人团体类型。

这其中，郊属于较有特色的商人组织。郊最早出现于18世纪初年的雍正年间，地点在台湾的安平港。当时就有北郊、南郊、糖郊等号称台南"三郊"之商人团体。由18至19世纪之间，不仅台湾府城见诸文献的"郊"越来越多，乃至"三郊"愈增愈多，有学者统计清代台湾府城曾经出现过22个郊。在台湾府城福建港口之外，台湾其他沿海或内河港口城镇，也陆续成立了郊，这些城镇大致位于鹿港、艋舺、大稻埕、新竹、新庄、通霄、大安、后龙、大甲、淡水、基隆、宜兰、澎湖、凤山、盐水镇、嘉义市、笨港、斗六、屏东、梧栖等处。当然这些城镇中的"郊"并非都可一概而论。18世纪前半台南已经成立"三郊"，18世纪后半至19世纪初的鹿港，则在乾隆四十二年（1777年）已出现"泉、厦郊户"名称，嘉庆二十一年（1816年）则已设立至少八种"郊"名。

① 陈支平：《民间文书与明清东南族商研究》，北京：中华书局，2009年，第117～127页。
② 林玉茹：《清代竹堑地区的在地商人及其活动网络》，第179、189页。

这些台湾府城与鹿港的"郊"在当时都留下较多资料，其他城镇"郊"之史料数量和当时知名程度远不能与其相比。

基本可以认定，以郊来称呼商人团体的民间习惯，只见于清代台湾与厦门等闽南地方以及闽南人移民的某些东南亚地区。除了台湾许多港口城镇多以郊命名商人团体之外，道光年间（1821—1850）的厦门，也存在"洋郊、北郊、匹头郊、茶郊、纸郊、药郊、碗郊、福郊、笨郊"等所谓"十途郊"，以及"广郊"等等其他名称的"郊"。新加坡于1922年还成立了"海屿郊公所"。有学者认为"郊"与"艚"为一音之转，大体可认为是在清代台湾港口城镇，用船经营港口进出口贸易的商人所组成的团体。

郊主要出现在民间层次，官方文书较少见到这个称呼，尤其是上呈中央政府的文书见不到这个称呼。郊基本上由商人自愿加入，光绪年间澎湖台厦郊金利顺、金长顺所定《郊规》说："无论大小生理，听从志愿入郊。和心同志，整顿郊规，永远遵行，始终如愿，勿坠厥志。则生母之明鉴，馨香万世；而我郊户之通亨发达，亦蒸蒸日上也。是以为启。"充分反映了郊由成员志愿加入之基本原则。然而，在某些情况下，郊也会被地方政府赋予某些协助地方行政的职能，因而也使原先的"志愿性"略微加入了一些强制性。

在实际交易中，糖郊商人与糖廍商人往往有度量衡方面的纠纷，糖廍佃户与蔗糖地主之间也会出现度量衡纠纷。这表明郊主要整合的是贸易商人，与生产商人往往形成相互的对垒。

糖郊作为贸易商人组织，对物价时常能做出及时的反映，明治二十九年（1896年），一位日本人针对鹿港"泉郊会馆"成员的共同经济活动作了以下评论："一逢物价发生变动时，即发现其应变非常迅速，同业间都一致立即改定价格，其敏捷程度到底不是日本本邦人所能企及。"

林玉茹通过"鹿港郊商许志湖文书"，对清末在鹿港、泉州与厦门之间经商的郊商许志湖有所研究，郊商作为一种贸易代理商，往往能"透过互通市场消息来决定配运、采办或卖出商品的时机"，这些商人自身从事或是委派伙计定期常驻于大陆与台湾的两岸商港，不仅在各港口从事"配运"商品的工作，也以书信传递商品行情、订购商品数量、讨论商品物价，乃至于结催金钱债务，甚至安排搭船人员以监看预防船长与水手侵吞己方货物。这些商人经过较长期的互动而逐渐形成了商人团体，并以"郊"作为自身团体的"自称"，久而久之，诸如"北郊、南郊、厦郊、糖郊"甚至是"金长和郊、水郊、散郊"等不同的郊名，便成为港口城镇里地方社会与地方政府称呼这些商人团体的"他称"。

事实上，从事"配运生理"的商人成立"郊"团体，还带有海上运输以分担风险的好处。学者也已指出其中一些事例，如咸丰、同治年间的"堑郊"诸商号，即"已有合雇船只装载米、糖等货物至大陆内地发售的现象"，而"合雇船只可以共同分摊航海贸易风险，降低运输成本，因而更强化堑郊商人的结社行为，堑郊也成为名符其实的商业组织"。这个"堑郊金长和"即是由港市郊商所组成的商人团体，它是一种"水郊"，而其经营活动主要便是"配运本地土产，以交付来堑的船户"。

清代台湾郊的成立与演化，也与清政府管理商船与渔船、抽征关税与船税乃至于规定台湾米粮"配运"大陆各地等制度有密切关系。自康熙二十三年(1684年)重开江、浙、闽、粤四个海关，以迄乾隆年间所谓"西洋来市、东洋往市、南洋互市"改革，到嘉庆、道光年间，乃至两次鸦片战争之后的开放通商口岸，清政府进行了种种关务、税务与船务管理等改革，与此同时，台湾也渐次由鹿耳门、厦门对渡，增添鹿港与泉州对渡、八里坌与福州对渡、开放基隆通商口岸等等一系列的开政变动。这些两岸间的关务、税务白纸米粮平粜政策的变动，影响着往返台湾从事进出口商业的商人，因而，郊的形成与演化，也多少受到这些政策的影响，从而重新形塑了这类商人团体的组织与功能。

如道光十四年(1834年)的鹿港《重修天后宫记》立碑，碑文后附捐款人除了当地"泉郊金长顺、厦郊金振顺、布郊金振万、糖郊金永兴、染郊金合顺、油郊金洪福、南郊金进益"之外，还列出了"泉厦郊行保合捐"等字样。所谓"行保"，指的是清乾隆朝以后采行于广州十三行洋商与外国商人之间的一种保商制度，此制度在广州起源于乾隆十年(1745年)，历经嘉庆、道光年间略有变动，但保商"最初的任务，就是在海关的期间内，如果承买夷货的行商不能及时交纳税款，则由保商负责进口税的完纳。但是渐渐地，他对所保的船只及船上的人员之行为也负完全的责任"。这表明，郊与清代海关管理制度具有关联性。

至于在清代粮食平粜与港口船只管理政策上，郊在相关的"禁港"制度中便扮演了颇为明确的角色。如《淡水厅志》在记载当地"商贾"有"北郊、泉郊、厦郊"等所谓"三郊"名称，即一并写道："其米船遇岁歉防饥，有禁港焉。或官禁，或商自禁；既禁则米不得他贩。有传帮焉，乃商自传，视船先后到，限以若干日满,以次出口也。"① 显然,郊已涉入米船"禁港"以及"传帮"等港务行政。光绪二十二年(1896年)一封"鹿港郊商许志湖文书"的货函,即清楚写到鹿港当时"泉厦郊观此米局如此之变,致即传禁"。② 也正因为有这些要与港口税务机构乃至地方政府打交道的地方,故有些在地方上影响力较大的郊,即在内部设有专门的"稿师",聘请"主稿行文先生一名"担任此职位。③ 同时,有时为了让更多成员轮流应付地方政府交付过多的行政事务或承担的公费支出,郊商也要更密集地抽签,如台南三郊在同治元年(1862年)即由每年抽签轮流董事一年,改为"十三家轮值,每次一月"。④ 这种"稿师"与抽签轮值董事的制度显示,郊在演变过程中日益显然的官方职能色彩。

台湾各港郊中,公产多有设置。举台湾府城为例,当地商人在17、18世纪之间仍只是捐建庙宇,并未要公开成立"郊"。如"水仙宫"这个后来与台南三郊关系十分密切的庙宇,地方志说:"在西定港口。开辟后,商旅同建,壮丽异常。"这栋"壮丽异常"的庙宇,在当时地方人士看来,仍只是"商旅同建",并未视其为郊的专属建筑物,但后来的发展却使水仙宫逐渐成为台南三郊的专属建筑物,甚至专门辟出一块空间供做台南三郊办公之用。

公产对郊确实至关重要,公产的捐集、开支却又与苏州的会馆、公所有所区别,它更依赖于郊内部的相互信任,不需要立碑记录,或者出版征信录加以介绍。

另外值得注意的是,在"郊"之外,清代台湾由商人捐建的会馆也不乏其例。如在台湾府城,即有粤东人士创建的潮汕会馆(建于雍正七年,1729年)、两广商民捐建的两广会馆(约建于光绪元年,1875年)、福州商民合建的三山会馆、浙江宁波造船业者捐建的浙江会馆。在彰化县城,有汀州会馆

---

① 陈培桂:《淡水厅志》卷一一,《风俗考》,南投:台湾省文献委员会,1993年,第299页。

② 林玉茹、刘序枫编:《鹿港郊商许志湖家与大陆的贸易文书(1895—1897年)》,第160页。

③ 临时台湾旧惯调查会编、林真译:《台湾私法·商事编》,台湾府城"三郊议事公所"所设置"稿师"规章,第12页。

④ 石万寿:《台南府城的行郊、特产、点心》,私修《台南市志稿·经济篇》,第80页。

（建于乾隆二十六年，1761 年）、三山会馆（建于同治七年，1768 年）。在鹿港，则有官兵与绅商合建之金门馆（建于乾隆五年，1740 年）、泉州郊商合建的泉郊会馆，以及厦郊郊商合建的厦郊会馆。在澎湖，有商人于当地水仙宫内附设的台厦郊事业会馆。在淡水，则有汀州会馆（约建于道光三年，1823年）。上述 11 个会馆里，除了 1 座潮汕会馆以及 2 座汀州会馆（各位于彰化和淡水）这 3 座会馆，并未表明记载是否为商人捐资兴建之外，其余会馆都与商人有关。特别是台南的浙江会馆、鹿港的泉郊会馆、厦郊会馆以及澎湖的台厦郊实业会馆，与商人的关系都十分密切。虽然清代台湾商人团体以会馆命名的数量，少于同时代的苏州，但还是有一些商人团体将其专属建筑物命名为"会馆"。

以上所述，显示福建商帮组织也呈现出多样化的样态，不过，他们虽因为各自面对的政策环境、社会形势和各自处境而有所不同，功能也各有侧重，但均走过了自发、壮大到进入官府系统的过程，"官民相得"的趋向是较为明显的。

近代福建商民散居海外，却建构起了一个环中国海闽籍商民跨国贸易社会网络。徙居台湾的移民先是以单身男子为主，道光以后转变为父子、兄弟、携带眷属，甚至家庭、家族支房整体移民。先行移民更带动乡族、家族成员的后续移民，形成移民链。他们移居到新地区，继续以血缘与地缘纽带凝聚起来。

首先，通过合伙制建立商业联系。大多数商人可以兼营垦殖、商业、渔业、航运等等，网络规模与效益均由此得到彰显。

其次，积极参与慈善公益事业活动、文化娱乐活动，可以扩大商业网络规模，通过联姻、与官方合作等方式，提升自己的社会地位和声望。据林玉茹研究，竹堑的福建商人时常与地主、士绅一道，捐资修桥、铺路、筑亭，设立义冢、义渡、义仓，资助养济院、育婴堂、回春院等慈善机构，捐建文庙、考棚，或是捐献学田、儒学公款、义塾仓谷，而且还通过本人或家族成员进入仕途，充当保人、参与维护治安、参与地方公共工程建设、参与街庄自治事务等多种方式，与官府合作，并且建构了多种多样、联系紧密的婚姻圈，由此构筑起竹堑在地商人极其有效的社会网络。

再次，参与、主持所在地的祭祀圈、信仰圈活动，提升自己的社会地位和声望，建立起更广泛的社会网络。从遗存至今的碑文看，商人不仅是历次修建寺庙的主要捐献者，而且还按营业额"就本抽分"，或捐资建置寺庙田产、房产,以其营运所得,构成寺庙日常开支(添置香油、购买斋粮、举办祭典等)的主要来源。更重要的是,商人还出任寺庙管理组织的各种要职,积极参与寺庙修建的组织、寺庙产业的管理、维护寺庙的秩序和环境,以及主持祭祀活动。①

最后,各种商人民间社团、组织,形成带有一定制度化色彩的社会网络。清代台湾的行郊就是其中之一。清同治朝后,竹堑地区陆续出现一种由同一乡街的商人组成的准商人团体——铺户公记。

清光绪二十一年(1895年)日本占据台湾,台湾开始出现具有现代色彩的商人组织。从光绪二十二年(1896年)艋舺士商公会成立后,有大稻埕士商公会(1896年)、台南士商公会(1897年)、台南三郊会(1899年)、台北商业公会(1900年)和澎湖台厦郊实业会(1900年)等相继成立。光绪三十一年(1905年),大糖商王雪农创建了一个真正具有现代商会兴致的台南工商会,但仅维持到光绪三十四年(1908年)。此后直到清廷倾覆,不再有台湾商人的商会组织出现。

台湾商人通过捐资纂修族谱,购置祭田,维护和加强与福建大陆家族成员的关系,通过捐资参与举办祖籍地的公益事业,兴办教育,提高在祖籍地的声望,通过合伙经营,建构基于共同经济利益的人际关系,通过参加或捐助祖籍地的各种敬神祭拜活动,维护和加强与乡民的关系。

通过两岸对渡,往来于台湾与祖国大陆的闽商在保持传统的会馆、公所等组织形态之外,创立了独具特色的"郊行"及"郊行会馆",有效地整合了区域性、行业性的商人,显示了闽台贸易的特殊性与创新性。

四、近代海外各地的福建商人组织

近代以来,尤其是小刀会起义失败之后,闽商由上海部分退却,大量转至南洋、台湾。在环中国海各地建立起了一个华人跨国网络。

晚清以降,福建商帮是活动区域最广、影响力最大的一支力量。除中国大陆沿海和台湾各主要口岸外,海外则以菲律宾的马尼拉、宿务,马来亚的

---

① 林玉茹:《清代竹堑地区的在地商人及其活动网络》,台北:联经出版事业股份有限公司,2000年,第185页。

马六甲、槟城、怡宝、吉隆坡、新加坡（海峡殖民地），印尼（荷属东印度）的巴达维亚、爪哇、三宝垄、泗水、望加锡以及日本的长崎、神户、福冈、下关为主要活动场所。

清咸同以后，闽商一直借助血缘、地缘纽带，从事各种商业活动，合伙经营、家族经营以及乡族经营等激发他们建立起纵横交错的社会网络和社会空间。

泰益号文书显示，祖籍福建金门的陈世望出身于一个"累世经营贸易"的商业世家。其曾祖父在乾嘉年间便从事中日间的海上贸易。其父陈国梁（发兴）于道咸年间，开始从事中日贸易，咸丰十一年（1861年），陈国梁与7名福建同乡合资建立了泰昌号商行，主要从事进出口批发代理业务。泰昌号创立初期，其账簿上尚无以交易商号登录的交易物件，但已登录了160名交易者的名字，大多为其福建同乡。至光绪二十五年（1899年），仅就该行残存的账簿来看，有交易记录的贸易客户已有96家，散布于日本本土的长崎等地（56家），中国大陆的营口（4家）、天津（3家）、烟台（5家）、上海（12家）、厦门（2家）、香港（2家）、台北（2家）以及新加坡（3家）和海参崴（4家）等地，形成一个颇具规模的环中国海的商业网络。光绪二十七年（1901年），陈国梁脱离泰昌号，独资创办泰益号商行，并把业务交给其子陈世望。从残存的泰益号账簿来看，泰益号商行在其创建和发展初期，从泰昌号商行继承了散布于日本长崎和中国沿海的营口、天津、烟台、上海、厦门、台北及香港等地的30余家客户，并进而尽力扩展它的商业网络，尤其在台湾和东南亚地区。至清末民初，在台湾，泰益号计有贸易客户129家，其中台北58家，台南26家，基隆20家，澎湖10家，新竹6家，台中3家，东港3家，阿猴3家，打狗2家，凤山3家。在东南亚，计有贸易客户47家。其中大部分集中在新加坡，有33家。其余的在巴达维亚有3家，槟榔屿有3家，泗水有2家，菲律宾有1家，霹雳有1家，婆罗洲有1家，地址不详的有2家。此外，在日本本土，因应由日本对外贸易口岸变动引起的旅日长崎华侨大多向神户迁移的新局面，泰益号商行也急剧扩展神户的业务，与22家商号建立了贸易联系。

据朱德兰教授的研究，泰益号所属金门帮在日本、中国大陆和台湾间的海产贸易中处于执牛耳地位，基隆瑞泰商行、三合和商行等多家台湾商行，就通过泰益号的精英网络从事海产品贸易。而何荣德等10家台湾商行则通过同样的网络，经营台湾大米、砂糖的出口贸易。在台北，则有源顺行、金联发商店、时春商行等台湾商行，同样经由泰益号经营网络，从事日本的海产品、台湾的大米、砂糖以及大陆的豆类产品、中草药材等商品的进出口贸易。由此可见，在日据台湾，福建商人和台湾商人共筑、共用的环中国海经营网络的变形及其功能的发挥。

当"内地贱菲无足轻重之物，载至番境，皆同珍贝"时，沿海居民便竭力"造作小巧技艺以及女工针黹，皆于洋船行销，岁敛诸岛银钱货物百余万入我中土"。① 海外贸易的高额利润赋予了福建海商的生命意义，他们在探索中不断扩宽商路。对海外贸易由畏惧到习惯乃至逐渐形成传统。设于道光二十年（1840 年）的新加坡福建会馆、兴安会馆，嘉庆六年（1801 年）设于马六甲的福建会馆，光绪三年（1877 年）设的兴安会馆等都是福建海商发展壮大的实物证据。

日本成为华人移入的重要国度。在 1623 年就有江西富商欧阳云台捐地兴建兴福寺，作为三江同乡（江西、浙江、江苏三省）祭祀与宴集的地方，接着在日本的福建商人也分别于 1628 年和 1629 年建立了泉漳帮的福济寺（俗称泉州寺）和福州帮的崇福寺（俗称福州寺），人数较少的广东商人则一直到 1678 年才以铁心和尚开基的圣福寺（俗称广州寺）为本帮聚会与进行宗教活动的地方。四帮寺庙被称作"四福寺"。

"四福寺"内各有设置，如兴福寺设妈祖堂，内把天后圣母（两旁有千里眼、顺风耳二婢）、关圣帝君（旁立关平和周仓）以及大道公（又称三官大帝），福济寺则有青莲堂，内祀天后圣母、关帝和观音菩萨。崇福寺更有妈祖堂和关帝堂（即护法堂）。前者内祀天后圣母和大道公，后者祀关帝和韦驮、观世音。圣福寺有观音堂，同祀关帝、天后圣母和观音等。在佛庙中奉祀天后适应了当时日本崇佛教抑别教的国策，却又保持了乡土神的至尊地位，可以看作是会馆的早期形态。人们每年都举行纪念天后圣母和关帝诞辰的活动，以增进同乡间的友谊。遇灾则对同乡实行收管、提供食宿。又为死者提供墓地或负责送回故里归葬，还对纷争进行调解、仲裁。后来三江帮在兴福寺创建了"和衷堂三江公所"，福州帮成立的"三山公所"也与崇福寺的运营相关，泉漳帮在原来的"八闽会馆"基础上改建为"星聚堂福建会馆"，广东帮于1874 年创立荣远堂岭南会所，光绪十年（1884 年）甲申改称广东会所。

---

① 《皇朝经世文编》卷八十三。

从清光绪二十三年(1897年)《重建长崎八闽会馆碑记》中可见八闽会馆是日本华人会馆中建立最早的一所。其中说："八闽会馆始建迄今殆百年之久。为我帮商族议公之区,良辰宴会之所,由来久矣。"①随后,三江会馆于1868年在长崎建立②,另外还有岭南公所、三山公所的设置。在大阪、横滨、函馆都设有三江公所。在神户有广业公所、八闽公所,在横滨、神阪、函馆有中华会馆,这些都适应了华人商人要求团结的心理。在神奈川(即横滨),1868年,已经有了华人的会议所,1887年,三江帮成立"三江公所",曾一度吸收福建侨胞加入;1918年,福建籍华侨成立了"新兴福建联合会";广东帮于1898年建立"亲仁会",它网罗了广东帮的各界领袖人物,其下又按县籍不同而设有"三邑公所"(南海、番禺、顺德)、"四邑公所"(开平、恩平、新会、台山)、"要明公所"(高要、高明)。神户的福建商人先是成立了"建帮公所",后又于1870年成立"八闽公所",不久改为"福建商业会议所",广东侨胞于1877年成立"广业公所",后曾称为"神户广业堂",又称"广东公所",后扩建为会馆,三江帮的"三江公所"亦扩大为"三江会议公所"。在大阪,1882年,三江帮的华侨创立了"三江公所",1916年扩大为"大阪中华北帮公所"。广东籍侨胞在1896年成立了"大阪广帮公所",因其中有几家神户的广商加入,故亦称"神阪广东公所"。福建帮于1906年成立"福邑公所",但不久解散。

1815年,在越南河内兴建福建会馆。1817年建立的《福建会馆捐题录》和《福建会馆兴创录》两碑,碑文中有32名捐款人姓名,董事王新合(晋江人)捐银1100两,名列榜首;捐款人中有同安县7人,龙溪县5人,晋江、诏安各4人,海澄3人,安溪2人,长泰、南安各1人,失载2人,共捐银3604两。③边河的关帝庙、福建会馆、广东会馆合称三大祠。在西贡,有光绪年间成立的福建中华理事会馆(即西贡福建公所),凡闽籍华侨均为该会馆成员,下属有福建义祠、福建学校、福善书院等。西贡还设有三山会馆(福州府人建,祀奉天后妈祖);二府会馆(漳泉二府华侨所建,祀奉土地神)、温陵会

---

① 宋越伦:《留日华侨小史》,台北:"中央文物供应社",1953年,第13~14页。

② 宋越伦:《留日华侨小史》,台北:"中央文物供应社",1953年,第17~18页。

③ 周均美:《中国会馆志》,北京:方志出版社,2002年,第223页。

馆(泉州府人所建,祀观音)、霞漳会馆(漳州府人所建,祀天后)。

缅甸多福建侨商,建有温陵会馆(1912年)、仰光三山会馆(1912年)、安溪会馆(1920年)、永定会馆(1921年)、瓦城三山会馆(1922年)、旅缅惠安会馆(1923年)和旅缅同安会馆(1927年)。

新加坡福建会馆的前身是1828年由漳浦县人薛佛记和陈送率福建帮众乡亲建立的漳泉人公墓恒山亭,负责解决当时在新加坡的福建人的丧葬问题。1830年恒山亭设于石叻律,创建了大伯公庙,并设有董事,总理与值年炉主头家,每年相互选举或轮流充任。1839年,体现福建人乡土信仰的天福宫在直落亚逸街落成,祭祀妈祖,不久恒山亭也迁至天福宫,福建会馆日益成型。海澄人陈金钟从1840年开始成为天福宫的首任炉主,具有一定的凝聚力。1846年海峡殖民地(英国人建于1826年,包括新加坡、马六甲和槟榔屿)政府封他为太平局绅,反映了其作为联系中介的作用。恒山亭在发展过程中曾一度把服务和联络的对象扩大到当地所有的华人,但由于会馆理事会的成员主要是福建人,因而福建的地域性便越来越明显地表现出来。

总体上看,近代以来,南洋地区是福建商帮的主要活动区域,华人会馆也主要集中于这一区域。但随着闽商足迹的进一步拓展,闽商会馆也逐渐散布到欧洲、美洲乃至澳洲等地。在荷兰,地域性的会馆组织在20世纪70年代以后迅速发展。来自福建东部(福州、连江、长乐、福清等地)的新移民主要经营餐馆业,取得一定发展,从而建立起会馆组织。1998年4月,旅荷福建同乡联合会终于得以成立。在南洋各地、东亚各地、欧美乃至非洲各地,福建会馆鳞次栉比,彰显了近代福建商人在参与世界经济活动中的强大能力。"只要有商会通讯录,走遍世界都不怕"。近代闽商进一步组织化既使闽商相互间具有了一个颇具商业价值和情感联系价值的网络纽带,同时也使闽商能以联合、爱慈善、善经营、敢冒险的集体形象展现在世人面前。通过闽商组织凝聚成的这种闽商精神迅速转化为闽商的文化财富和文化符号,护佑着闽商走向更大的辉煌。

第四节

明清商书文献中的运河航路秩序[*]

明代中期以后,随着商品经济的日渐活跃,运河航运业也呈现出了前所未有的繁盛局面。无论是短途的镇市赶集,还是长距离的大宗货物贩运,舟船都成为商业与社会发展不可或缺的重要交通运输工具。官方的漕运姑置不论,这时,民间的客货运输也在不断地发展。明清的商人们乘坐舟船在内河航道上日行夜宿,饮风啜露,进行着货物的南北转输、东西互易。为了追逐什一之利,水路行舟的经商者不但面临着风波覆舟的危险,而且还时时遭受以杀人劫货为业的盗贼的侵扰。经商途中商人们所遭遇到的种种盗贼劫骗的危险,在明清时代出版的商书中也多有记述。明清时代的商业书籍,是伴随着明代中期以后商贸业的大发展,经商人数增多,人们对经商知识的广泛需求而出现的。陈学文在对明清商书进行整理和研究的基础上,按商书的内容将它们分为五种类型:(1)标准商书;(2)水陆行程书;(3)集商业经营和水陆路程于一体的商书;(4)商业道德与伦理书;(5)防骗类书。^② 从中可见商书在记载经商知识方面的面面俱到。

商业类书中所包含的有关明清社会生活的丰富内容,也吸引着学界给予关注,学者们从交通史、商品流通、商业史、知识与文化传承等角度,以明清商书为基础分别展开论述,取得了丰硕的成果。陈学文是较早开展明清商书研究者,成果也比较突出,除了上引著作之外,他还有相关论文多篇:《明清时期江南的商品流通与水运业的发展——从日用类书中商业书中有关记载来研究明清艰难的商品经济》,《浙江学刊》1995 年第 1 期;《明清时期商业文化的代表作〈商贾便览〉》,《杭州师范学院学报》1996 年第 3 期;《明代一部商贾之教程、行旅之指南——陶承庆〈新刻京本华夷风物商程一

---

* 本节与曹斌合写,曹斌现为福建省地方志编纂委员会干部。

② 陈学文:《明清时期商业书及商人书之研究》,台北:洪叶文化事业有限公司,1997 年,第 14～17 页。

览〉评述》,《中国社会经济史研究》1996 年第 1 期。其他如杨正泰利用商书对明代的驿站和交通线路的研究,见《明代驿站考》,上海:上海古籍出版社,1994 年;张海英对明清江南商路和商品流通的研究,见张海英著:《明清江南商品流通与市场体系》,上海:华东师范大学出版社,2002 年;吴量恺等《中国经济通史》(明代卷)(长沙:湖南人民出版社,2002 年)也把商贾书的涌现作为明代商品经济发展和社会结构异变的一个重要方面加以论述。有关商贾书的研究成果,可参阅陈学文《明清时期商业书及商人书之研究》(台北:洪叶文化事业有限公司,1997 年)一书附录二"商书研究论著目录",系对 1996 年以前学界对于相关问题研究成果的一个汇集,其中日本学者的研究成果尤可关注。但是对于商书中屡屡提及的有关经商者在旅途中所遭遇的种种盗贼劫骗偷抢等社会现象,因为记载相对较少的缘故,没有引起学界的注意,至今仍少有专论。本节拟以明清商书中关于江河湖泊盗贼活动的零星记载为背景,参照明清其他文献,试对明清商人经商途中所经历的盗贼侵扰的情形作一论述。

一、明清商书中对经商者行舟途中避盗情形的规诫

有关商人经商行舟途中遭遇盗贼劫骗的记述,虽然在商书中只占到很小的部分,但却是商人经商知识储备中很重要的一个部分。因为商人一旦身逢其厄,往往失财乃至于殒命①。所以如何避免行途中发生与盗贼邂逅的危险,成为经商者必备的一项知识。归纳起来看,明清出版的商书主要从以下几个方面对经商者提出规诫:

(一)对沿途的盗贼活动情况加以标识

路途中是否有盗贼活动,是商人们出行时必须要首先了解清楚的。若经行路段劫案多发,盗贼活动猖獗,经商者的舟船往往会绕道而行。若经行路段治安良好,则经商者自然可以放心经过,从而节省了旅行的时间和费

---

① 《喻世明言》中就讲述了一个商人陈商,乘船路经湖北枣阳时,遭遇一群强盗的打劫,随从被杀,"陈商眼快,走向船艄舵上伏着,幸免残生"。由于钱财被劫,身无分文,再加上受到情感的打击,陈商最终在贫病交加中客死异乡。见冯梦龙辑:《喻世明言》,卷一,《蒋兴哥重会珍珠衫》,第 17 页,长沙:岳麓书社,1989 年。

用。因此商书中对于路途中有无盗贼活动的情况记录颇多,如《天下水陆路程》云:"仪真闸通上江运船,五坝过客货,须邻大江,昼夜无盗。"①这是一条从南京出发,经漕河通往北京的驿路,又"嘉善由三白荡至苏州,无牵路,亦无贼,且近,可行"②。《士商类要》在介绍从苏州至芜湖的水路时,特别指出经由东坝至芜湖,路途既近便,又可以避开长江盗贼截杀的凶险,"如避长江而走芜湖者,此路近便无盗,但冬月水干,盘剥多费事耳"③。江南地区,私盐充斥,私盐贩卖者横行,他们贩私盐之外,也时时对过往商客进行掳掠,所以商书中对盐徒的活动也屡有记述,如在扬州府以北的邵伯湖一带,即是盐徒活跃的地区:"邵伯以北,湖荡多,人家少,西高而东卑,水大之年,最怕西北风,巨浪能倒塘岸。舡不能过。贼有盐徒,晚不可行。"④"小安丰至朦胧五十里,盐徒卖私盐为由,实为强盗,谨慎。"⑤对于以上所载路途多盗的地方,商书提醒经商者在经过该地时要倍加小心谨慎。

夜航船是明清江南地区流行的客货运输模式,但是若路途多盗,也会影响夜航船的运营:"苏州以北,有日船而夜不行。苏州以南,昼夜船行不息。至湖州日夜船,苏州、灭渡桥、平望并有。嘉兴至平湖日夜船,在东栅口。嘉兴至松江船,昼去而夜不行。此路多盗。"⑥我们看到,在出版时间较早的路程图引类商书中,往往对沿路行船中有无盗贼的情况加以标识。但是稍后的多数商书中要么省去这部分内容,要么一笔带过,叙述极为简略。究其原因,并非是盗贼劫掠活动减少,对商人经商的威胁减小的缘故,而是盗贼劫掠往往事出突然,并且与一时一地的治安好坏和社会状况有很大的关系,商

---

①　(明)黄汴著,杨正泰校注:《天下水陆路程》卷五,太原:山西人民出版社,1992年9月版,第146页。

②　(明)黄汴著,杨正泰校注:《天下水陆路程》卷七,太原:山西人民出版社,1992年9月版,第210页。

③　(明)程春宇:《士商类要》,载杨正泰著:《明代驿站考》附录,卷一,上海·上海古籍出版社,1994年,第255页。

④　(明)程春宇著:《士商类要》,载杨正泰著:《明代驿站考》附录,上海:上海古籍出版社,1994年,第147页。

⑤　(明)程春宇著:《士商类要》,载杨正泰著:《明代驿站考》附录,上海:上海古籍出版社,1994年,第152页。

⑥　(明)程春宇著:《士商类要》,载杨正泰著:《明代驿站考》附录,卷七,上海:上海古籍出版社,1994年,第233页。

书作者根据自己的亲身经历或者道听途说得来的零星记载很难反映出实际的情况。将它们记录下来，并不能够给商人在旅行途中规避危险提供全面的参考，所以在稍后出版的商书中有关某地有无盗贼活动的记录就逐渐消失。

（二）慎雇船户

船户又称为舟子、舵公，他们一般以驾船为生，受雇于来往商客，赚些微薄的赁资。因为收入较低，生活艰苦，往往发生船户谋害商客的事件，所以明清商书里也提醒经商者外出经商时要慎雇船户。《士商类要》有"船脚总论"一节，专论雇佣船只时的各种注意事项，开篇它即讲到了慎雇船户的重要性："且以雇船一事，必须投牙计处，询彼虚实，切忌贪小私雇，此乃为客之第一要务也，虽本地刁钻之人，尚难逃其术，何况异乡孤客哉。如新下水，新修捻，件物家伙不齐整，或齐整家伙，与船大小不相对，乃借来之物。及邂逅旧船，失于油洗，人事猥衰，必是少债船也。其看船之法，须是估梁头，算仓口，看灰缝干湿，观家伙齐整，方可成交。谚云：'雇船如小买。'诚哉斯言也。"商书作者似乎对于船户的印象普遍较差，认为船户十有六七都是奸恶之徒："虽然船脚之奸，甚于劫盗，间有二三良善者，客人亦不可加之于刻薄也……"①《士商类要》亦云："船家乃暗贼，往来介意提防。"②当然，商书中也有评价船户良善的，如《天下水陆路程》云："（浙江）衢州船户良善。"③又《天下路程图引》记载："杭州至镇江路七站，水皆干，古称平江，盖自有来矣。船户和柔，官塘河岸拽牵可穿鞋袜。"④然而，对船户有良好评价的毕竟不多，更多的是提醒经商者要对船户保持戒心，诸如"（扬州以北）舡户不良，宜

---

①　（明）程春宇：《士商类要》，载杨正泰著：《明代驿站考》附录，卷二，第294页，上海：上海古籍出版社，1994年。

②　（明）程春宇著：《士商类要》，载杨正泰著：《明代驿站考》附录，卷二，上海：上海古籍出版社1994年，第301页。

③　（明）黄汴著，杨正泰校注：《天下水陆路程》，卷七，太原：山西人民出版社，1992年，第203页。

④　（明）憺漪子著，杨正泰校注：《天下路程图引》卷一，第375页，太原：山西人民出版社，1992年。

防"①、"(黄河亳州段)舡户谋客,可防。虽有船伴,亦须谨慎"②、"由淮安南、北二河而去者,有船户谋客、黄河水走之防"③等等。虽然在商人眼中,船户不良者居多,但是商人出行,又必须要雇用船只,对船户的依赖性很大,所以商书作者又建议商人一方面对船户加以防范,一方面又要体恤船户,不能在船钱上任意刻薄:"客人亦不可加之于刻薄也,脚夫一担在身,百骸俱动,船户以外财而包内财,用人工而使盘费,一船干系,岂小小哉。"④

(三)慎择泊船地点和时间

关于泊船地点和时间的选择,商书大体上在三个方面提请经商者注意,一是不能泊靠荒郊野地,二是夜晚泊船应当谨慎,三是凶荒年份应当防盗贼。即如《士商类要》的作者所说的:"凡行船,宜早湾泊口岸,切不可图快夜行。"⑤《天下路程图引》云:"(杭州至镇江路七站)人烟稠密,是处可泊,帷滥溪小路,由塘栖至平望,人家少而水荡多,荒年勿往,早晚勿行。……平望、八尺、五龙桥、虎丘山脚数处,凶年多盗,宜防。"⑥所谓"荒年""凶年",是指地方州县因为水旱灾害、庄稼歉收等缘故而发生饥荒的年份。这时,受饥寒所迫,更多的人铤而走险,拦路截抢,所以商书作者提醒经商者尤其要在凶荒年份注意防盗。

(四)慎露财

如《商贾一览醒迷》云:"逢人不令露帛。乘船登岸,宿店野行,所配财

---

① (明)黄汴著,杨正泰校注:《天下水陆路程》卷五,太原:山西人民出版社,1992年,第147页。

② (明)黄汴著,杨正泰校注:《天下水陆路程》卷五,太原:山西人民出版社,1992年,第149页。

③ (明)黄汴著,杨正泰校注:《天下水陆路程》卷五,太原:山西人民出版社,1992年,第157页。

④ (明)程春宇著:《士商类要》,载杨正泰著:《明代驿站考》附录,卷二,上海:上海古籍出版社,1994年,第294页。

⑤ (明)程春宇著:《士商类要》,载杨正泰著:《明代驿站考》附录,卷二,上海:上海古籍出版社,1994年,第295页。

⑥ (明)憺漪子著,杨正泰校注:《天下路程图引》卷一,太原:山西人民出版社,1992年,第375页;又(明)程春宇著:《士商类要》,卷一,第252页,所记与此处全同。

帛，切宜谨密收藏。应用盘缠，少留在外。若不仔细，露帛被人瞧见，致起歹心，丧命倾财，殆由于此。"①《士商类要》云："若搭人载小船，不可出头露面，尤恐船夫相识，认是买货客人。"②在这则材料中，商书撰者甚至要求经商者要尽量地掩盖住自己的商人身份，以免使人生歹意，谋钱财。

(五)慎选经商旅行的伙伴

明清时代，商人外出经商，最忌孤身一人，遇事时既缺乏照应，又往往容易被歹人觊觎。但是，选择经商和一起旅行的伙伴又需要慎之又慎，不然就会轻则受骗，重则失财殒命。正如《士商类要》所说："凡出外要择的伴，庶几有辅。若路逢非熟识之人，同舟同宿，未必他心似我，一切贵细之物，务宜谨慎防护，夜恐盗而昼恐拐也。"③《杜骗新书》中有一则故事"成锭假银换真银"，即是讲同船客人借同乡的名义，故意套近乎，用假银骗取了客商银钱的事情。而经商者在路途中因为结交和搭载陌生人而被劫的事例在明清文献中更是经常见到。

明中后期以来出版的商书中对经商者在内河行船途中回避盗贼劫骗的种种规诫已如上述，从中可以看到，随着商品流通的发展和外出经商活动的频繁，商人经商所遭遇的人为因素的凶险也日益复杂，而商书的编撰对这方面的问题也适时地作了总结，给经商者提供了很好的出行参考。但是，用文字记录下来的商书内容部分得自于作者的亲身经历，一部分得自口耳相传的经商故事，虽然对明清时代商人出行所遇到的一些问题进行了记述，却因为时间与地域的限制，未免流于僵化，导致片面和简略。实际上，明清时代商人在内河行舟遭遇骗、盗、劫等凶险是一幅生动的社会活动图景，明清文献中对此方面的情形也多有记载，它们是对明清商书中所述内容的更为具体化的描绘。

---

① (明)李晋德：《商贾一览醒迷》，太原：山西人民出版社，1992年，第281～282页。

② (明)程春宇著：《士商类要》，载杨正泰著：《明代驿站考》附录，卷二，上海：上海古籍出版社，1994年，第292页。

③ (明)程春宇著：《士商类要》，载杨正泰著：《明代驿站考》附录，卷二，上海：上海古籍出版社，1994年，第298页。

二、明清其他文献中对经商者行舟途中遇盗情形的记载

在资金汇兑业务很不发达的明清时代,商人外出经商往往必须随身携带数目不菲的银钱货物,孤身在江湖上行走,因而容易成为图谋不轨者觊觎的对象①。对于这些觊觎者而言,为了获得商人的财物,他们处心积虑,采用各种办法进行攫取和劫夺。他们要么堵塞河道,趁机哄抢;要么巧设骗局,引商入瓮;要么假扮客商,相机劫财,甚或直接横截津路,杀人越货,其他诸如鼠窃狗偷、设谋讹诈等等手段,不一而足。以下将明清时代商人经商行舟途中所遇到的骗、窃、讹诈、盗劫等各种情形作一分别论述:

(一)堵塞河道、趁机哄抢

在商舶穿梭来往的河道,沿岸居民选在窄浅的地段将砖石抛于河中,使船只经行时搁浅,居户则趁机向商人讹诈财物,或者上船哄抢财货,如道光《江阴县志》转述了明代中期时江阴县的情况:"黄志有云,沿江居民遇客船滞阁则啸其党剽掠之,并其船剖分之。月城居民深夜运土塞河,客过则舟胶,乃倩以分剥,因攫夺其货物。"②到了清代道光年间,这种阻船哄抢的情况在江阴渐少:"黄志所载沿江、月城两地胶舟剽夺情事数百年来风移俗变,

---

① 如沈起潜:《八坼行》一诗,讲述了一个从外地来的商人,停靠在吴江县八坼湖边,半夜被盗贼残忍的杀害的事情,全诗曰:"吴江有塘名八坼,往来行李如络绎。水路平通吴会船,陆程近接金昌驿。有客云自平川来,一舟满载多货财。到此停桡日已暮,苦无仆从相追陪。原知慢藏终诲盗,低声私向营兵告。今夜无忘击柝严,诘朝定有多金报。几度叮咛始下船,坦怀无患高枕眠。南柯一梦不复醒,那知此梦常游仙。贼舟猛于虎,抽刀刳肺腑。血肉六截分,金银满囊取。营兵怒号,白刃急操。追及十里,贼无可逃。虽报仇人狄,重泉命难续。恨血千年江上红,游魂半夜船头哭。我亦孤客栖头舱,一叶漂泊芦中央。寻思此事不成寐,篷窗独坐徒彷徨。吁嗟!远游道,何如在家好。行路而今难更难,孤舟孤客摧心肝。"(清)张应昌辑:《国朝诗铎》,卷十,见《续修四库全书》(第1627册),第542页,上海:上海古籍出版社,2001年。

② (清)陈廷恩修、李兆洛等纂:《江阴县志》,卷九,《风俗》,道光二十年(1840年)刊本,第839~840页;按,黄志是指明弘历年黄傅修,正德十四年(1519年)刊本《江阴县志》,北京图书馆藏。

有异囊时，窃贼自设立自新所豢养后，两年来绝少逾贯报案。"①这种利用阻塞水道以便趁势抢劫的行为，在地方志的编纂者看来，是因为该地教化未行、人心贪利所致，故而将这种行为发生的原因归结于地方风俗之未淳。江阴在道光年间通过设立自新所，移风易俗，使阻塞水道以利于抢劫财物的情形变得"绝少"。

江阴的地方官员认为它属于地方上的一种特殊风俗民情，可以采用设立自新所等教化民众的方式来移风易俗。据光绪年间编定的《大清律例增修通纂集成》中有关"白昼抢夺"的表述云："凡白昼抢夺人财物者（原注：不计赃），杖一百，徒三年。计赃重者加窃盗罪二等（原注：罪止杖一百，流三千里）。伤人者，斩（原注：监候）。为从者各减一等，并于右小臂膊上刺'抢夺'二字。若因失火及行船遭风著浅而乘时抢夺人财物及拆毁船只者，罪亦如之。"②此处只规定了对行船遭风搁浅后乘机抢夺的惩处，这是自然原因（失风）导致的行船搁浅，而人为的填塞水道、故意拦劫行船的行为，与之相比，无疑性质更为严重，但是清律中并没有做出相应的规定，这使地方官在应对此类劫案时增加了按自己的意志量刑的权重。

如上所述，若没有特殊的因素（如会匪）影响，地方官员更愿意把这种截抢方式看作是属于地方风俗的范畴，更倾向于用教化而不是剿捕的方式加以解决。借助绅士的力量来教化民众，是明清的地方官们治理地方时经常采用的手段。他们期望通过教化来改易地方风俗中不好的方面，力图为商旅行舟提供安全通畅的水道，为地方创造安定静谧的社会秩序。

（二）闷香迷客、老鸦讹商

经商者水路行舟时遭逢的凶险，有时是在懵懂不觉中就落入劫盗者的瓮毂之中，任人摆布却又无可奈何。如闷香迷客，即是如此。闷香是一种熏

---

① （清）陈廷恩修、李兆洛等纂：《江阴县志》卷九，《风俗》，道光二十年（1840年）刊本，第839～840页。
② （清）陶骏等：增修《大清律例增修通纂集成》卷二十四，光绪二十六年（1900年）刊本，第5页。

人能使之昏迷的香,与蒙汗药①一样为江湖劫盗所经常使用。清末小说《七剑十三侠》中有段描述闷香的文字:"那些小和尚头陀却闻着此香个个骨软筋酥,比蒙汗药还要加倍的利害。……这香俗名闷香,又叫鸡鸣香,其实江湖上叫做夺命香,能夺去人的魂魄,你道利害不利害?"②这种比蒙汗药还要厉害的闷香,在清代以前未见有被用来做劫盗的记载,较早的谈到闷香能够致人昏迷的是成书于清代康熙中叶的《坚瓠集》,该书记云:"五行各有利用,而水更能辟邪,如人出行,舟行及旅店中夜卧,贮清水一盂,则闷香无效。"③雍正年间户部右侍郎景日昣在奏折中称:"又闻南方水程之上有一种船贼,驾艇揽载,诱致行旅。或孤单,或三五伴,一入其舱,总隶冥录。暗投蒙汗药于茶饭中,入咽辄晕,遂勒项毙之,而掷之于深渊,名曰闷香船。"④可见闷香船不仅在雍正年间仍很活跃,而且其作案手段异常残忍,身罹其祸的商旅往往难以幸免。

明代后期,商旅行舟中又会遇到另外一种讹诈性的勒索,即扬州水老鸦:"水老鸦者,扬州舟猾也。舟人多托故与客哄,其一即跳入水中,久不出。其一与索命,行旅亦爽然自失,不得不多与金帛求息。然跳水者伏行水中已在二三十里外登岸矣。"⑤商客在毫无防范的情况下落入船户的圈套中,这是水老鸦和闷香船两种危害商旅方式的共同之处。不同的地方在于,闷香船是明抢,水老鸦是暗胁;闷香船是劫杀,水老鸦则是讹诈。水老鸦利用了出门在外的商客害怕摊上官司的心理,设局诱骗客商。而客商为了息事宁人,也不去深究事实真相,只能拿钱消灾。明清时期舟子半渡敲诈商客的情

---

① 韩世琦:《抚吴疏草》云:"臣看得吕魁吾惯造蒙汗之药,恣行杀劫之凶。于顺治十二年(1655年)舟次日诈备祭品享神,邀聚宜等散胙,将药物等暗投食物之中,宜等五人同时昏仆。而魁吾等当将五命尽掷波心,与船户吴贞等分赃各散。"见(清)韩世琦:《抚吴疏草》卷十六,《四库未收书辑刊》(第6册),第278页。
② (清)桃花馆主人编次:《七剑十三侠》卷二,录自《古本小说集成》(第81辑),上海:上海古籍出版社,1990年,第97页。
③ (清)褚人获:《坚瓠集》(第三册),广集卷四,"水能辟邪",杭州:浙江人民出版社,1986年。
④ 中国第一历史档案馆编:《雍正朝汉文朱批奏折汇编》,第33册,第112~113页。
⑤ (明)姚旅:《露书》卷九,《风篇中》,第661页,顾廷龙主编:《续修四库全书》,子部,第1132册,上海:上海古籍出版社,1995年。

况仍不鲜见，如明末钱塘江的舟子，"最横，每至波涛险处，则谓一舟性命死生尽在吾手，辄索财物"。①多数商客在舟子的威迫下不得不屈服，然而也有不甘心受讹诈而奋起抵抗者："左宗鲁，字培元，兆兴集人。……中康熙戊子科武举，壬辰科进士。授四川夔州府梁万营守备。……又船户有素号八杆船者，习于凶恶，适孤客姓萧乘舟不受诈骗，遂群殴，推入水中，幸冲至江岸未死。鲁查江适相值。拯问其由，将船户极刑重惩，恶风渐息。"②从材料看来，半渡诈客乃至杀人在长江上游是经常发生的，而像萧姓客人这样幸免于难的却是少之又少。

（三）假扮客商、乔装劫财

客商携带重资渡江涉湖，一路上选牙行、雇船户、择行伴、慎泊舟，对于久历江湖风波的商人而言，每一件事情都是认真考虑并且谨慎小心着去做的。官府对于盗贼截杀商旅的案件也比较重视，在沿江湖泊地带严防汛、设巡船、颁保甲、督缉捕，虽然不能完全遏制住盗贼截杀商旅案件的发生，但是对于他们的活动还是起到了威慑和限制的作用。

为了避开官府的追剿，同时也是为了欺骗商客，使他们疏于防范，劫盗者也狡计百出，往往将自身乔装为商客，以便于趁机行劫。如顾炎武记云："（太湖）定跨港、乌溪港、兰后港，以上三港，在县东南五十里，迤逦相连，并入太湖，以达杭、嘉、湖三府之境。盐徒劫寇，往往作商贩行色，乘间入耗地方。及有强民，以盘诘为名，截害往来商舶，并由此路。"③成书于天启年间的《南京都察院志》记载江防"巡约十八则"，其中一条也谈到了明后期长江劫盗的特点："一、救孤商。长江上下飞舸如织，其中有等流棍，设计害人，三五成群，顾觅船只，在人烟辏集之处湾泊。以一二人妆为客商，或扮为差，使先登船内。三四人为驾船水手，招呼本船便带人货。夥内又将一二人投落饭店安歇，窥有行商财帛，哄诱其人一同附搭。人货上船，开行江上。先以

---

① （明）王应奎：《柳南随笔》卷一，第 2256 页，载《清代笔记小说大观》（第三册），上海：上海古籍出版社，2007 年。

② （清）周玑纂修：《杞县志》卷十六，《人物志四》，第 1048 页，乾隆五十三年（1788 年）刻本，台北：成文出版社，1976 年。

③ （清）顾炎武撰，谭其骧等点校：《肇域志》卷九，第 327 页，上海：上海古籍出版社，2004 年。

善言蛊惑,或赌钱、或赛牌,遂将药酒迷昏绑缚,黑夜丢弃孤洲,甚之抛投下水,以灭其迹。或有得财数多,弃原船而逃陆者。"①从该段材料可以看出,劫商团伙的内部已经有了相当严密的分工,装扮成客商或者公差,意在解除搭船商人的戒心。且有专门揽客者,到客店去拉拢客商,将其哄骗上船,然后趁机劫财。这种冒充客商的作案手法使官府也常常感到难于缉捕,康熙年间两江总督于成龙称沿长江一带的情况是:"乃访闻迩来巨盗每多妆扮客商,将器械藏匿舟中,湾泊滨江无人之处,窥伺客船,肆行劫夺,以致官兵不及觉察……"②

(四)横截津路、杀人越货

商旅搭乘舟船出行,遭遇堵塞水道的地方居民,或者是以闷香迷人、半渡诈财的船户,甚或是冒充商人、水手、舟子的劫匪,虽然危险重重,但仍会有失财而保命的机会。并且经商者若在经商途中倍加小心,上述这些危险都是可以避免的。然而,若路遇那些明火执仗、公然行劫而又人数众多的劫匪,商人们不但财物尽失,而且性命也难保全,往往是名登鬼录、魂游水府。鄱阳湖位于江西境内,是客商南北往来的重要通道,湖中不但盗贼活动猖獗,而且极其残忍:"湖有三山、四山,屹立波涛中,为盗出没薮。他盗志在取财,湖中盗则必杀人,谓不杀人则有失主,赃易败。而李再豪者,所杀尤多。"③这是清代康熙初年的情况,与商书中所记大致相同。

太湖及其支脉水域的盗贼也是异常凶恶,如明末盗贼"劫太湖贾客,皆

---

① (明)施沛:《南京都察院志》卷九,《职掌二》,载《四库全书存目丛书补编》,第 73 册,济南:齐鲁书社,2001 年,第 242 页。

② (清)于成龙:《于清端政书》卷七,载《文渊阁四库全书》,集部二五七·别集类,第 753 页,台北:台湾商务印书馆,1986 年,第 752 页。

③ (清)曾王孙:《清风堂文集》卷二十三,《杂记》,见《四库未收书辑刊》(第 5 辑第 29 册),北京:北京出版社,2000 年,第 296 页;按,前引商书《天下路程图引》卷七亦云:"自湖口至于康郎山,盗贼不时而有,江中强盗得财便休,惟此湖贼凶贪不厌,杀人常事"。记述略有不同。毛奇龄在《西河集》中也记录了饶州籍商人彭万年与同伴邹三、黄寿分乘三艘船只结伴经商,途径鄱阳湖时彭万年因避风而与两人失散。后得知邹三与黄寿均已被盗杀死。见毛奇龄:《西河集》卷七九,《湖中二客传》,见《文渊阁四库全书》(第 1320 册),集部·别集类,第 728 页。

白昼阴伏渔舟中，客舟至，则撒网以包之。其波荡入波涛中，不知几十百人"①。又如康熙二年(1663年)所捕获的太湖盗袁二，"于顺治十二年(1655年)正月二十一日风雨黄昏，遇有布商张奎等满载前来。二等两舟夹劫，且将奎子张建砍堕河中，客侣惧威惊窜，任其席卷饱飏"。② 人数多、声势大是此类劫盗者共同的特点，盗贼一出现便亮出刀斧、入舱即四处乱砍，目的在于未劫之前首先从气势上夺去商客的魂魄，使他们乖乖就范，既劫之后又能从容撤去，而此时商客则往往惊魂未定，无暇叫喊报官。盗贼劫掠商客往往是在夜晚趁孤客身单力弱的时候下手。若商人能多寻伴侣，慎择泊舟地点，夜晚泊舟的时候加意防范，使盗贼没有劫抢的机会，是可以减少或者避免盗贼的劫掠的。由此也可以看出商书在这方面对商客提出的建议并非纸上空言。

(五)兵为盗党，商客失怙

为了尽可能地避免在旅途中发生盗贼焚劫的危险，商人们除了自己在旅行时要格外小心谨慎之外，还时时依赖沿途兵防塘汛的保护。明清两朝的官府，一般都在地势险要或者人烟较为荒凉、盗案多发的江河湖泊沿岸设有巡检与守汛，以镇守地方、拱卫行旅。因而舟船出于安全方面的考虑，在夜间停船时，也往往选择在有塘汛驻兵的地方附近抛锚。但是，驻防塘汛的官兵若与盗贼猫鼠同穴、相互勾结、沆瀣一气的话，那么过往商旅却是连这点保护的屏障也不能依赖了。在长江水域，劫案多发，官府禁止造多桨渔船，并不许商船夜行，冀望借此消弭盗贼。但是，一弊方革，一弊又兴，兵盗勾结共劫商财的问题又不时地发生，据《南京都察院志》云："江洋贼船，多与商船杂行，先时尾跟，伺夜劫掠，此其故习。往时革多桨沙船渔船，及禁商船不许夜行。商船停住，谕于人烟辏集及兵船湾泊去处，谓可恃以无恐。然狡黠之兵偷闲上岸，江多弛急。甚则兵与盗通，又甚则兵自为盗，及又假名盘

---

① (明)熊明遇：《文直行书诗文》卷十七，见《四库禁毁书丛刊》(第4辑第106册)，北京：北京出版社，1998年，第595页。

② (清)韩世琦：《抚吴疏草》卷二十，《袁二等招由疏》，录自《四库未收书辑刊》第8辑第6册，北京：北京出版社，2000年。

诘，卖放真盗。邀劫行商，索财肆横，莫可究诘。"①有时，是沿岸商铺的经纪与盗贼、守兵串通一气，共同行劫："又有一等违禁双桅沙船，交通积年埠头经纪，揽装客货，至于夜深僻地，或勾引贼船，或谋杀商命，甚至夹带硝磺等物出海通夷，不可不慎。究其所自，皆由不肖营官受其常例，任伊出没，实为厉阶。"②埠头经纪与汛营守兵都是外地行商进入本地商业市场的重要依赖，他们若与盗贼勾结串通，商人是很难逃开被劫掠的厄运的③。

以上所言，营汛守兵还只是接受盗贼的月钱贿赂，对于盗贼劫掠商旅船只的行为视而不见，而自身并不参与到劫掠中去。然而，更有一种情形，营汛官兵不但对盗贼劫掠包庇纵容，而且直接充当盗贼的眼线，为盗贼通风报信，使盗贼知道何时有船停泊，以便于他们劫掠。海螺牛角本来是营汛守兵互通声气的用具，却被用来向劫盗者传递信息。通过螺角的声调变换，表示出停泊货船装载财物的多少、人员配备、有无防备等各种不同的信息，这种完备的暗号传递方式也说明了该地区守兵与盗贼相互勾结由来已久。同时，用螺角向盗贼传递信号，商船上的商人也完全想象不到，因而全无防备，待等到盗贼突入，就只能任由其宰割。

（六）商客的自救

商书的规诫既不能面面俱到，旅途中盗贼劫掠的凶险又千百不同，而塘汛守兵又难以倚为屏障，商旅在经商途中的每一步都充满了凶险。因而，为了避免旅途中财物损失或者成为盗贼刀下冤鬼，商人们有时也在乘舟经商的过程中采用一些自救的措施。

初刻于天启年间（1621—1627）的《士商类要》一书中有《船脚总论》一小节，专论客商雇用舟子和脚夫时应该注意的事项，尤其详述了商人装载货物

---

① （明）施沛：《南京都察院志》卷十四，《职掌七》，第 404 页，载《四库全书存目丛书补编》，第 73 册，济南：齐鲁书社，2001 年。

② （明）高汝栻：《皇明续纪三朝法传全录》卷十三，第 150 页，见《四库禁毁书丛刊补编》（第 11 册），北京：北京出版社，2005 年。

③ 也有牙行为了赚钱，不负责任，不认真查问船户是否奸盗就介绍商客雇用的，于成龙云："凡商贾军民人等携带辎重远行，必投牙埠写船者。以船户之来踪去迹，惟牙埠知之最详，为可倚而可托也。乃有等无赖船埠，只图兜揽，多趁牙钱，竟不察询船户来历，轻为揽载，以致匪类操舟，往往于中途僻处劫财害命，深可痛恨。"见《于清端政书》卷七，第 755 页，《文渊阁四库全书》，集部·别集类，第 257 册。

的各种技巧。它告诫商人:"千货千弊,百狡百计,是货皆在装卸之中动手,是船个个俱会窃偷,谚云:'十个船家九个偷',信哉!"①商人们在实际经商过程中也摸索出了一些行之有效的防盗窃的方法。清代人王椷就记述了一位徽商防止舟子盗窃所运粮食的技巧,记云:"江南舟子载客粮,每多侵盗。有徽商某,屡年贩易,不少升合。其法俟载满时,拈釜底灰洒乌龙为记,奇状蜿蜒,势欲振跃,善绘者咸叹为绝技,以故舟子莫能行其弊。一日,买舟十余,贩米淮上。一舟子见而垂涎,苦无术可致,忧形于色。其幼女问之,曰:'尔发未燥,徒语奚益?'女曰:'姑语之,安知无分忧策耶?'舟子告以故,女曰:'此事易耳,第取米,我当效为之。'舟子从其言。女乃如法印记,神形毕肖。及卸载,商验龙不殊而米顿减,怒曰:'必有盗吾粮者。'舟子曰:'君灰龙在,何以盗?'商曰:'形虽相似,有真赝之分耳。'乃过几船,以火燃灰,龙瞬息金光激射,鳞甲皆赤。顷之,火灭,复变为白龙,更觉飞动。至舟子舱内,爇之不验。观者莫不叹异,舟子亦无辞以应。商曰:'不实告,必鸣于官。'舟子不得已,始吐实。呼出见,乃一垂髫稚女耳。试之不谬,商惊曰:'吾习此术数载始成,尔女一见即能得其形似,其非天授?若肯为我儿媳,一切勿问也。'舟子喜,乃与缔婚。"②这位专营粮食贩卖的徽商刻绘乌龙以防止舟子盗窃,比《士商类要》所说的"预用纸雕灰印"的方法又复杂了很多。据他自己说的,学习这项防盗技术花费了他数年时间,由此也可见商人对于经商过程中防盗技术掌握的重视程度了。又明代人记述,货船在夜晚停泊的时候,总是要离岸数尺,以防窃盗上船偷窃③。

防止舟子偷窃货物,商人可以通过严查舱板,或者是撒灰雕印等途径加

---

① (明)程春宇著:《士商类要》,载杨正泰著:《明代驿站考》附录,卷二,上海:上海古籍出版社,1994 年,第 294 页;该处详记用船贩运粮时的注意事项云:"如装粮食,务要防慎,后舱马门、梁眼、梁缝,于补缺的小板,防是活印子,俱要先用封条贴过,方许铺仓。又有死夹梁,更加双夹柜,并掣卖筹数,卸亦如之。受载之时,各仓俱记小数,不可听其混装,常观前后,照管两旁。前藏尖嘴、睡头、什物家伙之下,后匿稍仓、箱柜坛桶之中,两旁递过邻船,人散从容再取,预用纸雕灰印。"

② (清)王椷:《秋灯丛话》卷十一,见《续修四库全书》(子部第 1269 册),上海:上海古籍出版社,2001 年,第 524~525 页。按:据卷首序言,知王椷主要活动时间在清乾隆朝前中期。

③ (明)赵维寰:《雪庐焚余稿》卷十,《狃盗》,第 575 页,该书云:"余尝从毗陵还宿无锡之南门,与一货船同泊。凡货船夜泊,必悬岸数尺,防偷儿也。"

以预防。若是遭遇持械抢劫的凶狠劫匪，商人也有自己应对的办法。一些商人会拉上几个经商的同仁，结伴而行，以壮声势，以吓退盗贼①。而一些商人则因为久历江湖，对于盗匪的劫掠事先都会有所警觉，因而提前加以防范。

明清文献中有关商人在行舟经商途中遭遇凶险的记载，可以补充明清商书中相关部分记述过于简略的不足，使我们对明清时期商人经商所付出的艰辛有了更加具体而微的认识。当然，商人在乘舟行商的途中，遭遇的危险并非只来自劫杀或者窃骗，有时候，江湖变幻莫测的风浪、沿途官员巡兵的敲诈勒索也会给他们带来很大的麻烦。而商人应对盗贼的措施，也不局限于以上几点。往往在实际行商途中，商人们也能根据实际情况的变化，对商书中的规诫或者口耳相传的经验做出某些具体的变更。

三、影响明清商人运河行舟安全诸因素分析

明清商书中在论述水路多盗的原因时，主要归之于两个方面，其一是区位因素，即湖泊、大江等处的荒僻地段易于潜藏匪类；其二是社会因素，即发生灾荒的年份，盗贼活动也较为猖獗。就实际情况而言，除了这两方面的因素之外，商业经济的发展、塘汛防御的弊病等，都是明清时期水路劫盗难以根绝的重要原因。

（一）商人经商对舟船的依赖

商业的发展和从事经商事业人数的增多推动了民间造船业的发展和舟船的普及，而舟船所提供的出行便利及在运输货物上无可比拟的优越性，使商人对于舟船有着很深的依赖，凡是能够通舟楫的地方，他们往往都会舍陆行而乘舟船。明代的士大夫赵维寰经常奔走于南北各地，他曾经比较陆路与水路之优劣，最后得出结论是走水路比陆路要方便："夫盗贼之虞，则水陆一也。陆路之苦，且勿论骡轿顿憨，及饭钱腾涌。只行李上下骡背，一日定有四次，其能堪乎？余往来南北，以性躁急，不尽从水。然再三熟筹，毕竟水

---

① （清）顾祖禹：《读史方舆纪要》卷七十六，"汉阳府沌水条"，北京：中华书局，1955 年，第 3237 页。

道为便，识之以告来者。"①赵维寰指出，走陆路不但颠簸劳顿，食宿的成本高昂，而且照看和搬运行李使人不堪其苦，走水路虽然迂回曲折，行驶迟缓，但是比较舒适，旅行成本也低廉。对于从事于商品转输贩运的商人来说，赵维寰的观点也道出了他们在选择出行方式上的考虑。

明清时期，舟船是商人在出行时首选的交通工具，特别是在商品经济活跃而又河湖纵横、水网密布的南方地区，商人对舟船的依赖更是深刻。这是明清时期水路上针对过往客商的劫盗事件多有发生的重要背景和客观上的因素之一。

（二）商业经济发展刺激了针对商客的劫盗案件的频发

明清商品经济的发展使从事经商事业者人数增多，这推动了民间造船业的发展。而造船业的发展又使舟船日益普及，便利了商品运输和商人流动，并且水路出行的成本也较陆路更为低廉，因而乘坐舟船走水路成为商人最常选择的出行方式，这就为盗贼拦路劫财提供了机会。生活于康熙年间的景星杓在他的笔记体小说《山斋客谭》中讲述了一个盗贼故事，他专门劫杀来往客舟，每夜必杀数人，数十年间所杀商客近万人②，在这个令人瞠目的数字背后，隐藏的是明清商品经济大发展带来了商业流通的发达和经商者的众多，相应地针对商客的劫盗案件也多了起来。

商船丛集的地区，往往也是盗贼活动较为频繁的地方。如明代江防中的扬州营，管辖着长江下游的一段水域，该地"乃陵寝之门户，漕粮之咽喉。南北通衢，商贾辐集。素负繁华虚名，奸宄易发，强盗每垂涎于兹"。而狼山营辖下的任家港，"在狼山西北，客商由此经过，盗贼昔常危害"。③ 又崇祯六年（1633 年）御史吴振缨上疏称："自徐、邳而下，大江而上，千余百里，以

① （明）赵维寰：《雪庐焚余稿》卷十，第 580 页。
② （明）景星杓：《山斋客谭》，该书卷七"老盗"条云："童新郎者，江湖老盗也。以舟为巢穴，凡至一处，必购其地之舟以载客，舟夜歼之，而有其财货。每夜必杀数人，剖腹而沈之，令不浮露，故其党号□鱼大王。历江湖凡数十年，沈客盈万。既老，犯于衢而获于苏大中丞张公，奏斩之。"见《续修四库全书》（子部第 1268 册），上海：上海古籍出版社，2001 年，第 72 页。
③ （明）施沛：《南京都察院志》卷十二，《职掌五》，第 310 页。

商贾辐辏之区,为盗贼依据之所。"①

　　商业的发展和商人的经商活动,成为官员和士大夫眼中地方盗贼活动猖獗的刺激因素。在传统时代,人们谋生的途径较少,生活对每一个普通老百姓来说都是很艰难的。而商人则是一个相对较富有的阶层,即使是小商人,他的经商本金在一般民人眼中看来也是一笔数额不菲的财富。所以,一部分人先是垂涎,既而偷窃,乃至于铤而走险,公然劫掠。劫盗中的许多参与者都是为生计所迫,商贾聚集而又官方管理相对薄弱的水面则是劫盗者眼中的利薮。

(三)水域地形的复杂容易潜匿奸盗

　　在传统时代,无论是在内河还是海洋,水面历来是官府控制和管理比较薄弱的地方。江河湖泊往往跨州过县,州县交界地带也是盗贼滋生的巢穴②。如在北方:"东平安山左右乃盗贼渊薮,客舟屡遭劫掠。武德亦多盗之地,以北直、河南三界往来,易于窜匿。"③东平安山位于通往临清的漕河岸边,上接济州河,下通卫河,是水流交汇、商船云集的地方,而武德则处于黄河支流沁水的岸边。另如"河北旧有演武厅一处,乃荥泽等四县联界之区,盗贼出没,水陆为害"。④ 均可见无论南北、无论水域大小,水流汇集的交界地方都号称难治。清朝政府也曾尝试将濒连数县、地跨两省的太湖防御力量统一起来,于康熙四年(1665 年)设立太湖营,分辖浙江、江南两处水域⑤。然而就全国来看,这样的特定水域专辖权的设置却甚是寥寥。道光十三年(1833 年)两江总督陶澍抱怨说:"洪泽湖地方为江南、安徽两省交界。江南系河标中、右两营及漕标淮安城守营汛地,安徽系泗州营管辖。该

---

① (清)傅泽洪:《行水金鉴》卷四十五,见《文渊阁四库全书》,史部·地理类,第 580 册,第 617 页。

② 冯贤亮:《明清江南地区的环境变动与社会控制》,上海:上海人民出版社,2002 年,第 357~359 页。

③ (明)王仕性:《广志绎》卷三,见《四库全书存目丛书》,第 2 辑,第 251 册,史部·地理类,济南:齐鲁书社,1996 年,第 735 页。

④ (明)潘季驯:《河防一览》卷十一,《文渊阁四库全书》,史部·地理类,第 576 册,第 349 页。

⑤ (清)金友理:《太湖备考》卷四,《兵防》,南京:江苏古籍出版社,1998 年,第 148 页。

湖收纳汝、颍、淮、沘、涡、淝、雒、泗、睢、浍，大小十数水，周长五六百里，水面宽阔，四通八达。庐、凤、颍、泗、徐、淮各处棍徒，以及山东之沂、郯、滕、曹、单等处回匪往来其间，为逋逃薮。其形势与江浙两省界连之太湖相同，而纳污藏垢为更甚。太湖设有内河水师专营，巡防严密，以故奸宄未易潜滋。洪泽湖为江、安两省商贾民船往来要道，并未设有内河水师专营，匪徒出没湖中，往往有乘机纠抢之案。且两省营汛遥远，声气未能联络，此拿彼窜，稽查难周。"①陶澍因而建议在洪泽湖设立都司，统辖洪泽湖水域。兵汛分防，事权不一，导致这些水流四达之地既是商船鳞集的交通要道，又是劫案频发的盗薮。

有些水域虽然不是州县交界地区，但是地方荒凉僻远，有时商船夜行至此湾泊，给了盗匪可趁之机，即所谓清代文人吴庄的议论："大凡盗贼出没，多在汪洋浩淼之中，叫应不闻之处，窥伺民船。"②又如绰墩湖是江苏昆山县境内的一个小湖泊，地方荒僻，行舟被劫时有发生，明末清初人孙永祚《泊雨绰墩湖》一诗云："绰墩湖边烟数树，野塘沉沉云水暮。问津前向不见人，风雨孤舟何处住。咯上行人怕昏黑，暴客纵横劫商客。渡头昨夜满腥风，官长差人捕不得。吁嗟出门多畏途，风波贼盗无时无。安得龚君满州县，佩刀带剑皆农夫。"③像这样荒僻的地方，一旦发生商舟被劫的案件，官府往往也无从展开侦讯，更遑论破案。

除了交界难治、荒野海盗，商船遭劫在区位上的另一个因素是地瘠民贫。有些濒临江湖的地区，百姓穷困，即使丰收年份，土中出产也不足以敷衍生计，因而民众相率为盗。

综上而言，水域空间特殊的地理环境因素给盗贼劫掠提供了滋生的温床。但是，并不能由此将它看作盗贼多发的充分条件。因为，若是江河湖泊沿岸地区人民衣食无忧，社会矛盾缓和，地方兵汛又能勤于职守，所谓的水域地理形势的复杂造成的控制薄弱问题将会迎刃而解。

---

① （清）陶澍：《陶文毅公全集》卷二十二，奏疏"洪泽湖移设都司折子"，顾廷龙：《续修四库全书》，集部·别集类，第158～159页。

② （清）吴庄：《豹留集》，防湖论略二，见《四库未收书辑刊》第8辑第28册，北京：北京出版社，2000年，第635页。

③ （明）孙永祚：《雪屋集》卷三七，《言古》，见《四库禁毁书辑刊》第4辑第110册，北京：北京出版社，1998年，第423～424页。

（四）灾荒与季节性因素及其对劫盗案件多发的影响

运河沿线各地水网纵横，容易发生水灾。一旦灾害来临，庐舍漂没，庄稼颗粒无收，农村中本来就已脆弱的家庭经济立即陷入解体，灾民遭遇着饥荒的威胁。为了得到尺布以蔽体挡寒、斗粟以苟延续命，灾民铤而走险，加入劫掠过往商船的行列。清人有云："夫人一日不再食则饥，饥则为饿殍，试之盗劫，则不免于横尸。夫民岂乐为横尸哉？饥驱之也。"①指出了饥荒之年多盗贼的原因。

因为水灾多发生于春夏之交雨水充沛的时候，所以季节性因素在考察盗贼活动猖獗与否时也值得注意。万历年间，太湖地区发生灾荒，采盗贼团伙"以五月乘夏水操轻舟十余艘，往来荄渎、沙塘港之间"。②又如雍正五年（1727年）七月，署理湖北总督傅敏上奏称："今年五六月间，因雨水过多，米价未平，当有湖南之安乡、龙阳等处奸徒乘机抢劫行舟。"③但是，也有官员奏称秋季是商船劫案多发的时候："该如皋县知县李衷纯看得新旧沙洲皆在大江中，四面白浪滔天，无一护卫。江南江北盗舰络绎，不肆劫客舫，即行掠沙民。甚至杀人如草，抗拒官兵，至秋收之候尤为盗所觊觎。"④之所以该地秋收之后盗贼劫掠更甚，是因为此时众多商人趁秋收之后收购粮食，并装船运往异地贩卖，商人的活跃使针对商人的劫盗案件增多。而冬季则因为天寒地冻，此时的穷民为衣食饥寒所迫，多从事盗贼劫掠的活动。由上可见，虽然具体情形不同，但是季节性因素在商船劫掠案件多发方面扮演着重要的作用。

总而论之，灾荒促使饥饿的百姓加入劫盗的行列。季节性因素不但影响江湖水势的涨落，给盗贼活动提供了肆劫与藏匿的便利。而且，它还影响了灾荒发生的时间，使春夏之交（在南方水乡）成为灾害频发的时段，因而针对商船的劫案也相应地多发。粮食一直是传统时代商品流通中的大宗，秋

---

① （清）顾九锡辑：《经济类考约编》卷下，《四库未收书辑刊》，第五辑第 15 册，第 367 页。

② （明）瞿九思：《万历武功录》卷二，台北：艺文印书馆，1980 年，第 137 页。

③ 中国第一历史档案馆编：《雍正朝汉文朱批奏折汇编》，第十册，南京：江苏古籍出版社，1991 年，第 162 页。

④ （明）施沛：《南京都察院志》卷十二，《职掌五》，第 73 册，第 362 页。

收后贩粮商贾的活跃也使劫盗者觊觎和垂涎。而在冬春季节，衣粮容易发生短缺，也催增了劫盗活动。

（五）兵汛防守中的推诿与渎职

为了加强对江河湖泊等易于容藏奸宄之处的管理，明清政府都在江河湖泊沿岸地方设营立汛，分兵驻守。这在很大程度上震慑了阴怀不轨者的劫财图谋，有利于肃清商路，保障行旅的安全。但是，明清营汛防守体系中出现的一些问题又影响了其控御效能的发挥，给了盗贼以可趁之机。

首先是制度衍生的弊端。明清的营防塘汛都是分营管辖，划界防御，水陆互不统属。如上引太湖与洪泽湖，同是一湖，却隶属于地处两省的不同守卫营管辖。而上下千里的长江则更是塘汛林立，隶属各异。这导致了当发生盗案时，各守营或塘汛互相推诿，将失事的责任推卸给对方。或者彼处发生盗案，因为不在自己辖区之内，坐视不救。雍正年间，太湖营增设参将一职，以加强对太湖地区的控制。但是，因为太湖营分隶两省，各分疆界管理，推诿现象时有发生。正如乾隆初年江苏巡抚陈大受所言："但全湖汛守，原系一局，大员统辖，则呼应灵而责成专，分员各管，则推诿多而缉捕懈，此事势之必然者。况湖中江浙分界处，此不过就湖面约计，非如陆路之可以定立确界也。偶有失事，彼此互诿，各自通详上司会勘，动至数月，难免歧误。"①他建议在太湖设立副将，打破疆域界限，统辖太湖全营，以革除推诿的弊端。然而，无论是在临水州县，还是在沿江防汛，终明清两朝，推诿现象并没有完全消失。

其次是防兵的渎职。防兵渎职主要表现在两个方面，一是虚应差事。塘汛防兵地位低下，兵俸微薄，并且还要时时受上级的层层盘剥，因而防兵往往通过其他途径来维持生计。水路上的营防塘汛原本是为消弭盗贼、保护行旅而设，却因为种种原因滋生了诸多的弊端。这不但削弱了兵汛防护地方的能力，也使盗贼在利用地理环境中于其有利的因素而对商船进行劫掠时更加有恃无恐。

---

① （清）金友理：《太湖备考》卷四，《兵防》，南京：江苏古籍出版社，1998 年，第 157 页。

（六）其他因素

明清时期针在内地江河湖泊上过往商船的劫掠，除了上述经济、灾荒、地理环境、兵汛渎职等因素的影响之外，还有一些其他因素。

一个因素是明清时期各地存在的游民问题。所谓游民，既指本地游手好闲、无所事事的闲民，又指来自外地而居无定所、游移四方的流民。随着人口激增、土地兼并加剧及商业的发展，明清时代游民问题日益受到社会的关注。游民的存在对以里甲和保甲为社会控制基础的明清统治秩序造成了很大的冲击，地方势族也利用游民来从事违法的活动。游民与窝主，相互结合成了一个通过劫抢来谋取财物的利益共同体，这种情况，较为普遍地存在于明清社会。江河湖泊中的舟船劫案也不例外。户册上无名姓，乡里间无田土，一旦劫掠商人的罪行被官府察觉，远走他处，使官府无从缉捕，这是当地居民充当窝主，利用流民劫掠的重要原因。而当时的江南常熟、江阴一带，也是大户纷纷造船"招纳亡命、聚集游手"，从事贩私劫掠的勾当①。

船户贪走捷径也是导致行舟被劫一个因素。康熙中叶江苏巡抚汤斌称："苏郡为南北通衢，商贾往来如织。又素称泽国，河港繁多，经商贸易之人，皆赖舟楫以利攸行。应由官塘大河而走，晓行夜泊，以保无虞。且沿塘各处巡船汛兵，联络防守，稍有警息，亦可呼应追捕。乃有无知船户，或贪捷径，或图赶路，每每竟由荒僻冒险夜行，以致盗贼乘机窃发莫能救援。"②此处汤斌指出的是船户贪走捷径而致商船遭劫，另有一种情况，是商人为逃避关卡收税，走荒僻水路而被劫的情况。有时，商人为贪图雇资的便宜而误上贼船，汤斌说："至于客商雇船，俱由牙埠。此辈熟知船户来历，客商远来，投牙雇载，自无疏虞。常由贪鄙之夫，吝惜小费，不由船牙写载，私自雇觅，遂至奸恶水手，瞰有重资，故意行走僻路，勾盗劫掠。甚亡命之徒，以舟为饵，减价揽载，诱令入毂，行至中途，肆行谋害，不特资财一空，且有性命之忧。"商人雇用船只，必须通过正规开设于埠头的牙行，官府对此一再强调。商书中也告诫商人雇船要通过牙行，并且对船户不可过于悭吝。但是，总有商人

---

① （明）孙旬辑：《皇明疏钞》卷六十三，黄绾《弭江盗疏》，见《续修四库全书》，史部第 463 册，第 679 页。

② （清）汤斌著，范志亭、范哲辑校：《汤斌集》卷九告谕，《禁止船户涉险夜行以弭盗贼以安行旅告谕》，郑州：中州古籍出版社，2003 年。

贪图小利，以至于给了劫盗者可乘之机。

对于商人而言，时间就是金钱，光阴即是财富。趁时赶节，不耽误贸易时机，就能够抓住机会，赚取利润。因而商人们往往起早摸黑，昼行夜走，奔波在水陆旅途中。雍正二年（1724 年）鸿胪寺少卿葛继孔奏称："伏思臣任江苏臬司时，察审盗案大抵于河道内行劫者居多。夫从来河道船只，夜行原所禁止，奈江浙差务繁多，遇夜势难停泊，远乡粮户拮据，银米赴纳稍迟，有违比限。加以各路客商云集，赶程心急，或所载系水鲜时物，不可越宿，更临年趁节，恐贸易失时……"①为了赶时间，内河行旅突破了官府禁止夜行的限令，这也是造成内河劫盗发生的一个因素。

综上所言，明清时期运河沿线商人行舟遭劫的原因是多方面的。商品经济发展和经商行舟者的相应增多，是劫案多发的社会背景。受一时一地社会治安情势的差异及地理环境复杂程度的不同，劫盗案件发生的频率也因之在各地迥异。而营汛守兵的渎职，商人与船户的贪走捷径、图赶时间，也给了劫盗者以可乘之机。

商人在运河水路上行舟遭遇劫、窃等江湖凶险，并不是明清时代独有的现象。在明代以前的历朝历代，同类现象都有发生。但是，明清时代却是商人行舟遭遇劫窃等凶险情况见诸载籍最多的时期，这与流传于世的明清文献相对较为丰富有一定关系。然而，更重要的原因是，随着明代中期以来商品经济的发展，经商人数日益增多，运河运输以其运行便捷、价格低廉而受到青睐，运河水道日渐喧嚣，因而针对内河商人财货的犯罪活动因有利可图而大大增加了。

明清商书对于商人行舟途中可能遭遇的凶险从多个方面提出规诫，给予商人以有益的参考，却又失之于简略。并且，劫掠商财者的方式和手段是多种多样的，诸如上述堵塞河道、使用迷药、勾结汛兵与牙行经纪、假扮客商等等，使商人往往防不胜防。而影响劫案发生的因素又受到地域经济发展状况、灾荒、地理环境、驻防汛兵尽职程度等地理与社会状况的影响。因而，面对如此情况复杂而又社会图景多变的内河劫掠，明清商书又难掩其绍述商人行舟遇险时内容的贫乏和对商人提出规诫时的无力。

---

① 中国第一历史档案馆编：《雍正朝汉文朱批奏折汇编》第三册，南京：江苏古籍出版社，1993 年，第 833 页。按：葛继孔任江苏按察使是在康熙末年。

通过对明清时期商人运河行舟过程中遭遇的各种劫窃凶险的研究,我们可以看到,明清运河的盗贼劫掠自明代中期以后日渐活跃,商人既有风波覆舟之忧,更有盗贼劫财之患。而对于官府来说,管理上的重陆轻水,又使盗贼的劫掠难以根治,反而是愈演愈烈。明末的江南、清末的长江中下游一带,都是盗贼和会党异常活跃的地区。商人却步、商路梗阻,乃至于社会秩序的陷于混乱,都与此紧密相关。

第六节

民国初年福建晋江商人恢复族葬及其意义

——黄秀烺古檗山庄的个案分析

"妥先灵,崇祀典"是中国人世代传承的基本礼节,指向在确立人伦秩序,所谓慎终追远,明德报恩,或谓返本。"秀烺君规复古礼,又能笃谊推恩,独修宗祀。方之古人,抑又过之。古所谓乡先生没而可祀于社者,其在斯人欤?"①以往我们总是从经济的角度推论投资修祠堂、撰族谱是一种资本的浪费,不利于资本的壮大与增殖,或从历史的真实性角度贬低古人修撰族谱存在附会的色彩,其实,修撰族谱更多的意义在于文化,从事于此项事业的人们更着意于对传统文化的正本清源,更着意于对社会恶俗的纠偏矫正。有意思的是,在闽南地方,这项事业主要是由商人而且主要是由经商于海外且具有较强经济实力的商人们主导完成的。

一、古檗山庄的地理位置与形制

《古檗山庄家茔图说》详细说明了该墓园的基本方位状态:

> 檗谷乡在晋江县治南门外十一都乡,以古多檗树,故名。距县治七十余里,山水佳胜。茔域在乡之左,近傍宗祠。灵源踞其颠,钵严俯其

---

① 郑振满、丁荷生:《福建宗教碑铭汇编》(泉州府分册)(中),福州:福建人民出版社,2008 年,第 512 页。

背，玉湖、石井萦带其前。东望沪江，南揖东石，西抗安平镇，北倚南天寺，形势天然。其地纵横四十丈，绕以回栏围墙。墙以外，沟水环抱。署如华表，镌字于上。自山庄陟三级，有一内庭，庭之内有池，作半月形，广十八丈，翼以低栏，植荷花其中。由此路分而两之，陟阶五级，为广庭，横二十丈，纵四丈有奇。自庭而上为坟，所画地段长十八丈，宽二十二丈。居中葬者，以昭穆为序，旁为妾媵及殇者。瘗所四周，环植桂树，外有土岸回绕，高数尺，阔丈余，杂植松桐各树。树以下，为草坡。沿草埔至围墙，遍种柏树千株。中辟一径，左通檗荫楼。古梅翠柏，清香浓荫，为登陟憩息之所。右通景庵，庵上高耸如尖峰，四壁石刻名人题咏。从景庵而下百余武，有石门，名曰"景行"。门以内，右一小室颜曰"瞻远山居"，为守冢人住焉。自门左循池而行，曰"息庐"，以备旅榇归葬，暂时停枢于此。工事竣，既别为之图，并粗述形势，俾后有所考焉。①

以上碑文介绍了古檗山庄的基本形制，其中按昭穆原则设置了墓位，周围环以守冢人住处，旅外族员归厝处等，空隙处多栽种了像松、柏、桂一类的树，增加了墓园的庄严与敬肃。

由于世事变故，这些墓穴有些安葬了真尸，有的则纯粹是空墓，真尸因为各种原因并没有安葬到墓穴里去，但实地考察该墓园，我们便能清晰地看出黄氏家族世系一段时期的大体情况，堪称一部家族的历史，使家族的辉煌得以昭彰，也便利了后人祭祀、瞻拜，乃至引为自豪。

二、风水之说导致停棺不葬之恶俗

风水之说在中国各地民间长期广泛流传，不仅中原地区多受其影响，边远如贵州也很盛行。镇海陈修榆在序中说："尝考堪舆之名，肇自汉代，至晋郭氏葬书出，而撼龙、疑龙、青囊诸经竞相附会，即史传所载，不胜枚举。或有验、有不验者。无怪乎变本加厉，以至于今也。"②他希望黄秀烺的这一举

---

① 郑振满、丁荷生：《福建宗教碑铭汇编》（泉州府分册）（中），福州：福建人民出版社，2008年，第475页。

② 郑振满、丁荷生：《福建宗教碑铭汇编》（泉州府分册）（中），福州：福建人民出版社，2008年，第493页。

378

动能产生示范作用，"俾吾乡人慕而效之。由一乡而一国，行且及于天下，用以挽颓风而崇古制"。他引用《论语》所说："观于乡，而知王道之易易。"对黄秀烺转移风俗的追求给予赞赏。

平江吴荫培《序》说：

> 自《周礼》墓大夫之职废，而族葬之制不行海内。士大夫家溺于形家言，入某山，访某穴，必欲得佳城以昌后。数传而降，子孙继起，宅兆益多，有年久不尽识者矣，有道远无从考者矣。曩余宦游黔、粤，采风所及，凡山川邱垅，辄寓目不能忘。黔地山多而旷，一家骨肉各自为墓，相距若瓯脱。粤则羊城郊外，万家蓬颗，画山作界，错如犬牙。盖一地地旷人少，一地地狭人稠。……吾吴古莹，以无主故，每多掘弃。①

吴荫培讲述的是对族葬传统的毁弃现象，存在于很广大的地区。

晋安陈景韶《序》说："今世俗莹于形家之说，于坟之前后左右，皆不许有继葬者，以为有伤风水。至于斗争构讼，訾忿相寻，甚则殉以身命而不解，何其愚乎？"②他对黄秀烺营造墓园非常赞赏："盖此举有数善焉：依先祠，敬祖也；师古礼，尊经也；恤宗族，广仁也；诒孙谋，锡类也。子孙岁时瞻拜，荐献旅酬，咸油然于亲睦之情，肫然于孝爱之感，所系不綦重乎？"陈景韶认为："方今六合云扰，百度变常，士大夫咸昧没于功利之途，懵然不知伦理为何物。而先生独毅然行古之道，不为世俗之见所摇，非有大过人之识，乌能然哉？"③陈景韶对之表达了深切的认同。他回忆自己家族多有迁徙，由同安迁往海澄，再迁往永春，族系已出现缺环，因而产生了不安的心理。

龙溪陈望《序》说：

> 族坟墓之制，肇自《周礼·大司徒》，所由来者远矣。后世葬经递出，青囊、赤芭之说，玉尺、金斗之书，附会支离，其术遂蔓延而日以盛。又宗法废弛，古意渐就沦胥。马鬣之封，若求便利。中原水土深厚，地多平衍，其为营兆也，高、曾而下之子孙，犹或以次祔葬焉。东南山海交

---

① 郑振满、丁荷生：《福建宗教碑铭汇编》（泉州府分册）（中），福州：福建人民出版社，2008 年，第 488 页。

② 郑振满、丁荷生：《福建宗教碑铭汇编》（泉州府分册）（中），福州：福建人民出版社，2008 年，第 492 页。

③ 郑振满、丁荷生：《福建宗教碑铭汇编》（泉州府分册）（中），福州：福建人民出版社，2008 年，第 492 页。

错,形势与中原殊,陂泽冈峦,随地起伏。迷信风水之习,痼蔽已深,而吾闽之漳泉为尤甚。尝有穷年登涉,不惜重资,求一抔于百数十里以外者。欲如古所谓同宗之墓,以亲相近,非有精心毅力,而具卓越之识者以开其先,亦何能矫兹末俗哉?

陈望指出了东南沿海特别是漳泉地区因为与中原地势不同,风水之说特别兴盛,积弊特深,这种情况下,需要有号召力的人起来,矫正这种弊端,黄秀烺正是这样的人,他"既营生圹于其间,复为规划井然,何者为昭,何者为穆,序世次以别等差,俾后之子孙祭斯葬斯,相承而无或紊"。这大概就是"古族葬之遗意"。①

香山郑熙考究风水之说源流时说:

> 葬地之说,汉以前未有也。东汉以后,流传渐盛。递衍于唐、宋,滥及于元、明,其术愈多,而为说愈支离,不可究诘。其言之玄奥窈远者,不出于郭景纯、杨筠松之书。宋蔡季通以明贤治堪舆术,抉择群言,归诸正粹。后世术士读其书,或不能尽晓,且掺心黠,妄资曲艺以盅世,侈语祸福以摇人心,大悖先儒送死慎终之旨。用其言者,莫适所从,而徒因以滋惑耳。故自来葬书,若青囊、天玉、撼龙、疑龙之类,吾不谓尽出于诬,第方技家率少知义者,其心不可信,遂并其术不足言。②

闽县梁孝熊《序》说:

> 闽粤人往往以风水定吉壤。究之所谓吉壤者,以能避风水为贵,初非当风水之冲者也。惑形家言者,辄以阴阳吉凶之故,置安宅于不顾,暴骸盗葬之弊遂生。其甚者,骨肉乖离,祭扫蒦缺。以昌宗光族之初心,而终不能安其亲之体魄,不亦大可哀耶?③

黄秀烺慨然思救其弊,建家茔于晋江县外之檗谷乡,定封界,序昭穆,逾年而成黄檗山庄。

同里杨辅序说:"(泉州)士大夫中于风水之说,觊觎福祥,而子孙众多

---

① 郑振满、丁荷生:《福建宗教碑铭汇编》(泉州府分册)(中),福州:福建人民出版社,2008年,第491页。

② 郑振满、丁荷生:《福建宗教碑铭汇编》(泉州府分册)(中),福州:福建人民出版社,2008年,第500页。

③ 郑振满、丁荷生:《福建宗教碑铭汇编》(泉州府分册)(中),福州:福建人民出版社,2008年,第481页。

者,各怀私利之见,亲死不葬,择地至数十年不决。且有朽败暴露,猝遭水火之厄。此俗惟泉为甚。"①他也早已怀有"转移风气"的念头,他了解到:"古者,诸侯、大夫、士,葬皆有期,过期而不能葬,为慢葬。盖各有兆域,以待子孙,但分以昭穆,无所谓择地之说。其生也,居处相近,其死也,魂魄相依,制至善也。"②

莆田林翰《序》说:

> 闽俗重风水,恒有亲没数年,而宅兆未卜者。盖惑形家者言,不惮停丧择圹,以希冀不可知之富贵。甚矣!海通以来,泉、漳人士多商于南洋。富而归者营置田宅之外,益致力于造茔,以为报亲之道,宜尔。然往往以风水故,酿私斗,起讼狱,因而辱身荡产,视故国为畏途者有之。"面对这"吉凶祸福之见重而孝道浸,衰世之士夫忘亲悖礼,以徇形家者言,恒数年不得一圹"的局面,黄秀烺恢复族葬便"可使其子孙世世祭于斯,厝于斯,无形之中,以敬亲睦族者贻远谋,矫恶俗,其所化顾不大哉!③

番禺王国瑞说:"晋江自昔为大郡,科名之盛震天下。荐绅先生出于其中者,不可胜数。而掩骼埋胔,仿周官墓大夫令国民族葬者,未之前闻也。有之,自黄君秀烺始。"④这是说晋江向来没有族葬的习俗,是因为黄秀烺的倡导与实践,才带动了当地遵《周礼》而族葬的习俗形成。王国瑞认为黄秀烺是利用自己丰裕的财力做了一件很有意义的事情,"今黄君为族坟墓,合于敬宗收族之蠡,有力而知所以用之,不以有用之力,费之于无用,贤哉!足以风世矣"。他感慨说:

> 然余俯仰今昔,盖不胜世道升降之感也。昔之人见庙思敬,过墓而知哀。今则人心之变甚矣,往往有因葬墓而讼于公庭,甚至斗杀无已

①　郑振满、丁荷生:《福建宗教碑铭汇编》(泉州府分册)(中),福州:福建人民出版社,2008年,第482页。
②　郑振满、丁荷生:《福建宗教碑铭汇编》(泉州府分册)(中),福州:福建人民出版社,2008年,第482页。
③　郑振满、丁荷生:《福建宗教碑铭汇编》(泉州府分册)(中),福州:福建人民出版社,2008年,第489页。
④　郑振满、丁荷生:《福建宗教碑铭汇编》(泉州府分册)(中),福州:福建人民出版社,2008年,第483页。

者,何风之薄也？黄君倡斯义举,足以革薄还醇。视他人瞻顾徘徊,瑟缩不敢肩任者,辄勇为之,己任其劳,人享其逸。今而后过是茔者,睹墓碑之累累,如鳞如栉,亦可忾然而思矣。①

黄秀烺认识到："夫泉民近海,事商贾,乡井之念薄,而宗亲之谊轻；牟利之望奢,而徼福之心重。风水吉凶之说,乃得乘间而肆其毒。"梁孝熊对黄秀烺"特修族葬之制,俾其子孙目睹先人之经画,憬然于庭训之深切,油然生亲亲尊尊之心,而后别葬徼福之念可夺,形家之说可辟,泉俗之敦厚可期"的用心给予了充分的肯定。他认为："黄君既能以人禽交战之际,以身作则,则异日泉人必有因族葬奠祭之绵延,而不忍自涣其宗者。九世同居,百口同爨,吾知其将复见于泉矣。泉之人,既能感君之行,而化其俗,则非泉者,恶知其不能耶？夫移风易俗,复古之道,且于君之是举卜之。区区风水瞽说之破灭,何足道哉！"②

梁孝熊感慨说："自欧风东渐,大隳吾国贤圣之旧坊。所谓亲亲之道,江河日下；宗族之谊,不绝如缕。人人以浇刻为才能,以私利为职志。其毅然抱古人之遗制,以转移感化为己任者,盖不一二见也。"③真可谓"世变亟矣"。在急剧变化的世事面前,是眼界开阔的黄秀烺选择了坚守传统礼制的道路,这是值得给予充分肯定的。当时受欧风影响至深,从政府官员到知识阶层普遍视传统文化若敝屣,而身处中西文化交汇处的黄秀烺却能保持清醒的头脑,这是值得充分肯定的。

闽县陈衍说,族葬在北方较易实现,在南方因为地势状况难于实现。黄秀烺之所以能做到,是因为他可"负魁垒之才,富于财力,不惜买山之资,乃得此规制恢宏之葬地。吾福州凤池林氏、门萨氏诸大姓,能行之,近亦夷陵衰顿矣。此强有力者至所为,不可以责诸人人者也。若夫迷惑风水,薪以祖父骨肉,为徼福之具,是在贤有司申明厉禁,富者惩罚有差,贫者举而丛葬之

---

① 郑振满、丁荷生：《福建宗教碑铭汇编》(泉州府分册)(中),福州：福建人民出版社,2008 年,第 484 页。

② 郑振满、丁荷生：《福建宗教碑铭汇编》(泉州府分册)(中),福州：福建人民出版社,2008 年,第 482 页。

③ 郑振满、丁荷生：《福建宗教碑铭汇编》(泉州府分册)(中),福州：福建人民出版社,2008 年,第 481 页。

官地,于风化庶有豸乎?"①陈衍似乎在说,黄秀烺能做成这样有气魄的事情,与其具有深厚的经济实力是分不开的。

番禺许秉璋说:"闽粤皆滨大海隅,卜兆之难,实相伯仲。盖下隰多而高原少也。其惑于青鸟、赤霆等术者,无论矣。士大夫服膺古训,断不为习俗所摇,然穴竣则惧风,壤卑则惧水,周回审慎,往往掷千金之费,殚累年之力,未获片土者有之。此孝子仁人所为痛心而扼腕者已。"②这里同样充分强调了东南沿海区域受风水观念影响试图寻找吉壤的难度,黄秀烺做到了这一点,确实对当地敬宗收族、社会安定产生了良好的示范作用。

按照《周礼》的规定,诸侯五月而葬,大夫、士、庶人三月、一月而葬。黄秀烺认为风水之说有悖礼数,"龙穴沙水不足拘,吉凶祸福非所计。悉举其本支灵榇,汲汲焉为之葬埋,以长其恩爱"。在知县黄荣光看来这样做具有"以砭薄俗而敦亲谊"的效果。③思明黄朗山就说:古檗山庄"以作家茔之地,使后世子孙不至数典忘祖。其虑远,其意厚,其胸怀之光明旷达,有非恒流所可企及者。君于是庄缭垣墙,建庭舍、凿池、种花、竖碑、植树。茔域横纵,则度其尺寸,揆其方圆,序尊卑,别昭穆;守冢有室,憩息有楼,复辟余隙地,以备无出妾媵泊乎殇者,咸得附葬焉。宅心仁慈,规划周密,至于如此其极!……黄氏之子孙入其庄,瞻其墓,则可辨其某公、某母、某支、某系,得以致敬致哀,虽人天相隔,恍然如合一堂。较之以先人体魄,因冀富贵利达,葬诸远方,日久而祭扫阙如者,其相去奚可以道里计耶?"④黄朗山也充分肯定了黄秀烺此举对澄清世系,彰显家族脉络方面的积极意义。黄朗山还对梁孝熊所谓只有泉民尚风水的说法提出不同看法,苏浙及长江上下游各区都是这样。也不单是商贾才信风水,士大夫信风水者亦不在少数。是因为"世变益棘,三纲沦而九法斁。以家族主义为障碍,以祖宗血食为虚无,变刑律则删大逆不孝之条,恋禄位则废亲丧去官之制。又有甚者,执蛮獠水火葬之

---

① 郑振满、丁荷生:《福建宗教碑铭汇编》(泉州府分册)(中),福州:福建人民出版社,2008年,第496页。

② 郑振满、丁荷生:《福建宗教碑铭汇编》(泉州府分册)(中),福州:福建人民出版社,2008年,第497页。

③ 郑振满、丁荷生:《福建宗教碑铭汇编》(泉州府分册)(中),福州:福建人民出版社,2008年,第482页。

④ 郑振满、丁荷生:《福建宗教碑铭汇编》(泉州府分册)(中),福州:福建人民出版社,2008年,第501页。

俗，矜彼族剖解术之神，而以吾国重视先人遗骸为不达"。① 黄朗山认为：这些都是矫枉过正之举，是自我毁弃的自卑行为，黄秀烺之所为则体现了对优良传统的坚守。

显然，坚守传统文化的势力其实也并不孤，龙溪的林尔嘉《序》中说："尔嘉少时读《周礼》，辄叹古人族葬所以立法者，至良而美。私心欲仿其遗意，亲营誓宅之所。年少志盛，谬思有所树立。岁月不淹，益以丧乱，卒卒焉未遑及也。"林尔嘉的心愿也是欲以恢复族葬"矫夫习俗之敝"。② 顺德的黄桂芬也说在黄秀烺之前十五年，他已起意"仿《周官》族葬制，并师太公五世反葬于周之义，画家园爽垲地亩许，为吾族先人及后昆归骨之所，卒梗于众而弗克行。未尝不叹天下事，非言之难，行之维艰，且益叹复古之更戛戛其难也"。③ 正是在这个意义上，黄桂芬对黄秀烺抱有敬意，指出其对易俗移风之作用。

三、古檗山庄的修建动机与意义

古檗山庄修建于民国十年(1921年)，地点在福建晋江县东石镇的一个村庄里，主持人黄秀烺不惜笔墨做了大量的说明工作，赢得了当地政府的充分理解，并颁示示禁碑。碑文中说，本年十二月十八日，据邑绅黄猷炳呈称：

> 窃维昭穆有定位，礼经特重宗法之行；兆域有常图，周官久垂族葬之制。所以敬宗而收族，报本而返始，法至良，意至厚也。猷炳世居檗谷，家徙沪江，翘望松楸，未卜疏藏之所；眷瞻桑梓，时怀恭敬之思。恋游子之故乡，傍先人之旧宅，爰营息壤，名以'檗庄'，绕以墙垣，定其经界。近祠堂而种柏，上袭龙縢之规；指坟墓而生榆，远慕刘清之义。问少时钓游如昨，白首同归，愿后人缔造勿忘，青山永守。所虑年代湮远，陵谷变更，或豪强之侵凌，或樵苏之践藉，垄殊柳下，曾无五十步之防；

---

① 郑振满、丁荷生：《福建宗教碑铭汇编》(泉州府分册)(中)，福州：福建人民出版社，2008年，第503页

② 郑振满、丁荷生：《福建宗教碑铭汇编》(泉州府分册)(中)，福州：福建人民出版社，2008年，第490页。

③ 郑振满、丁荷生：《福建宗教碑铭汇编》(泉州府分册)(中)，福州：福建人民出版社，2008年，第498页。

阡异泷冈,敢待六十年之表? 是用绘具图说,抄粘契据,既划界以定其封,将立石以垂诸后。泽留百世,冀托贤长官之恩;族安万民,请申墓大夫之禁。庶几首邱可正,太公不忘五世之归;更教蔽芾长留,召伯永怀千秋之荫。附抄契据、图说暨家茔记各件,呈请示禁。①

县衙颁示的示禁碑中强调黄氏申请给示禁的目的是避免"或被豪强侵占,樵苏践藉起见,系为思患预防","自示之后,凡尔附近乡民,务须遵照划界立石,各归各管,切勿侵占践踏,致生事端。倘有不法匪徒,任意占毁,一经该绅指禀,定即拘案究办,决不宽贷。其各凛遵毋违"。②

以上碑文显示,黄秀烺作为一个商人对构筑家族墓园这样的事务仍有一定的担心,希望得到官府的承认和保护,方能避免受侵占或被践踏的危险。当时的官府对于黄秀烺的这种行为明显是采用了加以保护的方针,旗帜鲜明地表示要对侵占或践踏者绳之以法,这无疑为黄秀烺的建墓园行动提供了合法的身份证明,也体现了官府对私有财产的保护意识。更深层面看,是因为黄秀烺的行动与官方所倡导的核心价值观也是一致的,对于稳定乡村社会具有积极的意义。

除此之外,黄秀烺"以商起家,其识独出时流之上","黄君之为人也,孝友著于乡。少业儒,壮游飞猎宾群岛,高掌远蹠,以商起家。平生见义勇为,此举尤为闽所未有"。③ 他"以《家茔图记》,遍求海内有名德而能文章者,锡之题咏,邮筒往还无虚日,散文韵语汇刻成帙"。④ 这便汇聚成强大的集体力量,也彰显了黄秀烺所做的事务获得了巨大的支持力量,形成了广泛的社会舆论,赢得了良好的社会评价,势必产生矫俗导正的客观效果。

古檗山庄在民国五年(1916年)就已经开始建造,在《古檗山庄家茔记》中,黄秀烺深情回顾了自己的家族流迁过程。从宋绍兴年间起,黄家有一名

① 郑振满、丁荷生:《福建宗教碑铭汇编》(泉州府分册)(中),福州:福建人民出版社,2008年,第477页。
② 郑振满、丁荷生:《福建宗教碑铭汇编》(泉州府分册)(中),福州:福建人民出版社,2008年,第477页。
③ 郑振满、丁荷生:《福建宗教碑铭汇编》(泉州府分册)(中),福州:福建人民出版社,2008年,第494页。
④ 郑振满、丁荷生:《福建宗教碑铭汇编》(泉州府分册)(中),福州:福建人民出版社,2008年,第486页。

进士龙公在龙溪为官,却深爱檗谷山水,且自号"檗谷逸叟",并定居于此,从此开始了黄家这一支的历史。幸运的是这一支发展繁衍得不错,逐渐分居玉湖、永康二乡,与檗谷并峙为三支。玉湖的初始祖为侍御镇山公,传至少庭公,由玉湖迁居深沪。"自镇山公而后,历明克复公润盒,以光绪丁丑进士,有声于时。数百年来,跻腏仕、登高第者,踵相接也。而陵谷变迁,先世墓所多不可复识,祭扫之礼往往缺焉。猷炳愀然伤之,思仿古人族葬之法,而苦未竟其志也。去年秋间,始得地于檗谷之原。其地周袤四十丈,去先人祠宇曾不数百武。登陇东,瞩沪江,如以墙垣,植以花木,伐石庀材,逾三年而成。盖得地如此之难,而程功如此之久也。异日百岁之后,归骨于此。吾子孙祭于斯,厝于斯,奠幽宫于斯。绵绵延延,守而不失,几几乎古人族葬之制矣。嗟乎! 风水之说,吾乡人惑之甚矣。余之为此,将使后世之子孙,念祖宗经画之勤,其毋惑于形家者言,而冀别葬以徼福者哉!"①

黄氏在檗谷的发展有辉煌之处,即"跻腏仕、登高第者,踵相接",这是驱动黄秀烺建造家族墓园直接的原始动力。知晋江县事黄荣光序便深情回顾了檗谷黄氏的发展历程。先是有龙公中宋代进士,虽任职于龙溪,却选择了晋江檗谷乡为定居之地,且自号"檗谷逸叟",并以此作为乡名,可见其对该地特别地钟情。其后该族中有镇山公为侍御,有克复公、润公被祀为乡贤,有景明、景防先后成进士。清时有松盒再登进士。可谓"科第蝉联,几甲全邑"。应该说,黄氏在既往的历史上已经对地方文教兴盛做出了自己的贡献。诚如顺德何成浩所说:"闽为紫阳讲学之乡,其水土清嘉,其风俗醇茂,其黉序重孝弟而敦诗书。"②这是地方发展中长期存在的清流一支,但堪舆之说在民间有很大的市场,"缘择地而稽葬者有之,缘图地而构讼者有之,公私纠纷,非仁孝所忍出"。何成浩也一直思索着如何"就邦之贤者,辑前哲明训,周谕闾阎,使知形家本属无稽,而兆域决宜早奠,斯迷惑消而争占自息矣"。黄秀烺修建墓园族葬先辈、死者,莆田江春霖说这样做"法至良,意至

① 郑振满、丁荷生:《福建宗教碑铭汇编》(泉州府分册)(中),福州:福建人民出版社,2008年,第478页。
② 郑振满、丁荷生:《福建宗教碑铭汇编》(泉州府分册)(中),福州:福建人民出版社,2008年,第484页。

美也"。①

在实践过程中,购地、营墓都特别艰难,不过,其试图破除风水之恶俗的追求却是正当的,也包含了对传统文化的正本清源意向,值得给予肯定,也便于赢得官方的支持。

闽县于君彦说:"习闻此邦人士惑于形家之言,经年累月不葬其亲,而富贵之家为甚。"而他在京师和日本看到的情形却都是依照《周礼》,葬式井然有序。他分析风水之说往往源于"以先人遗蜕为求福之资","士大夫多惑于阴阳拘忌,庶民亦希图富贵,或久而不葬,或葬之远方,或迁掘无常,或争讼不已"。这些"迷惑风水,以朽骨为邀福之具"的做法是很不聪明的,只会"害心伤俗",黄秀烺却"能不囿于习俗,而求合乎古制,其卓识毅力,必有大过人者"。② 他希望泉州各地的人们能呼应黄氏的行动,更正过去迷信风水的恶俗。

古闽吴征鳌序中详细分析了黄秀烺因壮年遨游海外,见识广泛,他一方面"慕泰西之公茔",一方面则"仿《周礼》之族葬"。他认为黄秀烺的行动证明泰西之做法与《周礼》之制有相互契合之处,黄秀烺是经过悉心比较之后,深刻认识到惑于风水停尸不葬的危害后,毅然遵循《周礼》之制而加以实践,这样做能达到"睦宗族,崇孝敬,厚风俗,息狱讼,风化且将遍于寰宇矣"的效果。这些肯定性话语显示,文化发展过程中往往会出现一些支流,甚至对文化发展有很强的负面影响,这时对之加以大胆破除就特别重要,可贵的是黄秀烺是一个壮游海外,见多识广的商人,他毅然承担起了文化纠偏和文化重建的使命,体现了其不盲从、有担当的精神。

姚江徐华润说,绍郡经氏已在上海营建万国公墓,已显示出"其宅心之厚,推爱之宏,不问国籍为何,皆得同栖幽宅。此盖取概括主义,施之于客地为宜。而如我族之置义山,安窀穸,则取单独主义,但于狭义中已得广义矣。……兹观《古檗山庄图记》,快然于经画之周,规模之远。界限定,排比不患其不整;昭穆序,世次不患其不明。大凡人同此心,心同此埋。未得其导线,相与袭故智而蹈盲从。有唤之使醒,倡之使随者,当无不幡然变计,则足纠

---

① 郑振满、丁荷生:《福建宗教碑铭汇编》(泉州府分册)(中),福州:福建人民出版社,2008 年,第 485~486 页。

② 郑振满、丁荷生:《福建宗教碑铭汇编》(泉州府分册)(中),福州:福建人民出版社,2008 年,第 480~181 页。

夫迷信之缪者,固非浅鲜。且揆诸生人之情,心安理得;幽明异路,意趣合符。人生在世,骨肉至亲,靡不以团聚为乐。死而无知,不必言死而有知,其亦乐夫聚族于斯也已"。① 徐华润见多识广,既肯定万国公墓的意义,同时对族葬的积极意义也给予了充分的肯定。

许多序文从不同角度肯定了黄秀烺"破除堪舆家一切迷信,远仿古人族葬之法,近采欧西公葬之制,隐以师吾吴范文正义田赡族之意"。张一鹏说:"义田为后人谋者,已无微不至,独未及其身后。古檗山庄之成,足使世之子孙,祭扫团聚,情愫常通,又不仅为昌大门闾计也。"②极言古檗山庄除了继承了范文正公义田之遗意,而且较范文正公更进一步,由虑及后人而兼及先辈,其意义自然不可小觑。

南海康有为也肯定黄秀烺"转移风俗"的意义,认为"全国可以观法"。③大兴恽毓嘉说:"本此敬宗合族之心,爱吾家以及吾国,爱吾国以及天下,相亲相敬,无诈无虞,虽臻大同之治不难。"④黄秀烺算是一个有远大志向、且勇于担当的人。

为之写跋的还有张謇、吴昌硕等名流,对黄秀烺此举一样给予了充分的肯定,由此我们觉得:当北方以北京为中心的广大地区高举变革传统、追随西学的时候,在东南沿海则有一群像黄秀烺一样的游走于海内外的巨商大贾,深受传统文化侵染,坚定地捍卫着传统文化,且举自己的财力,亲自加以实践,产生了稳定社会秩序、传承和保存传统优秀文化的效果。

① 郑振满、丁荷生:《福建宗教碑铭汇编》(泉州府分册)(中),福州:福建人民出版社,2008年,第490~491页。
② 郑振满、丁荷生:《福建宗教碑铭汇编》(泉州府分册)(中),福州:福建人民出版社,2008年,第499页。
③ 郑振满、丁荷生:《福建宗教碑铭汇编》(泉州府分册)(中),福州:福建人民出版社,2008年,第504页。
④ 郑振满、丁荷生:《福建宗教碑铭汇编》(泉州府分册)(中),福州:福建人民出版社,2008年,第505页。

参考文献

典籍与史料汇编

宋濂：《元史》，北京：中华书局，1976 年。

张廷玉：《明史》，北京：中华书局，1974 年。

陈子龙等：《明经世文编》，北京：中华书局，1987 年。

《明实录》，上海：上海古籍出版社，1983 年。

《清实录》，北京：中华书局，1986 年。

《清经世文编》，北京：中华书局，1992 年。

赵尔巽：《清史稿》，北京：中华书局，1977 年。

《清朝文献通考》，杭州：浙江古籍出版社，1988 年。

台北故宫博物院：《清代宫中档奏折及军机处档折件》。

王先谦、朱寿朋：《东华录　东华续录》，上海：上海古籍出版社，
2008 年。

徐珂：《清稗类钞》，北京：中华书局，1986 年。

江大鲲：《福建运司志》，明万历癸丑刊本。

《交易须知》，北京：中华书局，太原：三晋出版社，2013 年。

吴晗辑：《朝鲜李朝实录中的中国史料》，北京：中华书局，1980 年。

苏州博物馆、江苏师范学院历史系、南京大学明清史研究所：《明清苏州
工商业碑刻集》，南京：江苏人民出版社，1981 年。

上海博物馆：《上海碑刻资料选辑》，上海：上海人民出版社，1984 年。

陈学文：《嘉兴市城镇经济史料类纂》，杭州：浙江省社会科学院，
1985 年。

王国平、唐力行：《明清以来苏州社会史碑刻集》，苏州：苏州大学出版

社,1998 年。

江苏省博物馆:《江苏省明清以来碑刻资料选集》,北京:三联书店,1959 年。

《明清佛山碑刻文献经济资料》,广州:广东人民出版社,1987 年。

粘良图:《晋江碑刻选》,厦门:厦门大学出版社,2002 年。

李华:《明清以来北京工商业会馆碑刻选编》,北京:文物出版社,1980 年。

厦门市志编纂委员会、厦门海关志编委会:《近代厦门社会经济概况》,厦门:鹭江出版社,1990 年。

《康雍乾时期城乡人民反抗斗争资料》,北京:中华书局,1979 年。

张海鹏、王廷元主编:《明清徽商资料选编》,合肥:黄山书社,1985 年。

张智、张健主编:《中国道教志丛刊续编》,扬州:广陵书社,2004 年。

《清代康雍乾巴县档案选编》,成都:四川大学出版社,1989 年。

朱士嘉编:《美国迫害华工史料》,北京:中华书局,1958 年。

中国第一历史档案馆编:《雍正朝汉文朱批奏折汇编》,南京:江苏古籍出版社,1993 年。

个人文集

(宋)蔡襄:《荔枝谱》,福州:福建人民出版社,2004 年。

(宋)叶梦得:《石林燕语》,西安:三秦出版社,2004 年。

(明)何乔远:《闽书》,福州:福建人民出版社,1995 年。

(明)沈德符:《万历野获编》,北京:中华书局,2004 年。

(明)丘濬:《大学衍义补》,郑州:中州古籍出版社,1995 年。

(明)李世熊:《钱神志》,上海:上海古籍出版社,1992 年。

(明)冯梦龙:《喻世明言》,北京:人民文学出版社,1958 年。

(明)瞿九思:《万历武功录》,台北:艺文印书馆,1980 年。

(清)顾炎武:《肇域志》,上海:上海古籍出版社,2004 年。

(清)金友理:《太湖备考》,南京:江苏古籍出版社,1998 年。

(清)袁枚:《随园食单》,北京:中华书局,2010 年。

(清)施鸿保:《闽杂记》,福州:福建人民出版社,1985 年。

(清)周亮工:《闽小记》,福州:福建人民出版社,1985 年。

(清)陆廷灿:《续茶经》,郑州:中州古籍出版社,2010 年。

（清）梁章钜：《归田琐记》，福州：福建人民出版社，1985年。

（清）顾祖禹：《读史方舆纪要》，北京：中华书局，2005年。

（清）李虹若：《朝市丛载》，北京：北京古籍出版社，1986年。

（清）方受畴：《抚豫奏稿》，北京：全国图书馆文献缩微复制中心，2005年。

（清）赵翼：《陔余丛考》，北京：中华书局，1963年。

（清）林则徐《林则徐集》，北京：中华书局，1985年。

地方志书

光绪《吉林通志》，清光绪十七年（1891年）刻本。

光绪《重修安徽通志》，清光绪四年（1878年）刻本。

蒋毓英：《台湾府志三种》，北京：中华书局，1985年。

南靖县地方志编纂委员会：《清代官文范稿》，南靖人文社会史料丛书之三，2005年。

董天工：《武夷山志》，台北：成文出版社，1974年。

民国《醴陵县志》，长沙：湖南人民出版社，2009年。

卢美松主编：《福州双杭志》，北京：方志出版社，2006年。

学术著作

曹树基：《中国移民史》，福州：福建人民出版社，1997年。

常建华：《明代宗族研究》，上海：上海人民出版社，2005年。

陈东原：《中国教育史》，上海：商务印书馆，1936年。

陈学洵主编：《中国教育史研究》（明清分卷），上海：华东师范大学出版社，1995年。

陈支平：《福建族谱》，福州：福建人民出版社，1996年。

陈支平：《客家源流新论》，南宁：广西教育出版社，1998年。

陈支平：《民间文书与明清东南族商研究》，北京：中华书局，2009年。

傅衣凌：《明清社会经济史论文集》，北京：人民出版社，1982年。

葛剑雄：《中国移民史》，福州，福建人民出版社，1997年。

韩大成：《明代社会经济试探》，北京：人民出版社，1986年。

何丙仲：《近代西人眼中的鼓浪屿》，厦门：厦门大学出版社，2010年。

黄纯艳：《宋代茶法研究》，昆明：云南大学出版社，2002年。

刘翠溶：《明清时期家族人口与社会经济变迁》，台北："中央研究院"经济研究所，1992年。

梁治平：《清代习惯法：社会与国家》，北京：中国政法大学出版社，1996年。

林玉茹：《清代竹堑地区的在地商人及其活动网络》，台北：联经出版事业股份有限公司，2000年。

吴霓：《中国古代科举发展诸问题研究》，北京：中国社会科学出版社，1996年。

唐力行：《商人与中国近世社会》，杭州：浙江人民出版社，1993年。

王日根：《乡土之链：明清会馆与社会变迁》，天津：天津人民出版社，1996年。

王日根、陈支平：《福建商帮》，香港：中华书局，1995年。

杨懋春：《近代中国农村社会之演变》，台北：巨流图书公司，1980年。

虞和平：《商会与中国早期近代化》，上海：上海人民出版社，1993年。

郑振满：《明清福建家族组织与社会变迁》，长沙：湖南教育出版社，1992年。

朱英、郑成林主编：《商会与近代中国》，武汉：华中师范大学出版社，2005年。

周宗贤：《血浓于水的会馆》，台北：文化建设委员会，1980年。

邹逸麟：《中国历史地理概述》，上海：上海教育出版社，2005年。

（美）D. 布迪、C. 莫里斯著，朱勇译：《中华帝国的法律》，南京：江苏人民出版社，1998年。

（美）黄宗智：《民事审判与民间调解：清代的表达与实践》，北京：中国社会科学出版社，1998年。

（美）麦高温著，朱涛、倪静译：《中国人生活的明与暗》，北京：时事出版社，1998年。

（美）米德著，赵月瑟译：《心灵、自我与社会》，上海：上海译文出版社，1992年。

（英）S. 斯普林克尔著，张守东译：《清代法制导论——从社会学角度加以分析》，北京：中国政法大学出版社，2000年。

后　记

　　本书是国家社会科学基金重大项目"清代海疆政策与开发研究"（编号 13ZD&093）的阶段性成果，并获得中央高校基本科研业务费资金项目"明清以来闽粤海域社会治理研究"（编号 20720161051）专项资助的支持。本书对明清时期陆海区域人口、宗族、农业、茶业、渔业、盐业、商业、航运业的勃兴和发展及其与社会经济秩序之间诸多平衡与制约关系做了深入细致的个案研究，是集体开展课题研究的成果，陈瑶、张先刚、缪心毫、吕小琴、曹斌、张宗魁、黄友泉、刘希洋、洪易易、涂丹、叶再兴、徐婧宜等参与了部分章节的撰写。本书的出版得到厦门大学出版社的大力支持，薛鹏志、戴浴宇等对书稿进行了精细的编辑和加工，使书稿提升了一个层次。谨此表示衷心的感谢。

王日根

2018 年 9 月 30 日